KB111376

시너지 솔루션

성공적인 인수합병의 가이드라인

시너지 솔루션

마크 서로워, 제프리 웨이런스 지음 | 김동규 옮김

진성북스
JINSUNGBOOKS

시너지 솔루션

1판 1쇄 발행 2022년 10월 5일

지은이   마크 서로워, 제프리 웨이런스
옮긴이   김동규
발행인   박상진
편 집   김제형, 김민준
디자인   정지현
발행처   진성북스
등 록   2011년 9월 23일
주 소   서울특별시 강남구 영동대로85길 38, 10층
전 화   02)3452-7762
팩 스   02)3452-7751
홈페이지 www.jinsungbooks.com
이메일   jinsungbooks@naver.com

ISBN 978-89-97743-57-5 03320

러닝머신 위를 달리는 자신을 상상해보자. 지금은 시속 5킬로미터의 페이스지만, 내년에는 시속 6.5킬로미터, 후년에는 시속 8킬로미터로 목표를 정했다. 시너지란 경쟁자들의 거센 저항에도 불구하고 목표보다 더 빠르게 열심히 달리는 것을 의미한다. 그러한 시너지(즉, 더 열심히 달릴 권리)를 위해 치르는 프리미엄이란 예컨대 무거운 가방을 짊어지는 것에 비유할 수 있다. 한편, 열심히 달리는 시점을 늦출수록 러닝머신의 경사는 더 가파르게 변한다. 인수합병을 알기 쉽게 설명하면 이와 같다.

- 마크 서로워, 『M&A 게임의 법칙』(1997)

인수합병을 진행하다 보면 상당한 시너지가 실제로 발생할 때도 있지만(물론 그조차도 상당한 비용을 치러야 가능하지만), 비용이나 매출 이익에 대한 예상이 단지 환상에 지나지 않을 경우도 있다. 그러나 한 가지 분명한 사실이 있다. CEO가 바보 같은 인수합병에 매달린다면, 내부 직원이나 외부 자문가들은 결과적으로 그의 의견과 다르지 않은 예상치를 내놓는다는 것이다. 벌거벗은 임금님에게 사실대로 말하는 신하는 동화에나 나오는 이야기다.

- 워런 버핏, 1997년 버크셔 헤서웨이 연례 보고서

추천사

"M&A의 정수를 즉각 파악할 수 있는 교과서와 같은 책이다. 서로워와 웨이런스는 특유의 방식으로 M&A의 모든 과정에서 가치를 실현하고 함정을 피하는 방법을 자세하게 설명했다. 인수합병 게임에 뛰어들고자 하는 모든 리더에게 이 책을 추천한다."

- 밥 스완, 앤드리슨 호로위츠 경영 파트너, 전 인텔 코퍼레이션 CEO

"M&A의 완벽한 방법론을 알려주는 책이다. 이 분야의 책을 단 한 권만 읽는다면 이 책을 선택하라. 풍부한 사례연구를 통해 인수합병의 기본 원리와 실제를 연결 짓는 법을 배울 수 있다."

- 마크 리틀, 선코에너지 회장, CEO

"마침내 M&A에 관한 확실한 안내서가 나왔다. 이 책은 M&A 전략과 투자설명, 통합과 변화에 관한 세부 사항 등을 통해 합리적인 주주 가치를 창출하는 법을 알려준다. CFO와 M&A를 추진하는 고위 경영자의 필독서다."

- 프랭크 다멜리오, 화이자 글로벌 공급사업부 CFO, 부사장

"인수합병 분야의 중요한 업적이자 흥미로운 종합 안내서이다. 풍부한 데이터와 구체적인 세부 사항이 가득한 이 책은, M&A 제안을 평가하고 관리 의무를 지키고자 애쓰는 이사진과 인수 거래를 물색하여 성공적으로 수행하려는 경영자들의 큰 관심을 불러일으킬 것이다."

- 스콧 바셰이, PWRWG 기업부문 회장

"이 책은 M&A 전략을 수립하고 성공적으로 실행하는 데 필요한 모든 것을 보여준다. 인수합병을 올바로 수행하는 방법과 기술이 모두 담겨 있다. M&A를 고민하거나 이 분야에서 일하고 싶은 사람들에게 실질적인 안내서가 될 책이다." - 존 로, 텐센트 CFO

"지난 사반세기 동안 재무 분야에 종사하는 사람들의 뇌리에서 떠나지 않았던 의문이 있다. 그동안 수많은 M&A가 실패로 돌아가 기업가치가 크게 무너졌는데도 왜 CEO 와 이사회는 '우리만은 다를 것이다'라는 믿음을 버리지 않느냐는 것이었다. 두 명의 M&A 전문가가 쓴 이 책은 여러분이 실제로 인수합병을 다르게 할 수 있는 방법을 분명하고 설득력 있게 제시한다. 모든 실무자와 학생들이 반드시 읽어야 할 책이다."
        - 라구 선더럼, 뉴욕대학교 경영대학원 학장, 신용부채시장 담당 교수

"성장과 M&A에 관한 지식이 넘쳐나는 오늘날, 인수 거래를 협상하고 소중한 자본과 인력을 투입해야 하는 리더들은 이 분야에 깊은 조예를 갖추기 위해 애써야 한다. M&A의 성공 요소를 뛰어난 솜씨로 엮어낸 이 책은 인수 거래를 평가하는 이사회와 타당한 성과를 달성해야 하는 경영자가 꼭 읽어야 하는 입문서이다."
        - 테레사 브릭스, 도큐사인, 서비스나우, 스노우플레이크, 와비 파커 이사

"M&A를 고민하고 실행하는 경영자와 이사회에 쉽고 유용한 로드맵과 통찰을 제공하는 책이다. 인수 거래에 나서고자 하는 회사라면 이 책이 제시하는 간단한 질문에 대답할 수 있어야 한다. 저자들은 최악의 결과를 피하고 훌륭한 거래를 성사하는 데 필요한 고려사항을 모두 알려준다. 인수합병이라는 도전을 성공적으로 탐험하기 위한 나침반이 되어줄 것이다." - 마크 넬슨, 코넬대학교 경영대학원 학장, 회계학 교수

"신중한 판단을 거쳐 추진하는 모든 M&A의 기초는 신뢰다. 이 책은 성공적인 M&A를 추진하는 데 필요한 실질적인 측면과 거래발표일부터 시작되는 커뮤니케이션 기법, 경영자와 이해당사자 간에 쌓아야 할 신뢰 프로세스 등을 차례차례 설명한다."

- 산드라 서처, 하버드 경영대학원 교수, 『신뢰의 힘The Power of Trust』 저자

"기업 간 인수합병은 가치창조의 방법 중 하나다. 산업구조와 경쟁상황 그리고 기술과 핵심역량에 대한 면밀한 검토를 통해 시너지를 발휘할 방법론을 찾아내야 한다. 그러나 M&A의 성공은 그러한 기술적 검토에만 머물지 않는다. 합병 전 준비단계와 합병 후 인적 통합 방안에 대한 구체적이고 원활한 준비가 필수적이다. 이 책은 인수합병에서 간과하기 쉬운 부분까지 챙길 수 있는 충실한 내용으로 가득하다. 관련자들에게 큰 도움이 되리라 확신하여 일독을 적극 추천한다."

- 전이현, 정진세림회계법인 대표이사

한국어판 서문

M&A를 통한 가치 창출은 기업의 성장을 관리하는 고위 경영진의 지속적인 과제 중 하나이다. 필자는 전작 『M&A 게임의 법칙The Synergy Trap』의 통찰력을 바탕으로 『시너지 솔루션Synergy Solution』에서 최초의 엔드 투 엔드 솔루션을 제공한다. 이는 M&A 프로세스 전반에 걸쳐 가장 중요한 거래에 집중하고 가치를 창출할 확률을 높여줄 것이다.

　우리 입장에서 한국의 M&A 시장은 낙관적인 분위기다. 기업들은 팬데믹에서 벗어나고 신용 시장이 우호적으로 유지되면서 지속적인 회복세에 자신감을 느끼고 있으며, 거래를 위한 매우 유리한 환경을 조성하고 있다. 확실히 지난 2년 동안 코로나19, 공급망 문제 및 디지털 경제로의 전환으로 기업들에게는 상당한 도전이 있었던 것이 사실이다. 그러나 이 시기는 또한 우리의 고객, 시장, 그리고 최대의 성장을 위해 통합하거나 확장하는 방법을 더 잘 이해하도록 이끌었다.

사모펀드도 올해 국내 전체 M&A 물량의 거의 절반을 차지하고 국내 톱딜의 절반 이상에 적극적으로 참여하는 등 M&A 상승에 결정적인 역할을 했다. 한국의 주요 활동 분야로는 기술, 제조, 의료, 생명과학이 있다. 우리는 이 전략적 투자가 2022년 이후 남은 기간 동안만 강화될 것으로 예상한다. 이는 가치평가 배수가 역사상 최고치에 도달하고 있고, 많은 투자자들이 경쟁 시장에서 목표가 과도하게 가격이 매겨지는 것을 우려하고 있으며, 중요한 움직임을 보인다는 측면에서 더 신중한 입장을 취할 수 있기 때문에 흥미로운 시나리오를 만든다.

향후 12~18개월 동안 M&A 활동에 대해 긍정적이지만 몇 가지 요소를 염두에 두는 것이 중요하다고 생각한다. 한국은행은 기준금리를 2.25%로 0.5bp 올렸다. 이는 1999년 은행들이 현행 정책제도를 채택한 이후 가장 큰 폭으로 인상한 것이며, 이로 인해 자금조달 비용이 증가하고 거래가 지연될 가능성이 있다. 구조조정 M&A로 인해 지난 12개월 동안 국내 대부분의 거래가 이루어졌지만, 우리는 한국 주요 기업들이 시장 영역을 넓힐 수 있는 수단으로 보다 전통적인 '메가딜'과 해외 인수 금융에 눈을 돌릴 것으로 기대한다.

이러한 환경에서 시너지 솔루션에 요약된 교훈과 사례 연구는 M&A 담당자가 성공적인 거래를 성사시키기 위한 전략, 접근 방식 및 경영 통찰력에 대해 고객에게 조언하는 데 있어 매우 중요하다. 『시너지 솔루션』은 성공적인 거래를 성사시키고, 달성 가능한 약속을 하며, 그 약속을 이행하기 위한 핵심 요소들을 요약하고 있다.

고객이 M&A 라이프사이클의 어느 단계에 있든 간에 이 책을 읽고, 주요 교훈을 흡수하고, 고객과 대화를 나눌 수 있기를 바란다. 우리는 아직

COVID-19 대유행의 반대편에 있지 않으며, 세계는 이 새로운 표준이 비즈니스에 어떻게 영향을 미쳤고 딜메이커가 적응하는 법을 배운 과제를 만들고 있는지 인식하고 있다. 성공적인 M&A는 전통적으로 기업이 오늘날의 유기적인 수단을 넘어 성장하고, 도달하며, 달성하고, 가치를 창출하는 데 도움이 되는 중요한 도구였다. 오늘날의 수준에 맞추어, 경영자들은 어려움을 극복하고 M&A에서 가치를 창출하는 데 필요한 준비에 전념해야 한다.

8월, 마크 서로워

추천 서문

오늘날 인수합병(M&A)은 글로벌 사업전략의 중심으로 자리 잡았다. 기업과 이해당사자, 그리고 업계 전체는 인수합병을 통해 상당한 이익을 거두고 있을 뿐만 아니라, 인수 거래를 성공으로 이끄는 핵심 요소에 대해 점점 더 큰 관심이 쏟아지고 있다. 물론 매우 힘든 것은 틀림없지만, 이는 분명히 가능한 일이다.

딜로이트 컨설팅에서 20년이 넘도록 공개시장과 프라이빗 거래를 통한 글로벌 M&A를 실행하고 이끌어온 나는 성공적인 인수합병의 목표 설정, 실행, 적용에 얼마나 방대한 업무가 필요한지를 잘 알고 있다. 서류상으로는 모두 그럴듯해 보이지만, 인수 거래의 성공은 전략과 성과 달성이 어우러져야만 가능한 일이다. M&A에는 상당한 위험이 따르므로 유동적인 내용을 처음부터 모두 파악하고 이를 제대로 실행하기 위해서는 이를 감당할 리더십과 강력한 실행력이 뒷받침되어야 한다.

성공적인 M&A를 위해 필요한 교훈은 많지만, 그 모두는 신뢰로 귀결된다. 신뢰는 말로 하기는 쉽지만, 실제로 얻기는 힘들다. 두 회사를 하나로 묶어 더 나은 무언가를 만들어내는 것은 어려운 일이다. 그러기 위해서는 책임감과 신뢰, 헌신, 그리고 투명성이 필요하다. 인수 거래에 뛰어든다는 것은 이사회와 투자자, 양쪽 회사의 직원, 고객, 그리고 성공에 핵심적인 역할을 하는 이해당사자들에게 비전을 제시하고 신뢰를 구축한다는 말이다.

마크 서로워와 제프 웨이런스는 딜로이트 컨설팅 사업부에서 20년이 넘도록 나와 함께 일하며 가깝게 지낸 사람들이다. 그들은 M&A 분야의 탁월한 전문가이며, 딜로이트의 고객들이 추진한 수백 건의 인수 거래에 관해 M&A 전 분야의 자문을 제공해왔다.

이 책의 중요성은 바로 그들의 경험과 전문성에서 나온다. 저자들이 말했듯이, M&A란 거래가 일어나기 훨씬 전부터 기업의 리더들이 회사의 미래 비전을 새롭게 조명하면서 시작되는 프로세스다. CEO와 경영진은 시장의 변화와 새로운 기회를 끊임없이 파악해야 하며, M&A를 단 한 번 치르는 거래가 아니라, 성공의 비전을 달성하기 위해 추진하고 관리해야 할 연쇄적인 행동으로 보아야 한다. 이 책의 야심 찬 시각과 구체적인 조언은 모든 인수기업에게 각자 경험을 새롭게 조명하는 기회를 제공해준다.

저자들은 M&A를 고려하는 리더들에게 많은 것을 요구한다. 일이 잘못되었을 때 닥칠 위험과 성공할 때 오는 보상을 잘 알고 있는가? 장기적 M&A 전략은 무엇이며 목표 기업의 가치를 평가하기 전에 먼저 해야 할 일들은 다 마쳤는가? 인수 거래를 발표할 때 이해당사자들에게 인수 거래의 전략과 재무적 타당성을 설명할 준비는 되어있는가? 조직은 거래 성사 전후에 닥칠 어려움에 대응할 준비가 되어있는가? 직원과 고객이 느낄 불안감을 얼마나 예상하고 준비하는가? 이 책에는 이 모든 질문에 대한 대답과 그보다 훨씬 많은 내용이 담겨 있다.

이 책은 최고 경영자와 그 직책을 염원하는 모든 이들에게 당장 필요한 M&A 교과서이다. 시장 확대와 효율 달성을 위한 전통적인 M&A이든, 틈새 역량을 확충하여 고객을 만족시킬 목적이든, 이 책은 바람직한 거래를 돕고 성공의 기회를 크게 높여주는 역할을 한다. 전략적 행동이 조직에 어떤 의미를 갖는지, 그리고 이를 성공적으로 준비하고 실행하며 프로세스에 대한 신뢰를 구축하는 방법은 무엇인지 등에 대해 기업 리더들이 알아야 할 모든 내용을 다루고 있다.

이 책은 M&A 프로세스 전체를 관통하는 성공 방정식에 관해 변치 않는 통찰을 제공한다. M&A에 대하여 지금까지 나온 그 어떤 책보다 종합적이고 실용적이며 간편한 안내서라고 할 수 있다. 최고의 조직은 기업 문화, 목적, 직원의 미래, 공동선을 소중히 여기지만, 무엇보다 고객을 섬기고 성과를 창출해야 한다. 이 모든 요소가 M&A의 성공에 결정적으로 작용하고, 그만큼 일을 훨씬 더 복잡하게 만드는 것도 사실이지만, 동시에 훨씬 더 큰 의미를 부여하기도 한다.

처음으로 인수 거래에 나서든, 혹은 이미 수많은 경험을 쌓아왔든, 이 책은 귀사의 목적에 더욱 뚜렷하게 집중하는 계기를 제공해줄 것이다. 그 결과, 귀사는 통합 프로세스를 통해 더 큰 성과와 지속 가능한 문화, 그리고 성장과 성공에 헌신하는 직원으로 무장한 채 새롭게 거듭날 것이다.

푸닛 렌젠, 딜로이트 컨설팅 CEO

The Synergy
Solution

언제나 내 마음에 남아있을 딸 엘렌에게
마크 서로워

* * *

내 생애 최고의 합병인 줄리와
우리의 세 시너지, 시에라, 오로라, 스카일러에게
$1 + 1 = 5$
제프리 웨이런스

목차

1장

인수합병 게임

'인수합병(mergers and acquisitions, M&A)'이 아주 매력적인 일로 여겨지던 때가 있었다. 화려한 기업 매수자와 정크본드junk bond(수익률도 높고 위험도 큰 채권 – 옮긴이), 공격적인 경영권 인수 등이 횡행하던 1980년대와 인터넷 붐을 타고 기업 간 대형 거래가 넘쳐나던 1990년대에, 인수합병은 매일같이 신문 1면을 장식하던 용어였다.

그러나 이후 상황이 악화하면서 함께 일함을 뜻하는 '시너지'는 그리 명예롭지 못한 이름으로 바뀌고 말았다.

1990년대 초가 되자, 기업 간 거래가 사실 인수기업 측 주주들에게 막대한 피해를 미쳤으며, 그로 인해 파산으로 이어진 경우도 많았다는 사실이 유명 학자들과 컨설팅 업계를 중심으로 점점 드러났다.[1] 특히 1995년에 『비즈니스 위크Businessweek』가 게재한 「인수합병의 진실」이라는 연구 기사를 통해, 주요 인수합병 거래의 65%가 결국 인수기업의 주가가 무참히 무너지는 결과로 이어졌다는 놀라운 사실이 밝혀진다. 인수기업은 잠재적인 시너지를 위해 과도한 비용을 치르는 경우가 많았고, 투자자들도 이 사실을 이미 알고 있었다.[2]

안타깝게도 인수기업이 실망에 빠지는 사례는 오늘날까지 변함없이 이어지고 있다.

그러나 대규모 인수합병 외에, 기업의 가치와 미래 경쟁력을 단기간에 극적으로 끌어올릴 수 있는 성장 및 발전 수단이 별로 없는 것 또한 현실이다. M&A 거래는 한 기업의 역사에서 가장 중요한 사건이 될 수도 있다. 직원과 고객의 행복도 물론 중요하지만, 결과적으로 인수합병 거래의 성공 여부는 여느 자본 투자와 동일한 기준으로 평가될 수밖에 없다. 즉, 그 거래를 통해 경쟁사들에 비해 주주에게 돌아갈 자본과 자원이 더 많이 창출되었느냐 하는 점이다.

최근에 진행되는 기업인수는 애초에 기대했던 성과를 달성하지 못하거나 인수기업의 주주에게 손해만 안겨주는 경우가 대부분이다. 피인수 기업의 주주는 인수 측이 제공하는 막대한 프리미엄의 혜택을 입곤 하지만, 인수기업 주주에게 돌아가는 수익은 대체로 그에 훨씬 못 미치는 편이다. 그래서 투자자들은 이러한 인수기업의 주식을 사기보다는 팔아야 할 이유를 더 많이 발견하게 된다.

이 모든 것을 고려할 때, 긍정적이든 부정적이든, 투자시장의 초기 반응이야말로 장차 결과를 내다보는 가장 믿을만한 시금석이라고 할 수 있다. 기업인수는 실패로 끝나는 경우가 더 많으며, 투자자들은 이러한 사실을 금세 눈치챈다.[3]

문제는 실패의 원인과, 이에 대해 우리가 할 수 있는 일은 무엇이냐는 것이다.

우리는 기업인수의 실패가 준비와 방법론, 전략이 부족해서 드러난 시스템적 결함이라고 추측해보기로 했다. 현실적인 M&A 전략을 갖춘 회사는 거의 없다. 그들은 가장 중요하다고 생각하는 기업과 한 번도 생각해보지 않은 수많은 회사 사이에 어떠한 차이가 있는지도 잘 모른다. 즉, 그들은 그 어떠한 우선순위도 생각해둔 적이 없다. 무작정 입찰에 뛰어들거나, 은행권의 소위 전문가를 고용한 다음 그들이 소개하는 몇 개의 인수 후보 기업이 시너지를 창출해줄 거라는 말만 철석같이 믿을 뿐이다.

급하게 꾸려진 팀은 한정된 시간 내에 맡겨진 과제를 어떻게든 완수해낼 것이고, CEO와 금융업자들은 가격을 협상할 것이다. 그리고 실제로 어떻게 시너지를 창출할지도 모른 채 이사회의 승인이 급하므로 일단 거래를 발표할 것이다. 문제는 이사회조차 이 거래를 어떻게 승인해야 할지 모를 경우, 세상에 이보다 더 좋은 거래가 없는 것처럼 보인다는 점이다. 어느 유명한 CEO는 이러한 현상을 두고 "와! 일단 잡아! 인수 동력(WOW! GRAB IT! acquisition locomotive)"이라고 불렀다.[4]

발표일이 결정되고 수많은 언론인과 애널리스트가 참석하는 화상회의 무대가 마련된다. 그리고 열기가 점점 고조된다.

가장 먼저 투자자들이 반응한다. 그리고 이러한 반응은 거의 모든 회사에 매우 큰 고통으로 다가온다. 인수기업의 주가가 하락했을 때 고통을 가장 직접적으로 느끼는 사람은 투자자이며, 물론 회사의 소유주인 직원 역시 이러한 투자자에 포함된다.

인수기업과 피인수 기업 모두 힘들게 수고한 것은 틀림없으나, 그와는 별개로 투자자의 반응은 이 거래의 가치를 정확하게 반영한다. 약속했던 시너지는 구현될 기미가 없거나, 있더라도 인수 비용을 정당화하기에는 턱없이 부족하다. 직원들은 이 거래가 자신의 장래에 어떤 영향을 미칠지 도무지 알 수가 없으며, 오히려 회사만 엉망이 되어 회사와 주주의 가치가 심각하게 훼손되고 만다. 이로 인한 손실은 좀처럼 회복되기 어렵다.

이 책은 M&A의 성공률을 높이는 법에 대하여 다룬다. 기업의 관리자와 경영자, 이사진의 인수전략에 관한 기존의 관념을 바꾸는 것이 이 책의 목적이다.

우선 경제학의 기초적인 상식에 비추어 M&A 성과의 문제점을 살펴보고, 수많은 회사가 빠지는 함정을 피하면서도 실제적이고 장기적인 주주 가치를 창출할 수 있는 인수전략을 개발하고 실행하는 방법을 안내하고자 한다. 이 책에서 우리는 인수합병의 잃어버린 매력을 되찾는 게 아니라, 다만 인수합병을 기업과 주주 모두에게 도움이 되는 일로 만들어보는 것을 지향한다.

과거와 현재 : 증거

물론 상황이 훨씬 나아졌다고 말하는 사람도 있다. 이들은 최근 기업과 그 관리자들의, 인수 거래를 평가하고 예상된 시너지를 실현하는 능력이 훨씬 개선되었다고 말한다. 그러나 우리가 실증적으로 조사해본 결과, 과거에 비해 상황이 그다지 달라지지 않았음을 알 수 있었다. 오히려 투자자들은 인수 거래의 세부 사항을 파악하는 데 인수기업 측의 목소리에 더 의존하는 경향이 있었다.

1990년대 인수합병 열풍에 관한 마크 서로워의 조사는 이미 『비즈니스위크』 표지 기사의 바탕이 될 정도의 획기적인 연구 결과로 자리 잡은 바 있다. 변화한 시대의 흐름을 반영하여 추가 연구를 진행해본 결과, 과거 수십 년간 진행되어온 그 모든 거래와 학습의 기회에도 불구하고, 여전히 기존 인수합병 전략에는 개선되어야 할 점이 많은 것으로 드러났다.[5]

이에 대하여 조금 더 자세히 살펴보자.

이번 연구에는 학계에 널리 알려진 자료 출처인 톰슨원Thompson ONE과 S&P 글로벌마켓인텔리전스S&P Capital IQ에서 추출한 자료를 사용했고, 1995년 1월 1일부터 2018년 12월 31일 사이에 발표된 총 2,500건을 상회하는 1억 달러가 넘는 규모의 거래를 분석했다(이미 공개된 데이터를 연구에 사용했으므로 누구라도 우리와 똑같은 결과를 재현할 수 있을 것이다).

인수기업의 주가를 미국 주요 증권거래소에서 찾을 수 없는 경우는 분석 대상에서 제외했다. 재무적으로 의미 있는 거래만 분석해야 한다는 논리에 따라 목표 기업(피인수 기업)의 시가총액이 인수기업의 10%에 미치지 못한 경우도 제외했다. 마지막으로, 인수기업이 해당 거래를 마무리한 후 1년 이내에 또 다른 대규모 인수 거래를 발표했던 경우 역시 제외했다.

그 결과, 지난 24년간 총자산 가치 5조 3,700억 달러에 인수 프리미엄 합계는 1조 1,400억 달러에 달하는 총 1,267건의 거래가 조사 대상으로 선정되었다. 거래 발표 5일 전 평균 시가총액은 인수기업이 평균 93억 달러였고, 목표 기업은 평균 38억 달러였다. 즉, 목표 기업의 평균 시가총액은 인수기업의 46% 정도였던 셈이다. 이 정도면 어느 면에서 보더라도 인수기업 측으로서는 상당히 중요한 거래라고 하지 않을 수 없다. 평균 프리미엄 금액은 30.1%, 즉 9억 200만 달러였다.

인수기업의 경영 성과를 알아보기 위해 먼저 인수 시점을 중심으로 11일간의 주주 수익(거래일 기준 5일 전부터 5일 후까지)을 측정한 다음, 거래발표일 이후 1년간의 수익률 증감을 추적해보았다. 1년이라는 기간이 비록 성공과 실패를 판가름하기에 짧아 보일 수도 있지만, 첫해가 인수 거래 시에 약속한 경영 성과가 얼마나 신뢰할 만한가를 보여주는 매우 중요한 기간임은 틀림없는 사실이다.[6]

우리는 순수한 총주주수익률(주가 상승분에 배당금을 더한 값)뿐만 아니라, S&P500 캐피털 IQ 기준 동종업계 대비 총주주수익률도 인수기업별로 일일이 조사해보았다.[7] 그 결과 이른바 산업별 평균조정수익률(상대적 총주주수익률(relative total shareholder return, RTSR)이라고도 한다)을 제시하였다.

총 1,267건의 거래를 조사한 결과 알아낸 사실을 아래에 간략히 설명해본다.

인수기업 성과, 동종업계 평균에 못 미쳐

주요 인수 거래에 나선 인수기업들이 거래 시점을 전후로 기록한 평균 수익률은 1.6%였고, 이들 거래 중 시장으로부터 부정적인 평가를 받은 비율은 60%, 긍정적인 평가를 받은 비율은 40%였다. 1년 후에 이들 인수기업의 평균 수익률은 조금 더 떨어진 2.1%로, 동종업계 평균 수익률에 미치지 못하는 기업이 56%에 달했다. M&A에 관한 어떤 연구도 결과는 큰 폭의 편차를 보이는 것이 보통이었으며, 여기서 제시하는 수치도 그저 평균에 불과했다.[8] 따라서 우리는 M&A 거래의 70%에서 90%가 실패한다는 기존에 널리 알려진 성과 통계는 더 이상 사용해서는 안 된다는 결론을 내렸다.[9]

그러나 1980년대와 1990년대 인수합병 붐이 일어나던 시기에 나타난 인수기업의 경영성과가 훌륭했다고 보기는 어려우며, 실제로 인수 거래의 3분의 2 정도가 인수기업의 가치를 크게 훼손하는 결과를 낳았던 것 또한 사실이다.다.[10] 다만 우리는 여기서 몇 가지 고무적인 사실을 엿볼 수 있다. 우리는 인수합병 열풍을 각각 8년씩 구성된 세 개의 시기, 즉 1995년부터 2002년, 2003년부터 2010년, 그리고 2011년부터 2018년까지로 나누어보았다. 그 결과, 1기에는 시장의 부정적 반응을 받았던 비율이 64%였지만, 3기에는 이 비율이 56%로 개선되었고, 초기의 시장 반응은 3.7%에서 0%로 향상되었음을 알 수 있었다. 그러나 1년간 수익률은 여전히 힘겨운 싸움을 벌이고 있었다. 즉, 3기에 이르러서도 1년간 수익률은 여전히 −4.2% 수준에 머물러 있었다 (자세한 데이터와 결과는 '부록 A'를 참조 바란다).

이러한 고무적인 신호에도 불구하고, 우리는 여전히 위기에서 벗어나지 못하고 있다. 간단히 말해 M&A의 성과가 어느 정도 개선된 것이 사실이라고 해도, 전체적으로는 그저 '덜 부정적인' 수준에 머무르고 있을 뿐이라는 점이다.

이제 조사 결과를 좀 더 자세히 살펴보기로 하자.

투자자 초기 반응: 미래 수익의 주요 지표

인수 거래가 발표되었을 때 나타나는 주식 시장의 반응은 그저 단기적인 가격 변동일 뿐이며, 미래의 성공과 실패를 예측하는 수단으로 볼 수는 없다고 생각하는 사람이 많다. 어느 CEO는 인수합병 발표가 난 당일, 회사 주가가 무려 20%나 떨어졌음에도 불구하고 이렇게 발언한 것으로 유명하다. "이와 같은 단기 주가 변동만으로는 성공을 판단하기 어렵습니다."

초기 투자자 반응이 중요하지 않다는 주장을 검증하기 위해, 우리는 초기 반응을 '긍정 반응군'과 '부정 반응군'으로 나누어보았다. 초기 반응이 중요하지 않다면 이 두 집단은 결국 0으로 수렴해야 할 것이다. 하지만 결과는 그렇지 않았다.

처음에 −7.8%라는 부정적인 반응을 안고 시작한 759건의 거래군은 1년이 지난 후 수익률이 더욱 악화하여 −9.1%가 되었다. 반면, +7.7%의 수익률을 올리며 긍정적으로 시작한 총 508건의 거래는 1년 후에도 +8.4%라는 수익률을 유지함으로써 긍정 반응이 더욱 강세를 보였다. 더 자세히 살펴보면 처음에 부정적인 반응을 얻었던 65%의 거래는 여전히 부정적이었고, 처음에 긍정적이었던 57%의 거래는 1년 후에도 긍정적인 반응을 그대로 유지했다.

물론 처음에 시장의 긍정적인 반응을 얻은 거래라고 해서 꼭 미래에 성공을 거둔다는 보장은 없다. 특히 인수 당시에 약속했던 성과를 실현하지 못한다면 이러한 보장은 더욱 불확실해진다. 그러나 처음부터 부정적인 반응을 얻은 거래의 3분의 2가 1년 후에도 여전히 부정적인 반응을 유지하는 것에 비추어 볼 때, 초창기의 부정적인 반응을 역전하기가 실은 매우 어렵다는 것을 알 수 있다. 게다가 부정적인 반응을 얻는 거래가 주식을 통화로 사용한다면 상황은 훨씬 더 어려워진다. 그러한 경우, 처음에 부정적인 반응을 얻었던 거래의 4분의 3(약 71%)은 1년 후에도 여전히 부정적이었다.[11] 핵심 교훈: 시장의 초기 반응은 중요하다.

좋은 출발+좋은 결과= 큰 성공

처음부터 긍정적인 방향으로 시작한 거래는 출발부터 부정적인 반응을 얻은 뒤 이후로도 변화 없이 지속된 거래에 비해 압도적인 성과를 거두게 되는데, 이 둘의 차이를 지속성 확산 폭persistence spread이라고 한다.

인수 거래 발표 이후 1년 동안 투자자들의 반응이 처음부터 내내 부정적이었던 인수기업의 평균 수익률은 −26.7%였다. 반면 거래에 대해 처음부터 계속해서 긍정적인 반응을 얻었던 인수기업은 결국 +32.7%라는 평균 수익률을 거두었다. 여기서 지속성 확산 폭, 즉 수익률의 차이는 거의 60% 포인트에 달한다.

투자자의 초기 반응은 그 자체로도 대단히 중요하지만, 인수기업에 있어서 역시 매우 귀중한 자료이다.

그림 1-1은 인수기업 수익률의 전체적인 패턴을 나타낸 것이다. 이러한 패턴이 도출된 것은 우연이 아니다. 투자자의 반응은 과거의 기대치와 새로운 정보를 바탕으로 미래를 내다보는 강력한 도구로서, 그 바탕에는 해당 거래에 관한 그 회사의 경제적 지혜가 담겨있다. 거래 시에 약속했던 성과를 실현하고 능력을 입증하는 인수기업은 시간이 지날수록 더 훌륭한 성과를 내는 데 비해, 기대와 달리 저조한 성과를 내는 기업은 갈수록 형편없는 성과를 내고 만다. 그 결과 둘의 차이는 어마어마하게 벌어진다.

지난 시절을 되돌아본 결과 긍정적으로든 부정적으로든 시장의 지속적인 반응을 얻은 거래군은(각각 8.0%와 9.0%였다) 초기에 발표했던 수익률에 대단히 가깝게 수렴한 것으로 나타났다. 이후 기업들이 보이는 지속적인 성과는 크게 보아 인수기업들이 투자자들의 초기 인식을 얼마나 충족했느냐에 좌우되었다.

이와 같은 결론은 이 책의 전반에 걸쳐 제기되는 근본적인 질문으로 이어진다. 즉, 이러한 데이터에 비추어볼 때, 인수 거래를 투자자의 긍정적인 반응으로 시작할 것이냐, 부정적인 반응으로 시작할 것이냐 하는 문제다(부가 설명란의 'M&A에서 얻는 주주 수익'을 참조하라).

그림 1-1

인수기업의 주주 수익

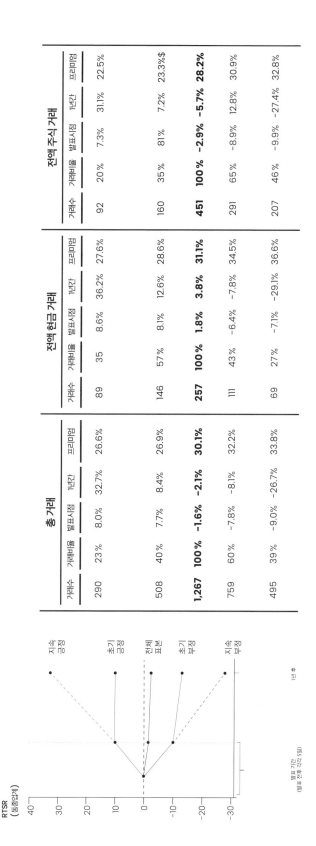

RTSR
(동종업계)

	총 거래					전액 현금 거래					전액 주식 거래				
	거래수	거래비율	발표시점	1년간	프리미엄	거래수	거래비율	발표시점	1년간	프리미엄	거래수	거래비율	발표시점	1년간	프리미엄
지속 긍정	290	23%	8.0%	32.7%	26.6%	89	35	8.6%	36.2%	27.6%	92	20%	7.3%	31.1%	22.5%
초기 긍정	508	40%	7.7%	8.4%	26.9%	146	57%	8.1%	12.6%	28.6%	160	35%	81%	7.2%	23.3%$
전체 표본	**1,267**	**100%**	**-1.6%**	**-2.1%**	**30.1%**	**257**	**100%**	**1.8%**	**3.8%**	**31.1%**	**451**	**100%**	**-2.9%**	**-5.7%**	**28.2%**
초기 부정	759	60%	-7.8%	-8.1%	32.2%	111	43%	-6.4%	-7.8%	34.5%	291	65%	-8.9%	12.8%	30.9%
지속 부정	495	39%	-9.0%	-26.7%	33.8%	69	27%	-7.1%	-29.1%	36.6%	207	46%	-9.9%	-27.4%	32.8%

1년 후

발표 기간
(발표 전후 각각 5일간)

M&A에서 얻는 주주 수익

- **인수 프리미엄은 중요하다:** 표본 거래 전체를 통틀어 목표 기업 측에 지급된 프리미엄의 평균값은 30.1%였다. 그중 초기에 부정적 반응을 얻었던 거래군의 평균은 32.2%, 긍정적 반응을 얻은 거래군의 평균은 26.9%였다. 따라서 거래 이후 계속해서 부정적 성과를 올린 거래의 평균 프리미엄이 33.8%, 지속적으로 긍정적 성과를 올린 거래의 평균 프리미엄이 26.6%였던 것도 충분히 예상할 수 있는 결과였다. 부정적 성과가 계속된 거래와 긍정적 성과가 계속된 거래 사이에는 현금 거래와 주식 거래 모두에서 훨씬 더 큰 차이가 났다(전액 현금 거래는 36.6% : 27.6%, 전액 주식 거래는 32.8% : 22.5%였다).

- **현금 거래는 주식 거래보다 훨씬 더 나은 성과를 올린다:** 전액 현금 거래(총 거래의 20%)는 전액 주식 거래(총 거래의 36%)에 비해 훨씬 더 우수한 성과를 냈다. 발표 시점 기준으로 전액 현금 거래의 수익률은 전액 주식 거래를 +4.7% 앞질렀다(현금 거래 +1.8%, 주식 거래 −2.9%). 더구나 현금 거래 중 시장의 긍정적인 반응을 받은 비율은 57%였으나 주식 거래는 이 비율이 35%에 그쳤고, 1년 동안 성과 격차는 9.5%로 벌어졌다. 즉, 현금 거래 수익

률은 동종업계 평균을 +3.8%나 앞질렀던 반면, 주식 거래 수익률은 오히려 동종업계 평균에 −5.7% 뒤처진 것으로 나타났다. 이와 같은 사실은 주식 거래의 성과가 저조하다는 기존의 상식을 다시 한번 확인해주었다. 이러한 차이는 전체표본 중 주식 거래의 46%가 부정적 수익률을 기록한 데 비해, 현금 거래는 이 비율이 27%에 불과했다는 것에서도 확인된다. 복합 거래(현금과 주식이 섞인 거래)는 발표 당시 수익률이 −2.1%(긍정적 반응을 얻은 비율은 36%에 불과했다), 1년 후 수익률이 −1.9%를 보여, 지속성 확산 폭 지표에서 1,267개의 전체표본과 비슷한 수준을 보였다(더 자세한 내용은 부록 A를 참조하라).

- **목표 기업이 M&A 거래에서 가장 큰 이득을 본다:** 평균적으로 인수기업은 손해를 보는 데 비해, 목표 기업의 주주들은 거래 발표 1주일 전부터 이후 1주일 사이에 동종업계 대비 평균 20%의 수익을 더 올린다. 이는 30%라고 발표된 평균 프리미엄과는 차이가 있는 값인데, 왜냐하면 주식 거래와 복합 거래의 경우 인수기업에 대한 시장의 부정적인 반응으로 인해 실제로 목표 기업이 얻는 수익이 줄어들기 때문이다.

- **M&A 거래는 거시경제 차원에서 가치를 창출한다:** 인수합병은 경제에 가치를 창출한다. 우리는 인수기업과 목표 기업 모두의 거래발표일 전후 11일간 동종업계 대비 현금 수익을 계산했다. 평균 주주 부가가치 총액(total shareholder value added, TSVA)이란 쉽게 말해 인수기업과 목표 기업이 벌어들인 현금 수익을 모두 합한 금액을 말한다. 전체 거래의 TSVA는 1억 8,400만 달러였고, 이들 중 인수기업은 평균 2억 8,500만 달러를 손해 본 데 비해, 목표 기업은 평균 4억 6,900만 달러의 이익을 봤다(전액 현금 거래의 TSVA는 3억 3,300만 달러였고, 전액 주식 거래의 TSVA는 1,100만 달러였다). TSVA는 우리가 나눈 3개 기간 동안 점점 증가해서, 1기에는 거의 0에 가까웠던 값이 3기에는 4억 2,400만 달러에 달했다. 그러나 수익 대부분은 역시 목표 기업에 돌아갔다. 또한 우리는 인수기업과 목표 기업의 시가총액에서 차지하는 TSVA의 비율도 계산해 보았다. 전체적으로, 시가총액의 복합적 변화를 근거로 계산한 부가가치 창출액(TSVA)은 대략 +1.45% 정도였다. 현금 거래가 창출한 복합 수익은 +3.73%였고, 주식 거래로 인한 복합적 변화는 +0.07%였으며(현금 거래와 매우 큰 차이를 보였다), 복합 거래의 수익률은 +2.05%였다.

인수합병 게임이란?

인수합병은 대체 어떻게 하는 것일까? 지금쯤이면 여러분은 인수합병이란 '너무 많은' 비용이 들어가도 안 되고, 전략적으로도 타당해야 하며, 기업 문화역시 세심하게 관리해야 한다는 사실을 알았을 것이다. 그러나 이 정도의 처방만으로 실전 활용이 가능할까? 이러한 내용은 실제로 무엇을 의미하는 것일까? 프리미엄을 지급한다는 말은 무슨 뜻일까? 보다 근본적으로, '시너지'란과연 무엇일까?

M&A가 시작되는 전형적인 흐름은 다음과 같다. 어느 기업이 인수합병을성장 전략으로 채택한다. 그런데 채택한 이유는 대개 정교하게 수립한 성장전략 때문이 아닌, 단지 주식 시장이 급등하고 동종업계의 다른 회사들이 인수합병을 선언하여 주목받는 것을 본 뒤 덩달아 나섰을 뿐인 경우가 많다. 혹은 자체 성장 동력이 한계에 다다른 시점에 마침 컨설턴트가 발표하는 그럴싸한 거래에 CEO가 흠뻑 빠져들었기 때문일 수도 있다.

인수합병은 독특한 위험 요소를 안고 있는 비즈니스 게임이다. 프리미엄을미리 치르는 것을 감수하면서까지 인수 측이 꼭 달성하고 싶은 잠재적 성과는바로 '시너지의 확산'이다. 만약 그들이 애초에 내건 성과 약속을 본인도 충분히 이해하지 못하거나, 그러한 성과를 달성할 역량이 부족하거나, 혹은 기대했던 시너지가 애초에 환상에 불과한 것이라면 처음부터 구조적인 결함을안고 시작하는 셈이다. 투자자들은 인수합병이 발표되는 바로 그 순간에 이러한 문제점을 파악할 수 있고, 실제로도 그렇다.

다음의 실제 사례를 통해 핵심 쟁점이 무엇인지 살펴보자.

뉴욕 그리니치빌리지의 어느 아름다운 동네에 아파트가 한 채 나왔다고 상상해보자. 비록 가격이 만만치 않지만 정말 사고 싶은 집이다. 지금 사는 집보다 그 동네가 더 살기 좋다는 데는 본인이나 친구들이나 이견이 없다. 따라서 용기가 생긴다. 더구나 그 아파트는 현재 평가액이 100만 달러인데, 사들인 뒤에 손을 좀 보면 최소 25% 정도는 더 올릴 수 있을 것 같다. 단, 거래에 별로 적극적이지 않은 집주인은 150만 달러를 요구한다. 그러나 거래를 포기하기에는 이렇게 마음에 딱 드는 아파트를 찾아내느라 그동안 투자한 시간이 너무 아깝다(게다가 친구들은 모두 내가 지금 사는 집보다 훨씬 더 멋진 아파트에 살고 있다).

자, 다음과 같은 상황에서 150만 달러짜리 거래를 과연 진행해야 할까? 대답은 이 아파트가 과연 25만 달러 가치를 부여할 정도로 마음에 드느냐에 달려있다. 무슨 말인가 하면, 나중에 고쳐서 실제로 평가금액이 25% 오른다고 하더라도 집을 사는 순간 이미 25만 달러는 손해 보는 셈이기 때문이다.

또 다른 예를 살펴보자. 오랫동안 여행하기를 꿈꾸었던 라스베이거스에 막 도착했다. 사전에 여러 가지 카지노 게임에 관한 책도 읽었겠다, 이번에는 틀림없이 한몫 잡을 자신이 있다. 일단 호텔에 여장을 풀고 카지노로 가려는데, 매력적인 직원 한 명이 나를 따로 부르더니 아주 특별한 게임을 소개해준다. 직원은 그 게임에서 돈을 따는 구조를 다음과 같이 설명한다. 확률이 반반인 동전을 던져 앞면(H)이 나오면 내가 2만 달러를 벌고, 뒷면(T)이 나오면 한 푼도 얻지 못한다는 것이다. 그런데 동전 한 번을 던지려면 미리 9,000달러를 내야 한다. 이 구조를 그림으로 설명하면 다음과 같다.

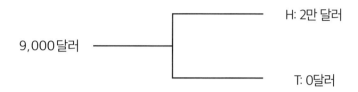

가만히 생각해보니 이 게임을 100번 하면 평균 법칙에 따라 10만 달러라는 큰돈을 벌 수 있겠다는 생각이 든다. 다시 말해 승패를 확인하는 데 돈이 들더라도 최소한 50번은 이길 수 있으므로, 순이익은 10만 달러가 되는 셈이다 [(50회×2만 달러)−(100회×9,000달러)]. 그러나 한편으로는, 운이 없으면 평균 법칙이 미처 작동하기 전에 단 몇 번만으로 빈털터리가 될 수도 있겠다는 생각이 든다.

우리가 여기서 얻는 핵심 교훈은, 게임에 돈을 넣기 전에 미리 수익 구조를 철저하게 파악해야 한다는 사실이다.

앞선 예시들은 인수합병이 어떤 게임인지를 보여준다. 인수 프리미엄은 미리 치러야 하는 것으로, 우리는 그 돈이 얼마나 되는지 명확히 안다. 합병 후 통합 과정(post-merger integration, PMI)에서 실제로 일어나는 일은 실현 이익의 불확실한 흐름이나 분배, 또는 미래의 언젠가 발생하는 시너지 등이다. 경영진은 이 같은 이익(시너지)의 다양한 시나리오를 염두에 두어야 한다. 어쩌면 그들은 눈앞의 인수합병이 아니라 블랙잭 게임의 수익을 더 잘 아는지도 모른다. 인수합병이란 본질상 전통적인 자본 예산 수립법과 같다고 해도 과언이 아니다. 그러나 여기에는 경영자와 이사진이 반드시 숙지해야 하는 몇 가지 고유한 특성이 있다.

첫째, 인수 측은 '운전대를 잡아보기'도 전에 모든 비용, 즉 대상 기업 주식의 총 시장 가치에 프리미엄을 더한 가격을 미리 지급해야 한다. 시운전을 할 기회나 시행착오는 허용되지 않으며, 연구개발 등의 다른 자본 투자와 달리 자금지원을 중단하거나 전용할 방법도 없다. 있다면 오직 다시 되파는 방법밖에 없다. 무엇보다 중요한 점은 자본을 투입하는 순간부터 1분 1초가 흘러갈 때마다 자본 비용이 차곡차곡 계산된다는 사실이다. 따라서 조금이라도 머뭇거리는 행동은 모두 비용으로 직결된다. 실패를 수정하거나 재도전할 기회란 존재하지 않는다.

둘째, 인수 측은 프리미엄을 지급하면서 기존의 성과 문제를 떠안음과 동시에 새로운 문제를 만들어내게 된다. 새로 등장한 문제는 지금까지 존재하지 않았으며, 기존의 자산과 인력, 기술로서는 전혀 예상치도 못한 것이다.

다시 말해 인수자는 성과와 관련해 두 가지 문제를 안게 된다. 1) 인수자는 자본 시장이 인수자와 대상 기업에 대해 '이미' 기대하고 있는 수익 증가와 성과 목표를 달성해야 한다. 2) 인수 프리미엄에 내재된 초과 성과 목표를 충족해야 한다. 새롭게 부과된 목표를 달성하기 위해서는 사업역량을 강화해야 하는데, 인수자가 비용을 들여 시너지를 추구하는 동안 경쟁자들이라고 가만히 앉아서 보고만 있을 리는 만무하다. 수익성 좋고 잘 굴러가는 기업 두 개를 한데 합친다고 저절로 전략적 이익이 달성되지는 않는다. 왜냐하면 경쟁자는 늘 존재하기 마련이고, 고객들이 새로운 제안을 무조건 좋아한다는 보장도 없기 때문이다.

따라서 이 같은 배경으로부터 측정이 가능한 시너지를 분명하게 정의할 필요가 등장했다. '독립적 기대항목별 성과 향상'이 바로 그것이다. 미리 지급한 프리미엄과 새롭게 등장한 성과 문제를 합하면 인수자가 창출한 가치를 직관적으로 볼 수 있는 지표가 나온다. 이를 어떤 거래를 통해 발생한 순현재 가치(net present value, NPV)라고 한다.

NPV = 현재 가치 (시너지) - 프리미엄

즉, 사업을 잘 운영하여 대상 기업(그리고 우리 회사)에 대해 기대했던 개별 성장 가치를 모두 실현했다고 하더라도, 여기에 프리미엄에 대한 자본 비용 수익을 추가로 달성해야만 실제로 가치를 창출했다고 볼 수 있다. 경영진이 프리미엄을 감당한다는 말은, 곧 두 회사의 기존 전략목표에 대한 시장 기대치보다 더 큰 성과를 낼 자신이 있다는 뜻이다.

셋째, 인수 측이 양사의 업무를 철저하게 통합할수록(기대했던 시너지를 달성하기 위해 꼭 필요한 일임에도), 거래가 실패할 때 떠안게 될 비용은 점점 더 커진다. 세계 본사 폐쇄, IT 시스템 및 영업 인력 통합, 인력 감축 등은 한번 진행하면 복구에 엄청난 비용과 시간이 소모되는 일이다. 게다가 인수 측은 이런 일에 정신이 팔려 경쟁자의 움직임에 소홀하거나 변화하는 경쟁 환경과 소비자의 니즈를 따라가지 못할 위험에 처하게 된다.

더 큰 문제는 주주들은 프리미엄을 지급하지 않고는 마음대로 사업을 다각화할 수도 없는 데다, 프리미엄을 비싸게 치른다고 해서 꼭 더 큰 수익이나 시너지가 나는 것도 아니라는 사실이다. 즉, 성과는 투자 규모와 아무런 상관이 없다.

마크 서로워는 인수합병 거래의 독특한 특징을 종합하여 크게 세 가지로 나누고 이를 '시너지의 함정'이라고 불렀다. 경영자는 다음의 세 가지 함정에 빠지지 않기 위해 최선을 다해야 한다.

1. **두 회사의 기존 주식 가치에 이미 반영된 성과 이력을 간과한다.** 그 결과, 인수합병에 나선 측은 '시너지'를 기존 투자자들이 이미 기대하고 있는 성과 개선 목표치와 혼동하는 경우가 많다. 시너지란 기존의 성장 이력을 뛰어넘는 성과, 즉 오직 인수합병의 결과로만 발생하는 비용 절감이나 성과 개선 등을 말한다. 시너지와 기존 성과를 혼동하는 일은 인수합병 과정 내내 경영자나 직원 모두를 따라다니게 된다.

2. **경쟁력과 재무적 측면에서 발생하는 시너지를 간과한다.** 합병 회사의 '우위'를 경쟁사가 쉽게 따라 할 수 있다면 시너지가 발생할 가능성은 희박해진다. 경쟁 우위란 내가 그렇게 주장한다고 성립되는 것이 아니라 고객이 수긍할 수 있어야 한다. 시너지를 달성한다는 말은 남들이 쉽게 따라 할 수 없는 차별화된 위치를 점유함으로써 보다 효율적인 경쟁에 나서게 된다는 뜻이다. 더구나 시너지는 공짜로 얻을 수 있는 것이 아니다. 일회성 거액이 필요한 것도 사실이지만, 제대로 된 효과를 얻기 위해서는 이후로도 비용이 꾸준히 들어가야 한다. 우리는 이것을 '시너지 매칭 원리'라고 부른다. 즉, 원하는 효과를 얻으려면 거기에 어울리는 비용을 들여야 한다는 뜻이다. 이러한 일시적 비용과 지속적 비용은 사실 프리미엄에 추가되는 돈이라고 할 수 있다.

3. 선불로 프리미엄을 치르는 데 따르는 성과 약속을 망각한다. 프리미엄을 치른다는 것은 이전에는 존재하지도, 그리고 아무도 기대하지도 않았던 새로운 성과 약속을 내건다는 뜻이다. 따라서 인수기업은 성과에 대한 약속뿐만 아니라 실현을 위해 필요한 역량과 자원, 훈련을 충분히 이해해야만 한다. 약속을 이행할 준비가 되었거나, 설령 그렇지 않더라도, 인수기업은 새로운 자본에 부과되는 자본 비용이 인수 거래 첫날부터 어김없이 계산되기 시작된다는 점을 명심해야 한다.

주주 가치라는 관점으로 보면 결과는 간단하다. 이를 일종의 재무상태표라고 생각해볼 수도 있다. 원하는 기업의 자산을 취득하고자 한다면 그 회사의 주주들에게 현금이나 주식을 제공해야 한다. 그런데 만약 그 현금이나 주식의 규모가 내가 소유한 자산(아직 시너지가 충분히 구현되지 못한 상태의)의 경제적 현재 가치보다 더 크다면, 그것은 단지 인수 거래가 발생한 처음부터 현재 주주에게서 목표 기업의 주주에게로 가치가 이전된 것에 불과할 것이다. 즉, 회사의 재무 상태에는 아무런 변함이 없다는 말이 된다. 이것이 바로 시장이 측정하고자 하는 인수 결정의 순현재가치(NPV, 현재 이익의 기대 가치에서 프리미엄을 뺀 값)다. 똑똑한 자본가들이 프리미엄에 따라 목표 기업의 가치가 올라갈수록 인수기업의 가격을 깎아내리는 이유도 바로 이것 때문이다.

그들은 이와 같은 복잡한 일들 속에 숨은 함정과 기대를 모르기 때문에 기업을 인수하는 데 훨씬 더 많은 돈을 치를 수밖에 없다. 기업들은 잘못된 분석을 바탕으로 도출된 계산을 사용하여 거래를 평가하는 경우가 종종 있다. 주변의 조언자들 말만 들으면 거래가 너무 쉬운 것처럼 보일 수 있다. 그들은 목표 기업의 가격을 그 자체로만 매긴 다음, 두 기업이 합칠 때 발생할 시너지를 단순히 합산한다. 즉, 매출 상승과 자본 비용 절감, 규모의 경제에 따른 효율 증대 등을 계산한 다음 환호성을 지르는 것이다. 그리고 나면 이제 적정한 가격이 나왔으니 두 회사를 통합하기만 하면 된다는 식이다.

그러나 인수기업이 설사 M&A 프로세스를 수립했다고 하더라도 거기에는 수많은 오류가 섞이게 마련이다. 가치평가 모델에 시너지가 존재하지 않거나, 있어도 과장된 경우가 많으며, 심지어 시작부터 적절한 목표 기업이 아닌 경우도 허다하다. 제대로 된 프로세스가 없는 채로 목표 기업의 가치를 평가하면 결국 다른 인수 거래들과 비슷한 수준으로 수렴하게 된다. 그리고 그때가 바로 가치 파괴가 일어나는 시작점이 된다.

해결방안

분명히 짚고 넘어가야 할 사실이 있다. 모든 인수 거래가 다 나쁜 게 아니라, 제대로 파악하지도, 실행하지도 못한 인수 거래가 나쁜 것일 뿐이라는 점이다. 경영자는 M&A에 상당한 금액을 투자함으로써 소중한 성장을 일궈낼 수 있다. 단, 그러기 위해서는 경영자가 인수 거래의 독특한 성격과 위험성, 그리고 자본의 소중함을 잘 알아야 한다. CEO는 자신을 포함한 경영진이 올바른 전략을 수립했는지, 구체적인 시너지를 염두에 두고 가치를 제대로 평가했는지, 그리고 인수 거래 후의 계획을 철저히 세웠는지 등을 반드시 확인해야 한다. 그래야 비로소 소중한 자본을 집행할 권리가 있다고 볼 수 있다.

인수합병 게임에서 성공하기 위해서는 해야 할 일과 갖춰야 할 지식이 너무나 많다. 가치평가와 관련된 문제, 경쟁사의 반응, 직원들의 기대, 불확실성, 새로운 조직을 설계하는 과정에서 투자자 및 직원들과의 의사소통 등 여러 가지 복잡한 과제를 해결해야 한다. 이것이 바로 수많은 회사가 인수합병에 실패하고 투자자들이 의심의 시선을 거두지 못하는 근본적인 원인이다.

M&A를 올바로 추진하는 데는 과학적인 방법론과 기술이 모두 필요하다. 이 책이 독자 여러분께 제시하고자 하는 내용은, 수많은 회사가 빠져든 함정을 피할 수 있는 인수전략을 개발하고 실행하는 방법, 프리미엄을 치르는 데 따르는 성과 약속을 이해당사자들에게 제대로 전달하는 방법, 그 약속에 담긴 시너지를 실제로 구현하는 방법, 변화를 관리하고 새로운 문화를 구축하는 방법, 그리고 장기적 주주 가치를 창출하고 유지하는 방법 등이다.

우리는 이러한 질문의 대답을 얻기 위해 연구와 혁신, 그리고 힘겨운 경험을 거쳐야만 했다. 우리 연구진은 수십억 달러 규모의 회사부터 작은 자회사까지 M&A의 모든 분야에서 장장 50년에 걸친 경험을 쌓아왔다. 우리는 수많은 기업의 M&A 전략 수립을 지원했고, 거래의 내용을 검증했으며, 인수 발표를 준비했고, 합병 이후의 통합 과정을 보조했다.

우리는 기업들이 M&A를 성장 전략으로 활용하는 데 도움이 될 수 있도록 이 책을 집필했다. 경영자들은 이 책에서 M&A를 경영전략에 수용하는 복잡한 과정을 모두 이해할 수 있을 것이다. 가장 잠재력이 큰 거래 후보를 확보하는 데서부터, 인수합병의 전 과정을 이해하고 성공 가능성을 높이는 방법, 나아가 주주와 직원, 고객에게 약속한 성과를 달성하는 법까지 익힐 수 있을 것이다. 그뿐만 아니라 이 책은 시너지를 계획하고 실무를 수행하며 인수합병을 통해 약속된 성과를 달성해야 할 일선 관리자에게도 도움이 된다. 어쩌면 인수발표 당일부터 바로 써먹을 내용이 포함되어 있을 수도 있다.

이 책은 M&A와 관련된 주제를 바라보는 통합적인 관점을 제시한다. 여기에는 M&A에 관한 배경지식과 반드시 고려해야 할 사항들, 이를 분석하는 방법, 그리고 효과적으로 실행하는 방법 등이 모두 포함된다. 나아가 이미 M&A 프로세스를 시작한 사람도 성공의 기회를 극대화할 방법을 이 책에서 찾을 수 있을 것이다.

우리가 사고의 지침으로 삼아온 다섯 가지 기초 사항을 아래에 제시하였다. 이것은 경영자와 이사진이 M&A를 성공적인 성장 전략의 한 요소로 고려할 때 시금석으로 삼을 만한 내용이다. 인수합병 과정을 진행할수록 이 기준은 더욱 중요해질 것이다.

1. 성공적인 인수합병이란 경쟁자를 이기는 일과 투자자를 보상하는 일 모두를 가능케 하는 것이어야 한다.
2. 기업의 성공적인 성장 과정을 위해서는 좋은 기회를 포착하면서도 동시에 나쁜 기회도 피할 수 있어야 한다.
3. 준비된 인수기업이 꼭 적극적인 인수기업일 필요는 없다. 그들은 자신이 원하는 것이 무엇인지 알고 있으므로 얼마든지 인내심을 발휘할 수 있다.
4. 합병 후 통합 과정(PMI)이 아무리 훌륭해도 나쁜 거래를 꼭 살려낸다고 보장할 수는 없지만, 나쁜 PMI는 훌륭한 거래(튼튼한 전략과 현실적인 가격으로 이루어진 거래)도 충분히 망칠 수 있는 게 사실이다.
5. 투자자는 현명할 뿐만 아니라 결코 경계를 늦추지 않는다. 그들은 허

점이 있는 거래는 발표가 나자마자 곧바로 알아차리며, 결과가 나올 때까지 눈길을 떼지 않는다.

장별 구성

이 책은 독자에게 사전 준비 전략에서부터 인수 프리미엄, 투자자에 대한 성과 약속, 거래 발표, 그리고 성과 약속을 실행하는 법에 이르는 독특하고 역동적인 구조를 제시한다(**그림 1-2** 참조).

즉, 이 책은 회사의 여러 단계에 맞는 포괄적인 방법론을 통해 프로세스의 전 과정을 설명한다. 이를 통해 현명한 인수 거래와 나쁜 거래를 구분하는 법, 다양한 이해당사자에게 인수 거래의 경제적 구조를 설명하는 법, 그리고 궁극적으로는 가치를 실행하고 성취하는 법을 안내한다.

이 책은 프로세스의 각 단계에 관한 질문을 중심으로 구성되었다. 그 시작은 바로 2장의 주제이기도 한 "나는 준비된 인수자인가?"라는 질문이다. 이 장에서는 거의 모든 기업이 자사의 가장 중요한 거래를 위해 우선 주시 후보를 적극적으로 찾아 나서기보다는, 그저 수동적으로 대응하는 데 그치고 있다는 점을 지적한다. 이어서 인수기업이 전략과 지배구조 등을 포함한 준비작업에 나서야 하는 이유와 방법을 구체적인 사례를 들어 설명함으로써, 이 책 전체를 관통하는 논리적 기초를 마련한다.

3장은 "합리적인 거래인가?"라는 질문을 통해 재무, 영업, 경영이라는 세 분야의 실사작업을 살펴본다. 실사작업을 필요악으로 보는 시선이 존재하는

그림 1-2

M&A의 역동적 구조

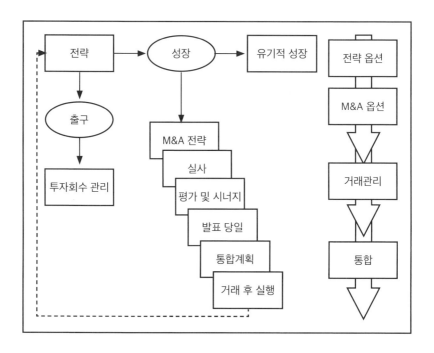

것도 사실이지만(혹은 재무 분야의 실사만으로 보는 시각도 있다), 이 장에서는 투자 논리에 기초한 통찰을 바탕으로 탄탄하게 이루어지는 실사작업이야말로 잠재적 거래의 가치를 평가하고 통합 과정에서 발생할 어려움을 파악하는 데 도움이 되는 것은 물론, 잘못된 거래일 경우 출구전략을 마련할 시점을 아는 데도 중요한 역할을 한다는 사실을 보여준다.

4장은 "얼마나 필요한가?"라는 질문을 통해 가치평가에 관한 모든 사항을 다룬다. 이 장에서는 경제적 부가가치(economic value added, EVA)

라는 널리 인정된 개념을 바탕으로 가치평가와 시너지를 이론적이고 직접적인 방법으로 설명한다. 이를 통해 먼저 인수기업과 목표 기업을 각각 독립된 기업으로 진단하고, 투자자들이 이미 기대하고 있는 성과 추이를 이해한다. 그런 다음 목표 기업 주식의 총 시장 가치와 인수 프리미엄으로 구성된 신규 자본을 사용해, 인수기업이 약속한 연간 성과와 프리미엄과 세후 순영업이익 개선분, 즉 시너지와의 관계를 보여주고자 한다. 투자자들은 이러한 계산을 직접할 수 있으며, 또 그렇게 할 것이다.

5장은 인수발표 당일에 이해당사자들과 "어떻게 의사소통할 것인가?"라는 질문을 던진다. 투자자들의 반응으로 조성된 분위기는 모든 이해당사자에게 영향을 미친다. M&A 거래가 시장에 나올 때는 대개 전문성 있게 연출되고, 인수기업과 목표 기업의 경영자들은 모두 이를 축하 행사로 여기는 경향이 있다. 그러나 인수기업은 거래 발표를 축하할 일로만 볼 것이 아니라, 거래의 가치를 이해당사자들에게 제대로 전달한다는 뚜렷한 목적을 실현할 체계적인 연출의 장으로 삼아야 한다.

6장과 7장은 사전 계획을 다루는 내용으로 서로가 한 쌍을 이룬다. 계획이 부실할 때 일어날 사태를 피하는 법과 함께, 거래의 동력을 이용해 직원을 결집하고 고객을 고무하며 투자자에게 안겨줄 성과의 기초를 마련하는 법을 제시한다.

6장, "합병 후 통합 과정(PMI) ①"에서는 거래 전 통합관리 기간에 전략의 성과를 실현하는 법을 다룬다. 특히 하향식과 상향식을 포괄하는 임시 통합관리 기구인 통합관리사무국(integration management office, IMO)의 역할을 설명한다.

7장, "합병 후 통합 과정(PMI) ②"에서는 통합의 핵심 역할을 하는 작업 그룹workstream과 통합 출범일까지 이들이 모든 준비를 마치는 방법에 관한 내용을 다룬다. 이 장에서는 통합이 완료되기 전까지 통합 조직에서 가장 흔히 보이는 기능 간 작업그룹을 집중적으로 살펴본다. 즉, IMO는 조직 설계, 시너지 계획, 의사소통 및 내부고객(직원) 경험, 그리고 통합 출범 준비 등을 감독해야 한다.[12]

8장의 질문은 "내 꿈은 과연 실현될 것인가?"로, 거래 후에 실행팀이 해야 할 핵심 과업을 다룬다. 즉, 통합 전 작업그룹에서 맡았던 통합 업무를 정상적인 기업 활동으로 신속하게 이전하여 시너지 목표를 충분히 실현하는 것이다. 거래 후의 실행 기간이 길어질수록 애초에 의도했던 거래 가치를 실현할 가능성은 점점 줄어든다. 참을성 없는 시장에서 이런 상태가 계속되면 단순히 예상 수익을 조정하는 데 그치지 않고, 인수 거래 전 수준의 재무적 성과마저 달성할 수 없게 될 수도 있다.

9장이 던지는 "이사회는 시너지 함정을 피할 수 있는가?"라는 질문은 시장이 부정적인 반응을 보일 만한 거래를 이사진이 미리 알아채는 데 도움이 되는 몇 가지 도구를 제공한다. 나아가 이사회가 잠재적 거래를 논의하는 데 도움이 되는 일반적인 사고 틀도 제시한다. 이 도구는 경영진의 생각과 시장보다 한발 앞선 투자자들의 인식 사이에 존재하는 격차를 메워줄 것이다. 이 도구가 없는 이사진은 다음과 같은 근본적인 질문에 대답할 수 없다. "이 거래는 우리의 주가에 어떤 영향을 미치며, 그 이유는 무엇일까?"

마지막 10장인 "결론"에서는 M&A의 역동적인 구조를 전체적으로 살펴보고 이 책을 마친다. M&A에서 실수를 저지르면 거래 발표 당일에 주가만 하락하는 것이 아니라 인수 거래에 오랜 세월 발이 묶여있다가 결국은 마지못해 손해를 본 뒤 투자를 철회해야만 한다. 그러나 이 책의 조언을 충실히 따른다면 그와 같은 끔찍한 운명에서 벗어나, M&A의 올바른 가치를 실현하는 준비된 인수기업이 될 수 있다.

2장

준비운동

M&A 전략과 지배구조

M&A에서 성공하려면 먼저 준비된 인수기업이 되어야 한다. 가장 중요한 거래 상대를 추려 주요 후보로 '항상' 주시해야 하고, M&A 전략을 기업의 전략적 목표로 삼아 우선순위를 부여해야 한다. 준비된 인수기업은 자사의 소중한 자본에 걸맞은 세심한 의제를 수립하면서도, 자신이 선택한 시장의 경쟁전략에 부합하는 인수를 추구하느라 힘겨운 선택을 한다. 그러면서도 경쟁자들이 쉽게 따라 할 수 없는 방식으로 고객을 만족시켜야 한다.

그러나 거의 모든 기업에는 M&A 전략이라는 것이 없다. 그들은 자신이 무엇을 원하는지 모른 채 그저 수동적으로 반응할 뿐이다. 경영진은 성장과 M&A를 두고 수많은 아이디어를 쏟아내지만 그들의 M&A 프로그램이 어떤 목표를 가져야 하는가에 대해 끝끝내 합의를 끌어내지 못한다. 그들은 어떠한 거래가 자신의 사업에 가장 중요한 역할을 할지 깊이 생각해보지도 않은 것은 물론, 애초에 그런 거래가 없었다면 어떻게 했을지조차 전혀 생각해본

적이 없다. 즉, 그들에게는 아무런 우선순위가 없다.

예컨대 정부 기관을 고객으로 삼는 IT서비스 업계에서 빠르게 성장하는 홈랜드 테크놀로지라는 가상의 기업이 있다고 상상해보자. 1975년에 창립한 이 회사는 매출 규모가 약 5억 달러에 도달한 2011년에 상장했다. 이후로도 홈랜드는 내적 성장과 몇 번의 소규모 인수를 통해 20억 달러의 매출과 그에 걸맞은 규모의 주주 수익을 달성했다. 이제 홈랜드의 CEO 체스 퍼거슨은 3년 안에 매출을 두 배로 키우겠다는 계획을 준비하면서 투자은행 한 곳에 자신의 목표를 달성할 수 있는 인수 건을 물색해보라고 요청했다. 이사회는 그렇게 제안된 거래에 대해 퍼거슨이 실사에 착수하는 것을 승인했다.

주변에서 흔히 보는 이 광경에 과연 무슨 문제가 있는 것일까? 비록 선의였다고는 하지만, 홈랜드 이사회는 자신도 모르게 여느 회사들과 다름없이 반사적으로 행동했다. 인위적인 성장 전략을 투자은행이나 외부의 제삼자에게 의뢰하거나, 그저 손닿는 거래에 수동적으로 반응하는 치명적인 실수를 저지른 것이다.

엄청나게 운이 좋지 않은 이상, 홈랜드는 반사적으로 행동하는 여느 회사들과 마찬가지로 한두 건의 인수 거래(막대한 자본 투자가 필요하다)를 진행할 것이고, 이에 실망한 투자자들은 발표 당일에 주식을 사기는커녕 팔아야 한다는 신호를 감지하게 될 것이다.

이 같은 실수는 인수합병이 유행하는 시기에 아주 흔히 벌어지는 일이다. 경험이 없는 기업들이 인수합병 게임에 신속히 유입되고, 경험이 있는 기업들은 자사의 위험 특성을 급격하게 바꾸기 위해 더 큰 거래를 더 많이 찾아 나선다. 이렇게 해서 유행의 물결이 형성된다. 기업들이 M&A에 이끌리는 이유는 동종업계의 수많은 다른 기업도 그렇게 하는 데다, 여기에 동참하지 않으면 혼자 뒤처질 것이라고 투자은행이 부추기기 때문이다(부가 설명 참조). 물론 『월스트리트저널』에 「세상이 바뀌는데 찰리만 그대로 있어」라는 기사가 실리는 것을 좋아할 사람은 없겠지만, 그러한 주위의 압력 때문에 추진한 일이 좋은 결과로 이어질 리는 만무하다. 제대로 된 성장 전략 없이 분위기에 휩쓸려 인수합병 게임에 뛰어든 회사들은 실패를 자초한 것이나 다름없다.

회사가 한두 건의 인수를 시도했으나 거래가 성사되지 못하고, 게다가 이 같은 사실이 뉴스에라도 보도된 경우, 상황은 더 심각해진다. 이렇게 되면 회사는 어떠한 거래라도 성사해야 한다는 압박감을 느끼게 된다. 그리고 주식시장의 매도자들은 이러한 상황에 놓인 회사를 '정말' 좋아한다. 회사의 사운을 걸고 선택한 일이 오히려 큰 손해로 돌아오는 셈이다.

준비된 인수기업은 수동적인 기업의 반대말과 같다. 그들은 꾸준히 닦아온 실력으로 좋은 기회를 포착하고 허점이 들여다보이는 기업은 피할 수 있으며, 이를 통해 기업의 성공과 발전이라는 가장 중요한 목표를 달성하여 경쟁자를 물리치고 투자자에게 보상을 안겨준다. 그들에게는 M&A 자산을 전략적으로 선택할 수 있는 체계적인 프로세스가 구축되어 있다. 즉, 여러 가지 선택지를 가지고 있는 셈이다.

이 장의 핵심 주제는 '준비된 인수기업이 되는 것'이다. 그러나, 그보다 먼저 수동적인 기업의 특징을 좀 더 자세히 살펴보고자 한다. 그들이 스스로 만들어내는 문제점을 이해함으로써 통찰과 해결책을 얻을 수 있기 때문이다.

수동적인 행동에 관한 잘못된 신화

인수합병이 유행하는 시기에는 수동적인 행동과 잘못된 결정을 부추기는 강력한 신화가 형성되곤 한다. 지난 수십 년간 출현했던 사례를 아래에 예로 들었다. 특히 이사진은 이 같은 소리를 들을 때마다 주주들의 소중한 자금을 단단히 단속해야 한다.

"시장의 초기 반응은 별로 중요하지 않다. 어차피 성공 여부는 장기간에 걸쳐 판가름 난다. 거래 발표 시점에 인수기업의 주가는 늘 하락하게 마련이다.": 물론 그럴지도 모르지만, 좋은 거래에는 적용되지 않는 말이다. 시장의 부정적인 반응은 좋은 소식이 아니다. 회사가 시장에 발신하는 내용을 투자자들이 부정적으로 인식한다는 뜻이기 때문이다.

"서류상의 재무 상황은 문제없는데, 단지 기업 문화를 잘못 관리하고 있을 뿐이다.": 실패로 돌아간 과거의 거래를 이렇게 변명하는 일이 워낙 많다 보니, 잘못된 일은 무엇이든 '문화'의 탓으로 돌리려는 풍조가 있다. 실패할 운명을 타고난 거래는 미리 징조가 보이는 경우가 많으며, 재무구조가 잘못된 기업은 문화를 아무리 잘 관리한들 되살려낼 가능성이 희박하다.

"좋은 거래는 인수기업의 주당순이익을 증가시킨다.": 주당순이익의 증감과 인수 거래에 대한 시장의 평가는 별로 상관이 없다.[1] 주가는 주당순이익(earnings per share, EPS)에 주가수익률(price-to-earnings ratio, P/E ratio)을 곱한 값으로, 단기간 급증한 EPS는 주가수익률의 급락으로 금세 상쇄되어버린다. 장기적 수익 성장을 기대해야 하는 상황에서 이러한 말에 현혹되어서는 안 된다.

"이번 기회를 놓치면 우리만 뒤처질 것이다.": 인수할 기업이 남아 있지 않을까 두려워 소중한 자본을 인수 거래에 투입하는 것은 주주 관점에서 결코 바람직한 결정이라고 볼 수 없다. 이러한 논리는 스스로 준비되지 않았다는 것을 보여줄 뿐이다.

"아무것도 없이 처음부터 시작하면 돈과 시간이 너무 많이 들어간다.": 물론 맞는 말이지만, 애초에 상대 기업이나 투자 건을 잘못 선정했을 가능성도 있다.

1) 데이비드 하딩David Harding, 필리스 예일Phyllis Yale, "기업의 준비 수준과 주가 하락 거래", 『하버드비즈니스리뷰Harvard Business Review』 2002년 7월호, https://hbr.org/2002/07/discipline-and-the-dilutive-deal.

수동적 기업:
거래 성사에만 몰두한다

인수 거래에 수동적으로 대처하는 기업은 자연스럽게 거래 전 비용과 위험을 높이고, 기대 가치는 대폭 떨어뜨리는 결과를 초래한다. 따라서 수동적인 태도는 전혀 전략적이지 못한 행동임을 명심해야 한다. 이 같은 회사들은 회사 역사상 가장 큰 자본 투자 결정을 외부의 제삼자에게 위탁한다. 즉, 제삼자가 제안하는 거래가 회사의 성장 전략을 실질적으로 주도하게 되는 셈이다.

그들은 고유의 선택권을 제삼자에게 내어준다. 그리고는 정작 수많은 아이디어만 무성한 채 뚜렷한 이정표나 우선순위는 내어놓지 못한다. 우선순위가 없다면 실효적인 거래 후보군을 형성하거나 유지할 수 없다. 그 결과, 그들에게 제시되는 거래는 일부 경영진에게만 중요한 것이 되고 말 수 있다. 후보 검토 과정이 전략적이 아니라 정치적으로 흐를 수 있다는 뜻이다. CEO가 향후 12개월에서 18개월 사이에 추구하고자 하는 20건의 중요한 거래가 무엇인지 설명하지 못한다면, 그들에게는 애초에 M&A 전략이 없다고 봐야 한다.

수동적 기업은 인수 후보에 관한 포트폴리오 우선순위나 필요역량을 정의하기는커녕 오히려 거꾸로 행동한다. 인수 대상 기업의 성격에 따라 자사의 전략적 우선순위를 바꾸는 것이다. 다시 말해 그들은 전략에 따라 거래 대상을 찾기보다는 거래 대상에 맞춰 전략을 만들려고 한다. 그들은 모든 선택지를 펼쳐놓고 꾸준히 검토하는 대신 당장 눈앞의 거래에만 집중하는 모습을 보인다.

하나만 놓고 보면 매우 매력적으로 보이던 거래도 다른 M&A 후보와 비교해보면 형편없는 것으로 드러날 수 있다. 이는 비유컨대, 첫 데이트에서 만난 사람에게 호감을 느껴 바로 결혼에 이르는 것과 같다. 물론 그렇게 해서 훌륭한 결혼 생활을 이어갈 수도 있을지 모른다. 그러나 확률적으로 가능성이 그리 크다고 볼 수는 없다. 게다가 한번 저지른 실수는 시간이 지날수록 악화하기 마련이다. 수동적 기업은 눈앞의 거래에 현혹되어 쉽게 확증편향에 빠져든다. 그래서 경영진은 후보 기업을 아무리 철저하게 평가하더라도 부정적인 정보가 불거져 나오면 이를 무시하거나 다른 식으로 해명하려고 하며, 자신들의 선택이 옳다는 것을 입증하는 긍정적인 신호만 찾아내려 애쓴다.

협상이라는 관점에서 보면, 이 같은 기업은 좀처럼 거래를 포기하지 못한다. 이것 외에 더 나은 대안이 쉽게 눈에 띄지 않기 때문이다. 수동적 기업은 협상이 결렬되었을 때 택할 수 있는 최고의 대안(best alternative to a negotiated agreement, BATNA)을 가지고 있지 않으므로, 자문가들의 전폭적인 지원과 확증편향에 힘입어 거래에 광적으로 매달리게 될 가능성이 훨씬 커진다. 말 그대로 대안이 없기 때문이다. 이처럼 제대로 된 지식과 대안이 없이 진행하는 내부 검토 과정은, 결국 다른 인수합병이 어느 정도 가격으로 거래되었느냐로 귀결될 수밖에 없다. 그래서 검토 대상이 되는 기업의 실제 가치가 얼마인가보다는 우리 회사가 이 거래에 얼마를 치러야 하느냐에 초점이 맞추어지게 된다. 따라서 초과 지출, 즉 입찰 경쟁에는 이겼지만 실제로는 손해를 보는 이른바 '승자의 저주'에 빠질 가능성이 커진다.

그뿐만 아니라 수동적 기업은 잠재적인 경영모델과 통합 문제를 미처 생각하지 못해 소중한 자본이 투입된 가치를 실현하는 데 어려움을 겪을 수 있다. 통합 과정의 난이도나 복잡성은 인수 거래의 특성에 따라 저마다 다르다. 그러나 수동적 기업은 인수 거래를 순차적으로 인식하므로, 가치 창출이라는 관점에서 각각의 거래를 서로 다르게 바라볼 기회를 놓치고 만다. 더욱 심각한 것은, 수동적 기업은 한정된 시간 안에 기업 실사작업을 마무리할 수밖에 없어 목표 기업을 어떻게 관리하겠다는 구체적인 경영전략도 없이 거래를 성사하는 경우가 많다는 사실이다. 따라서 시너지에 대한 기대가 부풀려지는 것도 문제지만(이것만으로도 우선 프리미엄을 지급할 명분이 사라진다), 있지도 않은 시너지를 추구하느라 목표 기업이 스스로 안고 있던 성장 가치마저 훼손할 위험이 커지게 된다.

시너지가 전혀 나지 않는 기업을 인수할 경우, 두 기업이 각각 존재하는 것에 비해 경영 면에서 새로운 문제만 생기게 된다. 그래서 잘못된 거래에 뛰어든 인수기업이 오히려 목표 기업으로 처지가 뒤바뀌는 사례가 허다하다. 기업분할을 통해 창출된 부는 대개 이전의 잘못된 M&A를 교정하는 과정에서 나온다는 사실이 여러 가지 사례로 입증된 바 있다.[1]

게다가 기업이 제삼자의 거래 제안을 듣고 단순히 반응만 하거나 무턱대고 입찰에 참여하는 것은, 애초에 자사의 전략에 맞는 기업을 물색하는 데 써야할 귀한 시간과 자원을 허비하는 행동이다. 경영진은 적합한 인수 기회를 포착하기 위해 많은 돈을 들여 수많은 기업을 살펴보아야 한다. 물론 그렇게 하더라도 최적의 기업이 쉽게 나타나지는 않겠지만 말이다. 세심한 기업실사 작업은 잘못된 거래를 피하는 데는 도움이 되겠지만, 그것만으로 최적의 기업 탐색을 보장해주진 않는다.

가장 큰 문제는 다음과 같다. 수동적 기업이 눈에 띄는 후보 기업을 실사하는 데 거의 모든 시간을 할애하며 긍정 오류(거절해야 할 거래를 수락하는 것)를 피하려 애쓰느라, 결국 부정 오류(더 좋은 거래일지도 모를 다른 모든 기회를 배척하는 것)의 위험을 키우고 만다는 점이다. 단 하나의 기회에만 매달리는 회사는, 사실 더 나을지도 모르는 다른 모든 기회를 전혀 고려해보지도 않고 배제해버린다. 그러한 회사는 항상 인수 기회를 놓치지 않으려고만 애쓰다가 오히려 거래에 실패하는 역설에 빠지고 만다. 이 경우 경영진은 왜 다른 기회를 외면했느냐는 이사회의 추궁에 답변이 궁색해질 수밖에 없다.

준비된 기업: 성공을 목표로 뛰어든다

성공적인 M&A를 통해 회사를 발전시키기 위해서는 단순히 경제적으로 부적절한 거래를 피하는 것 이상의 노력이 필요하다. 준비된 인수기업에는 나쁜 거래를 피하는 것뿐 아니라 가치를 창출하는 거래를 찾아내는 프로세스가 갖춰져 있다. 즉, 그들에게는 긍정 오류와 부정 오류를 모두 최소화하는 능력이 있는 것이다.

'항상' 준비된 기업의 특징은 거래를 놓치지 않으려 애쓰기보다는 성공을 목표로 삼는다는 점이다. 그들은 진지한 태도로 M&A 자본을 연구하여 전략적 일관성을 확보한 뒤, 이를 바탕으로 그들이 가진 선택 역량을 충분히 발휘한다. 물론 변화하는 업계 동향을 이해하기 위해 외부의 조언을 듣기도 하지만, 그들은 기본적으로 자사의 전략을 외부에 맡기는 일 따위는 절대로 하지 않는다. 준비된 인수기업은 자본을 소중히 여기며, 무엇보다 뚜렷한 M&A 전략을 지니고 있다. 그들은 자신이 원하는 것과 가치를 창출하는 방법을 정확히 알고 있다.

성공을 목표로 삼는다는 말은 다음의 다섯 가지 질문에 대답할 수 있는 전략 프로세스를 구비하고 있다는 뜻이다.

1. M&A는 우리 회사의 성장에 어떠한 역할을 차지하는가?
2. 우리는 어느 회사, 혹은 어느 사업 부문을 인수하고자 하며, 그 이유는 무엇인가?
3. 우리가 원하지 않는 회사는 어떠한 곳인가?
4. 경쟁사가 인수하지 않기를 바라는 회사는 어떠한 곳인가?
5. 이번 거래의 성사 여부와 상관없이, 다음에 목표로 삼는 곳은 어떠한 회사인가?

고위 경영진은 기업의 리더들에게 자신이 인수 거래에 얼마나 의욕적인지를 설명할 수 있어야 한다. 그들은 자사의 성장에 M&A가 공헌하는 비율이 10% 정도인지 혹은 30% 이상인지를 알고 있어야 한다. 또한 이사회에서 지난 12개월에서 18개월 동안 지켜봐 온 가장 중요한 후보 기업뿐 아니라 별로 중요하지 않은 기업은 어떤 곳인지, 그 이유는 무엇인지도 설명할 수 있어야 한다. 그래야만 중요하지 않은 기업이 시장에 나오더라도 거기에 시간과 돈을 허비하는 일을 미리 방지할 수 있다. 나아가 경쟁자들이 인수해서 시너지를 발휘하면 자사의 사업에 큰 영향을 미칠 만한 기업이 어느 곳인지도 고려할 수 있게 된다. 단지 경쟁자들이 입찰에 참여한다는 이유만으로 같이 뛰어들기 전에, 먼저 그러한 인수 거래가 자사에 얼마나 큰 영향을 미칠 것인지를 꼼꼼히 따져보는 태도가 필요하다. 더구나 성공을 목표로 삼는 인수기업이라면 특정 거래를 성사했느냐에 상관없이 또 다른 거래 기회를 늘 염두에 두어야 한다.

이 다섯 가지 질문은 또 다른 질문으로 이어져, 경영진과 이사회의 끊임없는 토론과 분석을 통해 의견을 조정하고 우선순위를 설정하는 바탕이 된다. 이러한 과정은 사내 정치를 예방하거나 최소한 완충하는 장치가 되기도 한다. 여기서 이 문제를 좀 더 자세히 살펴볼 필요가 있다. 수동적 인수기업이 사내 정치의 함정에 빠지는 이유는, 전략 없이 거래에 뛰어들면 필연적으로 그 거래를 '성사하는' 데 집착하는 사람이 내부에서 나오기 때문이다. 내부 옹호자는 이 거래가 좋은 것인지 아닌지를 판가름할 우선순위나 기준도 없이 무조건 경영진에게 거래를 설득하는 데만 매달린다. 즉, 이 추진팀에게는 M&A가 회사 성장에 어떤 역할을 하는지, 또는 염두에 두어야 할 다른 거래는 어떤 것인지에 관해 아무런 공감대가 없는 것이다.

준비된 인수기업은 인수 거래를 하나하나 따로 인식하지 않는다. 그들은 후보 대상에 오른 기업을 한데 묶어 살펴보며, 지닌 유기적인 역량을 바탕으로 기존의 핵심 사업이나 자사에 유리한 신사업에 얼마나 도움이 되느냐를 기준 삼아 판단한다. 즉, 성공을 목표로 삼는 기업은 가장 유망한 경로에 우선순위를 두고 시장에 나온 가장 중요한 자산을 찾아낸다. 이 경로에는 특정 상품, 서비스, 고객층, 최종시장 애플리케이션, 신기술, 또는 경쟁자들이 따라하기 힘든 특정 고객 공략 방법 등이 모두 포함된다.

앞서 예로 든 홈랜드의 CEO 체스 퍼거슨이 모두 100건의 거래 후보를 눈앞에 두고 있다고 해보자. 그중에는 기존의 핵심 사업, 인접 분야, 그리고 홈랜드의 미래 유망 사업 분야에 해당하는 건이 모두 포함되어 있을 것이다. 퍼거슨은 이 후보 명단을 자세히 들여다보면서 수많은 전략적 경로를 파악할 수 있다. 그 결과, 홈랜드 기업의 특성에 맞게 국방부나 CIA, FBI 등 주요 정부 기관을 주요 고객으로 삼거나, 기반 시설 구축이나 군사 분야 시스템엔지니어링 분야와 같은 특정 사업에 우선순위를 두는 전략을 짤 수도 있다.

이와 같은 식의 경로 개발 과정을 가장 잘 보여주는 사례가 바로 '아마존'이다.

아마존:
인수합병의 경로를 창출하다

우리는 제프 베조스Jeff Bezos가 창고에서 조그마한 인터넷 서점을 만들었다는 이야기 때문에, 오늘날 초거대 기업으로 성장한 아마존의 전략적 야망을 쉽사리 망각하곤 한다. 사실 아마존의 야망은 1994년 당시부터 지금까지 그 누구에게도 별로 눈에 띈 적이 없다. 물론 아마존은 지금도 책을 팔지만, 이제는 책과 거의 아무런 상관이 없어 보이는 분야까지 사업 영역을 폭넓게 확장했다. 아마존은 150여 건 이상의 인수 거래를 진행했고(그중 87건은 완전 인수였다), 상위 10건에 쓴 돈만 200억 달러에 달한다. 전자상거래부터 시작해 킨들, 아마존 웹서비스(AWS), 잡화, 알렉사, 커넥티드 홈 사업에 이르는 광범위한 사업군을 형성하는 동안 가장 핵심적인 역할을 담당한 것이 바로 M&A였다.[2]

아마존은 창업 초기부터 겉으로는 자신들의 핵심 사업과 무관해 보이지만 미래 성장 경로를 열어줄 수 있다고 판단한 분야에 투자해왔다. 아마존은 1999년에 이미 홈그로서닷컴이라는 회사의 지분을 35% 인수하면서 식품 사업을 조사한 적이 있었고, 홀푸드를 137억 달러에 인수한 2017년에 이르러서야 비로소 잡화 및 식품 유통 분야에 본격적으로 뛰어들었다. 이 같은 아마존의 인수전략은 월스트리트의 애널리스트들도 미처 이해하지 못하는 경우가 허다하다. 심지어 파이퍼 제프레이Piper Jaffray 소속의 한 애널리스트는 AWS 같은 사업이 아마존의 수익에 방해만 된다고 말하기도 했다.[3]

이 같은 시도를 지속한 결과, 킨들이나 AWS처럼 본격적인 상품이나 사업군으로 자리 잡은 것도 있으며, 기술 및 시장 개발의 교두보 역할을 하는 경우도 나타났다. 예컨대 인공지능(TSO로직스 등), 홈오토메이션 상품(에코 Echo, 링Ring 등), 헬스케어, 미디어, 유통업 투자(인도의 아디티야비를라 Aditya Birla, 윗지그Witzig 등)와 같은 분야가 대표적이다.

아마존은 뛰어난 학습 능력과 고도로 전략적인 인수를 선호하는 성향 덕분에 수많은 사업과 소비자 영역에 침투하여 업계를 선도하고 있다. 때문에 언론인 브래드 스톤Brad Stone은 아마존을 '만물상'이라고 부르기도 했다.

온라인 서점이라는 아마존의 초기 비즈니스 모델은 구매자와 판매자를 한데 모으는 초대형 플랫폼의 기반이 되었다. 1990년대 후반 이후 아마존은 책에서 시작한 상품군을 수많은 소매유통 상품으로 확장해왔고, 여기에는 유기적인 성장('CD나우'와 같은 다른 전자상거래 플랫폼 운영)과 M&A(희귀 장난감 분야의 '백 투 베이직스 토이스', 전자제품 및 가사 용품 분야의 '우트', 유아용품 분야의 '쿼드시', 신발류의 '자포스', 의류 분야의 '샵밥' 등)가 골고루 공헌했다.

아마존은 새로운 카테고리를 추가하는 것 외에도, 쌍방향 온라인 소통 수단으로 출발한 자사의 플랫폼에 외부 공급업체를 받아들여 독자적인 상거래 플랫폼을 제공함으로써 그들이 수백만에 이르는 기존 아마존 고객에게 접근

할 수 있도록 허용했다. 이렇게 되자 기존 고객들도 수많은 신규 공급업체를 활용할 수 있는 혜택을 얻었다. 처음 이러한 신규 공급업체는 비블리오파인드나 익스체인지닷컴 등을 통해 인수한 희귀 절판 도서 취급 업체와 같이 도서 판매라는 핵심 사업과 밀접한 분야에 한정되었으나, 이내 다양한 분야로 광범위하게 확장해갔다.

아마존은 그때부터 여러 가지 경로를 통해 확장을 거듭해왔다. 이러한 시도가 모두 성공한 것은 아니지만, 그럼에도 아마존은 언제나 인수합병을 고도의 전략적인 수단으로 사용해왔다. 아마존은 이미 인접 사업 분야로 확장할 청사진을 그리고 있었고, 때로는 인수 및 투자 후에 몇 년을 기다려야 결실을 볼 수 있는 인접 시장에서 지분을 확보하기도 했다.

예를 들어 킨들 개발 프로젝트의 경우, 제프 베조스와 스티브 케슬Steve Kessel이 하드웨어와 소프트웨어 분야의 경험 많은 컴퓨터 기술자들을 불러 모아 '랩126Lab126'이라는 비밀 연구실을 운영했던 2004년으로 거슬러 올라간다. 그들은 하드웨어 개발을 보완하기 위해 휴대용 단말기 소프트웨어를 갖춘 전자책 출판 플랫폼인 모비포켓Mobipocket까지 인수하고도 3년 후에야 가까스로 킨들을 출시할 수 있었다. 결과적으로 킨들은 단순한 혁신의 차원을 넘어 아마존 플랫폼에 네트워크 효과를 강화해주었다. 실제로 아마존 고객 중 킨들을 보유한 사람의 소비액이 그렇지 않은 사람보다 연간 55%(1,233달러 대 790달러)나 더 많다고 한다.[4]

아마존의 지도원칙

아마존이 M&A를 대하는 방식은 그들의 지도원칙을 충실히 따른 결과다. 아마존은 우선 성장 잠재력을 기준으로 비즈니스 모델과 경로를 파악하고, 해당 분야에 성공적으로 진입하기 위해 어떠한 역량이 필요한지를 진단한다. 그런 다음 필요한 역량을 갖춘 기업을 물색하고 구체적인 기준에 따라 후보 기업을 평가한다. 즉, 아마존은 하나의 거래에만 매달리거나 제삼자가 소개하는 기업에 반응하는 차원을 넘어, 십여 개의 후보 업체를 늘 살펴보는 '상시 체제'를 갖추고 있다는 뜻이다.

요컨대 아마존은 M&A 전략을 전체적인 성장 전략의 핵심으로 삼고 운영해왔다. 잠재력 있는 기업을 전면 인수하든, 혹은 일부 지분을 소유하든, 아마존이 운영하는 M&A는 고객 경험이라는 핵심 역량을 강화하고, 고객의 무한한 선택을 가능케 하는 비용 구조를 마련하며 이를 끊임없이 추진하는 것에 초점을 맞추어왔다.

아마존이 취한 방식은 구체적인 역량을 갖춘 고객 중심 비즈니스 모델로 규정할 수 있는데, 이를 통해 그들은 기존 사업 포트폴리오를 보완하면서 한편으로는 미래 사업도 준비하는 거래를 찾을 수 있었다. 그 결과, 온라인 서점으로 출발한 이 회사는 25년 동안 다방면에 걸친 온라인 시장으로, 나아가 클라우드 서비스와 식품산업, 커넥티드 홈 등을 고루 포함하는 차별적이면서도 서로 연관된 경로를 보유한 일류 기업으로 발전했다.

이 원칙이 뚜렷한 경로를 통해 실제로 적용된 사례는 2014년, 아마존이 가상 비서 알렉사Alexa와 함께 에코라는 스마트 스피커를 선보였을 때다. 아마존의 내부 비밀 연구조직인 랩126이 에코를 개발하기 시작한 것은 2010년의 일이었다. 에코의 주요 인터페이스인 알렉사는 일종의 음성 인식 기능을 갖춘 비서라고 할 수 있다. 아마존은 이 기술을 개발하기 위해 랩126의 하드웨어 기술에 AI 역량을 보강하여 문자-음성 변환, 음성 인식, 자연어 처리 등의 기술을 구현했다.

아마존은 2011년에 엡Yap(음성-문자 전환 기술을 보유한 회사로, 이를 통해 구어를 문어로 변환하는 기술을 보유한 전문 인력을 확보했다), 2013년에는 에비Evi(사용자의 음성 요청을 처리, 반응하는 기술을 보유한 영국의 AI 기업), 그리고 이보나Ivona(문자-음성 전환 기술을 보유한 체코 기업으로, 에코가 자연어 음성을 구사하는 데 크게 공헌함)를 각각 인수했다.

『와이어드Wired』지는 이러한 기사를 게재한 바 있다. "아마존의 초기 계획은 에비의 기술을 활용하여 인공 음성 기반 전자책을 개발하려는 것이었다. 하지만 이렇게 협소한 관점으로 출발한 계획은 나중에 아마존웹서비스AWS와 음성 인식, 고품질 음성합성 기술 등으로 구현되는 새로운 플랫폼이라는 개념으로 발전했고, 여기에 합리적인 가격의 전용 하드웨어가 합세함으로써 결국 2014년에 알렉사 기반의 아마존 에코 스마트 스피커가 탄생했다." [5]

에코는 모든 가정에 진입하는 입구를 마련해주었고, 그 덕분에 아마존은 가정 자동화(이는 곧 홈네트워크 서비스로 급속히 발전했다) 시장에서 애플에 맞서는 강력한 경쟁자가 될 수 있었다. 물론 이러한 결과는 다양한 기업을 인수하여 충분한 상품군을 형성했기 때문에 가능한 일이었다. 아마존은 2017년에 블링크Blink(보안 카메라), 2018년에 링Ring(지능형 초인종), 2019년에는 이로Eero(메쉬 와이파이 라우터)를 인수했다.

이상으로 간단하게 살펴본 아마존 사례를 통해, M&A 전략을 제대로 운영하면 인수기업이 자사의 비즈니스 모델을 강화, 확장하여 자연적인 성장 시나리오를 뛰어넘는 성과를 올릴 수 있음을 알 수 있게 되었다. 더욱 중요한 것은, M&A가 자연적인 발전과 인수 사이에서 전략적 우선순위와 선택을 결정하는 지속적인 노력이라는 점이다. 따라서 인수기업은 시장에 나와 있는 기업과 역량을 모두 파악하고, 이를 바탕으로 경쟁자들이 쉽게 따라 할 수 없는 방식으로 고객을 만족하는 방법을 찾아 나서야 한다. 아마존은 자신의 경로와 원하는 거래를 분명히 선택했고, 가능한 모든 선택지를 꾸준히 검토해왔다.

결론을 짓겠다. 성공적인 M&A는 결코 일회성 노력이 아니다. '항상' 준비된 인수기업은 인내심을 발휘할 여유가 있으므로, 굳이 적극적으로 나서지 않아도 된다. 그들은 시장 상황과 자신이 무엇을, 왜 원하는지 모두 파악하고 있기 때문이다.

거래 후보를 물색하고 우선순위를 정하는 데는 엄청난 노력과 시간이 필요하다. 그러나 그럴 만한 가치는 충분하다. 포춘 500대 기업 중 한 곳의 경영자는 이렇게 말한 적이 있다. "더 많이 살펴볼수록 더 많이 찾아내고, 더 많이 배우며, 더 많은 전략을 시험해볼 수 있습니다."

좋은 소식이 있다. 누구나 제프 베조스나 아마존이 되지 않더라도, 이들이 인수합병을 효과적으로 활용해 핵심 사업의 영역을 뛰어넘어 체질을 근본적으로 바꾸어낸 사례를 통해, 분명하고 '상시적인' M&A 전략이 과연 무엇이며, 그것이 수동적 기업과 어떻게 다른지 알 수 있다는 사실이다.

반응 행동에서 '상시체제'로

가장 준비된 기업이 가장 성공적인 인수기업이라는 사실은 결코 우연이 아니다. 아마존을 비롯해 디즈니Disney, 펩시코PEPSICO, 에코랩Ecolab 등의 경험 많은 인수기업은 거래를 성사하기 전에, 우선 그들의 전략적 대안과 인수 기회를 세심하게 검토하고 가치 창출 잠재력을 충분히 검증하는 단계를 거친다. 그들은 자사의 사업 중에 자연적인 성장에 맡길 부문과 매각할 부문, 그리고 인수를 통해 더 크게 성장할 부문이 어디인지 정확히 알고 있다. 그들이 가장 신뢰할 만한 매수자로서 최대한의 지급 능력을 발휘할 수 있는 이유는, 자신이 원하는 것이 무엇이며 어떻게 하면 목표 기업을 통합할 수 있는지를 잘 알기 때문이다. 결국 M&A를 통한 가치 창출과 성장은, 가장 중요한 거래로 포트폴리오를 구성하는 노력을 꾸준히 기울임으로써 해당 기업의 사업적 우선순위와 전략을 달성한 결과이다.

물론 아마존과 같은 정도의 인수 경험을 지닌 회사는 극히 드물 것이다. 그러나 무경험이 반응 행동의 변명이 될 수는 없다. 인수를 중요한 성장 전략으로 고려하는 기업이라면 인수 열풍의 희생자가 되지 않기 위해 먼저 자신이 수동적 기업인지, '항상' 준비된 인수기업의 면모를 갖추고 있는지를 냉정하게 점검해보아야 한다. 준비된 기업이 되고자 한다면 인수전략을 본격적으로 시작하기에 앞서 이를 혁신 프로세스, 즉 역동적인 변화 과정으로 인식해야 한다. M&A를 통해 성공하고자 하는 회사는 시장을 통해 정렬과 학습, 실행의 과정을 끊임없이 반복할 각오를 다져야 한다.

이 혁신 프로세스는 경험의 유무와 상관없이 앞에서 언급한 성공을 위한 질문에 대답하기 위해 크게 네 단계의 과정을 거쳐야 한다.

1. 자사와 경쟁사의 M&A 현황을 진단한다.

2. 최고 경영진이 전략적 경로 및 우선순위에 관해 의견을 일치한다.

3. 결정된 경로를 통틀어 선택할 수 있는 주요 명단을 정리한다.

4. 우선 주시 대상을 전략적으로 선별하고 상세하게 파악한다.

자사 및 경쟁사의 M&A 진단

기업 성과의 우월성 여부는 투자 수익으로 평가되는 경우가 많으므로, M&A 전략 개발은 우선 해당 기업이 시장에서 차지하는 가치와 투자자로부터 얻는 신뢰를 평가하는 작업에서부터 시작된다. 다시 말해 M&A 전략 개발을 위해서는 결국 그 회사의 현재 경영 가치와 미래 성장 가치(이 내용은 4장에서 상세히 다룬다), 그리고 시장 가치와 투자 기대에 반영된 성장 전망을 모두 이해해야 한다는 뜻이다. 만약 그 내용과 회사의 자연적인 성장 전망 사이에 괴리가 존재한다면 M&A는 이 둘의 틈을 메우는 중요한 역할을 할 수 있다. 기업 차원의 성장 전망은 다시 사업부별로 나누어 생각해볼 수 있고, 이를 통해 전망의 격차를 상세히 밝혀 사업 단위별로 M&A가 담당할 수 있는 역할의 우선순위를 하나하나 따져볼 수 있다.

그중 특정한 경로와 그에 따른 특정 거래는 경영진의 목표와 투자자의 기대를 실현하는 데 훨씬 더 나은 효과를 발휘할 수 있다. 자본은 소중한 것이므로, 각 사업부가 M&A를 통해 성장할 수 있다는 정당성을 확보하기 위해서라도 이 같은 평가 작업이 꼭 필요하다.

또 하나 중요한 일은 경쟁자의 전략적 의도를 평가하는 것이다. M&A 전략이란 마치 '3차원 체스 게임'과 같아서 자사의 역량과 성장 계획만이 아니라, 경쟁사의 과거 거래에 반영된 전략적 의도도 반드시 고려해야 한다. 과거 몇 년간 경쟁사가 수행한 M&A 거래를 잘 살펴보면 업계의 지형도나 사업역량, 규모, 상품 및 서비스, 그리고 표적 고객층 등 많은 정보를 알 수 있다. 이것을 '경쟁자 신호'라고 해보자. 그들의 과거 행동을 유심히 들여다보면 앞으로 어떤 기업을 인수 대상으로 삼고 있는지 어느 정도 유추할 수 있다. 이러한 정보를 모두 확보함으로써, 준비된 인수기업은 경쟁자들이 시장에서 보이는 주요 투자 신호와 그들의 주요 목표를 바탕으로, 업계가 어떻게 움직이는지 더 잘 파악할 수 있다. 아울러 앞으로 인수기업과 경쟁자들이 똑같은 거래를 놓고 치열하게 겨룰 분야가 어디일지도 예측할 수 있다.

그림 2-1은 인수기업이 경쟁사의 거래 패턴과 자사의 거래를 서로 비교함으로써 무엇을 알 수 있는지를 보여준다. 즉, 이 패턴은 경쟁사와 투자자에게 이후에 벌어질 일들을 알려주는 신호인 셈이다. 이 장에서 예로 든 홈랜드 사는, 결과적으로 M&A를 통해 어떤 일을 하고자 하는지를 선택해야만 한다. 인수기업은 우선순위(예컨대 주 소비자층, 역량, 사업 분야, 지형도 등)를 수립하는 과정에서 반드시 마주치게 되는 선택을 위해서라도 다음과 같은 표를 마련해야만 한다.

최고 경영진의 의견 일치

최고 경영진과 이사회는 인수 기회를 검토하기 전에, 먼저 사업의 방향을 결정하는 중요한 전략적 선택에 대한 의견이 일치해야 한다. 여기에는 업계의 경쟁 현황과 변화하는 고객 수요에 맞춰 현실적인 성장 계획과 가장 유망한 성장 기회를 검토하는 과정도 포함된다. 경영진은 어느 고객층과 최종시장, 그

그림 2-1

홀랜드 테크놀로지 사이의 M&A 전략

구분	세부 항목	공군	육군	국방부 정보국 (DIA)	국방정보체계국	국방장관실	해군	국가지리정보국	국가정찰국	국가안보국(NSA)	중앙정보국(CIA)	국토안보부	국무부
시스템엔지니어링	개별 검증												
	연구개발												
	시험 평가		■										
	시스템엔지니어링 서비스		■										
정보기술	웹 기술												
	기업 메시징 시스템/그룹웨어										■		
	어플리케이션 개발												
	지식 경영												
	기업 시스템 관리												
	시스템 통합 솔루션												
보안 시스템 및 인프라	개인별 보안 조사 서비스		■									■	
	네트워크 추적 및 분석		■						■		■		
	컴퓨터 포렌식 및 분석								■				
	비밀 및 보안 구조									■			
	정보 보호				■								
	주요 인프라 보호												
	보안 및 소프트웨어 엔지니어링				■								
	커뮤니케이션 시스템 및 인프라 지원												
	비밀정보 시스템 라이프사이클 엔지니어링												
	첩보활동 지원									■			
	전략 및 전술 정보 시스템									■			
	방첩 활동												

국방부

에 따른 업계 지형 등을 어떠한 상품으로 공략하고자 하는지 결정해야 하며, 이를 어떻게 경쟁자가 따라올 수 없는 방식으로 구현할지도 구상해야 한다.

이 같은 분석을 위해서는 기업의 경쟁력과 약점을 진단하고, 목표 시장에서 성공을 거두는 데 필요한 역량의 우선순위를 파악해야 한다. 경영진은 그동안 자신들이 투자자들에게 어떠한 성장 전망을 제시했고, 이를 달성하기 위해 어떠한 전략과 투자를 약속해서 그들의 신뢰를 얻었는지를 잘 생각해야 한다. 인수 거래처럼 큰 자본 투자가 일어날 때, 투자자는 단순히 회사 규모가 커지는 것 외에도 어떠한 목표를 달성하고자 하는지 고민할 수밖에 없다.

최고 경영진 사이에 의견이 일치되지 않을 때 나타나는 정말 위험한 문제는, 개인별로 옹호하는 거래가 순전히 정치적인 이유로 결정된다는 사실이다. 인수 거래가 어떤 역할을 하는지에 관해 공감대가 형성되지 않으면, 누군가가 열정적으로 설명하는 투자 제안이 특정 개인의 위상을 높여주거나 사내의 특정 영역을 확장해준다고 판단했을 경우, 그쪽으로 마음이 기울 수 있다. 이러한 선택이 초래하는 결과는 실망스러울 가능성이 매우 크다.

거의 모든 이사회나 경영진은 회사의 장기적 방향에 관해 논의할 시간이 너무 부족하다고 호소한다. 미래 성장에 관해 논할 여유 없이 늘 최근 현안에만 매달릴 수밖에 없는 현실은 이사들이 이구동성으로 토로하는 문제점이다. 물론 눈앞의 단기 현안도 매우 중요한 일이다. 그러나 이사진과 경영자들이 여기에만 매달려 미래 비전과 전략을 수립하고 이를 꾸준히 점검하는 일을 소홀히 할 수밖에 없다는 점은 여간 큰 문제가 아니다.

그러한 미래 비전 없이는 성장 목표를 기존 사업을 통해 달성할 것인지 인수를 동원할 것인지, 혹은 그 둘의 균형을 추구할 것인지 결정하기가 매우 어려워진다. 이 문제는 이사회와 경영진이 꾸준히 대화하는 것 외에는 다른 방법이 없다. 그 과정을 통해 모두가 공감하는 인수합병의 논리적 근거(특히 경로에 관한 우선순위)와 잠재적 후보를 선별할 1차 기준을 수립할 수 있다. 그러면 갑자기 인수 후보 기업이 나타나더라도 최소한 시간을 들여 그 기업을 평가할 만한 가치가 있는지 판단할 전략적 기초는 마련된 셈이다. 과거 인수 거래의 성공과 실패를 진단하는 일은, 업계가 변화하는 흐름을 점검하고 미래를 위해 전략을 수정해야 할 부분이 어디인지 논의해볼 수 있도록 돕는 소중한 자료가 된다.

비즈니스 리더라면 누구나 장차 핵심 사업으로 삼고자 하는 각자 선호하는 인접 분야가 있다. 그렇다면 그 모두가 논의와 검증의 대상이 되어야 한다. 인수기업은 '오늘의 인접 분야가 내일의 핵심 사업이 될 수 있다'는 점을 알아야 한다. 얼핏 너무나 당연해서 간과하기 쉽지만, 이 명제는 주의 깊게 살펴볼 필요가 있다. 인수기업으로서는 그런 인접 분야들이 매우 매력적인 성장 동력으로 보일 수도 있지만, 어떤 분야든 한번 발을 들여 시너지를 창출하기 시작하면 지금까지 만나본 적 없는 전혀 새로운 경쟁자들을 상대할 수밖에 없고, 그들 역시 결코 가만히 앉아 있지만은 않을 것이다.

대표적인 사례로 1993년에 퀘이커Quaker가 스내플Snapple을 인수하러 나섰던 일을 들 수 있다. 퀘이커가 스내플을 상온 음료 시장에서 가장 큰 위협이라고 선언한 순간, 그들은 유통매장의 선반 공간을 두고 코카콜라, 그리고 펩시콜라와 일대 혈전을 벌일 운명을 자초한 셈이었다. 코카콜라와 펩시콜라는 거의 하룻밤 사이에 스내플의 전체 마케팅 예산을 뛰어넘는 규모의 마케팅 캠페인을 발표해버렸다. 이런 갑작스러운 사태를 피하는 최선의 방책은 바로 경쟁자의 반응을 미리 내다보는 안목을 기르는 것이며, 모든 M&A 전략에 요구되는 능력이다.

아마존 역시 새로운 경쟁자를 마주할 수많은 경로 중에 어느 곳을 선택할 것인가 하는 문제를 겪어야 했다. 다른 소비재 상품의 판매부터 전자책, 유통 잡화, 웹서비스 등에 이르기까지 말이다. 물론 아마존도 인접 분야에서 핵심 사업으로 바뀔 시장에 진입하는 데 인내심을 보여주기도 했고, 또 과감하게 자본을 투자하기도 했지만, 장기적으로 보면 그들의 전략적 결정에 지침 역할을 한 것은 언제나 고객에 몰두하는 태도였다. 아마존의 경영자는 어떤 시장에서든 끊임없이 고객에게 집중하는 태도야말로 지속적인 경쟁 우위를 제공한다는 믿음을 저버린 적이 없다. 그들의 이런 태도는 결국 옳았던 것으로 드러났고, 그 덕분에 아마존은 각각의 사업에서 두각을 나타냈으며, 어마어마한 회사들을 접근조차 하지 못하게 만들었다. 예컨대 웹서비스 분야에서 AWS는 마이크로소프트, IBM 등의 회사를 제치고 시장점유율 선두를 굳건히 지켰다. 베조스는 이렇게 말했다. "경쟁자들이 우리의 움직임에 집중하게 내버려 둔 채 오직 고객에게만 집중한다면 결국 우리가 옳았다는 것이 증명될 것입니다."[6]

더구나 분명하게 합의된 M&A 전략 우선순위를 도출하지 못한 채 '성장에 관한 수많은 아이디어'만 앞세운다면, 목표 기업을 실사하는 과정에서 '전략' 문제로 어려움을 겪을 수밖에 없다. 시장 검증 단계에서 필요한 가정을 뚜렷이 정의하기 어려워지기 때문이다. 해당 기업을 실사하는 과정에서조차 도대체 왜 이 거래를 진행하고 있는지 혼란을 겪는 일이 심심찮게 벌어진다.

결정된 경로 중심의 주요 명단 작성

그물을 넓게 던진 다음, 경영진은 핵심 사업이든, 인접 분야든 경쟁과 성장을 결심한 분야의 주요 인수 후보 기업 명단을 작성해야 한다. 이 작업의 목적은 모든 가능성을 검토하고 학습하는 것이며, 목표는 해당 시장의 모든 기업의 적합성을 파악함으로써 경영진이 미처 검토하지 못한 기회를 외부의 누군가가 이용할 수 없게 하는 것이다.

이후 조사를 진행하는 과정에서 주요 기업과 신생 기업이 모두 드러나면, 경영진은 확실한 1차 명단을 확보할 수 있다. 다음 단계는 향후 선택에 영향을 미칠 고급 정보를 검토하는 것이다. 이를 통해 후보 명단을 한층 더 유의미하게 다듬을 수 있다. 이 단계에서는 후보 기업을 파악하는 데 가장 도움이 되는 정보만을 수집해야 하며, 이는 규모와 위치, 주식 공개 여부, 또는 모기업을 둔 계열사인지 여부 등이다. 이 과정을 진행할수록 검토 대상 기업을 가장 잘 파악할 수 있는 정보만 모이게 된다.

이 과정은 한 번에 끝나지 않는다. 시간이 지나면서 경쟁사가 후보 명단에 있는 기업을 인수할 수도 있고, 신규 기업이 등장할 수도 있으며, 급성장하는 기업이 거래 후보를 두고 경쟁자로 나타날지도 모른다. 이런 일을 한 번도 해보지 않은 기업의 경우, 우선순위로 꼽은 시장에 얼마나 많은 후보 기업이 존재하는지 안다면 아마 깜짝 놀랄지도 모른다. 명단을 가만히 들여다보면 본격적인 선별작업에 들어가기 전에 지금까지 생각해본 적도 없는 기회의 집합들이 존재한다는 사실을 알 수 있다. 물론 이러한 경험도 잠재 후보를 선별하고 선택하는 과정에서 배워야 하는 일 중 하나다. 그러한 후보 집합은 우리 회사가 선택하는 경로에 나타나는 또 다른 M&A 전략에 해당한다.

경로에 관해 알아야 할 점: 주요 명단을 조사하고 작성하다 보면 이내 깨닫게 되는 사실이 있다. 만약 핵심 사업과 인접 분야로 나누어 검토할 우선순위를 세워놓지 못한 경우, 수많은 경로에 걸쳐 수천 개의 잠재적 후보가 난립하는 사태를 마주하게 된다는 점이다. 주어진 경로 내에 얼마나 많은 M&A 전략이 존재하는지 알아보기 위해 여러 개의 경로를 고려하는 일이 꼭 나쁘다고는 볼 수 없으나, 그보다는 미리 우선순위를 설정하는 게 훨씬 더 바람직하다. 그렇지 않으면 마주칠 문제가 있기 때문이다. 과거 실패로 돌아간 M&A 사례를 보더라도, 여러 분야로 분산되고 통합되지 않은 채 진행된 거래는 경영진에게 일관된 M&A 전략이 없다는 것을 보여주는 신호가 될 뿐이다.

'경로'는 '선별 기준'이 아니라는 점을 이해하는 게 중요하다. 다시 말해, 어떠한 기업이라도 핵심 사업과 인접 분야, 그리고 신사업 등에서 여러 가지 경로를 추구할 수는 있지만, 수많은 인수 후보를 조사하고 선별하기 전에 먼저 특정 분야에 진입할 것이며, 그곳에서 필요한 경쟁 우위는 무엇인지에 대해 힘든 결정을 내려야 한다.

경로든, 구체적인 선별 기준이든 둘 다 전략적 선택이라는 점에서는 같다. 그러나 핵심 사업이나 잠재적인 인접 분야에서 광범위한 전략적 경로의 우선순위를 설정하기도 전에 이 둘을 한데 섞은 뒤 수많은 후보 기업을 선별하기 시작한다면, 시간이 지날수록 경로에 관한 문제가 반드시 불거질 수밖에 없다. 선별 과정에서 제안된 어느 표적 기업에 관한 전략을 누군가가 나에게 묻는다면, 그 기업의 전략을 이제부터 찾아야 한다는 점을 강력히 시사한다. 이는 애초에 경영진이 분명히 이해하고 설명할 수 있는 전략이 없었다는 뜻이기 때문이다.

경로와 선별 기준을 혼동하면 나중에 가서야 전략적 우선순위가 수립되었느냐는 문제가 대두된다. 전형적인 "비용을 지금 치르느냐, 나중에 치르느냐."라는 문제다. 힘든 선택을 미리 해두지 않은 채 특정 인수 거래를 논의하다 보면 나중에 가서야 전략 기반이 내가 생각하던 것과 전혀 다르다는 사실을 알고 당황하게 된다. 더 심한 경우, 그런 우선순위를 미리 수립해두지 않으면 인수 거래가 경영진 중에 더 힘센 사람이 원하는 대로 휘둘리는 정치 논리가 개입해서 결국 기업의 이익과 상관없이 흘러갈 수도 있다.

후보 명단에 대한 전략적 선별 과정

후보 기업이 모두 파악되면, 준비된 인수기업은 명단을 더욱 자세히 살펴보며 후보 범위를 좁히는, 이른바 전략적 선별작업을 착수해야 한다. M&A 전략이 성장 경로에 우선순위를 부여하는 것이라면, 후보 선별작업은 그 경로 내에 존재하는 거래 기회를 검증하여 우선순위별로 포트폴리오를 만드는 과정이다.

이 일이 단지 기계적으로 이루어진다고만 생각하면 큰 오산이다. 물론 예전에는 그렇게 진행했었다. 예컨대 특수 화학 기업 100군데의 명단을 추린 다음, 규모, 지형, 나아가 혹시 그 기업이 운영하는 사업 중에 원치 않는 분야가 있는지 등을 포함한 9개의 선별 기준을 적용하고, 각각의 기준별로 가중치를 부여한다. 그다음에는 보조 작업자가 명단에 오른 모든 거래 후보에 대해 9개의 가중된 기준값을 근거로 1점부터 10점까지 점수를 매긴다. 이로써 마침내 짧은 명단이 완성된다.

물론 이 선별 방식에는 가중치나 점수가 조금만 바뀌어도 명단이 완전히 달라진다는 문제가 있으므로 제대로 된 방법이라고는 볼 수 없다. 우선, 이런 일을 한 번도 해보지 않은 사람이 기준을 선택하는 데 필요한 모든 사항을 미리 아는 것은 불가능하다. 선별작업은 전략적, 경영적 선택과 관련된 매우 조직적인 과정이며, 명단의 폭이 좁아질수록 더욱 깊고 세밀한 작업이 된다.

사실 이 작업은 경영진이 전체 프로세스 중에서 가장 어려워하는 부분이기도 하다. 인수기업의 경쟁과 성장에 꼭 필요하다고 생각하는 자산에 관한 힘겨운 선택이 모두 이 단계에 집중되어 있기 때문이다. 어느 하나를 선택하면 매력적으로 보이는 다른 선택지를 포기해야 한다는 점을 인정해야 한다. 경영진은 특정 경로를 선택하는 전략적 우선순위를 두고 논쟁을 벌일지도 모른다. 그러나 선별작업은 그 자체가 중요한 전략적 선택으로, 경영진과 이사회가 애초에 왜 특정 기업에 우선순위를 부여했으며, 다른 기업은 배제했는지를 파악하는 데 도움이 된다. 선별 과정은 모두가 동의한 기준에 따라 적합한 기업을 선택하고 부적합한 기업을 배제하는 것이다.

1차 선별작업은 기업의 폭넓은 전략적 필요와 일치하는 규모나 지형도 등에 따라 이루어질 것이다. 이후에는 더욱 심층적인 선별 과정에서 구체적인 상품군, 목표 고객, 연구개발 및 제조 능력, 기반 시설 위치, 경영 경험 등을 검토하게 된다. 경영진은 이러한 기준을 마련하는 과정에서 그들의 전략적 우선순위를 더욱 정교하게 가다듬게 된다. 모든 후보 기업을 검토하는 과정에서 업계 상황을 얼마나 많이 파악할 수 있는지 깨닫고 그들 스스로 놀라는 경우도 많다. 아울러 이 과정에서 부적합한 후보가 검토 대상에서 제외되므로 잘못된 거래를 할 위험이 낮아진다고 볼 수도 있다.

선별 과정의 후반부로 접어들어 남아있는 후보들의 면면이 상세하게 드러나면, 합병 후 통합 과정이 쉬울 것이냐 곤란할 것이냐가 보다 중요한 문제로 대두된다. 그 단계에서는 문화적 적합성, 고용 및 공급자 계약, 지형도 및 고객 집중, 유통 격차, 관리 수준 등과 같은 잠재적 변화 위험이 밝혀짐에 따라 후보 기업들 사이의 차별성과 가치 창출 가능성 등을 파악할 수 있다. 통합에 따르는 위험과 기회를 미리 평가하지 않으면 시너지 잠재력(확률 추산과 시너지 발생 시점 등이 포함된다)이 있다 하더라도 이에 관한 복잡한 재무 분석은 도저히 불가능해진다. 준비된 인수기업은 선별 과정에서 이미 이 같은 검토를 시작한다. 인수 거래에는 저마다 다른 통합 문제가 존재하고 이는 기업실사와 평가 과정, 나아가 해당 후보를 계속 검토해야 하느냐 여부에까지 직접적인 영향을 미치게 된다.

시장과 해당 기업의 성장성 면에서 매력적인 거래 후보를 제안하는 데 능한 주체가 바로 '은행'이다. 그러한 기업이 당장은 매력적으로 보일 수 있지만, 모두가 동의한 사업 전략과 어긋나거나 통합 과정이 대단히 어려워 인수기업의 관점에서는 부적합한 경우가 많다. 이러한 차이는 훗날 최적의 거래를 가려내는 섬세한 선별 단계에서 더욱 중요해진다.

이 같은 작업의 결과물은 가장 매력적이고 실현이 가능한 인수 대상 후보 명단으로, 이를 바탕으로 더욱 자세하고 지속적인 검토를 진행할 수 있다. 아무리 명단에 오른 후보의 수가 적어도, 각각의 기업에는 저마다 다른 이점과 기회를 제공하는 전략적 차이점이 존재한다.

후보 명단을 거래 전략에 따라 묶어서 관리할 수도 있다. 대규모 플랫폼 거래를 먼저, 소규모 개별 거래를 나중에 검토하거나 두 순서를 바꿀 수도 있다. 후보 명단을 작성해두면 잠재 후보를 검토하거나, 더욱 폭넓은 M&A 프로그램을 탐색할 기회를 쉽게 확보할 수 있다. 이는 경쟁 환경이 바뀌거나 잠재적 시장파괴자가 등장해서 다른 거래를 성사하게 되더라도 마찬가지다.

때로는 심각한 논의나 뜨거운 논쟁이 벌어질 수도 있다. 그러나 회사가 추구하는 바와 경쟁에 도움이 되는 지침을 대체할 수 있는 것은 아무것도 없다. 결국 경영진은 자사의 경쟁 환경과 고객 가치 창출에 필요한 요소, 그리고 사업의 진정한 우선순위 등을 모두 깨닫게 될 것이다. 아울러 이 과정에서 경영진은 인수 거래에 관해 좀 더 합리적이고 신뢰할 만한 스토리를 개발하여 이 사회와 투자자, 직원에게 전달할 수 있다. 이제 목표 기업이 하나씩 나올 때마다 급히 대처하는, 이른바 '수동적 기업'이 이 게임에 도저히 상대가 안 된다는 사실이 분명해졌을 것이다.

결실을 거두다

준비된 인수기업이 되는 일은 프로젝트의 실행보다는 혁신을 추진하는 것과 더욱 가깝다. '상시 준비 체제'라는 말은 일련의 우선순위 후보를 갱신하는 작업을 M&A 전략의 일부로 삼는다는 것을 뜻한다. 이를 통해 부적합한 거래에 자원을 낭비하는 일을 막을 수 있다. 다른 사람이 원하는 일정에 끌려다니는 것이 아니라 스스로의 M&A 프로세스와 일정을 주도할 수 있다. 즉, 거래를 성급하게 서두르지 않아도 된다는 뜻이다. 중요한 거래와 피해야 할 거래를 구분할 수 있고 그 이유를 알 수 있다. 평가 작업과 협상이 시작되기도 전에 이미 실행과 통합에 관한 문제를 거론할 수 있고, 이러한 현황 파악 과정을 이용하면 성장 경로와 대안 거래 가능성도 진단할 수 있다. 이사회와의 사이에 구축된 신뢰를 바탕으로 여러 후보 중에서 다른 적합한 대상을 찾는 과정도 효율적으로 관리할 수 있다. 마지막으로, 더욱 개선된 튼튼한 투자 논리를 구성하고 이를 기업실사 과정에서 검증할 수 있다(3장 참조).

사업부마다 수십 명의 지원인력을 둔 경험이 풍부한 인수기업이라 해도 그들이 검토하는 후보 기업 중 10에서 20%의 거래만 성사되는 것이 보통이다. 게다가 후보 기업 중 다수는 지금 당장 매수할 형편이 안 되는 경우가 많다. 이렇게 확률이 낮다는 사실만으로도 모든 후보 중에서 현명한 대안을 찾는 '상시체제'가 얼마나 중요한지 알 수 있다. 그뿐만 아니라 특정 거래를 하나하나 살펴보는 대신 전략적 의도에 맞는 바람직한 기업 포트폴리오를 구성하여 검토할 수 있다.

다시 말해, 거래를 놓치지 않기 위해서가 아니라 성공을 거두려는 목적으로 M&A를 진행할 수 있다.

지금까지 설명한 프로세스를 그대로 따르는 경영진이 꼭 적극적인 인수기업이 될 필요는 없다. 그들에게는 훌륭한 대안이 마련되어 있기에 충분히 기다릴 여유가 있다. 후보 기업 여러 곳과 협상을 진행하면서 가장 가치가 큰 기업이 어디인지도 살펴볼 수 있다. 협상을 진행할수록 각 기업의 면면을 더 자세히 파악할 수 있기 때문이다. 실제로 2000년에서 2002년, 그리고 2008년부터 2009년까지 주식 시장이 붕괴하던 시기에도 오히려 이들 기업은 유리한 위치에서 매우 가치 있는 기업을 매수했던 전례가 있다.

이 같은 과정을 꾸준히 지켜보는 것만으로도 경영진은 경쟁자들이 어떠한 거래를 하고 있는지 파악할 수 있고, 이를 바탕으로 그들의 성장 목표와 경쟁 의도를 이해하는 데 도움받을 수 있다. 또한 그들은 경쟁 관계에서 중요한 인수 후보 명단을 이미 확보하고 있으므로, 경쟁자들이 시도하면 즉각 반응해야 하는 거래가 어느 것인지도 알고 있다.

준비된 기업이 되기 위해서는 조직의 다차원적인 노력이 필요하지만, 그 결과물은 각 계층의 직원이 맡은 바 책임을 완수하는 데 분명히 도움이 된다(아래 'M&A 프로세스 관리구조'를 참조하라). 무엇보다 일치된 의견과 '상시체제'를 갖춘 경영진이야말로 기업이 성공적으로 발전하는 데 가장 핵심적인 요소이다. 인수가 발표될 때 투자자가 주식을 사고 주주 수익이 장기적으로 성장하는 가장 큰 요인도 바로 경영진의 자세라고 할 수 있다.

인수 기회가 눈 앞에 펼쳐지기 전에 앞서 전략적 M&A 프로세스를 정확히 문서화해야 한다고 고집하는 이사들은 단순히 CEO가 주요 거래를 선언하는 데 있어 마지막 걸림돌이 되는 사태를 피할 수 있으며, 따라서 본연의 임무에 더욱 충실하게 임할 수 있게 된다. M&A 프로세스를 고안하고 실행하는 사업 담당 경영진이라면 그들이 추진하는 거래의 성공 가능성이 커질 경우 분명히 만족스러워할 것이다. 한편 주주들 역시 복잡하게 급변하는 사업 환경을 회사가 아주 현명하게 선도해나가는 것을 반길 것이다.

진정한 M&A 전략이란 거래 그 자체가 아니라 어떻게 가치를 창출하느냐에 관한 문제이며, 한편으로는 사업 환경을 배우고 익힘으로써 전략을 재점검해보는 과정이기도 하다. 전략적 우선순위에 관한 논의 역시 최고 경영진이 꾸준히 의견을 일치하는 과정에서 이루어지는 일이다. 그리고 이것은 경영진을 향한 투자자와 직원, 이사회의 신뢰에 더욱 힘을 실어주는 역할을 한다.

M&A 프로세스 관리구조

최우선 후보 기업 명단을 확보하여 인수를 검토 중인 기업일지라도 M&A의 전 과정을 관리할 규칙과 실행방안이 없다면 거래를 성사하기가 매우 어려워진다. 공식적인 관리구조가 없다면 강력한 힘을 지닌 경영진은 설령 회사에 독이 되는 거래라 해도 힘으로 밀어붙일 수 있다. 지나치게 비대한 위원회가 존재하는 경우라면 서로의 이해가 충돌하여 미처 사안을 찬찬히 살펴보기도 전에 거래가 무산될 수도 있다. 절차와 계산법이 서로 다르면 혼란을 부추기게 된다. 사업부별 경영자들은 자신들의 노력이 아무 소용이 없다는 것을 깨닫고는 아예 거래 검토를 중단해버릴지도 모른다.

관리구조 프로세스가 으레 그렇듯이, 여기에서도 M&A의 각 단계에서 발생하는 업무 범위, 각 단계에 참여하는 인원, 그들의 의견을 모으는 과정, 이때 공유되어야 할 지식, 명확한 결정 권한과 책임, 그리고 그 결정에 필요한 논리와 안정적인 기준을 파악하는 것이 가장 바람직하다.

여기서 꼭 필요한 것은 구체적인 절차와 역량 있는 리더십을 바탕으로 효과적인 조직을 구성하는 일이다. 이 같은 요소가 모두 더해진 M&A 프로세스는 누구라도 그대로 따라 하기만 하면 반복적으로 성과를 발휘할 수 있다. 즉, "이것이 우리가 인수 거래를 추진하는 방식"이라고 말할 수 있다는 것이다. 성공적인 인수기업에는 모든 사람이 따라 할 수 있는 훌륭한 M&A 각본이 마련되어 있다.

예를 들어 M&A 전략은 CEO로부터 시작되어 고위 경영진, 기업 개발팀, 각 사업부 책임자, 이사회 등이 공유한다. 이들은 전사적 전략에서 M&A가 차지하는 역할을 함께 고민하고, 이를 통해 경영진은 기업의 성장을 위해 감수해야 할 위험의 수준과 M&A의 목적을 합의한다. 이러한 지침은 기업과 사업부 차원에서 경로의 우선순위를 결정하는 기초가 되고, 나중에는 인수 후보 명단을 확보하고 선별하는 데 필요한 1차 기준이 된다. 여기에는 특정 거래에 관한 사례가 쌓일수록 여러 기업의 전문가들이 관여할 가능성이 크다.

이후 진행되는 각 단계는 모두 직전 단계의 분석에 의존할 수밖에 없다. 새롭게 등장하는 이해당사자는 앞선 사람들이 성취해놓은 일을 기초로 삼게 된다. 거래 전에 일어나는 단계는 하나하나가 뚜렷한 결정의 관문으로, 다음 단계로 나아갈지 혹은 거래를 중단할지를 판단하는 기준이 된다.

인수기업은 M&A에 관련된 활동을 얼마나 중앙집중형으로 관리할 것인지 결정해야 한다. 본사와 사업부와 관계에서 경영진의 구체적인 역할과 책임은 어디까지인가? 거래 모델을 결정하는 권한은 누구에게 있는가? 각 단계의 보고 체계는 어떻게 되는가? 필요 인력의 역량과 지위는 정의되었는가? 외부의 지원은 어느 단계에서 필요하며, 이것은 누가 결정하는가?

M&A 프로세스는 시종일관 구체적인 절차와 결정 권한이 필요한 일이다. 거래에 관하여 반드시 다루어야 할 이슈는 무엇인가? 다음 단계로 넘어가기 위해 승인이 필요할 때는 언제이며 승인 주체는 누구인가? 각 단계 사이에 어떠한 지식이 전달되어야 하고, 어떠한 정보의 보안을 유지해야 하는가? 그 주체는 누구인가? 경영진과 이사회는 언제 어느 주제로 의사소통해야 하는가?

이러한 주제와 질문이 비록 기초적인 것으로 보일 수 있지만, 오히려 근본적인 문제로 간주하고 다루어야 한다. 모든 구성원이 동의한 M&A 전략의 목적에 부합하는 분명한 프로세스가 있고, 그에 따른 역할과 책임이 잘 정의된 회사는 경쟁사의 M&A 동향을 관찰하며 인수 대상을 꾸준히, 그리고 적극적으로 관리해나갈 수 있다. 프로세스의 각 단계에서 각 주체가 발휘하는 주인 정신과 책임 의식, 여기에 M&A 성장 논리를 근거로 한 평가 기준이 더해지면 인수기업이 정치 게임에 휘둘리는 일 없이 가장 중요한 거래를 성사하여 가치를 창출하는 길로 나아갈 수 있다. 이것이 바로 '상시체제'의 성과이다.

3장
/
실사 작업
합리적인 거래를 위한 재무, 영업, 경영 분야 실사

매도자는 매수자에게 미래 매출과 이익에 관해 장밋빛 전망을 제시하기 마련이고, 그럴만한 이유도 충분하다. 거의 모든 회사의 주주 가치는 미래 성장 기대치에 근거하기 때문이다. 인수기업으로서는 기존 사업의 안정성이든, 매출 성장 가능성이든 모든 면에서 미래는 불확실한 것뿐이라는 현실을 인정해야만 한다.

그 결과, 인수기업은 기존 사업과 해당 기업의 독립적인 미래 성장 잠재력에 대해 실사 작업을 병행해야 한다. 왜냐하면 인수기업이 치르는 돈은 이 모두를 매수하는 것이기 때문이다. 여기에 프리미엄도 치러야 한다. 기업이 인수합병 게임에 뛰어들면 잠재적 성과의 일부에 대해 선불 프리미엄을 치르게 된다는 점을 명심해야 한다. 잠재적 성과란, 거래를 통해 시너지가 발생함에 따라 새롭게 합병된 사업부의 내부 효율이 향상되고 시장에서 성장률과 수익이 모두 향상되는 것을 말한다. 하지만 그뿐만이 아니다. 인수기업은 투자자들의 소중한 자본에 대하여 자본 비용 수익을 벌어들여 그들을 만족시켜야 한다.

기업실사를 통한 분석작업은 목표 기업의 실제 현황을 들여다보고 재무, 영업, 경영 측면의 주요 내용을 파악하여 혹시 심각한 문제점은 없는지 확인하는 것이 목적이다. 실사작업을 성실히 수행하면 평가모델에 사용될 타당한 모델과 입력 정보를 도출할 수 있고, 이후의 통합 과정에서 나타날 문제점을 미리 짚어볼 수 있으며, 이를 통해 인수 거래의 가치를 실현할 수 있다. 결국 실사작업이란 인수 거래의 투자 논리, 즉 가치 창출 논리와 실제로 구현하는 방법을 검증하는 과정이다. 경영진은 이 결과를 바탕으로 이사회를, 나아가 투자자를 설득할 수 있어야 한다.

우리가 경험한 바에 따르면, 성공적인 인수기업은 훗날 과도한 값을 치르게 될 거래를 중도에 포기하는 일에는 미련이 없지만, 실사 과정에서 미처 가치를 못 알아본 기회를 다른 누군가에게 뺏기는 것은 극도로 싫어했다. 이 책에서 제시하는 방식은 제안 가격에 관한 감각을 증진하고, 최대 입찰가에 관한 확신을 증대하며 손실 위험을 최소화하기 위한 것이다.

준비된 인수기업은 자신이 확보한 후보 명단을 꾸준히 검토함으로써 이득을 본다. 오랜 시간에 걸쳐 기업의 현황과 경영진의 역량, 시장 흐름, 고객 수요의 변화 등에 관하여 수많은 지식을 습득하고(개별 거래를 초월하여) 이를 통하여 자사의 사업 전반을 개선하고 지속적인 사업 개발에 적용할 수 있기 때문이다. 이와 달리 수동적 기업은 후보 기업이 나타나더라도 제한된 시간 내에 거래를 서두르게 되므로 일을 제대로 하기가 어려울 수밖에 없다. 이 장은 준비된 기업과 수동적 기업 모두에게 도움이 되는 내용을 다룬다.

흔히 실사 과정은 인수기업이 '편하게' 일을 처리하는 데 도움이 된다고 알려져 있다. 실제로 전략에 충실한 실사 과정은 인수기업이 거래를 진행하는 데 확신을 안겨준다. 물론 거래를 철회하는 데도 도움이 된다. 거래 대상 기업이 수익 성장에 도움이 되는지, 과연 비용을 치를 가치가 있는지, 또 해당 기업의 독립적인 가치평가와 시너지를 고려한 평가 사이에서 기존 매출이나 비용 개선을 혼동하는 함정을 피할 수 있는지 등을 판단하는 데도 도움이 된다. 실사 작업은 합병된 기업의 전략적 비전과 경영모델, 통합 설계 과정 등의 토대가 된다. 나아가 인수기업과 목표 기업, 그리고 거래를 추진한 조언자들의 기존 관념에 의문을 제기하며, 거래가 실제로 전략적인가 하는 질문과 여기에 들어가는 자본을 변호하는 논리에 객관적인 시각을 부여해준다.

재무 실사(financial due diligence, FDD)가 회계상의 왜곡을 제거하여 사업 현황의 기초를 정확하게 이해하는 과거지향의 조사 활동이라면, 영업 실사(commercial due diligence, CDD)와 경영 실사(operational due diligence, ODD)는 각각 기존 사업의 안정성과 매출 성장 및 비용 구조 개선의 가능성을 조사하는 미래지향적 활동이라고 할 수 있다. 이러한 세 가지 측면은 현재에서 서로 만나 목표 기업을 파악하는 3차원의 그림을 그려낸다. 그 기업이 과거에 어떤 성과를 올렸는지, 지금 보여주는 사업 성과를 장래에도 계속 유지할 능력이 있는지, 미래 성장 잠재력은 어느 정도인지, 그리고 소유주가 바뀌었을 때 발생할 비용과 매출 시너지는 어떤지 등을 한눈에 볼 수 있다.

물론 기술 및 경영상의 세금 문제도 조사해야 하는데, 이 주제는 그 자체만으로도 몇 장을 할애해야 할 정도로 중요하다. 전략적 매수자가 세무 실사를 시도하는 이유는 혹시 모를 세무상의 위험 요소를 밝혀내어 매수 가격에 반영하기 위해서이다.[1] 거래 전 세무 실사는 거래 후 합병 기업의 가치를 확정하기 위해서라도 꼭 필요한 작업이다. 여기에는 특정 법인을 합리화하거나 공급망을 통합하고 정렬하는 작업, 지식재산권 이력을 재설정하여 세무 구조를 유리하게 만드는 일 등이 포함된다.

요컨대 FDD와 CDD, ODD는 경영사례를 검증하여 매수 가격을 뒷받침하기 위해 수행하는 것이다. 따라서 이러한 일을 합병 후에야 논의한다는 것은 전혀 사리에 맞지 않다는 사실을 명심해야 한다.

재무 실사(FDD): 숫자를 더욱 엄격하게 들여다보라

재무 실사, 즉 FDD는 인수 대상 기업의 현황에 관해 재무감사 보고서에 반영된 것 이상의 정보를 제공해준다. 따라서 이 과정에서 회계 규칙으로 둘러싸인 실제 의미를 해석해야 할 때도 있다. 회계 규칙은 목표 기업이 일상 업무를 영위하는 데는 절대적으로 타당하지만, 실질적인 영업 흐름을 파악하는 데는 별로 도움이 되지 않는다(예컨대 일회성 업무, 회계 정책의 변화, 기간 외 조정 등). 반복적이지 않거나 비현금성인 항목, 또는 핵심 사업과 관계없는 일을 파악하면 이른바 이익의 질(quality of earnings, QoE)을 진단하는 데 도움이 된다. QoE란 일반적으로 이자, 세금, 감가상각, 할부 상환 등을 공제하기 전의 이익(EBITDA, 세전영업 현금흐름)을 뜻하는 것으로, 목표 기업을 핵심 사업 중심으로 파악하는 데 유용한 지표다.

왜곡을 제거한 매출 이력, 운영비용 흐름, 운전자본, 자본지출(CAPEX, 또는 설비투자) 등은 목표 기업 측이 제시하는 경영 전망을 정확하게 평가하는 출발점, 또는 기초가 될 뿐만 아니라 이를 토대로 다시 매출과 EBITDA를 높은 신뢰도로 예측할 수도 있다.

정확한 FDD가 없으면 재무회계가 알려주는 미묘한 내용을 놓치게 되므로, 인수기업이 경영상황을 올바르게 파악하는 데 한계가 있어 다른 실사 작업에서 일관성과 신뢰도를 확보하기가 어렵다. 예를 들어 목표 기업의 독립적인 EBITDA를 과다 계산하면 인수 거래의 가치를 계산하는 기초수치가 과장된 셈이므로 합병 후 기업의 성장과 시너지 예측도 어긋날 수밖에 없다.

모든 기업의 재무 상황은 감사와 공인의 대상이지만, 겉으로 드러나지 않는 지뢰가 숨어있는 경우도 허다하다. 재무회계에는 지급준비금 추정치나 매출을 인식하는 시점과 방법 등에 관한 판단이 포함되므로 명시된 수익에 큰 영향을 미치게 된다. 감사의 목적은 경영진이 제시하는 기업의 재무성과가 일반회계원칙(GAAP)에 부합하는지 확인하는 것이지만, 그렇다고 재무감사 보고서가 인수기업이 관심을 기울일만한 중요한 이슈를 모두 파악한다고 볼 수는 없다. 감사가 숫자를 확인하는 작업이라면, FDD는 그 숫자의 의미를 밝히는 작업이라고 볼 수 있다. 감사는 결과를 검증하는 반면, FDD는 결과의 의미를 설명해준다.

이렇게 생각해보자. 한 기업을 매수하는 일은 집을 한 채 사는 일과 별로 다르지 않다. 거래를 철회할 수도 있고, 가격 절충을 시도할 수도 있으며, 특정 조건에 관해서만 계약 조정을 요구할 수도 있다.

FDD는 인수기업이 전혀 알아채지 못하고 거래를 성사할 수도 있었던 사실들을 알려주기도 한다. 매도자 측으로서는 그들이 아는 내용을 모두 알려줄 의무는 없다(애초에 그들이라고 모든 일을 다 아는 것도 아니다). 때로는 어떠한 계약 한 건으로 이와 같은 내용이 드러날 수도 있다. 예컨대 노사 단체협약 갱신이 임박하거나, 고용이나 임대 협약이 바뀐다거나, 연금제도의 필요 자금이 법적으로 증가하는 등의 일이 계기가 될 수 있다는 것이다. 인수기업으로서는 이 같은 사태가 갑자기 발생하여 당황하기 전에 미리 정보를 파악해두는 것이 더 좋다.

FDD는 예상치 못했던 사실을 드러냄으로써 목표 기업의 재무적 성과를 더 깊이 이해할 수 있게 해주므로 최초의 제안 이후에 일어날 협상에서 중요한 정보로 작용한다. 예를 들어 과거 재무성과의 흐름은 목표 기업이 말하는 장밋빛 전망과 전혀 다른 모습을 보여줄 수도 있다. 이는 또한 CDD와 ODD를 통해 미래 수익과 비용을 미리 검증하는 데도 적절한 토대가 된다.

FDD란 수행하는 사람에 따라 다른 의미를 지닐 수도 있다. 그러나 그 핵심은 다음의 세 가지 질문에 대한 대답으로 구성된다.

1. 제시된 숫자를 믿을 수 있는가? 그것이 정확한가?
2. '실질' 이익과 손실, 그리고 재무상태표는 무엇인가?
3. 실사를 통해 교정된 숫자가 말해주는 의미는 무엇인가?

수치가 정확한가?

FDD를 통해 경영성과나 재무 상태를 검토하는 수준이 비록 감사에는 못 미친다고 하더라도, 인수기업으로서는 목표 기업의 재무 상황을 또 다른 전문가의 눈으로 들여다본다는 것만으로도 만족하는 경우가 많다. 경험이 풍부한 실사팀은 드물지 않게 회계 오류나 무리한 경영 예측을 잡아내곤 한다. 더구나 감사팀은 오류가 알려지거나 발생할 가능성이 있어도 그것이 그들의 중요도 기준을 넘어서면 이를 수정하지 않은 채 진행하는 경우가 많다. 경영진과 감사팀이 이러한 오류를 그다지 중요하지 않다고 판단했다 하더라도 인수기업 측으로서는 충분히 생각이 다를 수 있다.

'실질' 손익과 재무상태표란?

매도자 측이 아무리 숫자의 정확성을 확신한다고 하더라도, 제삼자로서는 그들이 말하는 기업 현황을 확인할 필요가 있다. FDD의 본질은 '실질' 이익을 밝혀내는 것이다. 다시 말해 비정상적인 이익(매출이나 비용)을 가려내고, 회계 규칙을 풀어내어 사업 예측의 기초를 더욱 현실적으로 파악하자는 것이다. FDD는 목표 기업의 '핵심' 경영성과를 파악함으로써, 궁극적으로 인수기업이 목표 기업의 반복적인 매출 가능성(신뢰성과 재현성)과 성장 예상치를 확신할 수 있게 해준다.

예를 들면, 목표 기업의 동종업계 대비 매출 인식 방식이나 추정 충당금, 또는 비용 계상 정책 등에 따라 이익이 달라지는가? 동종업계 평균 수준에 비해 경영 방식이 공격적이거나 특이한 편인가?

핵심 사업의 현황과 흐름을 파악하는 것은 중요한 일이지만, 이를 위해 인수기업은 회계자료에 섞인 잡음을 가려내려는 노력이 필요하다. 활발한 인수 활동을 펼치는 어느 기업인은 이렇게 말했다. "우리는 회계 규칙을 풀어서 해석하는 데 상당한 시간을 소비합니다. 회계 규칙은 현금과 동떨어진 경우가 많아서 이익을 최대한 현금으로 환산해야 경영 현황을 있는 그대로 볼 수 있습니다."

조정 작업에는 다양한 유형이 있지만, 인수기업은 거의 모든 FDD 과정에서 사용되는 다음의 주요 조정 방식에 관해 알고 있어야 한다.

기간 외 조정: 특정 연도에서 다음 회계연도로 넘어가면서 지급준비금 추정치의 오류가 발견되면 손익계산서가 왜곡되므로 이를 다시 보정하거나 바꿔주어야 한다. 이런 식으로 FDD는 뒤늦게나마 재무상태표를 보정하고 일관된 회계 방식을 적용하여 전기에 발생한 추정치나 회계 정책상의 오류를 제거해준다.[2]

예를 들어 목표 기업이 2016년 회계연도에 거액의 악성 부채충당금을 계상했는데, 알고 보니 2018년도에 미수금이 회수되었다고 해보자. 이런 경우, 2016년도는 악성 부채비용 때문에 과도한 부담이 발생했지만, 2018년도는 단지 미수금을 회수했다는 이유만으로 충당금 역전이 발생하여 재무 상태가 훨씬 더 개선된 것처럼 보인다. FDD는 이렇게 회계연도를 뛰어넘는 변화를 꿰뚫는 시야를 제공해준다.

또 다른 예로, 특허소송이 예상되어 손익계산서에 비용으로 계상하고 재무상태표에는 1,000만 달러의 채무를 기록했다고 해보자. 만약 다음 연도에 이 소송에서 이기면, 단지 그것만으로 채무가 역전되어 손익계산서에 1,000만 달러의 이익이 발생하게 된다. 이런 기간 외 조정 사항을 고려하지 않으면 전체 흐름을 놓칠 가능성이 크다.

일회성 매출과 일회성 비용: 말 그대로 일회성 판매가 발생한 경우를 말한다. 예컨대 갑자기 경쟁사가 도산하여 목표 기업이 이례적으로 높은 가격에 상품을 판매하는 바람에 새로 거대한 고객군을 '획득할' 수도 있다. 그러나 경쟁사가 생산을 재개하면 이런 매출은 다시 일어나지 않는다. 오히려 일회성 판매를 조정하고 더 자세히 들여다보면 기업의 영업 능력이 취약하다는 사실만 드러날 수도 있다. 실제로 늘어나는 고객은 별로 없는데, 그에 해당하는 성장 전망을 채워줄 다른 영업 방안이나 대체 고객도 없는 경우가 허다하다. 이러한 기업의 경우 영업 흐름은 사실 플러스가 아니라 마이너스라고 봐야 한다.

반대로, 핵심 사업이 아니거나 특이한 성격을 지닌 일회성 비용이 발생할 수도 있다. 목표 기업이 구조조정을 거치고 있을 때는 그에 따른 충당금을 비용으로 계상하기 때문에 인수기업은 이런 요소를 고려해야 정상적인 비용 구조를 파악할 수 있다. 또 다른 예로는 거액의 소송 비용이나 비정상적인 손실, 부채나 자산 증가에 따른 거래 비용, M&A 거래 비용, 일회성 보너스 등을 들 수 있다.

일회성 매출이 고평가를 초래해 매수 가격이 지나치게 올라가는 것처럼, 이런 일회성 비용이 포함되면 매수 가격이 인위적으로 내려갈 수도 있다.

비현금 조정: 손익계산서의 특정 항목을 현금으로 전환할 때 사용하는 조정 방법이다. 손익계산서를 현금 기준으로 평가하고자 하는 데는 일반적으로 두 가지 이유가 있다. 첫째, 채무 원리금 상환에 관한 잉여현금흐름(free cash flow, FCF)을 파악할 때는 일반회계원칙에 따라 기록된 경영성과와 실제로 파악하고자 하는 현금 흐름 사이에 유의미한 차이가 존재한다. 부채 약정에는 일부 비현금 조정이 허용되며, 인수기업으로서는 레버리지를 최대한 활용하기 위해서라도 이 같은 사실을 미리 이해해야 한다. 둘째, 성장 추세를 파악하는 좀

더 확실한 지표 중 하나가 바로 경영상의 현금 흐름이기 때문이다.

비현금 조정의 일반적인 예로는 주식 기반 보수, 영업권 상각, 미실현 손익, 장부 기록과 현금 임차료의 차이, 즉 매출 인식 지연에 따른 차이 등을 들 수 있다. 이런 비현금 항목을 제거하면 현금 흐름뿐만 아니라 영업비율이나 성장 추세를 더 명확하게 파악할 수 있다. 예를 들어 매출만 하더라도 회계 규칙에 따르면 미수금 부분은 반영하지 않지만, 이를 선지급된 것으로 인식하여 현금 기준으로 이해하면, 특히 고성장 기업의 경우 매출 성장 추세와 성장 동력을 더욱 현실적으로 파악할 수 있다.

희석주당이익(diluted EPS)이 중요한 상황(공개기업의 경우)에서, 비현금 비용은 EPS에 부담을 줄 수도 있다. 이를 EPS 드래그_EPS drag라고 한다. 예를 들어 순유형자산 가치가 7,500만 달러인 회사를 매수하는 데 1억 달러를 지급하는 경우를 생각해보자. 이때 차액 2,500만 달러 중 1,500만 달러는 영업권으로 계상하고(이 부분은 나중에 악성 여부를 검증해야 한다), 1,000만 달러는 10년 수명의 무형자산으로 인식할 수 있다. 그러면 손익계산서는 이를 10년 동안 매년 1백만 달러씩 분할 상환해야 하는 비용으로 인식하고, 결국 사업경영의 기반과 상관없는 EPS 드래그가 발생해서 정당화되기 어려운 수준의 매수 가격 저하를 불러온다. 이러한 현상은 기존에 인수된 전력이 있어 그 거래로 인해 분할 항목이 발생한 기업에도 마찬가지로 적용된다. 인수기업은 목표 기업을 이처럼 회계 비용이 없는 상태로 살펴보기를 원할 것이다. 마치 인수 거래가 된 적이 한 번도 없었던 것처럼 말이다.

형식 조정 및 추정 조정: 목표 기업에 중요한 자금 변동이 발생한 경우, 기업의 잠재이익을 더 정확하게 표현하기 위해 이익(즉, EBITDA)을 조정하는 방법이다.

인수 거래의 영향으로 EBITDA를 조정하는 것도 형식 조정에 포함된다. 만약 어느 목표 기업이 불과 5년 전에 보강 인수 전력이 있다고 해보자. 그러면 새로 나타난 인수기업은 목표 기업이 그 기업을 처음부터 소유하고 있었던 것처럼 보기를 원할 것이다. 최근의 그 인수 거래의 EBITDA가 인수 전 7개월 동안 2,500만 달러였다면, 인수기업은 이를 목표 기업의 장부가에 추가하여 1년 전체의 잠재이익을 평가할 수 있다.

추정 조정은 논란의 소지가 있지만, 기업의 잠재이익을 평가하는 데 매우 효과적인 수단인 것이 사실이다. 예를 들어 목표 기업이 임상 병원 운영업을 하고 있다고 해보자. 설립한 지 3년이 지난 병원의 EBITDA는 평균 50만 달러 정도다. 신규 병원은 기반을 다지기까지 시간이 걸리며, 1년 전에 개업한 개척 병원 한 곳의 EBITDA는 겨우 15만 달러에 불과하다. 여기서 추정 조정은 15만 달러와 50만 달러 추정치 사이의 차이를 나타내게 된다. 즉, 기록된 EBITDA에는 15만 달러로 나와 있지만, 우리는 이 병원이 결국 50만 달러 추정치를 달성한다고 간주하는 것이다. 단, 이러한 판단은 개인에 맡길 뿐이다. 만약 추정 조정을 시도한다면 평가 배수를 적용할 때 성장 추정치가 두 배가 되지 않도록 조심해야 한다.

지난 10년간 기술 기업들 사이에서는 이른바 구독 매출 모델을 따르는 흐름이 형성되어 왔다. 그 결과, 오늘날 기술 기업의 월간 순환 매출(monthly recurring revenue, MRR) 현상을 제대로 이해하려면 이들 구독 기반 사업의 특징인 반복 매출을 분석해야 한다는 목소리가 커졌다. 그래서 최근에는 이러한 기업을 실사할 때 MRR의 안정성을 진단하기 위해 고객 이탈률이나 유지율을 분석하는 데 큰 비중을 두어야 한다. MRR, 즉 기업이 매달 벌어들이는 안정적인 매출을 제대로 평가하면 인수기업이 월간 영업 흐름과 성장 동력을 판단하는 데 큰 도움이 된다. 더구나 인수기업은 MRR의 최근 흐름으로 판단한 매출 추이가 장부상의 과거 12개월간 매출보다 더 높게 나왔다면, 이를 고성장 기업으로 보고 추정 조정을 선택할 가능성이 크다.

CAPEX 및 운전자본 조정: 기업은 단순한 유지, 운영은 물론 성장이나 공장을 새로 짓기 위해서라도 CAPEX(자본지출)가 필요하다. 목표 기업은 지속성이 없는 일회성 자본 투자를 하거나 CAPEX를 연기할 수도 있고, 공장 운영 실태가 열악할 수도 있다. 잉여현금의 흐름을 고려할 때는 재현성이 없거나 유지관리가 유보된 과거 CAPEX를 평가하는 것이 중요하며, 따라서 현금투자가 필요한 부분만 추정치에 포함해야 한다.

운전자본을 조사하고 조정하면 인수기업이 고객 및 공급업체 동향(공급업체 지급 요구는 빨라지고 고객 매상 지급은 늦어지며, 정시 배송 추진에 따른 재고수준은 오르는 등)에 따른 계절성, 순환성 변화와 같은 순운전자본의 흐름을 더 자세히 파악할 수 있고, 인수기업이 소유하는 동안 순가동자본(net working capital, NWC)을 감축하고 현금을 확보하여 재무성과를 효과적으로 개선할 수 있다.

FDD에서 가장 많이 하는 일이 바로 NWC의 최적 수준을 평가하는 것이다. 예를 들어 최적 수준의 NWC를 위해 벤치마크로 삼은 우수기업의 NWC가 9,000만 달러라고 하고, 목표 기업의 현재 NWC가 1억 달러라고 해보자. 재고관리 개선이나 미수금 회수율 향상 등을 통해 NWC 수준을 1,000만 달러 낮추었다면, 이제 사업을 통해 발생한 현금 1,000만 달러로 배당금을 지급하거나, 새로운 자본 투자에 사용할 수도 있고, 신규 투자를 줄일 수도 있다. 즉, 전체 인수 거래 비용을 효과적으로 줄일 수 있는 것이다. 또 다른 방법으로, 만약 투자자본을 줄일 수 있다고 생각해서(NWC 저감) 잉여현금의 흐름과 경제적 이윤을 늘리면(더 적은 자본 비용으로 똑같은 경영 이윤을 거둘 수 있기 때문이다. 4장에서 더 자세히 설명한다) 필요할 경우 지급 능력을 높일 수 있다.

NWC에 구매가격 조정 기능이 있다면, 인수기업은 NWC 평가를 통해 정상 NWC의 '목표치'를 정의하고 정량화할 수도 있다. 이는 매도자 측이 거래를 통해 실현해야 할 NWC를 바라보는 인수기업 측의 관점을 나타낸다. 거래 시점에 달성해야 할 NWC가 크든 작든 상관없이, 조정 기능을 통해 매수 가격에서 조정이 이루어질 것이다.

숫자는 무엇을 의미하는가?

실사를 통해 재무 정보가 조정되면 기존 운영상황을 사업의 관점으로 바라볼 수 있다. 인수기업은 미래를 예측하기 전에 먼저 사업을 시작하는 데 유리한 위치를 확보해야 한다. 재무 정보를 제대로 교정하면 평가모델을 수립할 때 실수를 저지를 가능성이 줄어든다.

예를 들어, 재무 정보를 교정하지 않았을 때 이익률이 40%, 누적 연매출 성장률이 6%로 계산되었다고 하자. 그런데 교정을 거치면 반복성이 없는 일회성 비용 때문에 이익률이 47%로 오르는 대신 성장률은 오히려 3%로 줄어든다. 이 두 가지 조정값은 모두 평가 결과와 미래 예측에 상당한 영향을 미친다. 더구나 매출성장률과 이익률 모두 지나치게 낙관적으로 설정된다면 인수

기업은 이후 모든 기간에 대한 예측이 어긋날 것이고, 목표 기업의 독립적인 가치도 처음부터 과도하게 평가할 것이다.

FDD는 이 모든 내용을 종합하여 거래의 가부를 결정하는 데 필요한 정보를 제공해주고, 이를 바탕으로 최종 제시 가격, 구매 계약에 포함할 보호 조항, 채무 인수 조건, 보험 인수 과정 등을 정할 수 있다.[3]

요컨대, 인수기업은 미래를 매수한다는 점을 이해해야 한다. 일회성이나 비정상적인 사건을 제거하고 이익을 재구성하는 이유는 현재의 사업 현황을 있는 그대로 파악하고 미래를 더 정확하게 예측하기 위함이다. FDD가 제대로 이루어지지 않으면 재무회계의 미묘한 의미를 놓치게 되고, 인수기업이 미래 매출과 이익을 정확히 예측하는 경영적 판단이 어려워진다. FDD는 정확한 숫자를 확보한 채 사업을 시작할 수 있게 해준다. 따라서 인수기업은 이러한 사업 흐름에 친숙해져야만 한다.

영업 실사(CDD): 모든 답은 시장에 있다

CDD는 M&A에 자연스럽게 따라오는 것이다. 시장에 관한 지식과 분석을 통해 인수 거래의 투자 논리를 검증하는 과정이기 때문이다. 또한 CDD는 이번 거래를 통한 성장 전략이 실제로 가치를 창출할 것인가라는 질문에 답하는 것이다. CDD는 목표 기업의 매출 공식(가격×판매량)이 독립적인 사업으로서 타당성(반복 매출과 미래 성장)을 갖추고 있는지, 또 인수기업이 생각하는 대로 두 기업의 시너지를 통해 매출을 강화할 수 있는지 등을 검증한다. CDD를 제대로 수행하면 시장 기회와 목표 기업이 시장에서 차지하는 위치, 인수기업의 평가에 담긴 가정의 실현 가능성 등을 검증할 수 있다.

또한 CDD를 통해 신뢰도 높은 수치를 평가모델에 입력하고 이를 통합 계획에도 반영하여 시장진출 전략을 개선하고 매출 시너지 잠재력을 높일 수 있다. 그뿐만 아니라 CDD는 목표 기업의 전망이 처음에 생각했던 것에 미치지 못할 경우 성급한 움직임을 제어하는 역할도 한다.[4]

인수기업은 바로 이 대목에서 통제하기 힘든 투자 판단 요소를 검증한다. 고객 선호 변화, 경쟁자의 존재, 시장추세의 역풍과 순풍 등 말이다. 모든 평가 작업은 매출 구성에서 시작되므로, 영업 기회에 관한 실사를 외면하면 평가에 큰 악영향을 미친다. 인수기업이 사업 내용을 완벽히 알고 있다는 생각 때문에 CDD를 서두르거나 주의 깊게 진행하지 않는다면, 소중한 돈이 들어가는 전략의 마지막 검증 기회를 놓치게 된다.

CDD를 통해 인수기업은 시장과 고객, 목표 기업의 역량 및 경쟁자와의 관계와 같은 현실을 마주하게 되고, 그러한 현실이 평가 대상 기업의 매출 구성에 어떠한 영향을 미치는지를 깨닫게 된다. 물론 이 같은 현실을 마주하기 싫어하는 인수기업도 있겠지만, 편견을 벗어나기 위해서는 그들의 생각을 필히 검증할 필요가 있다. 편견의 원인은 목표 기업의 재무 정보나 가정, 낙관적인 시장진출 전략, 또는 거래를 꼭 성사해야 한다는 내부 압력이 될 수도 있다. 흔히 하는 말처럼 '모든 답은 시장에 있다'는 점을 명심해야 한다.

주장과 믿음을 검증하는 것이 CDD의 핵심이다. 목표 기업 경영진의 주장은 사업 설명에 반영되어, 투자자들이 그들의 사업 안정성과 성장 전망을 믿게 만든다. 나아가 CDD는 목표 기업과 함께 시장에서 추가 가치를 창출할 수 있다는 인수기업 측의 믿음을 검증한다. 인수기업은 과연 시장을 충분히 이해하고 있는가? 그리고 목표 기업이 정말 기존의 시장점유율을 확대하거나 이익률을 신장할 능력이 있다고 생각하는가? 그렇다면 그 생각에는 충분한 근거가 있는가? 그들은 시장을 제대로 정의하고 있는가, 또 규모는 정확히 파악하고 있는가? 목표 기업의 성장 전망은 타당한가? 목표 기업의 성장 추세는 가장 가까운 경쟁자와 비교할 때 어떤가? 마지막으로, 인수기업과 목표 기업이 합치면 각각 나뉘었을 때보다 더 많은 가치를 창출할 수 있는가? 과연 전과 다른 방식으로 고객을 만족시킬 수 있고, 그 방식을 경쟁자들이 따라 할 수는 없는가?

이러한 질문에 대답하는 것은 목표 기업의 사업 논리의 핵심 가정과 인수기업의 예측에 담긴 타당성을 파악, 검증하는 과정이다(그런데 인수기업이 입찰에 나선 상황에서는 이 과정을 너무나 짧은 시간 안에 해치워야 한다) 또한 CDD는 지금껏 알지 못했던 문제와 거래에 위협이 되는 요소를 드러내고 평가하는 기능도 있어, 이 같은 위험을 완화하는 데 도움이 된다.

영업 실사의 요소

CDD는 세 가지의 주요 업무 분야로 구성되며, 이를 통해 목표 기업의 영업 상황과 합병 후의 사업 기회를 엿볼 수 있다.

1. 규모, 성장, 추세 등에 관한 시장 분석
2. 목표 기업의 경쟁 상황과 고객의 행동 및 선호
3. 매출 강화 기회

시장 분석은 공략하고자 하는 시장의 규모와 성장 잠재력, 신기술 및 경쟁자 동향, 그리고 시장에서 새롭게 선보이는 전략과 사업 모델, 정부 규제 변화, 이익 안정성 등에 관한 통찰을 제공한다.

포지셔닝 및 고객 분석 결과는 주로 1차 조사를 통해 이루어지며, 이를 바탕으로 고객과 비고객의 핵심 구매 기준과 행동을 알 수 있고 경쟁 환경에서 목표 기업이 차지하는 위치와 시간이 흐름에 따른 역학 관계 변화, 지급 의사, 브랜드 가치, 유통 채널의 강도 및 변화, 고객 밀착도 등을 파악할 수 있다(다음에 제시된 '1차 조사의 모든 것'을 참조하라).

1차 조사의 모든 것

2차 조사(즉, 보고서를 구매하는 것)가 영업 정보를 획득하는 방법임에는 분명하지만, 그러한 정보는 누구나 손쉽게 파악할 수 있는 것이므로 비교 우위를 점하기는 어렵다. 시장의 진짜 모습을 들여다보는 방법은 1차 조사이며, CDD가 중요한 이유이기도 하다. 시장에 참가하는 다양한 주체의 목소리를 듣다 보면 목표 기업에 대해 중요한 통찰을 얻을 수 있다. 1차 조사를 충실히 수행하면 시장의 규모에 관한 유용한 정보와 경쟁 현황, 역학 관계의 변화, 반복 매출, 시장점유율, 시장진출 전략, 성장 전망 등을 얻을 수 있다. 우리의 경험에 따르면 1차 조사는 가설 수립, 인터뷰 및 설문 구성, 그리고 실행 및 편집 등의 세 분야로 나뉜다.

① 가설 수립

어떤 시장이든 조사 범위는 너무나 광범위하므로, 검증할 수 있는 가설을 세워두면 만날 사람이나 조사할 그룹, 질문 내용 등을 정하는 데 큰 도움이 된다. 인수기업의 핵심 사업과 관련된 후보 기업을 찾는다면 이미 그 시장의 상황을 잘 파악하고 있을 것이다. 그럴 때는 CDD를 통해 목표 기업의 고객층이 얼마나 안정적인가만을 조사하면 될 것이다.

반면에 새로운 시장이나 지역에 진출하는 경우라면 그 시장과 목표 기업의 위상을 더욱 자세하게 평가해야 한다. 가설은 그저 조사 항목을 나열한 목록이 아니라 해당 기업의 평가를 위해 중요한 내용을 집약한 것이어야 한다. 예를 들면, "목표 기업은 향후 5년 안에 시장 성장률을 X% 앞설 것이다."라든가, "목표 기업은 Y라는 상품에 관한 한 확고한 우위를 점하고 있다."라는 가설을 세우고 이를 검증하는 식이다.

② 인터뷰 및 설문 구성

인터뷰 질문은 위의 가설을 검증할 목적으로 작성하며, 1차 조사가 진행되는 내내 다듬어가게 된다. 설문 항목은 거대한 고객군을 빠르게 파악하여, 정량적이면서도 좀 더 구체적인 통찰을 얻을 수 있게 고안해야 한다.

거래와 관련된 질문에 유의미한 대답을 내놓을 수 있는 사람이 누구인지 결정하는 것이 중요하다. 기존 고객, 이탈 고객, 잠재 고객, 협력업체, 경쟁사, 목표 기업의 전현직 직원, 그리고 업계 전문가 등이 가장 전형적인 예다. 인터뷰가 계속되고 새로운 지식이 쌓일수록, 평가를 위해 가장 중요한 내용을 중심으로 설문 내용을 다듬는다면 최고의 결과를 얻을 수 있을 것이다.

③ 실행 및 편집

실행은 가장 중요한 조사 대상자를 찾아내고 만나는 것에서 출발한다. 이를 위해서 인수기업 측의 평소 네트워크를 동원하거나, 목표 기업의 도움으로 핵심 고객을 만나거나, 외부의 객관적인 업체를 통해 조사 대상자를 물색할 수도 있다. 인수기업은 설문조사를 통해 고객과 비고객을 포함하는 더 폭넓은 응답자와 만날 수 있고, 이를 통해 검증하고자 하는 가설에 관한 통계적으로 유의미한 통찰을 얻을 수 있다.

사람들을 만나 시장의 역학 관계, 경쟁자와의 차별성, 목표 기업 상품에 대한 소비자의 인식을 조사하고 이를 통해 기존 재무 정보를 입증하는 구체적인 수치를 확보하는 것이 중요하다. 조사 결과를 잘못 해석하지만 않는다면 2차 자료로는 도저히 얻을 수 없는 귀중한 정보를 확보할 수 있다. 숙련된 조사자는 인터뷰 지침만 곧이곧대로 따르는 것이 아니라 인터뷰 대상자와 호흡을 맞춰가며 다채로운 정보를 얻어낸다.

1차 자료 인터뷰는 미리 정해진 질문만 답하는 자리가 아니라 고객과 비고객 및 기타 시장 참여자들이 각자 생각을 자유롭게 발언할 수 있는 플랫폼이 되어야 한다. 따라서 인수팀은 자사의 상품과 서비스에 관한 브랜드 관리에서 이미 경험한 대고객 활동을 적극적으로 활용하여 고객의 입에서 '아무도 안 물어봤어요.'라는 말이 나오지 않도록 해야 한다. 인터뷰와 설문조사는 기존의 논리를 확증, 또는 분석하거나 문제점을 경고하는 데 도움이 되는 정보를 내놓아야 한다.

이상에서 살펴본 조사 내용 중 앞의 두 분야는 제대로만 수행한다면 중요한 데이터와 통찰을 얻을 수 있다. 즉, 이를 통해 인수기업이 매출 강화 기회(세 번째 분야)를 창출하고 목표 기업과 함께 고객 가치를 새롭게 창출할 수 있는지를 파악할 수 있다. 목표 기업의 시장진출 전략을 개선할 기회가 존재하는가? 통합을 통해 유리한 지형도와 교차 판매, 아직 충족되지 못한 소비자의 수요를 제공할 기회를 창출함으로써 매출 시너지가 일어날 수 있는가? 그리고 경쟁자들이 쉽게 따라 할 수 없고 소비자들이 여기에 기꺼이 지갑을 열 수 있는가?

마지막으로 짚어둘 말이 있다. 기존 사업의 연장선상에서 시장을 아무리 잘 알고 있다 하더라도, 상시체제를 갖추고 시장을 꾸준히 진단하는 기업은 의외로 드물다는 점이다. 더구나 그런 기업이 있다 하더라도, 시장의 전 분야에 걸쳐 인터뷰 대상자를 찾지 않는다면(기존 고객, 이탈 고객, 잠재 고객, 경쟁자 등), 오히려 기존 고객과 상품, 시장, 그리고 자사의 우위 등에 관한 고정관념을 강화하는 결과만 초래하게 된다.

시장의 변화를 재평가하면 고객 선호의 변화와 기술 발전 상황, 그리고 차별화된 고객서비스를 선보이는 새로운 시장 주자가 존재하는지 등을 파악하는 훌륭한 기회로 삼을 수 있다. 현명한 인수기업은 업계에서 활동해온 기간이 아무리 길더라도, 주어진 기회에 영업적 변화 양상을 자신들이 제대로 이해하고 있는지 검증하기를 주저하지 않는다. 그래서 때로는 시장을 뒤바꿀 기술변화의 징후를 미리 감지할 수도 있다. 아마존이 강력한 디지털 기술과 소비자 친밀도, 분석 역량 등을 동원하여 기존의 거대 유통기업을 무너뜨린 일은, 시장 동향을 꾸준히 주시하고 경쟁자의 우위를 살피는 데 소홀히 하는 기업에 강력한 경고가 된다.

영업 실사에서 얻는 중요한 통찰

여느 시장이 그렇듯이, 목표 기업이 속한 시장도 급격한 변화와 발전을 거듭한다. CDD는 이 같은 시장의 현실을 드러내어 목표 기업이 그 속에서 어떻게 운영하고 경쟁해야 하는지를 알려준다. 시장의 규모와 성장, 상품 만족도와 유통 역량, 경쟁 포지셔닝, 고객 밀착도 등의 환경 속에서 말이다. 이러한 요소를 종합하면 목표 기업의 독립적인 가치를 알 수 있고, 기존 및 새로운 사업 제안에 따른 시장진출 전략을 세울 수 있다. 이제부터 관련된 내용을 하나 하나 살펴보기로 한다.

시장의 규모와 성장: 시장의 크기를 정확하게 파악하면 전략과 가치를 평가하는 데 중요한 요소를 밝혀낼 수 있다. 여기서 시장의 전체 크기도 물론 숙지해야겠지만, 목표 기업이 현재 역량으로 공략할 수 있는 시장과 그 성장 속도를 파악하는 일이 더 중요하다.

목표 기업의 시장 점유 동향을 파악하는 유일한 방법은 현재 그 기업이 차지하는 시장 규모, 즉 유효 시장을 이해하는 것이다. 언뜻 자명한 내용으로 들릴 수도 있지만, 목표 기업이 말하는 시장은 언급할 수 있는 최대치인 경우가 많다. 다시 말해서, 실제 유효 시장이 아니라 새로운 역량과 시장 접근 방식을 갖출 때 달성할 수 있는 시장이라는 말이다. 매도자 측은 기존 상품과 영업 현황을 통해 공략할 수 있는 것보다 시장을 더 크게 부풀리려는 경향이 있다. 그들은 연평균 성장률을 현재 그들 스스로 진출한 시장에서 구현하는 수준보다 훨씬 더 크게 제시한다.

여기서 두 가지 예를 살펴보자. 첫째, 탄탄한 매출 기반을 확보한 히스패닉 식품회사를 평가하는 경우다. 그런데 이 회사는 히스패닉 식품 시장이 900억 달러 규모인데다 성장률이 거의 무한대에 가깝다고 허풍을 떤다. 우리는 그들이 관여하는 시장의 실체를 찬찬히 분석해봤다. 실제로 사업이 운영되고 있는 미국의 15개 주, 그들이 고객이라고 생각하는 민족(도미니카, 푸에르토리코, 쿠바 등), 그들이 비교 우위를 지닌 식품군 등을 말이다. 목표 기업은 전체 시장 기회가 900억 달러 규모라는 말을 입에 달고 다녔지만, 실제로 우리가 분석해본 결과에 의하면 전체 시장 기회는 그저 50억에서 60억 달러 범위로, 그들의 주장과는 상당한 거리가 있는 규모였다.

둘째, 우리는 대규모 산업 분야의 고객을 대신하여, 전 세계 예비전력 생산장비 시장의 규모 및 성장률을 평가하는 일을 맡았다. 우리 고객은 초기 보고서를 근거로 150억 달러 이상의 시장 기회가 존재한다고 믿고 있었다. 그러나 연료 종류(예컨대 디젤 등), 최종 상업 시장, 전력 출력 등의 변수를 이용하여 시장을 구체적으로 파악해본 결과, 유의미한 시장은 70억 달러로, 최초 추정치보다 약 55%나 작은 것으로 드러났다. 게다가 지역별로 분석해보니 지역이나 최종시장별로 성장률이 제각각이라는 사실도 알게 되었다. 예를 들어, 분석 결과 아시아태평양 시장에서 성장률을 주도하는 분야는 데이터센터와 무선통신 시장이었다.

이와 같은 사례가 중요한 이유는 무엇일까? 시장 규모 추정치는 목표 기업이 현재 유효 시장에서 차지하는 비중, 즉 시장점유율을 결정하는 데 사용된다. 한 기업이 현재 유효 시장에서 차지하는 점유율은 대개 목표 시장에서의 점유율(추가 역량이나 시장 접근 기회를 확보할 경우)보다 크게 마련이다. 여러분은 목표 기업이 그들의 시장점유율에 대해 과장과 축소 중 어느 쪽을 선택한다고 보는가? 사실 그들은 자신의 점유율은 축소하고, 시장 규모는 확대하는 경향이 있다. 그래야 성장 여력이 더 많아 보이기 때문이다. 이런 사실을 알면 목표 기업의 성장 잠재력이 부풀려져서 실제보다 더 높은 평가로 이어지는 과정을 파악할 수 있다.

실제 유효 시장을 파악하면 목표 기업의 시장점유율 추이를 보는 안목도 기를 수 있다. 시장점유율이 증가하거나 줄어들었다면 반드시 그 원인이 무엇인지 알아내야 한다. 또 그들이 말하는 성장률 추정치가 유효 시장 성장률보다 더 크다면, 그 성장 동력이 어디서 온 것인지도 파악해볼 필요가 있다. 그러면 인수전략과 통합에 필요한 가설을 수립하고 평가하는 데 큰 도움이 된다. 아울러 두 기업의 합병으로 탄생할 역량과 시장 접근 기회가 더 큰 유효 시장을 창출하고 전체 시장의 규모를 키울 수 있을 것인지를 판단할 수도 있다.

상품 만족도와 유통 역량: 목표 기업이 과연 고객이 중시하는 상품을 보유하고 있는지, 그 이유는 무엇인지, 유통 채널을 확대할 역량은 있는지 등을 파악하는 일 역시 매우 중요하다. 다른 문제들은 차차 개선해나갈 수 있지만, 고객이 평가하는 상품이나 브랜드의 가치가 낮다면 실로 심각한 문제라고 할 수 있다. 이 기업의 상품이나 서비스가 고객의 선호와 구체적인 구매 기준을 경쟁자보다 더 탁월하게 충족할 수 있는가? 그리고 고객의 구매 의사는 지속적인가? 목표 기업은 시장 성장에 대응할 유통 능력을 보유하고 있는가? 고객 만족과 유통 역량은 당연한 내용 같지만, 실제로는 생각했던 것보다도 더욱 중요함에도 불구하고 마케팅, 광고, 영업 인력 등 쉽게 보강할 수 있는 요소들에 가려 제대로 주목받지 못하는 측면이 있다.

상품이 지닌 경쟁력과 매력, 경쟁 환경의 요구 등을 개선하거나, 유통 역량을 창출하고 구축하는 일은 시간과 비용이 많이 드는 데다 경영상의 큰 위험을 수반한다. 그러나 인수기업이 강력한 유통 역량을 가지고 있는 경우라면 목표 기업의 상품과 결합하여 큰 시너지를 창출할 수도 있다.

경쟁 포지션과 변화하는 환경: 목표 기업의 경쟁 포지션을 조사해보면 그 회사가 성공적으로 공략하는(그리고 취약한) 고객 분야와 시장 지형을 알 수 있고, 경쟁사에 비해 고객의 어떤 가치에 비중을 두는지도 파악할 수 있다. 즉, 진출 시장과 성공 요인은 물론, 경쟁사들의 포지션도 알 수 있는 것이다. 따라서 그들이 목표 기업과 다른 점은 무엇이며, 목표 기업이 고객에게 어떠한 차별성을 제안하는지도 파악할 수 있게 된다. 이러한 목표 기업의 포지셔닝은 합병을 통해 매출 성장 논리를 개발하고 지분을 취하며 이를 달성하는 인수기업의 능력과 직결된다.

경쟁 포지션은 매우 역동적이다. 기업은 우위를 점할 수 있는 위치를 의도적으로 선택할 수도 있다. 즉, 고객이 원하는 것 이상의(경쟁자보다 더 나은) 효용을, 그들이 지급할 수 있는 가격에 제공하는 것이다. 또는 시간이 흐르면서 경쟁 요인이나 기술이 변화하고, 고객 수요와 선호가 예상치 못하게 바뀜에 따라 자연스럽게 지금의 포지션에 도달했을 수도 있다. 어떠한 경우든, 목표 기업은 특정 분야에서 강력한 포지셔닝을 구축하면서도, 정작 다른 분야에서 포지셔닝이 약해질 수 있다. 따라서 경쟁 포지션을 정확히 조사하면 시간에 따른 변화를 생생하게 들여다볼 수 있다.

우리는 한 산업 생산품의 세계 최대 글로벌 제조기업을 조사하는 고객을 만난 적이 있다. 그 상품은 가정용, 개인용, 의약용품 등 다양한 분야에서 사용되고 있었다. 그 회사는 최근에 최저이익 시장을 탈출했지만, 의약 분야처럼 이익률이 매우 높은 시장에서는 아직 혁신적인 제품을 내놓지 못하고 있었다. 그들은 시간이 흐를수록 진퇴양난에 빠지고 있다는 사실을 깨달았다.

사실 상황은 그들의 생각보다 더 나빠지고 있었다. 미국 시장에서는 저가 상품을 무기로 한 경쟁자들이 추격했고, 유럽과 아시아에서는 중국 업체들의 공세에 시달렸다. 게다가 글로벌 고성장, 고이익 시장에 진출하기에는 연구개발 투자가 부족했다. 한마디로 그들은 사방에서 공격받는 끔찍한 위치에 처한 것이었다.

머지않아 재앙이 닥칠 상황에서, 보통의 인수기업이라면 거래를 철회하는 게 정상일 것이다. 우리가 얼핏 보기에도 그들이 처한 위치는 최악이었지만, 광범위한 1차 조사를 통해 이 기업이 1,000개가 넘는 고객사 중 상당수와 오랜 신뢰 관계를 구축해왔으며, 무엇보다도 이 기업에 대하여 고객들이 가격 경쟁력을 유지한 채 시장에서 살아남기를 간절히 바란다는 사실을 알게 되었다. 만약 이 조사가 아니었다면 그들이 고객을 위해 어떠한 노력을 더욱 기울여야 하는지 인수기업의 입장에서 충분히 이해하지 못했을 것이다.

인수기업은 목표 기업이 경쟁사보다 더 매력적인 가격으로 고객 수요에 대응하고 있다는 사실을 알고 기존의 영업 전략을 지속하는 것이 더 낫다고 판단할 수 있다. 혹은 반대로 목표 기업이 핵심 고객층을 공략하는 위치를 점유하지 못하고 있으며, 따라서 그들이 제시하는 성장률을 달성하려면 엄청난 투자와 노력이 필요하거나 인수기업이 이를 보완하는 역량과 시장 개척을 맡아야 한다고 생각할 수도 있다.

인수기업은 목표 기업의 글로벌 경쟁 전망과 그들이 인수한 이후 몇 년간 진행될 경쟁 환경의 변화에 관해 논의할 준비가 되어있어야 한다. 그 중 일부는 비록 인수기업의 통제범위를 벗어날 수도 있지만, 대체로 목표 기업의 현재 포지션과 성장 잠재력을 평가하는 데 매우 중요한 요소들일 것이다.

목표 기업의 고객 밀착도: 순환 매출과 목표 기업의 성장 잠재력을 평가할 때 중요한 대목은 그들이 주요 고객들과 맺어온 관계와 성장률을 살펴보는 것이다. 비록 현재 처한 위치가 나쁘고 성장이 어려울 수도 있지만, 구세주가 나타나면 혹 달라질지도 모른다. 그들에게 오랫동안 공들여 쌓아온 고객과의 '끈끈한' 관계가 있다면 말이다. 그 고객들은 이 기업이 시장에서 생존하여 기존의 가격 경쟁력을 지속하기를 원할 수도 있다. 우리가 조사한 회사가 바로 이러한 경우였다. 고객 밀착도(고객 관계의 안정성과 성장성)는 순환 매출을 가능케 하는 활력소이며 미래 성장과 합병 후 새로 내놓을 고객 제안의 기반이다.

고객 밀착을 강화하는 동인이 몇 가지 있다. 고객이 중시하는 요소는 브랜드, 서비스 수준, 품질, 영업 인력과의 관계, 또는 비탄력적인 가격일 수도 있다. 아울러, 거래처를 바꾸고 싶어도 그 과정이 너무 길거나 비용이 더 많이 들 수도 있다. 특히 기업 고객의 경우 이와 같은 경향이 더욱 크다. 거래처를 바꾸는 데에 따른 혜택도 불분명하다. 거래처 변경에 관한 세부 사항, 즉 교체 비용이나 용이성, 교체를 원하는 상황 등을 면밀하게 파악하는 것은 사업의 안정성과 성장 기반을 판단하는 데 매우 중요한 일이다.

그러나 고객 밀착도는 양면의 칼날이 될 수도 있다. 고객과의 밀착된 관계는 자기 몫을 지키는 데는 유리하지만, 다르게 생각하면 경쟁자의 몫을 빼어오는 데는 방해가 된다. 한편으로 보면 고객과의 밀착도가 약한 경우 더 나은 상품이나 서비스를 통해 시장을 빼거나, 잠재적 취약성에 경고음을 울릴 기회가 될 수 있을 것이다. 그러나 다른 한편으로는, 경쟁자의 고객도 좀처럼 이탈하지 않으므로 사업계획 상의 유효 시장이나 전체 시장을 실제로 구현하는 일이 생각보다 힘들 수도 있다.[5]

비고객(이탈 고객이나 애초에 고객이 되지 않았던 사람들)을 이해하는 것이 중요한 이유는, 목표 기업 측이 다루지 않았거나 최소한 제대로 묘사하지 않은 시장을 인수기업이 이해하는 데 도움이 되기 때문이다. 그들을 파악하면 실제 유효 시장의 규모를 알 수 있고, 밀착도를 더욱 깊이 분석할 수 있으며, 경쟁자들이 앞서가는 부분과 그 이유를 파악할 수 있다(CDD에 기술을 활용하는 법에 관해서는 다음의 '데이터 분석을 영업 실사에 활용하는 법'을 참조하라).

데이터 분석을 영업 실사에 활용하는 법

데이터 분석기법은 고객 구매 행동, 가격 및 판매량 추세, 소셜 미디어 정서, 지형도 등에 존재하는 엄청난 양의 데이터를 통해 CDD에 도움을 준다. 자연어 처리(NLP)나 머신러닝 같은 인공지능 도구 역시 이전에는 상상도 할 수 없던 방식으로 양질의 정보를 신속하게 제공해준다.

데이터 분석은 원래 해답을 빨리 얻으려는 목적으로 사용되었으나, 오늘날에는 이런 첨단 기법이 아니면 파악하기 힘든 관련성이나 통계적 상관관계를 찾아 고객 행동과 현재 및 미래의 상품 매출에 영향을 미치는 요소를 더욱 깊이 이해하기 위해 사용된다.

예를 들어, 소셜미디어 게시물과 상품 리뷰를 NLP를 통해 분석해보면 유독 목소리가 큰 사용자들이 누군지 파악할 수 있다. 이로부터 고객 행동과 핵심 구매 기준, 그리고 그것이 특정 상품이나 서비스의 판매 이력에 미친 영향을 설명할 수 있고, 고객의 미래 행동과 수요를 더 신속하고 폭넓게 파악할 수 있다. 이런 내용은 고객 설문만으로는 알 수 없다.

머신러닝은 익명의 신용카드 데이터와 외부 요소 또는 사건을 종합하여 통계적으로 분석한 결과를 바탕으로 특정 상품이나 서비스의 미래 가격과 판매량 추세를 예측할 수 있다. 지리 분석은 예컨대 유통업이나 보건 분야의 경우, 미국 인구조사국이 제공하는 고객 집중도, 공급업체 위치, 지역별 사회경제 데이터 등을 분석하면 지역별 시장 진입도와 경쟁 압력 등을 파악할 수 있다.

신뢰도 높은 분석 결과로부터 고객 행동과 경쟁 포지션을 파악하여 구체적인 사업 가설을 미리 세워두면, 인수기업은 더욱 세분화된 1차 조사를 수행하여 그중에서 가장 중요한 가설을 검증할 수 있다.

이 네 가지 영역, 즉 '시장 규모와 성장 잠재력', '상품 만족도와 유통 역량', '경쟁 포지션과 환경 변화'. '고객 밀착도와 이탈 현황 등에 관한 조사 결과'를 종합하면 합병 후의 차별화된 시장진출 방법을 모색할 수 있고, 목표 기업의 기존 시장진출 전략과 초기 통합 전략을 개선하는 데 필요한 전방위적 기초 데이터를 확보할 수 있다. 나아가 CDD를 통해 시장에 존재하는 기초 데이터를 확보하면, 인수기업과 목표 기업이 결합하여 매출 강화의 기회를 파악할 수도 있다.

두 기업이 합병하여 매출의 시너지가 발생하면 결국 시장진출 전략이 바뀌게 된다. 매출 시너지가 발생하는 근거로는 다음의 몇 가지 요소를 들 수 있는데, 교차 판매, 지역별 영업 기반 강화, 합병에 따라 양사 고객이 지금까지 구매할 수 없었던 패키지 상품 제공 기회, 또는 새로운 상품이나 서비스 개발 등이다. 거래 전 단계에서는 보안 공간을 설치해서 경쟁에 중요한 의미가 있는 정보를 공유하는 일이 매우 중요하다(보안 공간에 관해서는 6장에서 더 자세히 다룬다). 시너지의 각 요소는 모두 비용과 관련이 있으므로, 반드시 ODD 및 목표 비용과 연계하여 분석해야 한다.

인수기업은 다음과 같은 중요한 질문에 대답해야 한다. 목표 기업의 상품 포트폴리오는 인수기업의 기존 제안에 어떠한 보완점을 제공해주는가? 인수기업이나 목표 기업 중 어느 한쪽이 상대방이 공략에 어려움을 겪는 시장에 지금 진출할 수 있는가? 핵심 사업이든 인접 분야든, 기존 상품을 응용하여 공략할 수 있는 미개척 시장이 존재하는가? 합병을 통해 고객 밀착도를 강화함으로써 고객서비스와 관련된 고질적 문제를 해결할 여지가 있는가? 인수기업이 새롭고 더 강력한 제안을 통해 고객 수요 변화나 미충족된 수요에 대응하는 방법은 무엇인가?

CDD는 목표 기업을 향한 고객 인식, 유효 시장과 전체 시장의 규모, 현재 포지셔닝, 성장 기회 및 매출 시너지 가능성 등 다채롭고 역동적인 그림을 보여준다. 요컨대 CDD는 목표 기업의 현재 사업의 안정성과 성장 잠재력을 현재 알려진 사실에 근거하여 입증하고, 미래에 어떠한 도전과 기회가 다가올 것인지를 미리 알려준다.

경영 실사(ODD):
비용 시너지는 실제로 존재하는가?

ODD는 목표 기업의 경영 전반을 진단하는 것으로, 거래를 통해 가치를 실현하고 '비용을 치르기 위해' 꼭 필요한 혁신 잠재력을 검증하는 첫 단계라고 볼 수 있다.

이 작업은 과연 왜 하는 것일까? 인수기업이 매수하는 것은 목표 기업의 현금 흐름, 상품 및 서비스, 시장 존재감, 고객 관계 등에 그치지 않고, 그들의 경영모델과 상품 유통 전반에 걸친 비용 구조까지 포함하기 때문이다. 아울러 인수기업은 목표 기업이 이미 마련해 두었다는 비용 감축 계획도 물려받는다. 물론 그들의 말이 사실이라면 말이다.

ODD에는 기존 경영모델의 효율성과 확장성, 비용 시너지 요건(비용 시너지를 달성하기 위한 규모, 타이밍, 복잡성 등), 그리고 목표 기업의 지속적 경영 프로그램의 효과성 등을 확인하는 작업이 들어있다. 그리고 이를 위해서는 목표 기업의 판매 및 일반관리비(selling, general, and administrative, SG&A), 매출원가(cost of goods sold, COGS), 경영전략 등이 얼마나 효율적인지도 진단해야 한다. 나아가 사업에 위협이 되고 인수 거래의 가치평가에 의문을 제기하는 경영상의 문제도 드러내야 한다.

그러나 여기서는 비용 시너지에 관해서만 살펴보기로 한다. 인수기업은 대체로 벤치마크나 외부 자문으로부터 얻은 정보를 토대로 비용 시너지를 파악하고 이를 가치평가에 반영한다. 즉, 하향식 판단에 의존하는 경우가 많다. 목표 기업의 거래 은행 측은 흔히 '마법의 10%'를 하향식 비용 시너지의 목표로 제시하곤 한다. 그러나 이러한 주장을 뒷받침할 만한 근거는 별로 없다.

특히 비용 감축이 인수 거래에 따른 시너지 때문인지, 목표 기업이 주장하듯이 이미 진행되어온 혁신 프로세스가 비로소 효과를 발휘한 결과인지는 잘 구분해야 한다.

어찌 됐든, 합병 후 경영개선 효과가 생각만큼 뚜렷하지 않거나, 시간과 비용이 더 많이 들어가는 바람에 인수기업이 당황하는 경우가 의외로 드물지 않다. 게다가 비용 시너지가 기대했던 수준에 미치지 못하면 고객이 인식하는 변화와 매출 강화 계획이 지연되고 경쟁자에게 대응할 시간을 주면서 매출 시너지가 어긋나는 악순환이 발생하기 시작한다.

ODD에는 인사관리나 IT 등의 분야가 포함되기도 한다. 물론 이것 역시 인수기업이 급여를 비롯한 기타 정보시스템과 관련하여 합병 후에 발생할 비용과 복잡성을 사전에 충분히 파악해야 하므로 매우 중요한 문제다. 그러나 여기서 전문적인 내용까지 깊이 들어가지는 않기로 한다.

경영 실사의 실제 요소

ODD는 다음의 세 가지 주요 분석을 통한 비용 시너지 기회에 초점을 두며, 이를 통해 목표 기업의 향후 비용 구조와 합병 기업의 기회를 판단할 수 있다.

1. 인수기업과 목표 기업의 핵심 사업과 관련된 비용, 인력 기준선, 벤치마크(그리고 사업부별 자회사의 실제 비용)
2. 목표 기업이 제시하는 기존 비용 감축 프로그램의 타당성
3. 일회성 비용, 잠재적 상호의존성, 시너지 발생 시기 등을 포함하는 기초 시너지 분석

ODD를 수행하려면 두 기업 간에 고도의 협력 및 상호작용이 필요하다. 그 중에서도 데이터 접근 허용(양쪽 모두에 해당한다)은 ODD의 핵심이라고 할 수 있다. 흔히 인수기업은 상대방이 자사 내부 데이터에 비교적 쉽게 접근하리라고 생각하지만 실제로는 그렇지 못한 경우가 많으며, 이러한 이유로 정보 공유가 어려워 분석작업이 늦어지는 경우가 허다하다. 구매 데이터, 상품 가격, 기능별 원가, 인원 명세 및 기타 내부 데이터에 접근할 수 있는 권한은 철저한 ODD를 통해 시너지 잠재력을 진단하는 데 핵심적인 요소가 된다.

한편, 목표 기업 측 데이터에 대한 신속한 접근은 특히 거래 전에 매우 중요한 일이므로, 신속하고 간단하며 명확한 데이터 요청 프로세스를 수립해두면 작업이 연기되는 일을 방지하는 데 큰 도움이 된다. 요청할 데이터에 우선순위를 부여하면 목표 기업 측이 가장 중요한 데이터부터 먼저 제공하도록 집중할 수 있다. 실사팀은 같은 데이터를 중복해서 요청하는 일이 없도록 업무 순서를 체계적으로 관리할 필요가 있다.

비용(및 매출) 시너지의 기준을 정하고 기초 분석을 수행하기 위해 목표 기업의 민감한 정보가 필요한 경우가 분명히 있다. 공급 가격을 파악하려면 구매 절감액이나 직원 급여, 고용 일자, 인건비 절감 관리 기준 등을 알아야 하고, 교차 판매 가능성을 판단하려면 매출과 관련된 상품 가격이나 고객 정보 등을 공유해야 한다. 경영진은 보안 공간을 통해 이 같은 정보를 사용할 때 비밀 유지나 반독점과 관련된 문제를 위반하지 않도록 각별한 주의를 기울여야 한다(6장에서 더 자세히 설명한다).

비밀 유지는 매우 민감한 사안이므로 인수기업 실사팀의 경우 협상 초기에는 핵심 부서별로 최소한의 정예 인원만 꾸려서 비공개로 활동하는 편이 좋다. 현실적으로 각 부서의 대표자를 모두 차출하기 어렵다면 외부 자문을 초빙하여 전문성을 보완할 수도 있다. 어찌 됐든 각 분야의 리더들을 비공개로 소집해서 실사를 진행할 때는, 그들의 지식과 정보를 최대한 활용할 수 있도록 업무를 체계화하는 데 노력을 기울여야 한다.

능숙한 인수기업은 실사를 진행하는 과정에서 두 기업의 기존 사업을 통합해서 발생할 비용 시너지뿐만 아니라 가치에 영향을 미치는 더 큰 혁신 기회까지 살펴본다. 이 같은 '인수 거래와 혁신의 병행'에는 비핵심 사업의 해외 이전, 로보틱스 프로세스 자동화(RPA) 확대, 박리다매 사업의 우수 센터 운영, 디지털 클라우드 IT 기반 시설 확충 등이 포함된다.

하향식과 상향식

상향식 ODD(시너지가 아예 없어서 처음부터 구축한다는 시나리오)를 하지 않으면 시너지가 발생하는 출처와 방식, 정도, 그리고 시너지를 달성하는 데 필요한 일회성 및 지속적 비용 등이 모두 불분명해질 수밖에 없다. 이렇게 되면 인수기업은 목표 기업의 경영에 특화된 위험이나 시너지를 실현할 타이밍과 복잡성을 고려할 수 없어, 상향식 관점에서 놓치기 쉬운 경영의 사각지대가 발생할 것이다. 이 같은 문제는 특정 사업부 하나만을 인수할 때 특히 두드러진다(다음에 이어지는 '자회사에 대한 경영 실사'를 참조하라). ODD를 통해 경영모델 전반의 공급자 관계와 계약 내용, 비용 구조(노동 및 비노동) 등을 파악하지 않으면, 인수기업은 주주와의 약속이 이루어진 후 통합 과정에서라도 뒤늦게나마 이 작업을 할 수밖에 없고, 결과적으로 인수기업이 이 사업에서 실제로 해야 하는 일을 검증할 기회는 사라지고 만다.

그렇다고 하향식 ODD가 소용없다는 말은 아니다. 사실 하향식 ODD는 실사의 출발점이기도 하다. 인수기업 및 목표 기업의 업계 벤치마크 대비 손익계산서 검토 결과를 바탕으로 1차 시너지 목표를 세우고, 두 기업의 기능별 인력 현황을 투명하게 파악하는 일은 중요하다. 아울러 업계의 인수 거래 데이터와 과거 경험을 바탕으로 추정치를 검증하는 데도 도움이 된다. 따라서 이것은 출발점으로는 매우 유용하지만, 단지 그것만으로 충분하지는 않다.

인수기업은 흔히 비용 감축을 쉽게 달성할 수 있는 것으로 호도하는 경우가 많다. 하향식으로 전달하는 마법의 10%가 그 대표적인 예다. 그러나 시너지가 전혀 눈에 띄지 않거나 지연되기라도 하면 평소의 이러한 실수가 실현 가치와 경영진의 신뢰도에 어마어마한 악영향을 미치게 된다. 그 결과 시너지 발생이 예상과 달리 불필요하게 지연되면서(이를 '가치 유출'이라고 한다) 투자자가 손해를 보는 것은 물론이거니와 이를 달성해야 할 직원들도 혼란을 겪게 된다.

왜 그런 것일까? 거래 후에 인수기업이 지역, 인력, 기능 등을 놓고 중요한 통합 계획을 서둘러야 함에도 비용 감축 계획이 충분히 검증되지 않았고, 관련 의사결정도 이루어지지 않았음을 경영진이 뒤늦게 깨닫는 경우가 허다하기 때문이다. 그렇다면 결국 어떻게 될까? 그제야 통합팀은 거래 전에 진작 진행했어야 할 상향식 실사를 서두를 수밖에 없고, 결국 통합이 늦어져 업무 현장에 혼란과 불안을 일으키게 된다. 이에 따라 인수 거래의 진정한 가치에 관해서도 의문이 제기되며, 심각한 경우 인수 거래의 투자 논리 자체가 흔들릴 수도 있다.

시너지에 집중된 ODD는 더 나은 결과를 제공한다. 이를 통해 경영진은 구체적으로 어느 분야에서 비용을 감축할 수 있는지 피부로 느낄 수 있고, 시너지에 방해가 되는 요소는 없는지 걸러낼 수도 있다. 예를 들어 기업의 본사 한 곳을 폐쇄하면 상당액을 절감할 수 있지만, 결과적으로 비슷한 사무공간을 다른 곳에, 그것도 더 값비싼 가격에 구해야 할지도 모른다. 이러한 내용을 실사로 밝혀내면 중요한 정보를 평가에 반영할 수 있고, 합병 기업의 경영모델을 수립할 시간을 여유 있게 확보할 수 있다. 마법의 10%를 달성하는 것은 똑같을지 몰라도, 절감액이 어디서 어떻게 발생하는지, 또 이를 달성하는 데 드는 비용은 얼마인지까지 파악하는 것과는 큰 차이가 있다.

양쪽 기업에서 확보한 충분한 데이터를 바탕으로 비용 시너지를 상향식으로 실사하면 하향식 분석과는 전혀 다른 결과가 도출되는 경우가 많다. 두 방법의 차이를 낳는 기능별 요인과 상호의존성을 미리 파악하면 각 기능에 대한 성과 개선, 시너지 창출, 1차 통합 로드맵 구성 등에 필요한 우선순위를 수립할 수 있다.

숫자를 사용한 시너지 실사

시너지 포착을 위한 상향식 실사에는 다섯 가지 주요 단계가 있다. 비용과 기능의 일관된 기준을 수립하고, 시너지 기회를 세분화하여 우선순위를 부여하며, 구체적인 보상, 비용, 기회 등을 정량화하고, 새로운 재무 모델을 개발하며, 업무 순서와 상호의존성을 초기에 파악하여 기능별로 시너지 발생 로드맵을 수립하는 것이다.

1. 비용과 기능의 일관된 기준 수립: 인수기업의 실사팀이 맨 먼저 해야 할

일은 두 기업의 최근 재무상태표와 자료실에서 손익계산서 데이터를 확보해 전체 규모를 확인하고, 거기서 일회용, 비순환 비용을 뺀 정상 재무 정보를 파악하는 것이다. 그런 다음, 이 정보를 사용하여 결합 손익계산서에서 재무, 인사, 마케팅 등의 세부 기능에 이르는 인력 및 비용 현황을 포괄하는 일관 기준을 수립한다. 여기서는 목표 기업의 비용 절감 정책을 이해하여 그것을 미래 기준에서 제외하는 것뿐만 아니라 목표 기업의 기존 프로그램에 따른 복잡성과 상호의존성을 파악하는 것이 모두 중요하다(예: 기존 ERO 클라우드 이전 작업 등).

2. **시너지 기회의 세분화 및 우선순위 부여:** 실사팀은 신속히 실현할 수 있는 시너지에 관한 초기 가설을 수립해야 한다. 그 대상은 전일제 환산 노동력(full-time equivalent, FTE)에 대한 설명, 기업 보험, 공개 기업 비용 및 감사 보수, 간접관리비 등이다. 추가 정보가 필요한 시너지에 관한 가설도 중요하다. 예를 들어 IT나 고객관계관리(CRM) 시스템 통합, 공급망 및 물류 효율 개선, 기업 시설 및 고객 서비스 분야 합리화 등이다.

3. **기능별 구체적 시너지 기회와 비용 절감 목표 정량화:** 인수기업은 경영진과 기능별 리더를 대상으로 심층 인터뷰를 수행하여 전 기능별 지원 분야에 숨어있는 시너지 여력을 파악해야 한다. 이를 통해 새로운 조직을 밑바닥에서부터 수립하거나, 이러한 계획에 참여할 책임자를 파악할 수 있다. 또한 이 단계에서는 시너지를 달성할 비용도 결정해야 한

다. 예를 들면 퇴직금, 임대차 및 공급계약 종료 비용 및 기타 일회성 퇴출 비용뿐 아니라 합병에 따른 지속성 비용의 인상분을 모두 고려해야 한다. 경쟁에 민감한 정보를 주고받을 수 있는 보안 공간 역시 필요하며, 또한 인수기업은 초기 가정에서 혹여 빠뜨린 추가 인건비가 없는지 부지런히 찾아보아야 한다(목표 기업이 이 같은 공간에서 더 많은 데이터를 보여줄수록 더욱 좋은 것은 말할 필요도 없다).

4. **새로운 재무 모델 개발과 초기 가정의 변화 설명:** 인수팀은 상향식 비용 절감과 목표 대비 비용 추정치를 이용하여 새로운 재무 모델과 손익계산서를 개발하고, 이를 인수 거래 패키지로 이사회에 제출해야 한다. 이 모델은 초기 하향식 분석에서 달라진 내용(긍정적이든 부정적이든)을 모두 설명할 수 있어야 한다.

5. **시너지 발생을 위한 통합 로드맵 수립:** 통합 로드맵은 새로운 조직이 인수 거래가 의도한 사업 성과를 달성하기 위해 어떻게 운영되어야 하는지를 보여주는 초기 관점이라고 할 수 있다. 이러한 로드맵의 수립은 사전 계획의 나머지 과정을 결정짓는 매우 중요한 단계다. 물론 합병 조직의 최종 비전은 협상을 거치고 정보가 축적됨에 따라 달라질 가능성이 크지만, 초기 로드맵은 조직 전체가 성과에 집중하고 가장 중요한 분야에 우선순위를 두는 데 귀중한 참고자료가 된다.

위에서 설명한 다섯 단계를 거치는 동안 인수기업은 은행의 조언이나 과거

업계 경험에서 온 하향식 비용 절감 방식에만 얽매여서는 안 된다. 목표 기업이 제시하는 비용 절감 계획의 타당성을 진단함으로써 시너지를 통한 절감과 기존의 절감을 중복해서 계산하지 않도록 조심하고, 이러한 계획과 관련된 상호의존성도 고려해야 한다.

앞서 설명한 일련의 과정은 경영진이 처음부터 적절한 수준의 관여나 언급, 개인적인 격려 등의 형태로 참여할 것을 권장한다. 이는 구체적인 비용 절감 목표를 달성하는 데 필요한 규모, 타이밍, 투자 수준에 따라 평가 정보를 검증하며, 이를 통해 드러나는 여러 가지 시나리오와 새로운 정보를 수용하는 유연한 재무 모델을 만들 수 있게 고안되어 있다.

구체적인 시너지 정책이 수립되면 기능별 책임자들이 정해지므로, 고위 경영진은 최종 경영모델, 목표 고객, 매출 유지와 성장 등 모든 인수 거래의 핵심 요소를 미리 파악하는 데 집중할 수 있다.

건전한 상향식 ODD 과정은 인수기업이 비용 시너지 기회를 확장하는 것뿐만 아니라 비용과 매출 시너지 사이의 긴장 관계를 충분히 고려하는 데도 도움이 된다. 예컨대 비용 절감을 통한 이익률 개선 효과를 지나치게 높게 설정하면 매출 시너지에 대한 기대가 위축될 수 있다.

이 과정에는 인수기업의 기능별 책임자들이 투입될 수도 있다. 그들의 발언 하나하나가 곧 정보이기 때문이다(물론 그들로부터 정보를 끌어내려는 노력은 필요하다). 그들은 또한 필요한 시간과 자원, 그리고 합병 과정에서 발생할 복잡성을 관리해야 한다는 사실을 잘 안다. 여기서 가장 중요한 목표는 인수 거래가 성사된 후 가치 누출을 최소화하는 것이다.

ODD를 철저하게 수행하면 통합 로드맵 작업을 바로 시작할 수 있고, 통합 전략과 전 과정 계획, 향후 경영모델 등을 수립하는 데 따르는 혼란을 피할 수 있다(6장과 7장에서 더 자세히 다룰 것이다). 마지막으로, ODD는 설사 거래가 성사되지 않더라도 인수기업의 현재 경영에 유용한 통찰을 얻을 수 있는 좋은 기회가 된다.

자회사에 대한 경영 실사

매도기업의 사업부 하나를 매수하면 더 복잡한 문제가 발생한다. 사업부의 실제 추정 비용이나 분사 비용을 알기 어려운 데다 해당 사업만 인수할 때 관련 지원 구조도 함께 따라오는지 아닌지 불분명하기 때문이다. 더구나 통합 계획이 진행되는 동안 매도자 측이 전환 서비스를 제공한다는 계약(transition services agreement, TSA)을 맺어야 한다. 결국 자회사 인수는 통합 과정에서 한층 더 큰 위험을 안겨준다. 인수 측으로서는 그 부서를 모기업과 분리하면서도 사업의 연속성을 지켜내야 하는 데다, 먼저 전체 비용을 파악해야 시너지를 통한 개선 기회를 예측할 수 있기 때문이다.

인수 측은 모기업으로부터 얻는 것이 과연 무엇인지 정확히 알아야 한다. 예컨대 고객 대면 부서 인원(영업 인력, 고객 서비스 직원 등)이나 지원 부서(IT, 재무, 인사, 법무 등)도 포함되는지 확인해야 한다.

어차피 그 부서는 우리 회사 시스템에 통합될 텐데 왜 이런 일에까지 신경 써야 하느냐는 생각이 들 수도 있을 것이다. 예를 들어 직원이 3만 명인 부서를 매수한다고 해보자. 과연 우리 회사의 기존 인사시스템과 관리 인력으로 필요한 인사관리를 전부 감당할 수 있을까? 게다가 인수하는 부서가 전 세계 17개 지역에 사무소를 운영한다면, 세무 구조와 법률 체계, 통화 등이 모두 달라 기존의 재정 계획 및 분석(FP&A) 시스템으로는 도저히 감당할 수 없을 것이다. 통합과 운영을 생각할 때는 이러한 점도 중요한 고려사항이어야 한다.

인수 범위를 파악한 다음에는 해당 부서를 지원하는 데 드는 전체 비용을 계산해야 한다. 여기에는 직접 비용과 할당 비용, 비할당 비용 등이 포함된다. 직접 비용은 해당 부서에 직접 귀속되고 내재해 있어서(부서 재무, IT, 법무, 인사, 제조, 공급망 및 물류, 영업 및 마케팅 등) 분할 손익계산서에 나타나는 비용이다. 분할 손익계산서에 나타나는 할당 비용이란 모기업이 제공하는 공유 서비스에 대한 비용을 말하는데, 예를 들면 기업 FP&A, 재무관리, 기업 IT 및 법무, 감사, 규제 대응 같은 항목이다. 그러나 할당 비용에는 사업 운영과 상관없거나, 반대로 과소 평가되는 항목이 포함되는 경우가 있어 적정 수준보다 높은 가치를 낳는 원인이 되기도 한다. 비할당 비용이란 주로 글로벌 브랜드의 지원 부서나 본사와 관련된 것으로, 모기업이 제공하지만 지급할 필요는 없는 서비스 비용을 가리킨다. 인수기업은 전체 비용 구조는 물론, 해당 부서에 대한 통합 수준을 파악해야 시너지 잠재력을 추정할 수 있다.

인수기업이 추정해야 할 또 다른 항목은 목표 부서를 모기업에서 분사할 때 발생하는 일회성 비용이다. 예컨대 모기업과 통합된 ERP 시스템을 사용하고 있다면 계약 종료에 따른 비용이 발생할 수도 있고, 모기업 ERP로부터 데이터(부서 고객, 직원, 재무, 규제 자료 등)를 논리적, 물리적으로 분리해서 새로운 시스템으로 이관하는 데도 돈이 든다. 이 외에도 통합에는 기본적으로 일회성 비용이 발생하는데, IT, 브랜드 갱신, 시설 증설, 간판, 퇴직 급여 등이 대표적이다.

인수 과정의 복잡성과 위험도는 자회사가 모기업에 얼마나 깊이 밀착해 있었는지에 따라 달라진다. 일반적으로 모기업의 다른 부서나 기능과의 통합 및 의존 정도가 높을수록 분사 과정의 복잡성은 더욱 높아진다. 그동안 우리가 경험한 바에 따르면, 모기업 의존도가 높은 부서일수록 분리와 재통합을 거쳐 원하는 기능을 발휘하기까지의 시간과 비용을 과소평가할 위험이 커지는 것으로 나타났다.

높은 의존도의 요인으로는 지적재산권 혹은 IT 및 ERP 시스템의 융합 정도, 시설 및 인력 공유 등이 있지만, 공급자와의 계약 조건, 모기업을 통한 영업 계약, 기존 법무 구조 기반 가격 조건 이전이 세제 혜택 및 매출에 미치는 영향 등은 비교적 의존도가 높지 않은 편이다. 따라서 분사를 거쳐 인수기업에 통합하면서도 사업 연속성을 유지해야 하므로, 매도자 측과 전환 서비스 계약(TSA)을 미리 맺어둘 필요가 있다. 인수기업은 TSA에 필요한 비용과 시간을 정해야 하며, 매도기업으로서는 TSA가 규정하는 업무를 최대한 빨리 마무리 지어야 한다. 과거의 사업이 되어버린 이상, 그들에게는 다른 회사에 서비스를 제공하는 일이 본업과 관련 없기 때문이다.

인수기업은 일회성 비용과 연간 추정 운영비, 복잡성, 사업 연속성 등의 문제를 검토하고 나면, 매수 자산을 통합하는 방법, 그리고 자사의 기존 사업과의 시너지나 개선 기회를 진단하게 된다. 그 과정에서 보조 시장진출 전략의 변화나, 구매, 시설 중첩, 공급망 요소 중복(수송, 창고 등)과 같은 다양한 면에서 이전 모기업보다 훨씬 더 큰 모기업이 됨에 따른 규모의 이점 등을 고려할 수 있다.

매각된 부서의 리더들 사이에서 이른바 '대리인 갈등'이 발생하는 장면도 심심찮게 보인다. 그들 중에는 기존 모기업에 강한 애착을 지니고 있어 향후 자신의 역할과 관련해 갈등을 느끼는 경우가 적지 않다. 소중한 인력을 잃지 않기 위해 그들을 상대로 역량 진단, 문화적 정체성, 인수기업과의 적합성 등 다각도의 정성 평가를 시도하는 것을 고려해볼 만하다.

결론

CDD, ODD, FDD 등을 합함으로써 통찰의 수준이 높아지는 것은 당연한 일이다. 이들 조각을 모으면 전체적인 그림을 그릴 수 있다. 인수기업은 실사를 통해 얻은 정보로 처음에 세웠던 투자 논리와 가치평가, 나아가 전사적인 성장 전략을 검증하는 데 사용할 수 있다. 실사 과정은 미래 통합 과정과 가치 창출 방안을 구상하는 거래 전 계획에도 도움이 된다.

4장에서는 이른바 '기존 경영 가치'와 '미래 성장 가치', 나아가 프리미엄과 거래 총액에 걸맞은 성과 향상에 필요한 실사 지도를 살펴본다.

4장

가치평가
합리적인 시너지를 위한 비용 지불

누가 뭐라고 해도 M&A의 초석은 '가치평가'다. 회사를 인수하면서 지나치게 비싼 값을 치르고 싶은 사람은 아무도 없을 테지만, 전통적인 가치평가 방법, 특히 현금흐름할인법(discounted cash flow, DCF)의 결과에 의문을 제기하는 증거는 너무나 많다. 물론 DCF는 경제학 이론에 충실한 방법이며, 유효성을 뒷받침하는 사례도 많다. 제대로만 사용하면 인수 거래의 미래와 경영사례에 구체적인 도움이 될 여지가 충분하다.

그러나 DCF는 자칫 잘못 사용될 수 있다는 문제가 있다. 따라서 인수기업이 거래에 임하면서 품고 있는 생각이나 거래 성사 시에 약속한 내용에 정말 이상이 없는 것인지 꼼꼼히 확인해보기를 권한다. 그 거래에서 어떠한 가치를 발견했든지 간에 말이다. 거래가 성사되었다는 말은 목표 기업의 인수 가격이 정해졌다는 것이며, 가격 유동성은 거래를 발표한 그 순간부터 인수기업 측이 어떻게 하느냐에 달린 문제가 된 것이다. 투자자들은 똑똑하기 때문에 그들이 들은 말에 즉각 반응하게 되어있다.

대표적인 사례를 하나 들어보자(이 내용은 이 장의 후반부에 다시 다룰 것이다). 최근에 한 인수기업이 대형 인수계약을 맺은 뒤 100억 달러의 프리미엄을 약속하면서 5억 달러의 세전 비용 시너지를 공언했다. 그런데 정작 그 시너지가 발생할 최종 시점이나(최소한 언제 시작되는지도) 실현 계획에 관한 시간표는 전혀 언급하지 않았다. 발표대로라면 투자자들은 눈 깜빡할 사이에 약 8%의 자본 비용으로 100억 달러라는 프리미엄을 손에 넣게 된 것이었다.

이 간단한 계산만으로도 인수기업이 100억 달러 프리미엄에 걸맞은 자본비용 수익을 달성하기 위해 성과 개선(두 기업이 각자 달성할 성과를 뛰어넘어야 한다)에 박차를 가해야 한다는 점을 알 수 있다. 그런데 정작 시너지에 대한 계획조차 없다는 현실은, 인수기업이 이를 달성할 방법이 전혀 없음을 보여주는 것과 다름없었다. 발표 당일 주가가 수십억 달러(고스란히 프리미엄에 해당하는 금액이다)나 곤두박질친 것은 당연한 일이었다.[1]

금융학 강의라면 질색하는 분들도 있겠지만, 투자자들은 인수기업이 발표하는 가치평가를 굳이 들여다볼 것도 없이 이 같은 계산을 순식간에 해낸다. 따라서 인수기업은 자신이 한 약속의 의미를 분명히 알고 있어야 한다. 특히 고액의 프리미엄을 약속할 때는 말이다.

가치평가는 결국 통합 전략을 추진하는 사업계획이 되어야 한다. 그런데 가치평가가 사업계획은커녕 온갖 가설이 이리저리 섞인 집합체에 불과한 경우가 너무도 많다. 인수기업은 두 기업이 이미 가지고 있는 경영 가치와 미래 성장 잠재력, 그리고 프리미엄에 합당한 시너지를 달성하기까지의 소요 기간을 정확하게 알아야 한다. 그리고 이를 위해서는 더 직접적이고 개선된 방법이 필요하다.

이 장에서 우리는 경제적 부가가치(economic value added, EVA)라는 널리 알려진 개념을 바탕으로, 매우 이론적이면서도 직접적인 방법을 제시하고자 한다. 이를 통해 먼저 투자자들이 이미 기대하고 있는 인수기업과 목표 기업 각각의 독립적인 성과 전망을 검토해볼 것이다. 다음으로는 목표 기업의 주가 총액으로 표현되는 신규 자본에 인수 프리미엄을 더해 인수기업이 약속하는 연간 성과 개선액을 도출하고, 이것이 바로 세후 순영업이익(net operating profit after tax, NOPAT) 개선으로 이어진다는 사실을 알아볼 것이다. 프리미엄을 지급한 이상, 통합 전략에 따른 시너지와 신규 사업의 성과 문제가 반드시 따르게 된다. 분별 있는 이사회와 투자자 간에 이 문제로 논의의 장을 마련하는 것 역시 중요한 사안이다.

당장 이 장에서 DCF를 통해 기업가치를 정확하게 평가하는 법을 다루기를 바라는 분들도 있을 것이다. 그러나 아마존을 잠깐만 조회해봐도 지난 30년 동안 DCF 가치평가에 관한 책이 무려 75권이나 나와 있음을 확인할 수 있다. 특정 현금흐름으로 필요한 자본 투자 수익률을 달성할 수 있는지 판단하는 예산 수립 방법은 모든 경영대학에서 가르치는 내용이다.

한 기업의 가치를 평가하려면 특정 기간의 잉여현금흐름(FCF), 성장률, 가중평균자본비용(WACC), 최종 가치(terminal value, TV) 등에 관하여 가설을 세운 다음(성장률은 영속적이라고 가정) DCF 가치 모델에 반영해야 한다.

여기서 가치평가 방법을 소개하려는 의도는 없다. 단지 DCF라는 친숙한 도구를 사용하여 DCF의 거울 이미지에 해당하는 EVA 방식을 설명하려는 것이다. 우리는 EVA를 사용하는 것이 인수기업이 비싼 프리미엄에 기업을 매수하면서 약속했던 성과 개선을, 보다 직관적이고 쉬운 방법으로 조명한다는 사실을 보여주고자 한다. 이 방법은 일종의 오류 검증이라고 할 수 있으며, DCF 등 여러 가치평가 프로세스에서 결과를 도출하고, 그 가격 정보를 두 기업이 독립적으로 기대할 수 있는 것 이상의 시너지나 성과 개선으로 환산해 낸다. 다시 말해, 인수기업이 목표 기업의 주주들에게 프리미엄을 주면서까지 자사 주주에게 공언하는 약속이 무엇인지 이해해보자는 것이다.

이 장은 다소 전문적인 내용을 다룰 수도 있다. 도저히 이해할 수 없을 정도는 아니지만, 그렇다고 하더라도 전문적인 것은 사실이다. 그러나 충분히 다룰 만한 가치가 있는 내용이며, 이를 철저히 규명하고자 최선을 다했다. 인수 거래가 성사되었을 때 투자자들이 기대하는 바가 무엇인지 이해할 수 있는 올바른 개념구조와 그들에게 시너지 계획을 제대로 알릴 수 있는 수단이 꼭 필요하기 때문이다. 우리는 여기에 수많은 금융 원리를 녹여냈다. 이러한 개념과 도구는 인수 거래의 가치를 검증하고, 더 나아가 주주에게 제시한 약속이 무엇인지 이해하는 데 도움이 될 것이다.

현금흐름할인법(DCF)

DCF 가치평가는 비단 M&A만이 아니라 가치평가 전체에서도 핵심이라고 할 수 있다. 여기에는 몇 가지 이점이 있다. DCF를 적용하려면 FCF를 지탱하는 주요 요소, 즉 매출, 운영비, 현금 과세, 그리고 운전자본 및 고정자산에 대한 투자(CAPEX에 반영된다) 등을 고려할 수밖에 없다. 이러한 비용은 모두 합병을 통해 기대하는 성장을 뒷받침하는 투자다. DCF는 유연한 성격을 띠며 인수기업이 생각하는 미래 시나리오에 따라 가설이 바뀌더라도 쉽게 적응할 수 있다. 이 방법은 WACC나 목표 기업의 위험도도 고려한다.

DCF 가치평가는 그 자체로 사업계획, 즉 스토리의 측면도 지니고 있다. 이것은 사업을 통해 달성할 성장과 이익, 그리고 전략적 비전을 촉진하는 데 필요한 정기적인 투자에 대하여 매년 거듭되는 믿음이다. 합병 계획 전체를 뒷받침하는 기초가 바로 약속이라는 점을 잊어서는 안 된다. 즉, 주주와 직원을 포함, 모든 이해당사자에게 약속하는 미래의 성과인 셈이다. 따라서 약속을 뒷받침하는 사업계획을 모르거나 깊이 생각해보지 않았다면, 언젠가 인수 거래의 명분을 설명해야 할 때 크게 당황할 수밖에 없다.

DCF를 사용한 목표 기업의 가치평가는 크게 두 가지 부분으로 나뉜다. 1) 목표 기업의 독립적 가치. 이것은 기존 사업의 가치와 그 기업의 성장 가치를 모두 진단하는 것으로, 모든 가치투자자가 취하는 방식이다. 2) 기대 시너지(해당 기업 단독의 기대치를 넘어서는 경영 이익)의 규모와 발생 시기, 그리고 시너지를 달성하기 위한 일회성 및 지속성 비용. 따라서 인수기업은 두 가지 사업계획을 세우는 셈으로, 목표 기업의 독립적 가치라는 기초에 프리미엄이라는 선불 투자를 통한 순수 시너지 효과가 추가된다고 볼 수 있다.

인수기업이 목표 기업과 협상할 때 상승이든 하락이든 가격이 바뀐다는 것은, 곧 DCF 모델의 입력 정보가 달라진다는 의미이다. WACC가 다소 낮아지거나, 5, 6년 후의 매출성장률 요인이 조금 높아지거나, 성장을 위해 운전자본 투자가 약간 줄어드는 등 여러 가지 예를 들 수 있다. 어찌 됐든 그러한 변화가 타당한 이유로 가설에 반영되는 한, 문제는 없다.

배수를 사용하여 인수 거래를 평가하는 방식, 예컨대 기업가치(EV)/
EBITDA나 EV/매출 등이 DCF보다 더 객관적으로 보이는 이유는 근거가 되
는 비교 대상이 적절하기 때문이다.[2] 반대로 DCF는 보는 사람의 주관적 관점
에 영향을 받을 수 있다. 그러나 평균적으로 시장 기반 배수를 사용한 가치는
종류에 상관없이 그 숫자에 다시 할인 효과를 미치는 현금흐름이라고 볼 수
있다. 물론 그러한 방법에도 문제는 있다. 예컨대 배수를 잘못 사용하면 결과
가 달라진다.

실제로 투자은행은 엄격한 프로세스에 따라 비교 대상 공개기업, 과거 혹
은 비교 대상 인수 거래, DCT 등의 다양한 EV나 P/E 배수를 검토하여 3차
원적인 가치평가를 수행하는 듯하다. 그 다음 각 방법에 대한 일련의 가설이
담긴 '축구장'을 보여주고 세 가지 기법이 제시하는 가장 '적합한' 가치 범위
를 결정한다(**그림 4-1** 참조).

그러나 여기서 알아야 할 점이 있다. 바로 매도측 은행도 동일한 작업을 한
다는 사실이다. 물론 그들이 DCF 가치평가에 큰 비중을 두지 않을 수도 있지
만, 그래도 역시 평가하리라고 가정해야 한다. 매도기업, 특히 그 회사의 이
사진은 그들이 적정가를 제시한다는 모습을 보여주기 위해 '공정성 보증의
견'을 제시하고자 할 것이다. 그들은 결국 과거 인수 거래의 최근 평가액, 그
리고 비교대상 기업이 52주간 최고치를 통해 얻어낸 평가액을 기준으로 프리
미엄을 계산하기를 원할 것이다. 물론 그것이 협상에 중요한 근거임은 분명하
다. 그보다 낮은 가격에 매도하면 매도기업의 이사진이 '공정' 가격에 거래하
지 못했다는 이유로 소송에 휘말릴 게 분명하기 때문이다.

이른바 '운송 조합 사건'으로 불리며 유명해진 1985년의 스미스Smith 대 반

그림 4 - 1

축구장 도식

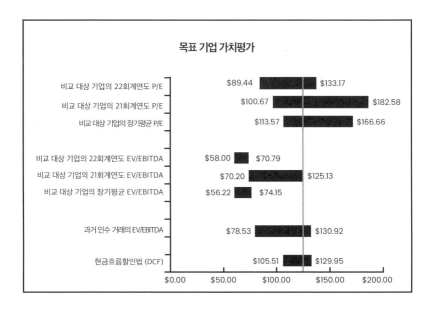

목표 기업 가치평가

비교 대상 기업의 22회계연도 P/E — $89.44 ~ $133.17
비교 대상 기업의 21회계연도 P/E — $100.67 ~ $182.58
비교 대상 기업의 장기평균 P/E — $113.57 ~ $166.66

비교 대상 기업의 22회계연도 EV/EBITDA — $58.00 ~ $70.79
비교 대상 기업의 21회계연도 EV/EBITDA — $70.20 ~ $125.13
비교 대상 기업의 장기평균 EV/EBITDA — $56.22 ~ $74.15

과거 인수 거래의 EV/EBITDA — $78.53 ~ $130.92

현금흐름할인법 (DCF) — $105.51 ~ $129.95

$0.00 $50.00 $100.00 $150.00 $200.00

고컴Van Gorkom 사건 이후로, 공개기업의 경영진과 이사진은 기업의 적정 매도 가격을 정확하게 알리지 않은 상황에 대해 개인 책임을 안게 되었고, 이에 따라 매수기업은 '공정성 보증의견' 발표가 의무사항이 되었다. 델라웨어주 최고법원은 반 고컴과 트랜스유니언Trans Union 사 이사진을 피고로 한 판결에서, 트랜스유니언 주주들이 50%의 프리미엄을 받아야 함에도 이사진은 회사의 내재적 가치를 제대로 파악하지 못했기 때문에 그들의 의무를 극도로 등한시했다고 판시했다. 과거에는 투자은행의 요긴한 도구였던 '공정성 보증의견'(그리고 비교대상 기업과 과거 인수 거래의 시장 기반 배수)이 이제는 인수기업이 지급해야 할 거래가격을 결정하는 데 효과적으로 사용되고 있다.[3]

파티 초대장

오랫동안 주요 인수 거래의 성과가 실망스러운 수준이었고 그 원인이 대체로 과도한 거래가격과 널리 인정되어온 DCF 가치평가에 있다는 증거가 뚜렷하다면, 이제 도대체 무엇이 잘못된 것이냐는 질문이 제기될 수밖에 없다. 이에 대한 한 가지 타당한 대답은 DCF가 시장 배수를 이용한 가치평가 방법을 뒷받침하는 완벽한 수단이라는 점이다. 다시 말해, DCF는 일종의 파티 초대장과 같으며, 원인과 결과를 바꿔치기에 완벽한 모델이라는 것이다.

어떻게 그럴 수 있다는 말인가? DCF 평가기법은 사용하기가 너무 쉬울 뿐 아니라 모델 변수의 작은 변화도 놀랍도록 민감하게 반응하기 때문이다. 그러한 변화는 추정 기간의 마지막에 이르면 최종 가치의 상승에 공헌한다. 특히 시너지 가치가 그렇다. 그뿐만 아니라, 거래 성사에 확고한 의지를 보이는 CEO라면 미래 매출성장률, 이익 지속성, 투자 요건(그리고 기존 성장 기대치에 시너지를 반영한 값) 등에 낙관적인 가설을 슬쩍 숨겨놓는 것쯤은 아무것도 아니므로, 사업 내용을 깊이 이해하는 뛰어난 애널리스트쯤은 되어야 이러한 내용을 간파할 수 있다. 게다가 사람들은 대체로 시너지 발생 시점을 뒤로 연기할수록 긴박감을 잃게 되어 쉽게 망각한다.

예를 들어, 연평균 5% 성장률의 FCF 흐름이 다음과 같다고 해보자(**표 4-1**). 계산을 단순화하기 위해 '영속 성장률'에 기반한 5년간의 최종 가치(TV)를 사용한다. 이를 공식으로 표현하면 $TV_5 = FCF_6 / (c-g)$가 된다. 여기서 c는 자본이자, g는 FCF의 기대 성장률이다. 이제 여러 가지 자본이자와 c−g 스프레드 값이 바뀜에 따라 달라지는 가치평가액을 보여줄 수 있다. 예컨대, 자본이자가 7%일 때, 영속 성장률이 2%에서 3%로 바뀌면 가치평가액이 28억 6,130만 달러이므로 23억 8,360만 달러에서 20%가 인상된 값이 된다. 이 정도면 높은 프리미엄을 치르는 일이 충분히 정당화된다.

물론 5년이나 10년 후 미래의 일을 예측하기는 어렵다. 추정은 원래 위험을 안고 있는 일이므로 여기에는 늘 함정이 숨어있을 수밖에 없다. 경고등이 켜지는 순간은 언제나 인수기업이 비현실적인 영업이익 증가치를 제시하거나, CAPEX를 지나치게 낮게 제시하여 인수전략에 따라 환상적인 매출 성장을

표 4-1

DCF 평가액 민감도 분석

기업의 현금흐름할인 총액 (단위: 백만 달러)

2020A	2021	2022	2023	2024	2025	2026
100.0	105.0	110.3	115.8	121.6	127.6	134.0

민감도 분석

		목표 기업 가치			
c-g 스프레드		0.02	0.03	0.04	0.05
최종 가치		6,700	4,467	3,350	2,680
자본이자	9%	4,802.4	3,350.8	2,625.0	**2,189.5**
	8%	5,020.1	3,500.0	2,740.0	2,283.9
	7%	5,250.0	3,657.6	2,861.3	2,383.6
	6%	5,493.0	3,824.0	2,989.5	2,488.8
	5%	**5,750.0**	4,000.0	3,125.0	2,600.0

실현할 수 있다고 주장할 때다. 그렇게 되면 꼭 필요한 투자도 없이 평가모델에 이자와 세금을 지급하기 전 영업이익(EBIT)이 엄청나게 큰 값으로 반영된다. 그 결과 높아진 최종 가치 속에 FCF가 영원히 과다 계상된 상태로 묻혀버려 평가액이 훨씬 더 커지게 된다. 본말이 전도된다는 이야기는 바로 이러한 상황을 두고 말하는 것이다.

M&A가 발생할 때, 시장은 목표 기업과 인수기업에 대한 평가를 이미 마친 상태이다. 따라서 갈등이 일어나는 원인은 주로 기존의 성장 기대치를 넘어서는 영업이익, 즉 시너지에 대한 인수기업의 생각에서 온다. 인수기업 측 은행은 거래에 필요한 프리미엄 규모를 말해줄 것이므로, 아무리 준비된 인수기업이라 하더라도 평가모델과 숫자를 연결할 때는 대단히 주의를 기울여야 한다. 프리미엄을 치른다는 것은 결국 미래 성과를 약속하는 행위다. 소중한 자본을 미리 치른 후(즉, 투자한 후) 그에 합당한 성과를 거두지 못한다면 주주와 직원을 좌절시키는 결과를 낳는다.

DCF를 파티 초대장이라고 표현한 이유가 바로 이것이다. '가치'가 엄청나게 큰 폭으로 달라질 수 있는 가설을 모델 속에 슬쩍 묻어두기가 너무나 쉽고 그럴만한 동기도 충분하며, 매도측을 만족시켜 거래를 성사할 수만 있다면 사실상 어떠한 가격도 만들어낼 수 있기 때문이다. 따라서 인수기업은 최소한 목표 기업이나 자사의 독립적인 가치와 성장률에 시너지 가정을 한데 섞는 일만큼은 하지 말아야 한다. 이것이 바로 '파티 초대장'이며, 가격을 초과 지급할 가능성이 더욱 커지게 된다.

지금 우리는 DCF를 사용하지 말라는 것이 아니다. 오히려 그 반대다. DCF는 업계에서 널리 인정되고 있고, 이론적으로도 정확한 방법이며, 투자 대비 최대한의 자본비용 수익을 내기 위한 최적의 지급 금액을 산출하는 방법이기도 하다. 인수 이후 목표 기업의 전망을 현실적으로 바라보며 제대로만 사용할 수 있다면, DCF는 기업의 가치를 올바로 평가해서 특정 예측 기간의 잉여현금흐름을 과도한 금액으로 매수하지 않게 해주는 훌륭한 방법이다. DCF의 핵심에는 사업계획이 존재하며, 그 성장 계획의 구현에 필요한 운전자본과 고정자산에 투자한 돈으로 투자자들에게 얼마나 돌려줄 수 있는지를 보여준다.

요컨대, DCF 가치평가 모델을 수립할 때 그 모델에 들어가는 숫자는 가설일 뿐이지만, 실제로 회사를 사는 순간, 그 숫자는 약속이 된다.

인수 거래에 특정 가격을 지급할 때 실제로 내가 한 약속이 무엇인지 알아내는 방법이 또 하나 있다. 이것은 일종의 DCF 내 거울 이미지로, 잉여현금흐름의 할인금액으로 표현된 가치를 기간별 자본 비용 대비 이익으로 바꾸는 것이다. DCF에서 가치를 도출하여 모든 가설을 밝혀내고, 그 가치를 다시 추적 측정할 수 있는 연간 성과 개선값으로 환산하면 된다. 그렇게 하면 인수기업이 지급한 가격을 통해 무엇을 약속했는지를 알 수 있다.

무엇을 약속하는가?

워런 버핏이 M&A에 관해 언급한 유명한 말이 있다. "투자자는 언제든지 적정 가격에 두꺼비를 살 수 있다. (왕자로 변할지 알 수 없는) 두꺼비에게 키스할 권리를 2배 값에 사려는 공주에게 돈을 빌려주느니, 차라리 그 돈으로 폭탄을 잔뜩 사는 게 나을 것이다."

그가 전하려는 메시지는 분명하다. 투자자는 프리미엄 없이도 다양한 분야에 투자할 수 있으므로, 시너지를 합병의 결과로 일어나는 성과 향상이라고 생각해야 한다는 점이다. 프리미엄을 치르면 성과 기준만 올라갈 뿐이다. 이것은 공개기업뿐만 아니라 비공개기업이나 자회사를 인수할 때도 마찬가지다. 물론 인수기업이 비공개기업이라 시장의 평가를 받지 못한다면 이 일을 스스로 해야겠지만 말이다.[4]

따라서 독립적인 기대치를 뛰어넘는 영업이익, 즉 시너지는 기존의 기대치를 넘어서는 성과 개선이라는 말과 같다. 합산 기대치를 규명하기 위해서는 이미 알고 있는 값과 추정값을 서로 구분하는 작업이 먼저 필요하다. 그 결과는 기대 수준이 얼마나 올라가느냐를 보여주는 미래지향적 관점일 것이다. 이러한 방법을 적용하면 회사의 전체 가치를 다음과 같이 나눠야 한다. 즉, 성과 개선을 배제한 기존 사업의 가치, 개별 기업의 성과에 대한 기존 기대치, 거래가격에 걸맞은 추가 성과 개선분이며, 여기에 지급해야 할 프리미엄이 더해진다.

DCF에는 물론 사업계획이 포함되어 있지만, 아무리 철저하게 수행하더라도(인수 거래에서는 목표 기업의 통합으로 산출되는 성과를 충분히 파악하는 것이 중요하다) 여기에는 커다란 단점이 있으며, 이는 특히 인수 거래에서 두드러진다. 바로 가장 중요한 변수인 FCF가 주기적 경영성과를 판단하는 믿을만한 척도가 아니라는 점이다. 왜냐하면 FCF란 정의상 당해연도의 투자액에서 전체 비용을 뺀 것이지, 자본 비용으로 취득한 기업의 전체 운영 기간에 투자 비용을 나누는 게 아니기 때문이다. 다시 말해, DCF, 그리고 특히 FCF는 인수 거래에 투입한 자본이 각 회계연도에 경제 가치를 창출했는지 아닌지를 분명하게 보여주는 수단이 아니다.

이처럼 FCF가 기간별 가치 창출의 척도가 될 수 없다는 단점은 EVA 개념을 사용하면 보완할 수 있다. EVA는 세후 순영업이익(NOPAT)에서 자본비용, 즉 당기 투자자본에 WACC를 곱한 값을 뺀 것과 같다(다음의 '경제적 부가가치 계산법'을 참조하라). EVA는 FCF와 달리 투자금의 상당액을 지출하는 것이 아니라 효과적으로 자본화하며, 앞서 설명한 것처럼 자본에 포함된 자본 비용의 책임을 경영진에게 묻는다. EVA는 경제적 이익에 관한 개념으로, 그 기본 전제는 회사가 운영비뿐만 아니라 자본 비용까지 책임질 때 가치가 창출된다는 것이다. 즉, 투자자 관점에서 본 수익 개념이다.[5]

경제적 부가가치 계산법

매출

− 운영비

= **영업이익(EBIT)**

× (1−세율)

= **NOPAT**

− 자본 비용 (투자 자본×WACC)

= **EVA**

다행스럽게도, EVA는 비록 FCF와는 다르지만 이에 상당하는 시각을 제공해준다. EVA와 FCF 모두 신규 투자 비용의 현재 가치는 같기 때문이다. EVA에서 감가상각비와 자본 비용의 현재 가치는 FCF에서 초기 투자 비용과 정확히 같다. 또한, 미래 FCF의 현재 가치는 미래 EVA의 현재 가치에 초기 자본을 더한 값과 같다. EVA를 경제적 이익, 즉 투자자본으로 창출된 가치라는 개념에 따라 시장 가치를 재구성해보면 다음과 같은 공식이 된다.

시장 가치 = 투자자본 + 미래 EVA의 현재 가치

EVA가 특히나 성과를 측정하고 평가하는 데에 유용한 이유는 기업의 시장 가치를 이미 알고 있는 가치와 미래 추정 가치로 구분할 수 있기 때문이다. 이는 미래 EVA 총합의 현재 가치를 두 부분으로 나누면 되는데, 바로 1) 기업의 기존 EVA를 유지하는 현재 가치, 즉 우리가 이미 아는 값과 2) 기존 EVA를 초과하는 추정 EVA 개선분의 현재 가치다.

다행히 이것은 지금까지 우리가 알던 가치평가 방법과 전혀 다른 무언가가 아니다. 실제로 EVA와 DCF는 둘 다 1961년 노벨상 수상자 프랑코 모딜리아니Franco Modigliani와 머튼 밀러Merton Miller가 『저널오브비즈니스Journal of Business』에 게재한 유명한 논문 「주식의 배당정책, 성장률 및 가치평가」에서 개발되고 입증된 개념이다.

모딜리아니와 머튼(M&M이라는 애칭으로 더 유명하다)은 금융·경제학의 거두로, 그들이 개발한 11번과 12번 공식은 금융학을 공부하는 학생이라면 누구나 알 정도로 유명하다. 11번 공식이 바로 DCF 모델이고, 12번 공식은 이후 EVA 방법의 초석이 된 이른바 '투자 기회 방법(investment opportunities approach, IOA)'이다. 실제로 M&M은 인수합병을 고려하는 투자자의 눈에는 이와 같은 방법이 가장 자연스러워 보일 것으로 생각했다. 왜냐하면 이 방법은 신규 투자에 따른 수익이 자본 비용보다 더 큰가의 관점으로 가치를 바라보기 때문이다(부록 B 참조).[6]

M&M의 12번 공식은 EVA의 맥락에서 실용적으로 표현할 수 있다. 초기 자본과 EVA의 두 요소(NOPAT과 자본이자)를 모두 M&M의 IOA 공식에 산입한다는 것은 기본적으로 다음과 같이 시장 가치 총액이 기존 가치와 추정 가치의 두 요소로 나누어지는 EVA 공식이 성립함을 의미한다.[7] (EVA 공식의 더 상세한 사항에 관해서는 부록 C를 참조하라)

$$\text{시장 가치}_0 = \text{자본}_0 + \frac{EVA_0}{c} + \frac{1+c}{c} \times \sum_{t=1}^{\infty} \frac{\Delta EVA_t}{(1+c)^t}$$

여기서 시장가치$_0$는 기업의 현재 시장 가치 총액이고, 자본$_0$은 초기 장부 자본, c는 달성해야 할 자본비용 수익, 즉 WACC다. EVA_0는 초기 EVA($NOPAT_0 - Cap_{-1} \times c$), 즉 직전 연도의 NOPAT에서 직전 연도 자본이자를 뺀 값이며, ΔEVA_t는 t 연도의 EVA 개선분에 대한 투자자의 현재 기대치를 말한다. 시장 가치를 기존 가치와 미래 성장 가치로 나눈 것만 제외하면 처음에 시작한 내용과 똑같다는 점에 주목할 필요가 있다.

처음 두 항, 즉 초기 자본과 기존 EVA의 일정한 현재 가치(기존 EVA를 자본화한 값, 즉 그 영속 가치)를 합한 값을 '현재 영업 가치(current operations value, COV)'로 생각할 수 있다. 그러면 마지막 세 번째 항은 '미래 성장 가치

(future growth value, FGV)'가 된다. 여기서 FGV는 연간 EVA 개선 기대치를 현재 가치로 자본화된 값으로 표현된다. 이 개선 기대치가 산출하게 될 자본 비용 수익은 지금 투자자들이 기업에 부여하는 성장 가치에서 오는 것이 다. 개선 기대치를 현재 가치로 자본화하는 이유는 연도별 개선분이 영원히 지속된다고 가정했기 때문이다.

이제 앞서 말한 시장 가치 공식을 다시 표현하면 다음과 같다.

시장 가치 = 초기 투자 자본 + 자본화한 기존 EVA
+ 현재 가치로 자본화한 미래 EVA 개선분

따라서, 현재 시장 가치는 기존에 알려진 성과와 미래에 기대하는 개선치의 합으로 표현된다.

시장 가치 = 현재 경영 가치 + 미래 성장 가치

즉, 투자자들이 기대하는 것이 기업의 총 시장 가치에 대한 자본비용 수익 이라면, 그들은 결국 COV에 대한 자본비용 수익과 FGV에 대한 자본비용 수익을 모두 예상할 것이다. 왜냐하면 그들은 그 둘을 모두 구매했기 때문이 다. 기존의 경제 성과, 즉 기존 EVA만 유지하고 EVA 증가치는 제공하지 않 는다면, COV 자본비용 수익에 해당하는 NOPAT만 달성하고 FGV에 대한 수익은 전혀 창출하지 않은 셈이다. 여기서 중요한 점은 FGV의 존재가 투자 자들이 EVA의 개선을 기대한다는 점을 의미한다는 것이다.

예를 들어, 내가 매수하는 기업의 시장 가치가 20억 달러이고, 초기 투자자본은 10억 달러, NOPAT 순환 흐름은 1억 2,000만 달러, WACC는 10%, 그리고 기존 EVA는 2,000만 달러라고 해보자. 계산을 단순화하기 위해 직전년도 대비 자본의 변화는 없다고 가정한다. 그러면 다음과 같은 공식이 나온다.

$$20억 달러 = 자본_0 + 자본화된 기존 EVA_0$$
$$+ 미래 EVA 증가치를 자본화한 현재 가치$$
$$20억 달러 = 10억 달러 + 2,000만 달러/0.1 + 8억 달러$$
$$20억 달러 = 12억 달러 + 8억 달러$$

이 보기에서, COV는 12억 달러고 FGV는 8억 달러다. 기존 EVA 20억 달러를 유지해봤자 그저 COV의 자본 비용 수익을 산출하는 NOPAT를 달성하는 것에 불과하다.[8] 이 회사가 창출해야 할 EVA 증가치(ΔEVA)는 현재 시장에서 얻는 FGV인 8억 달러를 정당화할 정도로 커야 한다. 이 가치를 달성하는 방법으로는 여러 가지가 있다.

예컨대 극단적으로 8억 달러의 EVA 증가보다 더 큰 성과를 당해연도에 달성할 수 있다고 해보자. 그러기 위해서는 아마도 대규모 비용 절감을 달성하고 이를 영원히 지속해야 할 것이다. 그러면 현재 경영 가치를 뛰어넘는 성장 가치를 충분히 정당화할 수 있을 것이다. 위에서 살펴본 EVA 공식을 좀 더 간단하게 표현하면 다음과 같다.

$$시장 가치 = 자본_0 + EVA_0/c + ((1+c)/c) \times \sum \Delta EVA_t/(1+c)^t$$

여기서 FGV는 시장 가치 공식의 세 번째 항이다.

$$FGV = ((1+c)/c) \times \sum \Delta EVA_t/(1+c)^t$$

일회성 개선을 가정하면 FGV 공식은 다음과 같이 줄어든다.

$$FGV = ((1+c)/c) \ (\Delta EVA_1/(1+c)), \ \text{그리고} \ \Delta EVA_1 = c \times FGV$$

따라서 FGV를 8억 달러, WACC를 10%로 가정하면 일회성 개선에 필요한 ΔEVA_1는 다음과 같이 계산된다.

$\Delta EVA_1 = 0.1$ (8억 달러) = 8,000만 달러 또는,

8억 달러 = 11 (8,000만 달러/1.1),

즉, 8,000만 달러의 지속적인 ΔEVA중 일회성 변화 값

이 일회성 변화는 엄청난 성과 개선을 의미하는 것으로, 한해에 일어난다고 보기에는 너무나도 비현실적인 일이다. 게다가 실제로 이런 엄청난 성과를 달성했다고 하더라도, 여기서 더 이상 EVA가 성장하지 않는다면 실제로는 FGV가 COV로 바뀌는 것에 지나지 않는다. 결과적으로는 가치의 관점에서 성장이 전혀 없는 회사가 되고 마는 셈이다. 물론 그러한 수준의 성과 향상일지라도 밝은 미래의 전조라고 해석한다면 투자자들은 회사에 상당한 성장가치를 부여하여 주가 상승으로 보답할 것이다.

이제, 위에서 FGV 항을 따로 떼어내 그것을 일회성 EVA 증가분이라고 가정해보면, 같은 값의 연간 EVA 증가액이 영원히 계속되는 흐름을 얻어낼 수 있다. 이를 자본화하면 바로 일회성 변화 값과 같아진다. FGV 공식을 다시 한번 살펴보자.

$$FGV = ((1+c)/c) \times \sum \Delta EVA_t / (1+c)^t$$

같은 값의 연간 EVA 증가액이 영원히 계속되면 FGV 공식은 다음과 같이 바뀐다.

$$FGV = ((1+c)/c)\ (\Delta EVA/c),$$
$$여기서 \Delta EVA = (c \times FGV)/((1+c)/c)$$

앞의 사례에서 FGV는 8억 달러, WACC는 10%라고 했으므로 필요한 영속적 연간 ΔEVA는 다음과 같다.

$$\Delta EVA = 0.1\ (8억 달러)/(1.1/0.1) = 727만 달러,$$
즉, 8억 달러 = 11 (727만 달러/0.1),
따라서 영속적 연간 EVA 증가액은 727만 달러다.

그러므로 727만 달러의 영속적 연간 EVA 증가액은 8억 달러 FGV에 대한 WACC 수익 10%와 같다.[9] 성장률 기대치가 같다면 FGV는 8억 달러로 일정한 대신 COV는 시장 가치와 마찬가지로 매년 증가할 것이다. 여기서 가장 중요한 점은 투자자들이 가치가 성장하기를 기대할 때는 기꺼이 FGV에 대가를 치른다는 사실이다. 그러나 인수기업이 그 기대를 실현하거나 유지하지 못하면 그만큼 주가에 악영향을 받게 된다.

프리미엄을 치르면 무슨 일이 일어나는가?

목표 기업에 프리미엄을 치를 때 무슨 일이 일어날까? 프리미엄이 40%라면, 20억 달러 가치의 기업의 경우 8억 달러가 된다. 따라서 이미 8억 달러인 목표 기업의 FGV에 8억 달러를 투입했으니 FGV는 총 16억 달러가 된다.

처음에는 20억 달러=12억 달러+8억 달러였는데, 40% 프리미엄이 들어오면서 다음과 같이 바뀐 것이다.

28억 달러=12억 달러+8억 달러+8억 달러

목표 기업의 COV는 여전히 12억 달러지만, FGV가 2배로 증가했다. 이제 무슨 일이 벌어졌는지 감이 오는가?

프리미엄을 치르면 투자자와의 관계가 이렇게 바뀌는 것이다. 프리미엄을 치름으로써 지금까지 존재한 적도 없고, 아무도 예상치 못했던 새로운 사업 성과라는 과제가 탄생하였다. 위의 예에서, 전체 투자액 중 FGV에 대한 자본 비용 수익을 벌기 위해 달성해야 하는 개선 목표가 2배로 증가했다. 이 간단한 예에서 두 가지 ∆EVA 방식 모두 해당 값이 2배가 되어야 했다.

목표 기업을 8억 달러의 프리미엄으로 매수하면, 그 기업의 가격은 이제 고정된 셈이다. 기업의 가치는 더 이상 변하지 않으며 주가 변동 폭은 오로지 인수기업의 몫이다. 그 소중한 신규 자본을 통해 인수기업이 창출하는 기대 수익에 근거해서 말이다. 그만큼의 자본 비용 수익을 추가로 달성해본들 겨우 손익분기점에 도달할 뿐이다. 이를 달성할 방법을 제대로 제시하지 못한다면 아마도 주주들은(다른 이해당사자도 마찬가지다) 당장 거래발표일부터 인수 거래의 명분과 거래가격에 의문을 제기하거나 의심할지도 모른다. 기존의 성과 기대치, 혹은 기존 FGV의 자본 비용 수익만 달성하고 이를 상회하는 시너지를 충분히 발생하지 못한다면 큰 곤란에 닥치게 된다.

투자자로서는 프리미엄을 제공하는 것에 놀랄 수밖에 없으므로(매도기업 측에는 물론 좋은 의미의 놀라움이지만), 일정한 연간 증가액을 계속해서 달성한다면 아마 대단히 만족스러울 것이고, 어느 정도 인내심을 발휘할 수도 있을 것이다. 제아무리 업력이 오래 쌓인 회사라 하더라도 특정 경영성과를 위해 갑자기 지출된 거액의 프리미엄은 여전히 충격일 수밖에 없다. 이러한 상황에서 이미 기대하고 있던 성과를 두 배로 올리겠다고 말하는 것만으로는 아무 소용이 없다. 다만 한 가지 좋은 소식은 EVA 공식으로 이 문제를 쉽게 해결할 수 있다는 것이다.

이제 8억 달러 프리미엄과 그에 따라 필요한 시너지가 ∆EVA 증가로 나타나는 과정을 더 자세히 살펴보자. 다시 한번 FGV 공식을 상기해보면 다음과 같다.

$$FGV = ((1+c)/c) \times \sum \Delta EVA_t / (1+c)^t$$

그러므로, 3년간 성장분의 1년 차 공식은 다음과 같이 나타낼 수 있다.

$$FGV = ((1+c)/c) \, [(\Delta EVA_1/(1+c)) + (\Delta EVA_2/(1+c)^2)$$
$$+ (\Delta EVA_3/(1+c)^3)]$$

이 경우, 3년간 성장의 사례를 하나 든다면 다음과 같다.

$$8억 달러 = 11 \, [(2,000만 달러/1.1) + (3,000만 달러/1.21)$$
$$+ (3,960만 달러/1.33)]$$

즉, 첫해에는 2,000만 달러, 2번째 연도에는 3,000만 달러, 그리고 마지막 3번째 연도에는 거기에 또 3,960만 달러가 추가되어, 기존 EVA에 추가된 추정 EVA 증가액이 3년 차 마지막에는 대략 9,000만 달러가 되며, 이후 이 값이 꾸준히 유지된다. 이 외에도 여러 가지 조합을 제시할 수 있겠지만, 가능한 한 빨리 달성할수록 좋다.

잘 살펴보면 이것이 성공적인 인수 거래 논의에서 흔히 보이는 시너지 증대 과정이라는 점을 알 수 있다. 공격적인 시너지 달성 계획을 제시하지 않는다면 어떻게 될까? 시너지 증대는 프리미엄을 정당화하고 '갚아나가는' 가장 효과적인 방법이다. 3년이 지난 후 추정치를 완전하게 달성하면 프리미엄 몫의 FGV를 COV로 전환할 수 있다. 아마도 투자자들은 그것을 인수 거래로 인한 여러 가지 장기 전략이 효과를 발휘하여 이익 성장이 계속된다는 징후로 판단할 것이며, 따라서 추가 성장 가치를 기꺼이 사려고 할 것이다. 즉, 그 '시너지'가 계속 성장할 것이라는 이야기다.

인수기업이 원래 가지고 있던 영속적인 ΔEVA가 1,000만 달러였다고 가정하면, **표 4-2**와 같은 일정표가 나온다. 이 표에는 향후 5년간 독립적인 기업에 필요한 EVA 증가액과 프리미엄 8억 달러를 정당화할 수 있는 3년간의 ΔEVA 증가분이 함께 제시되어 있다.

이 사례에서 FGV와 ΔEVA가 동시에 증가한다는 것은 이를 위해 성과도 매우 높은 비율로 증가함을 의미한다. 투자자들이 그 정도의 수익이 불가능하다고 생각한다면 인수발표 당일에 곧바로 주가가 내려가서 적정 성장률에 맞게 조정될 것이다. 반대로 그들이 수긍할 수 있는 숫자로 확신을 안겨주고 인수 거래도 현실적인 전략을 담고 있다면 성장 가치와 주가가 함께 오르게 될 것이다. 실제로 성공적인 인수 거래들에는 이와 같은 사례가 드물지 않았다(투자자와의 의사소통 문제는 5장에서 다룰 것이다).

표 4-2

8억 달러 프리미엄에 대해 필요한 EVA 증가액 (단위: 백만 달러)

	1년 차	2년 차	3년 차	4년 차	5년 차
인수기업 단독	10	20	30	40	50
목표 기업 단독	7.27	14.54	21.81	29.08	36.35
단독 기업 총계	**17.27**	**34.54**	**51.81**	**69.08**	**86.35**
프리미엄 추가	**20**	**50**	**90**	**90**	**90**

지금까지 우리는 무언가 중요하고 유용한 것을 만들어왔다. 즉, DCF를 비롯한 기타 평가기법으로 프리미엄을 '정당화'하고, 그것을 합리적인 시너지 상승(ΔEVA)으로 바꿔내는 빠르고 타당한 방법을 알아본 셈이다. 시너지 상승은 결국 프리미엄에 대한 자본비용 수익을 제공하게 된다. 이것이 바로 인수기업이 가치평가를 근거로 약속한 것이 무엇인지 확인하는 일종의 오류 검증인 셈이다. 그런 점에서 ΔEVA가 시너지의 관점에서 어떠한 의미와 타당성을 지니는지 살펴보자.

ΔEVA는 Δ(NOPAT$-$Cap$\times$c), 또는 (ΔNOPAT$-\Delta$Cap$\times$c)로 표현할 수 있다. 따라서 계산 단순화를 위해 거래 후 큰 규모의 투자자본이 없다고 가정하면 ΔEVA는 단순히 NOPAT의 변화량이 된다. 그리고 이 값은 원래 DCF 가치평가에서의 NOPAT 가정과 비교할 수 있다. 그러나 조금이라도 추가적인 자본 투자와 프리미엄이 있다면, 예컨대 시너지 달성에 필요한 일회성 비용 등이 발생한다면 NOPAT도 그에 따라 증가하게 될 것이다.

그런데 여기서 만약 투자자들에게 인수기업이 방금 목표 기업 주주에게 공짜 선물을 안겨주는 바람에 발생한 신규 성장 가치(즉, 프리미엄)의 자본 비용 수익 달성이 늦어질 수도 있다고 말한다면, 과연 투자자들은 어떻게 반응할까?

수익 지연을 보는 투자자의 시각

1장에서 예로 든 뉴욕시의 아파트 구매 이야기를 기억하는가? 그 물건을 충분히 검토해봤지만, 시장 가치의 50%(50만 달러)라는 프리미엄이 포함된 집

값을 모두 치르려면 담보대출을 얻어야 한다. 그래서 일단 계약금을 30만 달러로 합의한 다음, 가까운 은행을 찾아가 대출금 120만 달러를 얻기 위한 서류작업을 모두 마쳤다. 몹시 용감하게도, 5% 이자에 10년 상환 조건으로 대출 계약을 맺었다. 은행이 대출 기간 내내 5% 이자를 벌어간다는 말은 내가 10년간 매달 1만 2,728달러씩 빚을 갚아야 한다는 뜻이다. 이제 아파트 거래 당일이 되어 관련자들이 모두 테이블에 둘러앉았다고 생각해보자. 매도자, 변호사, 양측 중개인, 그리고 당연히 은행 담당자도 나와 있다.

이제 대출 계약 서류에 서명만 하면 되는데 내가 갑자기 은행 담당자를 돌아보며 이렇게 말한다.

"저, 대출 납입 일자를 못 지킬 수도 있을 것 같아요."

은행 담당자가 화들짝 놀라 되묻는다. "뭐라고요?"

내가 대답한다. "예, 사실은요, 언제부터 납입할 수 있는지도 잘 모르겠습니다. 지금 확실한 건 시간이 좀 걸릴 거라는 것뿐이에요."

담당자가 말문이 막힌다는 듯이 대꾸한다. "이런, 도대체 얼마나 기다려야 한다는 건가요?"

그러자 다시 이렇게 대답한다. "글쎄요 한 2년이나 3년 정도 되지 않을까요." 그러고는 다시 이렇게 힘주어 말한다. "저만 믿으세요. 설마 안 갚기야 하겠어요."

다소 극단적인 비유로 보일 수도 있겠지만, 투자자들에게 세상에서 가장 큰 수익을 안겨주겠다고 호언장담해놓고는 난데없이 피인수 기업에 프리미엄을 안겨줄 때 투자자들이 느끼는 심정이 바로 은행 담당자와 같다. 특히 신규 자본(즉, 시너지) 수익을 언제 실현하겠다는 것인지 전혀 밝히지도 못한다면 말이다.

피인수 기업의 주식을 살 마음이 전혀 없었던 우리 회사의 주주들로부터 담보대출을 얻어낸 셈이니, 그들로서는 그 신규 자본에 대한 수익은 오로지 나에게 기대할 수밖에 없다. 합리적인 계획을 제시하지 않거나, 심한 경우 아예 계획이 없다는 인상을 준다면 투자자들은 틀림없이 나를 의심할 것이다. 이것이 바로 시장의 부정적인 반응을 불러오는 전형적인 상황이다. 프리미엄을 지급한다는 것은 최대한 빨리 상당한 성과 개선을 달성해야 한다는 뜻이다. 그렇지 않으면 회사의 시장 가치는 적정 FGV를 반영하는 수준으로 수렴하게 된다.

종합: 홈랜드 테크놀로지의 사례

체스 퍼거슨(2장에 등장한 홈랜드 테크놀로지의 CEO)은 홈랜드의 덩치를 급속히 키우고 그 과정에서 주주 가치도 구축할 수 있는 인수 건을 꾸준히 물색했다. 은행 관계자들이 제시한 몇몇 회사 중에 그가 집중하게 된 회사가 바로 아푸르 인더스트리였다. 이후 FDD, CDD, ODD를 모두 거쳐본 결과 이 회사야말로 최적의 후보라는 생각이 들었고, 따라서 40%의 프리미엄을 지급해도 괜찮겠다고 마음먹게 되었다.

　다른 회사를 구매할 때는 프리미엄만 지급하는 것이 아니라 그 기업에 투자한 자본이 즉각 총 시장 가치에 반영되므로, 이 점을 늘 고려해야 한다. 다시 말해, 프리미엄을 치르면서 어느 회사를 산다면 그 회사의 COV와 FGV에(목표 기업 주식의 총 시장 가치를 치르고 부채까지 떠맡음으로써 합병 재무상태표에 자본이 반영되었기 때문이다) 프리미엄을 더한 값에 대한 자본 비용 수익을 창출해야 한다.

그러기 위해 우리는 인수기업과 목표 기업을 각각 독립된 기업으로 살펴본 다음, 두 기업을 합쳐 새로운 투자자본, WACC, 그리고 COV와 FGV가 형성된 신규 기업으로 인식해볼 수 있다. 그 후 인수 거래 전에 각 기업이 달성해야 할 EVA 증가액과 그 EVA 증가액이 거래 후에 어떻게 달라지는지를 보여줄 수 있다. 계산의 편의를 위해 신규 WACC는 두 기업 모두 거래 전 WACC의 시장 가치에 기반한 가중 평균값이라고 가정한다.[10]

먼저 인수기업과 목표 기업의 총 시장 가치(주가 총액에 부채를 더한 값)를 구한다. 그리고 두 회사의 초기 투자자본(총자산에서 무이자 유동부채(non-interest-bearing current liabilities, NIBCLs)를 뺀 값)을 결정한다. 이어서 기존 EVA(전년도 NOPAT − (전년도 초기자본×WACC))를 계산한 다음 해당연도의 WACC로 자본화한다. 우리가 제시한 EVA 공식에서 초기 자본에 자본화된 기존 EVA를 더하면 COV가 된다. 마지막으로 총 시장 가치에서 COV를 빼면 FGV가 나온다. 이것이 바로 투자자들이 기대하는 미래 EVA 증가액을 현재 가치로 자본화한 값이다.[11]

이제 홈랜드와 아푸르 인더스트리사를 두 개의 독립적인 기업으로 보고 **표 4-3**(단위는 백만 달러)에 나타난 자료를 참조하여 이 방법대로 차근차근 살펴보자.

두 회사를 각각 살펴보는 이유는 투자자들이 양쪽 회사에 기대하는 바를 따로따로 파악할 수 있기 때문이다. **표 4-4**는 홈랜드 테크놀로지에 관한 자료로, 기존 EVA는 NOPAT−자본이자이므로, 390−(2,000×0.1)=1억 9,000만 달러로 계산된다. FGV는 11억 달러이므로 매년 영속적 ΔEVA는 $(1,100 \times c)/(1+c)/c)$, 즉 1,100(0.1)/11=Δ1,000만 달러가 된다.

표 4-3

홈랜드 테크놀로지와 아푸르 인더스트리 자료 (단위: 백만 달러)

항목	홈랜드 테크놀로지	아푸르 인더스트리
시가총액	3,500	2,000
＋부채	1,500	0
＝총 시장 가치	5,000	2,000
총자산	2,100	1,050
―NIBCLs	100	50
＝초기 자본	2,000	1,000
직전년도 초기 자본	2,000	1,000
초기 NOPAT	390	120
WACC	10%	10%
프리미엄		800

표 4-4

홈랜드 테크놀로지의 COV 및 FGV (단위: 백만 달러)

	홈랜드 테크놀로지	COV	FGV
시장 가치	5,000		
자본	2,000		
기존 EVA의 자본화값 (190/0.1)	1,900	3,900	
기대 EVA 증가액의 자 본화 PV			1,100

표 4-5

아푸르 인더스트리의 COV 및 FGV (단위: 백만 달러)

	아푸르 인더스트리	COV	FGV
시장 가치	2,000		
자본	1,000		
기존 EVA의 자본화값 (20/0.1)	200	1,200	
기대 EVA 증가액의 자본화 PV			800

표 4-5는 아푸르 인더스트리에 관한 자료로, 기존 EVA는 NOPAT−자본이자, 즉 $120-(1,000\times0.1)=2,000$만 달러다. FGV는 8억 달러이므로 영속적 ΔEVA는 $(800\times c)/(1+c)/c$, 즉 $800(0.1)/11=\Delta727$만 달러로 앞에서 살펴본 것과 같다.

이제 기다리던 순서가 되었다. 여섯 가지 간단한 단계를 거쳐 두 기업을 한데 합하는 것이다.

1. 합병 기업의 총 시장 가치를 계산한다.
   인수기업의 거래 전 시장 가치+목표 기업의 거래 전 시장 가치
   +프리미엄

2. 합병 기업의 자본을 구한다.
   인수기업의 초기 자본+목표 기업의 시장 가치+프리미엄

3. 합병 기업의 기존 EVA를 자본화한다.

[합병 기업의 전년도 NOPAT−((인수기업 전년도 초기 투자자본
＋목표 기업 시장 가치＋프리미엄)×신규 WACC)] / 신규 WACC

4. 합병 기업의 COV를 구한다.

합병 기업의 자본＋기존 EVA의 신규 자본화값

5. 합병 기업의 FGV를 구한다.

합병 기업의 총 시장 가치−신규 COV

6. 필요한 EVA 증가액을 계산한다.

(신규 FGV×신규 WACC)/((1＋신규 WACC)/신규 WACC)

3단계는 특히 중요하다. 우리는 기존 EVA를 마치 인수기업이 거래 전(기초
년도)에 모든 신규 자본(목표 기업에 대한 투자총액과 목표 기업의 부채)을
재무상태표에 올려놓은 것처럼 다시 표기했다. 그랬기 때문에 인수기업의 전년
도 초기 자본에 목표 기업의 총 시장 가치와 프리미엄을 더해 기존 EVA의 자
본이자를 계산한 것이다. 그리고 이것을 새로운 출발점으로 삼아 FGV와 미래
에 달성할 기대치를 새롭게 규정한 것이다. 이 방법은 거래 전 각 기업의 ΔEVA
와 거래 후 합병 기업이 달성해야 할 변화 값을 쉽게 비교할 수 있게 해준다.[12]
표 4-6은 프리미엄 없이 두 기업을 합한 경우의 수치를 나타낸다.

표 4-6

홈랜드 테크놀로지와 아푸르 인더스트리 합병 기업의 COV 및 FGV

(단위: 백만 달러)

	합병 회사	COV	FGV
시장 가치	7,000		
자본	4,000		
기존 EVA의 자본화값 (110/0.1)	1,100	5,100	
기대 EVA 증가액의 자본화 PV			1,900

이제 계산과정을 살펴보자.

1. 신규 시장 가치＝5,000＋2,000＝7,000

2. 신규 자본＝2,000＋2,000 (목표 기업의 자본을 시장 가치에 합산했기 때문이다)

3a. 신규 NOPAT＝390＋120＝510

3b. 신규 자본이자＝(2,000＋2,000)×0.1＝400

3c. 신규 기존 EVA＝NOPAT－자본이자＝510－400＝110

3d. 기존 EVA의 신규 자본화 값＝110/0.1＝1,100

4. 신규 COV＝4,000＋1,100＝5,100

5. 신규 FGV＝7,000－5,100＝1,900

6. 신규 ΔEVA＝1,900 (0.1)/11＝Δ1,727만 달러의 매년 계속되는 값

여기서 몇 가지 사실을 알 수 있다. 기존 EVA의 자본화 값은 줄어들었지만, 투자자본은 더 증가했다. 왜냐하면 홈랜드가 목표 기업을 시장 가치에 인수했기 때문이다. 즉, 신규 COV는 두 기업 각각의 COV를 더한 값이다. 따라서 신규 FGV 역시 두 기업의 FGV를 서로 합한 값이고, 필요한 EVA 증가 총액도 같다.[13]

표 4-7은 40% 프리미엄 8억 달러를 더한 결과다. 어떤가?

표 4-7

**8억 달러 프리미엄을 추가한 홈랜드 테크놀로지와
아푸르 인더스트리의 COV 및 FGV**

(단위: 백만 달러)

	합병 회사	COV	FGV
시장 가치	7,800		
자본	4,800		
기존 EVA의 자본화값 (30/0.1)	300	5,100	
기대 EVA 증가액의 자본화 PV			2,700

다시 한번 계산해보자.

1. 신규 시장 가치＝5,000＋2,800＝7,800 (프리미엄을 더했다)
2. 신규 자본＝2,000＋2,800 (목표 기업의 자본을 시장 가치와 프리미엄에 합산했다)

3a. 신규 NOPAT=390+120=510

3b. 신규 자본이자=$(2,000+2,800) \times 0.1 = 480$

3c. 신규 기존 EVA=NOPAT − 자본이자=510−480=30

3d. 기존 EVA의 신규 자본화 값=30/0.1=300

4. 신규 COV=4,800+300=5,100

5. 신규 FGV=7,800−5,100=2,700

6. 신규 ΔEVA=2,700 (0.1)/11=Δ2,454만 달러의 매년 계속되는 값[14]

합병 회사의 COV는 여전히 같고 FGV는 프리미엄만큼 증가했다. 앞에서와 같이 기존 EVA의 자본화값은 줄어든 대신 자본은 늘어났고, 프리미엄은 합병 회사의 FGV에 단순히 더해진 것뿐이다.

신규 ΔEVA 2,454만 달러가 전과 비교해 증가한 값은 프리미엄 8억 달러에 프리미엄 자본 비용(8억 달러× (0.1))을 곱한 후 여기에 ((1+c)/c), 즉 11을 나눈 값이다. 따라서 두 기업 각각의 기대치보다 727만 달러 더 큰 연간 증가액이 계속된다.

여기서 중요한 점은, 프리미엄에 c/((1+c)/c)를 곱하기만 하면(이때 c는 WACC다) 영원히 계속되는 ΔEVA 연간 증가액을 빠르게 계산할 수 있다는 것이다. 앞에서 일정표를 살펴봤듯이(**표 4-2**) 이것은 투자자들이 좋아할 만한 증가액으로 바꿀 수도 있다. 그러면 투자자들도 순식간에 계산해낼 수 있게 된다.

몇 가지 더 중요한 사항이 있다. 앞에서 설명했듯이 이것은 이미 예상하던 EVA 증가액이므로, 이렇다 할 자본이 추가되지 않는 한, 결국 이는 NOPAT의 변화인 셈이다. NOPAT은 정의상 세후 금액이므로, 이 금액을 세전 시너지로 증액해주어야 한다. 이것이 주로 인수발표 당일에 제시하는 EBIT 증가액이 된다. NOPAT의 변화는 성장률이 높아지거나 수익이 향상되는 형태로 나타난다. 그리고 우리는 필요한 성과를 산출하는 데 필요한 성장률 및 수익성 증가액을 표로 만들 수 있다. 마지막으로, DCF와 EVA는 등가이므로, EBIT이나 NOPAT 변화량을 DCF 방법의 NOPAT 변화와 서로 비교할 수 있다.

대형 인수 거래: 퓨처 인더스트리의 사례

이제 이 장의 서두에서 소개했던 대형 인수 거래를 살펴보자. 기술업계에서 급성장 중인 퓨처 인더스트리가 기술과 보건 분야에서 혁신적인 융합 제품을 선보이는 거대기업 캐비지 주식회사에 인수 거래를 제안한 사례다. **표 4-8**에 두 회사의 자료가 나타나 있다.

홈랜드와 아푸르의 사례를 참조하여 각 기업을 구분해서 살펴보면 이들 기업 각각에 대한 투자자의 기대를 이해할 수 있다.[15] (**표 4-9**와 **표 4-10**은 각각 퓨처 인더스트리와 캐비지 주식회사의 자료다)

이제 우리의 방법에 따라 두 기업을 결합하여 새로운 퓨처 인더스트리를 만든 다음, 퓨처 인더스트리가 캐비지 주식회사에 제공하는 100억 달러의 프리미엄을 이 회사에 반영한다. 그리고 두 회사의 시장 가치에 7.77% 프리미엄을 합한 값을 기반으로 새로운 WACC를 계산한다.[16] **표 4-11**에 두 회사가 합병해서 탄생한 기업의 FGV를 정당화하는 영속적 연간 EVA 증가액이 나타나 있다.

표 4-8

퓨처 인더스트리와 캐비지 주식회사 자료 (단위: 백만 달러)

항목	퓨처 인더스트리	캐비지 주식회사
시가총액	38,902.28	34,565.80
＋부채	2,022.13	11,233.44
＝총 시장 가치	40,924.41	45,799.24
총자산	42,425.41	44,471.97
－NIBCLs	8,827.05	13,781.15
＝초기 자본	33,598.36	30,690.82
직전년도 초기 자본	32,009.84	29,888.60
초기 NOPAT	1,889.34	3,151.33
WACC	8.00%	7.60%
프리미엄		10,000.00

표 4-9

퓨처 인더스트리의 COV와 FGV 및 영속적 △EVA (단위: 백만 달러)

	퓨처 인더스트리	COV	FGV
시장 가치	40,924.41		
자본	33,598.36		
기존 EVA의 자본화값 (-671.45/0.08)	(8,393.13)	25,205.23	
기대 EVA 증가액의 자본화 PV			15,719.18
FGV를 정당화하는 영속적 △EVA			93.15

표 4-10

캐비지 주식회사의 COV 및 FGV (단위: 백만 달러)

	캐비지 주식회사	COV	FGV
시장 가치	45,799.24		
자본	30,690.82		
기존 EVA의 자본화값 (879.80/0.076)	11,576.32	42,267.14	
기대 EVA 증가액의 자본화 PV			3,532.10
FGV를 정당화하는 영속적 △EVA			18.96

표 4-11

퓨처 인더스트리/캐비지 주식회사의 COV 및 FGV (단위: 백만 달러)

	퓨처 인더스트리/캐비지 주식회사	COV	FGV
시장 가치	96,723.65		
자본	89,397.60		
기존 EVA의 자본화값 (-1,782.10/0.777)	(22,935.65)	66,461.95	
기대 EVA 증가액의 자본화 PV			30,261.70
FGV를 정당화하는 영속적 △EVA			169.53

다시 한번 여섯 단계로 계산해보자.

1. 신규 시장 가치＝40,924.41+45,799.24+10,000＝96,723.65 (프리미엄 합산)

2. 신규 자본＝33,598.36+45,799.24+10,000＝89,397.60 (목표 기업의 자본에 시장 가치와 프리미엄을 더했기 때문이다)

3a. 신규 NOPAT＝1,889.34+3,151.33＝5,040.67

3b. 신규 자본이자＝(32,009.84+45,799.24+10,000)×0.0777 ＝6,822.77

3c. 신규 기존 EVA＝NOPAT−자본이자＝5,040.67−6,822.77 ＝−1,782.10

3d. 기존 EVA의 신규 자본화 값＝−1,782.10/0.0777＝−22,935.65

4. 신규 COV＝89,397.60+−22,935.65＝66,461.95

5. 신규 FGV＝96,723.65−66,461.95＝30,261.70

6. 신규 ΔEVA＝30,261.70 (0.0777)/(1.0777/0.0777) ＝Δ1억 6,953만 달러의 매년 계속되는 값

이제 두 기업의 거래 전 연간 EVA 증가액 기대치와 합병 기업의 신규 연간 증가액을 쉽게 비교할 수 있게 되었다. 퓨처 인더스트리가 캐비지의 시가총액(그리고 부채도 포함)에 100억 달러 프리미엄까지 지급하는 경우를 가정한다. **표 4-12**를 보면 퓨처는 연간 EVA 증가액 5,742만 달러를 영원히 계속 달성한다고 나와 있다. 거의 매년 50%로 대폭 증가한 값이다. 그리고 100억 달

러 프리미엄 자체를 FGV에 직접 증가 요인으로 간주하고, 신규 WACC와 영속적 +EVA 공식을 사용하여 영속적 연간 EVA 증가액을 계산하면 쉽게 근사치를 보여줄 수 있다.[17]

여기서 잠깐, 이 책 전체에 영향을 미칠 중요한 사실을 언급할 필요가 있다. 우리가 100억 달러의 프리미엄을 곧바로 신규 FGV로 간주하고 여기에 c/((1+c)/c)를 곱해주면, 영속적 연간 EVA 증가액은 5,602만 달러로 계산된다. 이 금액은 제시된 방법을 모두 적용해서 계산한 값과 매우 가깝다.[18]

표 4-12

퓨처 인더스트리와 캐비지 주식회사 간 합병 법인의 △EVA 계산 결과

(단위: 백만 달러)

△EVA 계산 결과	
거래 전 두 기업 △EVA의 기대치	112.11
거래 후 합병 기업의 △EVA 기대치	169.53
우리 방법을 사용한 △EVA 증가 기대치	57.42
직접 프리미엄 계산	56.02

다시 말해 어떠한 종류의 DCF나 배수 기반 평가법에 대해서도 오류 검증이 무척 쉽고 간단하다는 것이다.

이제 발표할 내용을 좀 더 현실적으로 만들기 위해 영속적 연간 증가액을 EVA 개선으로 표현된 3년간 시너지 증가량으로 바꿔볼 수 있다. 사실상 3년 기간의 마지막에는 FGV를 COV로 바꾸게 되며, 이렇게 되면 투자자들이 크게 만족할 것이 틀림없다. 명심해야 할 점은 EVA의 바탕이 NOPAT이므로 이렇게 계산한 결과는 세후 금액이라는 사실이다. 이 장의 서두에서 소개한 3년간 성장 공식을 떠올려보자.

$$FGV = ((1+c)/c) \ [(\Delta EVA_1/(1+c)) + (\Delta EVA_2/(1+c)^2)$$
$$+ (\Delta EVA_3/(1+c)^3)]$$

FGV에 100억 달러 프리미엄을 대입하고 7.77%의 WACC가 25%, 35%, 40%의 가치로 변해서 3년 후부터 추정 손익계산서가 일정한 수준을 유지한다는 결과를 **표 4-13**에 나타냈다.

이는 모두 큰 자본 추가 없이 발생한 EVA 증가이므로 NOPAT의 변화와 같다.[19] 따라서 세후 손익계산서에는 첫해에 1억 9,400만 달러, 둘째 연도에는 4억 8,700만 달러(1억 9,400만 달러+2억 9,300만 달러), 셋째 연도에는 8억 4,800만 달러(1억 9,400만 달러+2억 9,300만 달러+3억 6,100만 달러)가 된 후 일정한 수준을 유지한다고 해석할 수 있다.[20]

표 4-13

퓨처 인더스트리/캐비지 주식회사의 3년간 △EVA 증가량 (단위: 백만 달러)

3년간 △EVA 증가량

연도	필요 △EVA	추정 △EVA
1	194.25	194.25
2	293.08	487.33
3	360.97	848.30

그러나, 합병 후의 퓨처 인더스트리의 시너지 발생이 3차 연도로 미루어진다면(첫 2년간 시너지가 발생하지 않는다면), 이는 필요 세후 증가액 9억 200만 달러 전액이 3차 연도에 폭발적으로 일어나 이후로 계속 유지된다는 것을 의미한다. 합리적인 전망에 해당하는 3년 후 세후 시너지 증가액 3억 6,100만 달러와는 너무나 거리가 먼 이야기다.

또 하나 눈여겨볼 점은 세후 시너지 9억 200만 달러가 이 장의 서두에서 퓨처 인더스트리가 언제 달성하겠다는 시간표도 없이 발표한 세전 금액 5억 달러(과세표준 28%를 적용하면 세후 3억 6,000만 달러)와 크나큰 차이를 보인다는 사실이다. 시간표를 제시하지 않으면 투자자로서는 계획이 없다고밖에 달리 생각할 여지가 없다. 즉, 매수기업은 거래 발표 당일에 프리미엄 가치를 거의 모두 손실한다고 해도 놀랄 일은 아니다.[21]

마지막으로 가장 중요한 점은, 누구나 거래 제안을 하기 전에 이 계산을 할 수 있다는 사실이다. 그래서 결과가 발표하려고 준비했던 세후, 혹은 세전 시너지와 다르다면 긴급 조치를 취할 수 있다.

결론

계산은 분명하게 나왔지만, 이 장의 주제를 다시 살펴보자. 인수 거래에 프리미엄을 치르기 위해서는 선불 투자의 명분을 뒷받침하는 사업계획이 있어야 한다. DCF 가치평가는 비록 널리 쓰이는 방법이기는 하지만, 여기에 내포된 미래 가설, 특히 시너지가 조금만 달라져도 민감하게 반응한다는 점을 고려해야 한다. 게다가 거래를 위해 치러야 하는 가격과 프리미엄을 정당화하기 위해 본말전도 현상이 일어날 가능성이 있다. 특히 거래 전에 인수 거래가에 포함되는 DCF 가설은 사실상 투자자에 대한 약속이므로 인수기업은 이를 달성할 책임을 떠안게 된다. 목표 기업의 가격이 한번 정해지고 그것을 거래가격으로 지급하고 나면, 이제 바뀌는 가격은 목표 기업이 아니라 인수기업의 몫이 된다.[22]

이후부터는 성과 개선 실현이 늦어질수록 그 대가가 혹독해진다. 당분간 '대출금'을 못 갚겠다는 말을 듣고 좋아할 투자자는 없다. 투자자는 현명하다. 현명한 그들이 마음만 먹으면 언제라도 시너지를 창출할 수 있다는 인수기업의 말을 믿을 리가 없다. 이러한 이유로 어떠한 인수 거래든 발표 시점부터 어느 정도 시너지 향상 요소를 안고 있어야 한다. 그 효과는 두 가지로 설명할 수 있다. 1) 투자자들에게 성장 계획의 존재를 확신시켜 준다. 2) 프리미엄에 대한 자본 비용 수익을 창출한다.

미래 성장 가치, 즉 FGV에는 EVA가 증가한다는 뜻이 담겨 있다. 따라서 프리미엄을 치르면 평가 기준이 올라갈 수밖에 없다. 프리미엄을 EVA 증가액과 NOPAT 상승분으로 환산해보면 DCF 평가 결과가 프리미엄을 정당화하는지를 검증할 수 있다. 투자자 역시 이 계산을 금세 해낼 수 있다. 투자자본과 이에 따른 자본 비용에 큰 변동이 없다고 가정하면 EVA의 변화는 곧 NOPAT의 변화를 의미한다. 물론 투자자본이 증가하면 자본 비용도 늘어나기 때문에 이를 보상하기 위하여 NOPAT도 큰 폭으로 증가해야 한다.

기억해야 할 점은 이러한 가치 검증 과정은 목표 기업에만 해당하는 게 아니라는 사실이다. 사실상 여기에는 인수 거래의 사업계획을 검증한다는 의미가 담겨 있다. 이사회와 직원, 투자자에게 전해주어야 할 스토리인 것이다. 기대가 충족되지 않으면 인수기업의 주가가 하락한다. 다음 장에서 다루게 될 거래발표일은 이 같은 요소가 모두 한데 어우러지는 날로서, M&A의 다른 어떠한 주제에 못지않게 진지한 마음으로 다루어야 한다.

5장

커뮤니케이션 전략
거래발표일

물론 시너지는 발생합니다. 그러나 정확히 어느 분야인지는 아직 모릅니다.

지금 알 수 있다는 것은 말도 안 되는 소리입니다.

- 1994년, QVOC가 CBS 인수를 발표한 날, 배리 딜러의 말

거래발표일을 일종의 파티쯤으로 여기는 분위기가 종종 느껴진다. 물론 그들에게도 충분히 그럴만한 이유가 있다. 두 회사 모두 이사회의 승인을 얻어냈다. 인수기업의 이사회는 전략 검토와 평가 검증을 모두 마쳤고, 아마도 통합의 고차원적 측면을 깊이 숙고했을 것이다. 투자은행과 변호사들로서는 양쪽모두 이 계약이 해당 기업에 최고의 이익이 된다고 확인해준 만큼 거래발표일이 그야말로 잔칫날이나 마찬가지일 것이다.[1]

그러나 이와 같은 분위기에 휩싸여 핵심 이해당사자, 그중에서도 주주와의의사소통을 소홀히 여기는 경우가 너무나 많다. 인수기업이 발표 당일에 제대로 대처하지 못하면 투자자들에게 주식을 팔아버릴 이유만 제공하게 된다. 준비 부족이든, 전략이 불분명한 점이든, 인수기업이 거래가격이나 지급 방법, 프리미엄 등을 제대로 설명하지 못하는 것이든, 또는 투자자가 시너지를확신하지 못하는 점이든, 원인은 너무나 많다. 투자자들로서는 경영진이 아

무런 계획도 가지고 있지 않다는 소리로 들리게 될 뿐이며, 그에 따라 자연스레 반응할 따름이다.[2]

1장에 제시한 연구에서 살펴보았듯이, M&A 발표에 대한 시장 반응은 그것이 긍정적이든 부정적이든, 경영진이 제시하는 새로운 정보와 그에 따라 인수기업 측이 보는 거래 가치에 대해 투자자들이 내놓는 1차 예측의 성격을 띠게 된다. 투자자의 반응이 중요하다는 것은 우리의 연구뿐만 아니라 수많은 자료로 입증된 사실이다. 미국 증권거래위원회 전 수석경제학자 그렉 자렐은 이와 관련된 연구 결과를 이렇게 요약했다. "초기 시장 반응이 인수 거래의 미래를 점치는 매우 훌륭한 척도임을 보여주는 증거가 곧 밝혀질 것이다."

이는 어떠한 인수 거래가 부정적인 반응을 얻는다면 인수기업의 주가는 계속해서 떨어질 가능성이 크다는 우리의 연구 결과와도 일맥상통한다(특히 주식 거래의 경우).[3]

그럼에도 불구하고 거래 당사자는 물론, M&A를 공부하는 학생들 역시 투자자와의 의사소통 문제를 나중에 생각할 일쯤으로 취급한다. 이것은 몹시 큰 실수다. 거래발표일은 인수 거래의 운명을 좌우하는 가장 중요한 순간이며, 이날 투자자들이 내놓는 반응은 이후의 분위기에 강력한 영향력을 행사한다. 다양한 이해당사자와 관측자들은 즉각 투자자의 반응과 그 밖의 뉴스를 통해 이 거래에(아마 인수기업으로서도 사상 최대 규모의 자본 투자일 것이다) 전략적 논리가 있는지, 과연 제값을 할 것인지 등을 평가하고 파악한다.

더구나 주주들은 익명의 군중이 아니다. 그들 중 상당수가 바로 회사의 직원들이다. 인수 거래 때문에 회사 주가가 5%나 10% 이상만 빠져도, 직원들은(그들 중에는 직접 인수 건에 참여한 사람도 적지 않다) 자신의 연금자산의 상당액을 잃어버릴 뿐만 아니라 만만치 않은 수준의 사기 저하에 시달리게 된다. 이것은 심지어 통합이라는 핵심적인 과제를 통해 약속한 시너지가 발생하기 전부터 일어나는 일이다. 최고의 인재들이 벌써 새 일자리를 알아보기 시작한다. 이는 다시 경영진의 신뢰를 갉아먹고, 다른 이해 당사자들이 인수 거래의 경제적 건전성을 믿지 못하게 만든다.[4]

결과적으로 거래발표일에 어떤 커뮤니케이션 전략을 세우느냐에 따라, 주주의 승인 확보부터 상이한 두 조직의 문화를 융합하는 것까지 모든 일의 성패가 좌우된다. 이러한 커뮤니케이션이 그저 겉으로 보여주는 문제가 아니라는 사실은 더 말할 필요도 없다. 투자자들은 그 누구보다 현명하고 경계를 늦추는 법이 없다는 점을 명심해야 한다. 그들은 상대방의 말도 안 되는 주장이 지닌 허점을 금세 알아차린다. 따라서 번드르르한 공식 발표나 회의만으로는 인수 거래로 인해 도리어 회사 재정이 난처해지는 상황을 절대 막을 수 없다.

거래발표일이 다가오기 전에 인수기업과 목표 기업은 발표 당일에 이를 주목하게 될 모든 이해당사자의 입장을 충분히 고려하고 의사소통 방안을 준비해두어야 한다. 양사의 리더들은 당일의 빽빽한 일정을 미리 내다보고 투자자, 언론, 직원, 고객, 공급자 및 기타 모든 사람에게 설명할 내용을 1분 단위로 준비한다고 생각해야 한다. 어느 한 그룹이라도 깜빡 놓치거나 잘못 대응한다면 그 영향은 즉각적이며 또 오래 지속된다. 소셜미디어에 각종 소문과 중상모략이 떠돌고 생산성이 떨어지는 바람에 결국 고객에게도 나쁜 영향을 미치게 된다. 아무리 계획대로 잘 진행되고 강력한 메시지를 내놓는다고 해도 이 틈을 노린 경쟁사가 우리 회사 관계자들에게 전화를 걸어 공작을 펼칠 가능성도 크다.

발표 당일에 지켜야 할 원칙

거래발표일은 전략에 관한 내용과 기업 재무, 의사소통, 경쟁자 동향, 인간 행동 등이 총출동하는 엄청난 순간이다. 그래서 이날을 성공적으로 보내느냐의 여부가 인수기업의 가치에 즉각적으로 영향을 미친다. M&A의 전체 양상을 좌우하는 변곡점이 바로 이날이다.

세 가지 중요 기능

거래발표일을 준비하는 일에는 세 가지 중요한 기능이 있다.

첫째, 실사 기간에 M&A 관련 의사소통을 잘 준비해서 진행하면 거래발표일이 다가오기 훨씬 전부터 인수기업 경영진이 인수 논리를 검증해볼 수 있다 (그들 자신이 투자자의 입장에 서는 것이다). 실사의 마지막 관문이라고 생각하면 된다. 과연 투자자들은 인수 거래 때문에 주식을 더 살 것인가, 아니면 팔 것인가? 둘째, 언론 발표, 투자설명회, 화상회의, 그리고 인터뷰 등을 통해 실사 결과를 투자자에게 알려줄 수 있다. 셋째, 기업 문화는 당장 거래발표일부터 시작한다. 리더가 구사하는 언어는 양쪽 회사 직원 모두에게 중요한 의미를 제공하므로 반드시 주의 깊게 생각한 내용을 전달해야 한다. 별다른 의미도 없이 양쪽 회사 모두에 최선의 길이므로 인수했다는 식의 말을 늘어놓아서는 안 된다. 리더는 자신의 한마디가 어떠한 영향을 미치고, 또 어떠한 기대를 낳게 될지 심사숙고해야 한다.

물론 직원과 주주, 나아가 고객이나 관련 공급자들의 이해가 모두 일치할 수는 없지만, 그들 사이에는 분명히 공통점이 있다. 모든 당사자는 불확실한 상황에 반신반의할 수밖에 없고 이번 인수 거래 이면에 자리한 전략적 명분과 CEO의 계획을 알고 싶다. 그들은 결국 '내가 무엇을 얻는가'가 궁금한 것이다. 나아가 그들은 새로 구성된 경영진이 과연 일이 잘못되었을 때 이를 감당할 만한 경험과 배짱이 있는지도 확인하고 싶다.

견실한 M&A 커뮤니케이션 전략을 준비하려면 어떻게 해야 할까? 우선 이 일을 진지하게 대해야 한다. 발표일을 일주일 앞두고 그제야 서둘러서는 안 된다. 주요 이해당사자에게 들려줄 스토리를 마련하라. 이 거래에 어떠한 가치가 있는지, 시너지는 어디에서 발생하는지, 그것을 어떻게 달성할 것인지 등, 경영진이 확신한 논리를 그대로 그들에게 보여주어라. 마지막으로, 발표 당일에 비판자들이 던질 질문과 주장을 예상해보아야 한다. 그러다 보면 객관적인 시각으로 인수 거래를 다시 한번 들여다보게 된다. 어쨌든 이러한 세 가지 기능은 시장 반응을 살펴볼 기회라는 점에서도 제대로 된 활용을 위하여 노력할 가치가 충분하다.

일찍 시작하라

기업은 인수 거래 건이 이사회에 상정되기 훨씬 전부터 투자자의 입장에 서서 생각해봐야 한다. 커뮤니케이션 전문가를 일찌감치 모셔 와서 인수 거래와 그 전략적 이익을 익힌 다음 메시지 준비에 착수하도록 도와주어야 한다. 인수합병 발표는 마치 선거 운동과 비슷해서 일정과 시간표, 위험 요소, 그리고 적에 대응할 방안 등이 모두 마련되어야 한다. 그러나 이러한 과정이 너무 늦게 시작되는 경우가 허다하다.

충분히 검토하라

합병 주체는 핵심적인 이해당사자에게 전달할 메시지를 충분한 시간을 두고 깊이 숙고해야 한다. 여기서 당사자들이란 주주, 애널리스트, 은행 관계자, 직원, 언론, 고객 등이 포함되고, 더 넓게 보면 노조, 규제당국, 정부 관계자, 전략적 파트너, 평가 기관 등까지 해당하는 개념이다.

아울러 이번 거래가 왜 기업의 가치를 강화하는지 구체적인 자료를 들어 분명하고 논리적으로 설명해야 한다. 거래로 인해 EPS가 일시적으로 희석될 수는 있으나 장기적 전략 측면에서 타당성을 지니고 있다면, 회사 수익 성장을 뒷받침하는 설득력 있는 자료가 준비되어야 한다. 특히 투자자와 직원들에게는 회사가 약속한 바를 달성할 역량이 있으며, 거래가 성공하면 그들에게 어떠한 이득이 있는지를 설득해야 한다. 거래 전략에 진정성이 있다면 그것을 위해 프리미엄도 충분히 지급할 수 있다는 점을 설명할 수 있어야 한다.

비판에 철저히 대비하라

언론 발표, 투자 설명자료, 여러 이해 당사자에게 보내는 서한 및 기타 문서 등은 모두 거래발표일을 준비하는 과정에서 나온다. Q&A 자료는 거래발표일 아침에 투자자, 애널리스트, 언론 등이 던질 만한 까다로운 질문을 모두 소화할 수 있어야 한다. 커뮤니케이션팀이 준비할 질문은 보통 40여 개 전후가 될 텐데, 인수팀이 여기에 대답하지 못한다면 거래의 성공에 암운이 드리워질 것이다(이 질문은 사실 이사회가 인수 거래를 승인하기 전에 물어봐야 하는 내용과 대동소이할 것이다. 이사회의 역할에 관해서는 9장에서 상세히 다룬다).

실제로 까다로운 질문을 던지는 일은 인수팀이 미처 생각지 못했던 내용을 고민해보게 만드는 기회가 된다. 예컨대 아래와 같은 질문이다.

- 비용 절감의 주요 출처는 어디인가?
- 인원 절감은 어디서 발생할 것인가?
- 일정표는 어떻게 되는가?
- 매출에는 어떠한 영향이 있는가?
- 회사의 경영모델에 변화가 있을 것인가?
- 통합 프로세스 책임자는 누구인가?

경영자들은 '융합'이니, '시너지'니 하는 말을 아무 생각 없이 내뱉어서는 안 된다. 이러한 언행과 함께 과도한 인수 프리미엄, 계획 부재 같은 현상이 누적되다 보면, 투자자들로서는 앞선 현상에서 뚜렷한 메시지를 읽을 수밖에 없다. 바로 '주식을 팔아라'라는 메시지 말이다.

투자설명회라는 필수 시험대

투자설명회는 결국 인수 거래의 재정적, 경영적 명분이 얼마나 신뢰할 만한 것인지를 검증하는 기회, 즉 실사의 종착역인 셈이다. M&A와 관련한 회사 측의 발표는 경영진이 이 거래의 내용과 약속을 충분히 이해하고 있으며, 그들이 그 약속을 끝까지 실천할 것임을 보여주는 것이어야 한다.

2장에서 소개했던 홈랜드 테크놀로지의 CEO 체스 퍼거슨은 또 다른 대형

IT 기업 아푸르 인더스트리에 대한 인수발표를 준비 중이다. 퍼거슨은 대형 계약에 거액의 프리미엄이 투입됨을 알고 있지만, 자신의 전략적 명분이 홈랜드의 가치에 막대한 기회를 제공할 것이 틀림없다고 확신한다. 그는 다른 투자발표 자료도 두루 검토하면서 어떠한 점을 고려해야 할지를 고심하고 있다.

그러나 투자발표 책임자 앨리슨 데밍스는 퍼거슨에게, 자신이 이끄는 팀이 외부 자문가의 도움을 얻어 훌륭한 발표 내용을 준비하고 있다고 안심시켰다. 아주 구체적이고 알기 쉬우면서도 훌륭한 자료가 마련되었다는 것이다. 앨리슨의 자료는 업계의 큰 흐름과 거래 규모, 홈랜드의 지급 방식, 거래 후 합병 회사가 모든 사업 영역에서 시장점유율 1, 2위를 차지할 방안, 그리고 3차 연도 마지막까지 실현할 막대한 비용 절감 계획 등을 담고 있었다. 아울러 구체적인 추정 재무상태표와 함께 인수 거래에 따른 수익 증가 전망을 제시했다.

겉으로 보기에 앨리슨의 투자설명 자료는 여러 가지 정보를 제시하는 것 같다. 그러나 투자설명회라는 필수 시험대를 통과하려면 이 정도로는 부족하다. 사실, 어림도 없다. 투자자를 비롯한 여러 이해당사자에게 인수 거래를 설명하는 데는 다음의 세 가지 질문이 가장 중요하다.

1. 인수기업이 달성해야 할 시너지 목표를 보여주는 믿을만하고 추적이 가능한 모범 사례가 있는가. 또 투자자들이 그 사례를 오랫동안 지켜볼 수 있는가?
2. 불확실성을 줄이고, 조직에 방향을 제공하여 직원들이 효과적으로 수행할 수 있는 스토리를 가지고 있는가?
3. 투자설명이 합병 후 통합 계획과 인수 거래의 경제적 효과의 관계를 설

득력 있게 제시하는가?

1. 인수기업이 달성해야 할 시너지 목표를 보여주며 투자자들이 오랫동안 지켜볼 수 있는 믿을만하고 추적이 가능한 모범 사례가 있는가?

발표 자료에 담긴 스토리, 즉 전략 논리는 이 회사가 거래 전 주가에 반영된 기존 기대치를 뛰어넘을 수 있는 이유와 경쟁사가 쉽게 따라 할 수 없는 방법을 전달해야 한다. 이러한 논리에는 타당한 경영 목표가 동반되어야 하고, 이를 이해, 추적, 검토하기가 쉬워야 한다.

지나치게 낙관적인 수준의 시너지를 달성할 수 있다면서도 이것을 실현할 방법과 시기조차 제시하지 않는다면 이는 투자자들의 경고등을 켜는 것이나 다름없다. 제대로 평가하거나 추적할 수도 없는 대담한 추정치를 내놓느니 차라리 아무 말도 하지 않는 편이 더 낫다.

더욱 중요한 점은, 투자자들에게 엄청나게 큰 규모의 시너지만 제시한다고 해서 그들이 이를 무턱대고 믿지 않는다는 사실이다. 그런데도 투자설명회에서는 앞서 설명한 일이 비일비재하다. 왜 그럴까? 투자자로서는 구체적으로 수익이 어떻게 총자산에 더해진다는 것인지 평가도, 추적도 할 수 없기 때문이다. 그러나 그들은 구체적인 내용을 추적할 의지와 능력을 지니고 있다. 경영진이 투자자들이 따라올 수 있도록 안내판을 제시할 수 없다면 가장 첫 번째로 맞이하는 이 결정적인 검증 기회를 놓쳐 심각한 오해를 불러일으키게 된다. 큰 숫자만 제시하고 아무런 설명이 없는 것은 계획이 전혀 없음을 보여주는 신호가 된다.

또 다른 예를 살펴보자. 어느 거대 기술 기업이 경쟁사를 25% 프리미엄에 순수 주식으로 인수하는 사상 최대 규모의 거래를 발표했다. 발표 당일, 경영진은 무려 25억 달러라는 막대한 비용 시너지를 선언하며 그중 대부분은 인력 감축을 통해서 이루어질 것이라고 했지만, 그것이 구체적으로 어느 사업 분야에서 어떻게 발생하는지, 또 시기는 언제까지인지에 관해서는 일언반구도 없었다. 그들은 또 합병 회사의 첫해 매출은 약 10% 정도 줄어든다고 발표했다. 물론 비용 절감 시너지를 '향후 2년에 걸쳐' 달성할 것이라고는 했지만, 그러한 두루뭉술한 말은 지침이라고 할 수 없으며, 당연히 시장에서도 전혀 통하지 않는다.

결과는 어땠을까? 인수기업의 주가가 발표 당일에 워낙 많이 내려가 피인수기업의 당일 종가 기준 가치가 그날 시가보다 더 떨어지는 바람에, 전량 주식 거래로 제시된 25%의 프리미엄이 말끔히 사라져버렸다.

더욱 불확실하고 어쩌면 매우 심각할 수도 있는 점은, 자사의 성장 스토리를 완전히 잊어버린 것처럼 뚜렷한 설명도 없이 사업 방향을 갑자기 바꾸겠다고 발표하는 것이다. 투자자들이 지금껏 인수기업 측의 전략에 흥미를 보인 이유는 이 회사가 해당 사업 분야에 전문가라고 생각했기 때문이다. 그런데 어느 날 다른 회사를 인수하여 새로운 방향을 모색하기 위해(게다가 방법과 이유도 설명하지 않고) 인력을 대폭 감축하겠다고 말하면 투자자들로서는 그야말로 날벼락을 맞는 것과 다를 바가 없다.

또 하나의 대표적인 사례인 콘세코Conseco의 경우를 살펴보자. 금융서비스 회사인 콘세코는 지난 15년 동안 39%의 수익을 주주들에게 안겨주며, 총 주주 수익률 면에서 S&P1500 시장을 선도해왔다. 콘세코는 인수합병 분야에서 오랜 경력을 쌓아왔다. 그동안 40여 개의 생명보험 회사를 인수할 때마다 곧바로 지원 부서를 정리하여 비용 절감을 단행한 후, 인디애나주 카멜에 위치한 콘세코의 지원 부서 시스템과 통합하는 과정을 거쳤다. 콘세코는 이러한 회사들을 면밀하게 관찰한 다음 오랜 경험을 바탕으로 비용을 얼마나 절감할 수 있는지, 기간은 얼마나 걸리는지, 그러기 위해 매수가를 얼마나 치러야 주주에게 더 큰 수익을 안겨줄 수 있는지 등을 속속들이 파악했다.

그에 못지않게 투자자들 역시 해가 지날수록 콘세코의 전략에 익숙해지면서 주가 상승이라는 보상을 한껏 누렸다. 그들은 이토록 성공적인 전략이 영원히 계속될 것으로 믿었다.

그러나 1998년에 콘세코는 사상 최대 규모의 인수 거래를 발표했다. 그린트리파이낸셜Green Tree Financial이라는 서브프라임 이동주택 대여업체를 순수 주식 거래 방식으로 76억 달러에 인수하면서 83%의 프리미엄을 제공한다는 내용이었다.

콘세코의 CEO 스티브 힐버트Steve Hilbert는 그린트리 인수를 '전략 차원'으로 설명하면서 이 회사가 해당 업계에서 성공적인 업력을 쌓아왔으며, 이 인수 거래로 인해 콘세코가 금융서비스 시장의 성장 분야에서 중요한 위치를 점유하게 될 것이라고 주장했다. 아울러 그는 이번 거래는 비용 절감 차원에서 추진한 것이 아니라고 강조했다. 사실상 콘세코가 지금까지 해온 모든 거래가 비용 절감에 바탕을 둔 것이었는데도 말이다. 그는 이번만큼은 시너지가 교차 판매를 통한 매출 증가에서 발생한다고 주장했다.

그 결과, 콘세코 주가는 발표 당일에 20% 넘게 내려갔고, 이후 1년 동안 다시 50%나 떨어졌다. 그리고 불과 몇 년 후, 이 회사는 파산을 신청했다. 그 인수 거래는 전략을 갑자기 바꾸었을 뿐만 아니라 투자자들이 판단할 아무런 근거도 주지 못했다. 투자자들은 그 거래가 전략적이라거나 많은 이익을 준다는 말을 전혀 믿지 않았다. 그저 말만 가지고는 아무 소용도 없었다.[5]

이와는 반대로, 2018년 12월에 넥스타미디어 그룹Nexstar Media Group이 트리뷴미디어Tribune Media를 64억 달러에 전액 현금 거래로 인수한다고 발표했을 때, 그들은 전략, 재무, 경영 등에 관한 근거를 뚜렷이 제시하면서 "전국 시장을 아우르는 종합적이고 경쟁력 있는 대안"을 통해 급변하는 미디어 산업에서 경쟁력을 강화한다는 계획을 함께 내놓았다.

넥스타는 신규 법인에 대한 투자자의 기대를 끌어내는 데 성공했고, 1억 6,000만 달러의 시너지 목표를 분야별로 조목조목 알기 쉽게 제시했다. 기업 간접비(중복 비용 제거) 2,000만 달러, 방송/디지털 사업부 비용 절감 6,500만 달러(방송국 비용, 지원 서비스, 공급업체 매출 이전 등), 트리뷴미디어 방송 순수 재송신 매출 7,500만 달러(트리뷴 구독자에 넥스타 요율 적용으로 이익 증대), 여기에 미리 계획된 자회사 매각(연방 통신 위원회 기업소유 규칙에 따라 10억 달러로 추산되었다)까지 합해 모두 인수 거래 당해 연도에 일어난다고 발표했다. 넥스타의 CEO 페리 숙Perry Sook은 최근 몇 건의 인수 거래에서도 약속한 시너지를 달성한 이력을 들어 이번에도 회사가 예상된 시너지를 충분히 달성할 수 있다는 점을 강조했다.[6]

투자자들은 이에 대해 거래발표일에만 넥스타 주가를 11%(약 4억 달러)나 올리는 것으로 화답했다. 그리고 넥스타는 거래를 발표한 첫해에만 동종업계 대비 14%를 웃도는 성과를 기록했고 총 주주 수익률은 38%나 증가했다.

투자자에게 인수 거래에 관한 구체적인 내용을 알려주는(그리고 유지하는) 일은 그들의 신뢰와 확신을 얻어내는 데 결정적인 요소다. 나아가 약속한 바를 충실히 달성하는 인수기업은 진정한 우위를 점할 수 있다. 주식 시장에 첫 인수 거래를 발표하면서 상당한 시너지를 공언하고, 프리미엄도 비싸게 치르며, 혹시 과거의 사업 내용과 급격하게 다른 투자 방향을 선보이는 인수기업이라면 더욱 투명한 발표 내용으로 믿음을 줄 수 있어야 한다. 회의적인 시선이 쏟아지기 쉬운 전액 주식 거래인 경우라면 더욱 그렇다.[7]

2. 불확실성을 줄이고 조직에 방향을 제공하여 직원들의 성과 향상에 기여할 수 있는 스토리인가?

M&A의 특성상 불확실성은 애초에 피할 수 없는 것이 사실이다. 특히 계획 실행의 주체인 직원들로서는 더욱 그렇다. 그러나 주요 M&A 발표 내용까지 굳이 불필요한 불확실성을 심어준다면, 그렇지 않아도 불안정할 수밖에 없는 통합 계획에 더 큰 해악을 미치게 된다. 그와 같은 발표 내용은 직원들에게 인수 거래에 대한 의문을 안겨줄 뿐만 아니라 어서 빨리 다른 직장을 알아보라고 재촉하는 꼴이 된다.

직원들은 자신에게 미칠 영향을 그 누구보다 빨리, 솔직하게 알고 싶은 사람들이다. 그러므로 최고 수준의 투자설명회를 진행하는 것이야말로 인수발표 이후 새 경영진과 핵심 보고 체계를 정착하여 두 기업의 통합을 저해하는 리더십 공백을 최소화하는 방법이다. 경영진 역시 대규모 재배치나 인력 감축이 필요한 시설 계획을 이 시점에 투명하게 밝혀 두어야, 이후에 어떤 내용을 발표하더라도 자칫 오해나 불필요한 소문을 피할 수 있다. 직원들의 처지를 잘 아는 인수기업은 그들이 겪는 새로운 문화가 발표 당일부터 시작된다는 사실을 충분히 이해한다.

앞에서(**질문 1**) 언급했던 거대 기술 기업은 25억 달러의 비용 절감을 향후 2년 동안 1만 5,000명의 인력 감축으로 달성하겠다고 발표했다. 그러나 직원과 투자자는 이미 거래 전에 양쪽 회사를 합쳐 총 1만 1,000명의 인원 감축을 계획했으며, 또 발표까지 했던 사실을 알고 있었다. 따라서 이번 발표는 더욱더 직원들의 어깨를 짓누르는 부담으로 다가왔다. 도대체 어디서 더 인원 감축을 한다는 것인지 알 수 없었기 때문이다. 결과적으로 헤드헌터들만 잔치를 벌일 가능성이 농후했다.

이와 같은 전략 부재 상황이 불러온 불확실성 때문에, 결국 인수기업 주가는 발표 당일에만 19%나 내려갔다. 이후 목표 기업과 인수기업 사이의 분쟁이 언론을 통해 연일 뜨거워지면서 주가는 연일 하락을 면치 못했다.

다음으로는 에이비스버짓그룹Avis Budget Group이 2013년 1월에 짚카Zipcar를 49% 프리미엄에 전액 현금 방식으로 인수할 때 투자설명회에서 보여준 투명한 태도를 생각해보자. 이 거래로 에이비스버짓은 급성장하던 카셰어링 사업에서 혁신을 선도하는 위치에 설 수 있었고, 짚카 역시 에이비스가 기존에 보유하던 렌터카 사업 기반과 기술력을 활용함으로써 성장을 가속할 수 있었다.

에이비스버짓은 투자설명회에서 이 거래로 인해 세 가지 분야에서 총 5,000만에서 7,000만 달러에 이르는 시너지가 발생할 것이라고 말했다. 서로 비중이 거의 동등한 이 세 분야는 바로 '비용(차량 인수 비용, 차량 운행, 금융 및 보험 비용, 일반관리비, 그리고 공개기업 비용 등의 절감 효과)', '선단 활용에 따른 비용 및 매출 영향(에이비스 측의 차량을 활용함으로써 짚카는 보유 차량 규모를 줄일 수 있고 주말 수요를 확충할 수 있음)', 그리

고 '순수 매출 시너지(짚카는 기존의 고객층, 상품 제공, 지역 등 면에서 수요 확충 가능)'였다.[8]

직원들에게는 에이비스버짓이 '짚스터Zipster(짚카 이용자들)'들의 경험을 통해 개인 이동 수단의 혁신을 달성한다는 목표에 집중하는 것도 중요한 문제였다. 에이비스버짓의 CEO 론 넬슨Ron Nelson은 양사의 CEO가 모두 현재 사업에 집중할 것이며, 이 거래는 직원들의 개인적, 직업적 성장 기회도 강화해줄 것이라고 강조했다. 메사추세츠주에 있는 짚카 본사도 변함없이 유지된다고 했다.

심지어 에이비스버짓은 투자설명에서 연간 손익계산서상의 이익과 그들이 제시한 연도별 추정이익과의 차이도 투명하게 공개했다. 이는 고위 경영진이 해당 문제를 충분히 검토하고 계획도 세워두고 있다는 사실을 보여주는 강력한 신호였다. 게다가 그들은 과거 인수 이력을 제시하며 약속한 시너지를 달성할 능력이 충분하다는 점을 강조했다. 이에 투자자들은 발표 당일에 투자 수익률 9%(주주 가치로 환산하면 약 2억 달러)라는 결과로 뜨겁게 화답했고, 첫해 총 주주 수익률 105%를 달성하여 동종업계 평균을 64%나 앞섰다.

이처럼 투자설명회는 다룰 내용도 매우 풍부하며, 직원뿐 아니라 투자자와 고객 모두에게 매우 중요한 내용을 앞서 알려줄 수 있다. 인수기업이 거래 발표일에 기대심을 잘 고취할수록, 직원들 역시 회사의 계획과 미래에 어떻게 적응해야 할지 잘 알 수 있다. 회사가 리더십을 발휘하여 주주 가치와 고객 경험을 중시한다는 것을 미리 알게 해주면(그리고 이후 신속하게 시간표를 제공하여 인력 부문과 보상 문제에 관해 알려주면), 직원들은 처음부터 안심하고 인수 거래에 호의를 보이며, 나중에는 진행 상황에 관심을 가지고 회사의 미래에 동참하는 태도를 보일 수 있다(여기에 관해서는 7장과 8장에서 더 자세하게 다룰 것이다). 불확실한 요소를 완전하게 제거할 수는 없더라도, 최소한 줄일 수는 있다. 직원들은 미래만 확실하다면 거래 전 계획이나 거래 후 실행에 훨씬 더 적극적으로 참여하며, 최소한 다른 일에 한눈을 팔지는 않을 것이다.

3. 합병 후 통합 계획과 인수 거래의 경제적 효과의 관계를 설득력 있게 제시하는가?

여러 차례 언급했듯이, 인수 거래에서는 매도기업 측 주주들에게 상당액의 프리미엄을 치르는 경우가 많다. 그런데 이 프리미엄은 아무도 예상하지 못했던 기존 체계에는 오히려 큰 부담이 된다. 당장 목표 기업의 성장 가치가 대폭 상승하고 인수 첫날부터 자본이자 계산이 시작된다. 불행히도 투자자에게 전달되는 메시지와 이미 치른 인수 가격을 정당화하는 성과가 늘 일치하는 것만은 아니다.

경영진이 위의 질문 중 1번과 2번에 믿을만한 대답을 내놓더라도 시너지의 현재 가치가 프리미엄을 정당화할 수준에 못 미친다면(혹은 프리미엄 때문에 성과 개선 목표치를 도저히 달성할 수 없는 문제가 발생한다면) 투자자들은 거래의 '진짜 가치'에 부합하는 수준으로 인수기업의 주가를 끌어내릴 것이다. 이 문제를 간단한 재무상태표라고 생각해보자. 프리미엄이 달성할 수 있는 가치보다 더 클 경우, 재무상태표는 인수기업의 주주 가치에서 예상 초과 지급액을 빼서 균형을 맞추게 된다.

더 직설적으로 말해보자. 투자자에게는 계산 능력이 있으므로, 어차피 기업이 약속한 재무성과를 다 파악해버린다.

인수 거래를 통한 성과가 다른 회사 주주에게 부여한 가치에조차 미치지 못한다면 투자자들이 주식을 팔아치우는 것을 무슨 명분으로 막을 수 있겠는가. 인수기업이 결정적인 정보를 제공하지 않는다면 프리미엄보다 더 큰 가치를 잃을 위험이 있다. 인수발표를 통해 은연중에 회사가 다른 내부 문제를 덮으려 한다거나, 기업이 원래 지니고 있던 가치조차 달성할 수 없다는 메시지를 투자자에게 던져줄 수 있기 때문이다.

다국적 거대 보험회사가 미국 국적 보험회사를 상대로 인수 거래를 제안한 사례를 살펴보자. 인수기업은 이 거래를 통해 목표 기업에 50억 달러의 프리미엄을 전액 주식으로 제공한다고 했지만, 정작 연간 세전 시너지는 고작 1억 3,000만 달러에 불과하다고 발표했다. 1억 3,000만 달러에 자본 비용을 10%로 적용하여 자본화하더라도(실제로 투자자들이 이렇게 한다) 시너지의 현재 가치는 겨우 13억 달러에 불과하다(세금은 계산하지 않고 모든 시너지가 첫해에 발생한 것으로 가정한다).

투자자는 현명하다. 이 같은 내용의 거래가 발표되자마자 인수기업의 추정 시장 가치가 곧장 35억 달러 이상 폭락해서(약속한 프리미엄에서 발표한 시너지의 현재 가치를 뺀 값과 대략 일치했다) 인수기업이 제안한 가치도 급격히 떨어졌고, 결국 또 다른 글로벌 보험회사가 나타나 그 목표 기업을 인수하고 말았다.

이와 달리, 넥스타는 트리뷴에 20%의 프리미엄, 즉 7억 달러를 치렀다. 앞에서와 똑같은 계산으로 넥스타가 발표한 세전 시너지 1억 6,000만 달러를 자본화하면 이를 전액 달성하여, 첫해에 실효세율 27%에 자본이자 7%를 적용하면 17억 달러가 된다. 프리미엄을 훌쩍 뛰어넘는 성과가 분명하다.

심지어 오랜 경험을 지닌 인수기업이라고 해도 지금까지 입증된 사업 모델에서 벗어난 인수 계획을 발표하거나, 한 번 성공했던 인수 사례를 근거로 전혀 다른 거래를 통해 이익을 거둘 수 있다고 공언했다가는 투자자들의 심한 반발을 불러올 수밖에 없다. 예를 들어 소비재 상품을 취급하는 어느 대기업이 또 다른 유명브랜드 상품기업에 대해 56억 달러 규모의 인수 거래를 발표하면서 프리미엄은 50%를 지급한다고 밝혔다. 인수기업은 지난 30년 동안 주로 소규모 단일상품 기업을 흡수 통합하는 방식의 인수 거래를 성공적으로 수행해온 전력이 있었다. 다만 문제는 이번 거래가 다른 것들에 비해 대략 50배나 더 큰 규모인데다(지금까지 시도했던 가장 큰 거래보다도 10배가 더 컸다), 그 어느 때보다 복잡한 성격을 띠고 있다는 사실이었다.

비록 두 기업은 비슷한 유통 채널을 통해 같은 소비자층을 상대로 가정용품을 판매하고 있었지만, 그들의 경쟁 방식은 서로 판이했다. 인수기업은 저가 상품에 집중해온 데 비해, 유명브랜드 기업은 고가의 혁신 제품을 판매했다. 그들은 제조 과정과 비용 구조도 서로 달랐다. 인수기업은 거액의 프리미엄은 둘째치고라도 점증하는 저가 상품의 공세에 맞서 고가 유명브랜드 상품의 매출 추이를 지켜내야 하는 과제를 안게 된 셈이었다.

이 뉴스가 발표되자마자 인수기업의 주가가 10억 달러나 곤두박질쳤고(정확히 프리미엄에 해당하는 금액이었다) 거래 발표 첫해에만 절반 수준으로 급락했다. 나중에는 CEO도 "우리가 너무 큰 금액을 지급했다."고 인정할 수밖에 없었다. 물론 투자자들은 발표 당일에 다 알고 있던 사실이었다.[9]

인수기업은 아무리 최고의 회사라 해도 자신이 내거는 약속의 의미와 투자자들이 바라보는 위험을 처음부터 알고 그에 따라 의사소통 계획을 수립해야 한다.

이러한 세 가지 질문은 결국, 이사회와 경영진이 거래 승인 전날 자신에게 던져봐야 할 솔직한 질문으로 요약된다. 즉, '이 거래가 회사 주가에 어떠한 영향을 미칠 것이며, 그 이유는 무엇인가'라는 질문이다.

이사나 리더는 이 거래에 그만한 값어치가 있고, 앞으로 조직에 무수한 혼란을 불러올 것이며, 그럼에도 주주들에게 최선의 이익이 된다는 점을 확신할 수 있어야 한다. 지금뿐만 아니라 거래가 완료된 이후에도 계속 그렇다는 것을 말이다. 나아가 거래발표일에 제시할 메시지를 통해 회사의 모든 이해당사자도 경영진과 똑같은 수준의 확신을 얻을 수 있어야 한다.

명심하라. 앞선 세 가지 질문에 대답하지 않으면 투자자는 당신에게 대답할 능력도, 계획도 없다고 여길 것이고, 나아가 그에 상응하는 벌을 내릴 것이다.

세 가지 질문의 실사례: 펩시코의 퀘이커 인수

M&A 커뮤니케이션을 엉망으로 만들어버리는 회사는 많지만, 이를 제대로 수행하여 주주에게 큰 선물을 안겨주는 기업도 있다. 이러한 기업의 성과는 발표 당일뿐만 아니라 이후로도 오래도록 지속된다. 그중의 하나가 2000년 12월, 펩시코가 퀘이커오츠의 주식 전액을 134억 달러에 인수하겠다고 공식 발표한 사례다.

펩시코는 거래를 완료하기까지 엄청난 커뮤니케이션 과제를 돌파해야 했다.

몇 주 전부터 시장에는 퀘이커 인수 건에 관한 소문이 공공연하게 돌아다녔고, 코카콜라와 프랑스의 거대 식품기업 다농 그룹Dannon Group이 유력한 인수 후보로 떠오르기도 했다.

하지만 펩시코는 퀘이커에 22%의 프리미엄을 제안한 후, 그보다 더 유리한 조건을 제시하는 경쟁자들이 나타남에도 가격을 올리지 않는 이례적인 태도를 보여주었다. 이러한 펩시코의 발표에 투자자들은 긍정적으로 반응했다. 발표 당일 주가가 6% 오르면서 시가총액은 40억 달러나 상승했고 이후로도 오랫동안 업계 평균을 웃돌았다.

펩시코의 시작은 아주 좋았다. 애널리스트 및 투자자들을 대상으로 장시간의 화상통화와 인터넷방송을 통해 자세한 내용을 설명했다. 또한 직원과 고객, 최종 제조업체 등에 보낸 서한에서 그들이 궁금해하는 다양한 주제를 다루기도 했다. 특히 펩시코는 이 거래를 통해 첫해에만 주당순이익(EPS)이 증가하는 것이 아니라, 향후 5년간 투자자본수익률(return on invested capital, ROIC)도 약 6%나 증가할 것이라고 발표했다. 수준 높은 투자자들은 이 말을 이해했지만, 인수 관련 언론 발표에는 거의 드러나지 않았다. 시너지에 관한 상세한 내용이 담긴 자료는 회사 홈페이지에서도 찾아볼 수 있었다.

펩시코의 투자설명에는 세 가지 핵심적인 특징이 있었다. 분명한 기초 사례가 뒷받침되어 이해하기 쉽고 믿음이 가는 시너지 목표, 투명한 리더십과 조직구조, 그리고 프리미엄을 정당화하기에 충분한 시너지 말이다.

처음부터 펩시코는 투자자들이 이미 충분히 믿고 있는 기초 사례를 거듭 강조했다. 그들은 투자자를 상대로 매출, 영업이익, 주당순이익, 투자자본 수익률 등의 증가에 관하여 회사가 이미 약속했던 내용들을 설명했다. 따라서 그와 같은 성장 사례(즉, 시너지)가 이익성장률의 증가로도 이어진다는 점이 분명히 드러났다.

이어서 펩시코는 시너지가 구체적으로 어느 분야에서 발생하며 (이러한 예상 수익이 날 것을 이미 예상은 하고 있었지만) 투자 모델에 포함되지 않았던 내용과 어떤 차이가 있는지까지 자세하게 설명했다. 그들의 투자설명은 합병 기업의 매출, EBIT, EPS, ROIC 등의 예상 성장률과 두 기업 각각의 성장률 예상치를 비교하는 것이었다. 그 자료는 퀘이커오츠사의 게토레이 음료를 펩시 유통망을 통해 판매함으로써 오는 이점에 관해서는 아무런 추정치도 제시하지 않았다. 오히려 펩시코는 슈퍼마켓 상온 음료 코너의 우수한 관리 능력을 활용해 펩시코의 트로피카나 사업부에 게토레이를 도입하면 더 이점이 크다는 점을 강조했다. 경영진은 퀘이커오츠와 기타 브랜드를 어떻게 펩시코에 통합할지, 두 회사의 역량을 어떻게 활용하여 추가 성장률을 달성할지 등에 관한 계획을 분명히 설명했다.

비용 절감액을 그리 큰 폭으로 가정하지 않았다는 점에서 실수가 있기는 했다. 그들은 총 2억 3,000만 달러의 시너지가 발생할 것으로 파악했고, 이를 부문별 영업이익 기여분으로 나누어 제시했다. 트로피카나 매출 증가에서 4,500만 달러, 프리토레이 사업부를 통한 퀘이커 스낵 판매에서 3,400만 달러, 구매 절감을 통해 6,000만 달러, 판매 및 일반관리비, 물류, 살균처리 제조 등에서 오는 비용 절감액 6,500만 달러, 그리고 중복 업무 제거를 통한 절감액 2,600만 달러 등이다. 투자자와 직원들은 인수 거래를 통해 무엇을 기대할 수 있고 어떤 것을 확인할 수 있는지를 분명히 알 수 있었다.

새로운 리더십과 조직 구조는 투명했다. 펩시코는 스티브 라이너먼드Steve

Reinemund가 신임 회장 겸 CEO를 맡고, 인드라 누이Indra Nooyi가 사장으로 승진하면서 기존의 CFO 업무를 겸직하며, 로저 엔리코Roger Enrico와 밥 모리슨Bob Morrison(퀘이커의 전 회장과 CEO)이 부회장으로 라이너먼드를 보좌하게 된다고 각각 발표했다.

더구나 곧 회장 자리를 떠나게 될 로저 엔리코는 경영진이 추산한 비용 절감과 매출 시너지가 아주 보수적인 수준이라고 강조했다. 비록 회사의 고위 경영층에는 변동이 있었지만, 사실상 거의 모든 구성원은 이 거래가 자신에게 어떤 영향을 미치게 될지 알 수 있었다.

그리하여 모든 이해당사자 그룹(투자자와 직원도 포함)은 사업의 주요 분야별로 어떤 일이 일어나며 어떻게 확인해야 하는지 분명히 이해하게 되었다. 투자자들은 이 거래로 인해 어떻게 영업이익이 증대되고, 자본이 더 효율적으로 사용되며, 세율을 낮춤으로써 퀘이커에 지급한 22%의 인수 프리미엄, 즉 약 22억 달러보다 더 큰 가치를 발휘하게 될지 쉽게 알 수 있었다.

12월에 열린 화상회의에서는 거래발표 이후 긍정적 인식이 형성되어 펩시코 시가총액이 앞에서 언급한 대로 40억 달러나 상승했다는 내용이 발표되었다. 그리고 이러한 인식은 2002년 8월 2일에 마무리된 거래일 이후에 진행된 일련의 프로세스에 힘입어 계속 유지되었다. 이때 펩시코는 합병 기업의 재무상태표를 엑셀 포맷으로 다시 작성해서 첫 발표 이후 일어난 모든 변화를 자세히 안내했다. 또 하루를 꼬박 할애해서 시너지와 성장 기회를 집중적으로 살펴보는 투자자 대상 설명회를 개최하기도 했다. 펩시코가 이렇게 인수 거래 전 과정에서 투명성을 실천한 덕분에, 회사가 예상한 시너지 가치가 실제로 2억 3,000만 달러에서 4억 달러로 대폭 증가했다.[10]

펩시코는 잘 준비된 자료와 성공적인 투자설명회, 그리고 거래 종료까지 이어진 철저한 후속 관리를 통해 인수 거래의 풍성한 전략과 재무 청사진, 그리고 그것이 회사에 미치는 영향을 생생하게 보여주었다.

성공적인 거래발표일을 위한 실무 준비 사항

의문점은 여전히 남아있다. 거래발표일을 착실히 준비하려면 어떻게 해야 하는가? 당일의 모든 일정을 잘 소화하려면 수십 페이지에 달하는 상세한 자료를 미리 마련해 두었다가 모든 참가자와 이해당사자 그룹에 제공해야 한다. 세심한 지침도 준비하지 않은 채 그 모든 구성원과 다양한 관심사, 그리고 유동적인 요소에 대응하려다가는 모든 노력이 그저 헛수고에 그치고 말 것이다. 거래발표일을 준비할 때 고려해야 할 사항에는 크게 다섯 가지 요소가 있다.

1. 인수 논리와 핵심 메시지를 문서로 공식화한다.
2. 이해당사자를 정의한다.
3. 외부 커뮤니케이션과 협력한다.
4. 커뮤니케이션 채널을 선정한다.
5. 일정과 참석대상자를 정한다.

인수 논리와 핵심 메시지를 문서로 공식화한다

인수기업은 이미 이 거래가 회사의 전략에 어떤 식으로 부합하는지를 알고 있다. 이 점에 관해서는 앞서 강조해온 바가 있다. 거래 논리를 만들고, 표현하며, 다듬는 것이다. 이제 이 인수 논리를 모든 이해당사자에게 어떻게 전달하느냐 하는 문제가 남아있다. 인수 논리를 아는 것과 그것을 이해하기 쉽게 표현하는 것은 전혀 다른 문제다. 거래발표일은 인수 거래를 통해 회사의 미래 전략을 어떻게 달성할 수 있는가 하는 핵심 메시지를 전달할 기회다. 메시지의 핵심 내용을 정리해서 '줄거리'를 만들어두면, 리더와 커뮤니케이션팀이 내외부의 이해당사자에게 일관된 거래 논리를 안정적으로 전달할 수 있다.

이해당사자를 정의한다

회사 직원들의 고용 형태는 어떠한가? 교대 조로 근무하는가? 어떠한 기술을 사용하는가? 공개 메시지를 전달해야 할 대상은 누구이며, 메시지를 전달할 사람들에게 필요한 지원이나 핵심 논지는 어느 것인가? 직원을 비롯한 모든 이해당사자를 대상으로 펼쳐야 할 활동은 무엇이며(언론 발표에 관한 이메일 공지 등), 특정 그룹에만 필요한 특수한 활동은 무엇인가(장소 및 기술적 지원 등)?

외부 커뮤니케이션과 협력한다

줄거리는 대내외 커뮤니케이션을 위한 메시지를 작성할 때 없어서는 안 될 자산이다. 직원들은 인수 거래에 관한 정보가 궁금하기 마련이므로 늘 외부 커뮤니케이션에 귀를 기울인다고 봐야 한다. 특히 그들은 현재 가장 널리 퍼진 정보에 비추어 판단할 것이다. 인원 절감 시너지와 같이 인수 거래를 부정적으로 여길 만한 정보가 있다면 꼭 확인해야 한다. 그리고 이 문제를 정면으로 대응할 수 있는 뚜렷한 핵심 메시지를 마련해 두어야 한다.

외부 커뮤니케이션에 사용된 주제나 메시지는 반드시 내부 커뮤니케이션에서도 쉽게 설명해 주어야 한다. 예를 들어 과거 어느 고객사는 언론 발표에서 매출 시너지를 언급했는데, 정작 내부 메시지에서는 인력은 변함없이 성장과 시장 확대 기회에 집중한다는 내용만 간략하게 전달했다. 그러나 전달하는 정보를 분명히 설명하지 않으면 직원들은 불안해하면서 최악의 시나리오를 떠올릴 수도 있다.

목표 기업 내의 역학 관계도 염두에 두어야 하고, 지역 차원의 뉴스가 위험이 될지, 기회가 될지도 고려해야 한다. 거래에 영향을 미칠 특정 매체와는 비밀유지협약(non-disclosure agreement, NDA)을 체결하여 발표 내용이나 인터뷰를 보도 금지하는 방안도 고려할 필요가 있다. 특정 소규모 지역에서 형성되는 인수 거래에 대한 인식이 어떤 위험을 불러올지도 이해해야 한다. 특정 직원 그룹, 예컨대 야간 교대 근무자들이 회사의 공식 발표보다 지역 방송 뉴스를 먼저 접할 가능성도 생각해야 한다.

내부 메시지를 준비할 때는 목표 기업 직원들의 가장 큰 관심사를 고려해야 한다. 일자리는 과연 온전할 것인가? 내 상사는 누가 될 것인가? 업무 내용은 어떻게 바뀌는가? 가능한 한 이런 모든 의문에 정면으로 대응해야 한다. 아직 해답이 준비되지 않았다면 솔직히 그렇다고 인정하고, 현재 해답을 모색 중이라는 점을 분명히 알려주면 된다. 이후 가능하다면 언제까지 답을 알려줄 수 있는지(양측 기업 직원 모두에게) 말해주는 편이 좋다.

고객과 공급업체를 비롯한 기타 이해당사자에게 전달할 메시지도 준비해야 한다. 이들과 자주 상대하는 직원들에게는 전체적인 거래 논리에 부합하는 내용을 미리 알려주고 의사소통을 관리해야 한다.

커뮤니케이션 채널을 선정한다

커뮤니케이션 채널을 정할 때는 모든 이해당사자가 다양한 커뮤니케이션 채널(인터넷, 컴퓨터, 휴대용 기기, 생방송 영상 등)을 통해 폭넓게 메시지를 접하고 있는지 확인해야 한다. 사내에 소셜미디어 정책이 이미 수립되어 잘 운영되고 있다면 이를 적극적으로 활용해보는 것도 나쁘지 않다. 소셜미디어에서 인수 거래가 어떻게 인식되고 있는지 살펴보고 그에 맞춰 통합 계획을 시작해야 한다.

전통적인 커뮤니케이션 방법에 다른 시각 마케팅 요소(휴게실에 포스터를 게시하거나, 공장 출입구에 간판을 설치하는 등)를 가미하여 흥미를 고취할 수도 있다. 거래발표일이 근무 일정과 어긋나는 직원들을 위해 DM(Direct Message) 발송이나 전화 녹음 메시지 같은 마케팅 기법을 도입하는 것도 고려해볼 만하다.

일정과 참석대상자를 정한다

발표 행사를 치를 장소와 일정, 참석 명단에 포함할 대상자 등을 결정해야 한다. 양측 기업의 업무에 미칠 영향도 서로 균형을 맞출 수 있게 참석 대상의 우선순위를 정해야 한다. 첫날에 인수기업 측 경영진만 등장해야 한다면 마치 '점령군'처럼 보이지 않도록 조심할 필요가 있다. 피인수 기업 측 경영진 중에 누가 참석하고 누가 빠져야 하는지도 결정해야 한다.

근무 일정을 살펴보고 모든 교대 근무자들이 함께 모여 뉴스를 들어야 하는지, 아니면 커뮤니케이션 일정을 교대 근무에 맞춰야 하는지 선택한다(발표 행사를 오전에 진행하면 야간근무자에게 어떤 문제가 발생할지도 고려한다). 당일 행사를 준비할 때 핵심 인사들이 미리 모여 최종 일정을 확인할 수 있도록 사전 준비 모임을 마련한다.

노르웨이 크루즈 라인 홀딩스의 거래발표 행사

이런 요소들이 어우러져 어떻게 이해당사자들에게 메시지를 성공적으로 전달했는지 보여주는 모범적인 행사 사례를 하나 소개하고자 한다. 바로 2014년 9월에 노르웨이 크루즈 라인 홀딩스(이하 '노르웨이')가 프레스티지 크루즈 홀딩스를 현금과 주식을 합해 약 30억 달러에 인수하는 데 동의한다고 발표한 일이다.

프레스티지가 운영하던 선박은 오세아니아 유람선과 리젠트세븐시 유람선이었다. 노르웨이는 이른바 '자유로운 크루즈 여행(정해진 식사 시간이나 복장 규정이 없다)'이라고 알려진 일반 대중 브랜드(norwegian cruise line, NCL) 회사였다. 그들은 이 인수 거래를 통해 고가 프리미엄 브랜드(오세아니아)와 호화 브랜드(리젠트)를 갖추고 시장 다변화에 나섬으로써, 그보다 더 큰 규모의 카니발 코퍼레이션이나 로열 캐리비언 그룹 등과의 경쟁에 한층 더 힘을 얻게 된 셈이었다.

이 거래가 큰 성공을 거둔 데는 정교한 계획과 실행이 뒷받침된 인수 거래발표 전략도 분명히 한몫을 담당했다.

핵심 경영진에는 노르웨이의 CEO 케빈 쉬한Kevin Sheehan과 프레스티지의 CEO 프랭크 델 리오Frank Del Rio, 그리고 노르웨이의 영업, 마케팅, 고객 담당 책임자 앤디 스튜어트Andy Stuart 등이 포함되어 있었다.

2014년 9월 2일, 언론 보도를 통해 인수 거래의 논리를 발표하며 시작된 이 거래는 2014년 11월 19일에 최종 성사되었다. 추정 부채액이 포함된 총 30억 달러 규모의 이 거래는, 첫해에 2,500만 달러의 시너지가 발생하며, 통합 후에도 추가적인 시너지 기회가 존재한다는 가정 아래 이루어진 것이었다.

노르웨이가 제시한 인수 논리는 분명했다.

- 고가 프리미엄 및 호화 브랜드를 인수하여 크루즈 여행 시장 영역을 다각화한다.
- 업계 선두주자로서의 재무구조를 더욱 강화한다.
- 다수 브랜드 사이에 최고 수준의 업무 관행을 공유하여 시너지 기회를 창출한다.
- 경영 효율 극대화를 통해 규모의 경제를 달성한다.
- 성장 곡선을 가속화하고 글로벌 진출을 확대한다.
- 노르웨이의 신규 선박 건조 계획에 리젠트의 기존 체제를 도입하여 2019년까지 신중하고 체계적인 역량 증대를 이룩한다.

거래발표를 준비해온 사람들은 같은 업계에 종사하는 사람들끼리 가꾸어 왔던 신뢰와 친분을 최대한 보존하고 가꾸어가며, 발표 당일까지 관련자 모두(NCL, 오세아니아, 리젠트 등에 근무하는 모든 직원과 승객까지)가 서로 긴밀한 유대감을 잃지 않도록 하려 했다. 그리고 노르웨이의 목적은 모든 사람이 '개인적인 친밀함'을 경험하도록 만들겠다는 것이었다.

먼저, 그들은 조직 내의 핵심 리더를 모두 파악하고, 직원들이 인수 거래에 관한 소식을 주로 누구를 통해 듣는 편인지 알아내려고 했다('선장을 통해 듣는다'와 같이). 이후 노르웨이는 리더들에게 전달할 메시지를 구성했다. 물론 전반적인 내용은 유사했지만, 듣는 사람의 처지에 맞게 개별적으로 만들었다.

노르웨이는 CEO 및 CFO들이 참고할 수 있게 원고와 일정표도 만들었다. 그들과 10명의 다른 핵심 리더들은 거래발표일 전날 하루와 다음날 이틀 동안 일정을 통째로 비워야 했다. 그들은 이 기간에 오로지 거래발표 행사에만 몰두해야 했으므로, 얼마나 이 일을 진지하게 여겨야 하는지 짐작할 수 있었다.

인수 거래 관련 뉴스는 최대한 통제했다. 오죽하면 회사 중역 이하의 사람들이 거래에 관한 내용을 공식적으로 알게 된 것도 발표일 전날 밤에 방송된 뉴스가 처음이었을 정도다. 이날, 양측 회사 모두 부회장이 이 소식을 전했다.

한편, 발표 전날 소집된 준비 모임에서는(정규 근무 시간 이후였다) 다음날 사용할 '도구들'이 공유되었다. 또한 노르웨이는 믿을만한 언론에 거래 내용이 담긴 보도 자료를 미리 제공하고, 전날 인터뷰 내용과 함께 당일 오전 6시에 모두 공개해주도록 요청했다.

인수 거래와 관련된 정보를 아침 출근길에 들어야 하는 직원들을 어떻게 할 것이냐는 문제도 있었는데(특히 마이애미에서 문제가 되었다), 해당 직원들이 출근하면 누군가가 문 앞에서 기다리다가, 인수 거래 소식을 일일이 전해주면서 오전에 사내에서 진행될 회의 안내 자료를 나누어 주는 것으로 해결했다.

오전 9시 정각, 노르웨이의 최고 영업책임자 앤디 스튜어트가 미리 마련된 핵심 논지를 근거로 인수 거래 내용을 설명했고, 이어서 직원들의 질문을 받았다. 양측 기업의 CEO인 델 리오과 쉬한은 주로 언론을 상대하느라 종일 전화통에 매달려 지내야 했다. 그날 오후 노르웨이사는 공급업체와 고객, 즉 여행사 및 주요 승객들과 연락을 취했다(양사 모두 이들에게 관심을 기울였지만, 주로 노르웨이는 여행사, 프레스티지는 승객에 더 큰 비중을 두었다).

공급업체 중에는 고객을 주로 상대하는 현장의 선원 노조도 포함되었다. 회사는 그들을 대할 때도 투명성과 정직성을 잃지 않으려 노력했고, 비록 통합 과정이 어떻게 진행될지 미리 다 알 수는 없으나 현장 직원들의 관심사를 최대한 반영하도록 노력할 것이며, 앞으로도 계속해서 서로 믿을 수 있는 동반자가 되기를 희망한다는 말을 잊지 않았다. 실로 노르웨이가 추구하는 문화와 일치하는 태도가 아닐 수 없었다. 중소 공급업체에는 서한을 발송하는 것으로 대체했지만 빠뜨린 업체는 하나도 없었으며, 두 회사의 CEO는 거래가 발표된 그 주에 따로 직원들의 질문을 받기도 했다.

이 모든 일은 철저한 계산에 따라 진행된 것이었다. 마이애미에서 크루즈 여행선 사업은 친밀한 인적 유대를 중심으로 운영되는 소규모 사업이다. 그래서 이 분야에 관련된 사람들은 이미 인수 거래에 관한 소문을 다 듣고 있었다(공식적으로는 보도 금지 상태였지만 말이다). 원래 인수팀은 근로자의 날 주간이 지난 후에 발표할 계획이었다. 휴일이 있었기 때문에 인수팀은 모든 준비 자료를 발표 전날이 아니라 이미 휴일 주간이 시작되기 전에 완성한 상태였다.

이러한 노력이 돋보이는 이유는, 근로자의 날 주간의 토요일에 정보가 누출되었기 때문이다.

발표 자료를 미리 준비해두었으므로, 인수팀은 발표일을 휴일이 지난 월요

일로 앞당기고 자료 공개 일자도 수요일에서 화요일로 바꿀 수 있었다.

자료와 일정을 준비하는 데 소요된 기간은 모두 합해 약 2주였다. 이것만 해도 짧지 않은 기간이었지만, 마지막 순간까지 그저 기다리고만 있었던 것도 아니었다. 발표 당일에는 이미 필요한 모든 준비를 마친 상태였다. M&A의 다른 측면도 모두 마찬가지지만 거래발표일을 잘 준비하기 위해서는 짧은 시간 안에 엄청난 일들을 해내야 한다.

노르웨이의 모든 노력은 큰 결실을 거두었다. 고객은 대체로 중립적인 반응을 보였다. 즉, 긍정적이었다는 뜻이다. 이탈한 고객은 전혀 없었다. 인수 거래를 발표하기 직전까지도 가장 큰 걱정은 바로 고객 이탈이었다. 사실 프레스티지의 고객 중에는 노르웨이에 인수되면 기존의 여행 스타일이 훼손될 것을 걱정한 사람도 있었지만, 거래발표일 행사부터 고객을 섬세하게 배려하는 것을 보고 프레스티지가 앞으로도 자신들의 필요를 충분히 채워줄 수 있다고 생각했다.

여행사를 통해 고객들의 반응을 알아본 결과, 그들이 회사 측의 적극적인 홍보활동을 고맙게 생각한다는 사실을 알 수 있었다. 노르웨이는 이번 합병으로 여행사들이 판매할 운항편이 확장될 뿐 아니라 '평생 고객'을 창출할 기회가 생길 수도 있다는 점을 강조했다. 물론 노르웨이는 그들의 모든 질문에 해답을 내놓지는 않았지만, 조만간 답할 수 있다는 점만은 분명히 약속했다. 고객들로서는 가까운 시일 내에 바뀌는 것은 아무것도 없었지만, 합병이 진행되는 동안 무언가 신나는 일이 생기면 분명히 알게 될 것이었다.

직원들의 반응 역시 긍정적이었다. 화요일 아침에 안내 자료를 나눠주던 사람들은 직원들로부터 출근길에 인수 거래 소식을 듣자마자 흥분을 감출 수 없었다는 말을 들었다. 직원들로부터 당장 답할 수 없는 질문을 들은 사람은 그 내용을 기록해서 운영팀에 전달했고, 경영진이 곧 대답해주기로 했다는 말을 다시 질문자에게 전달했다. 그리고 경영진은 이러한 약속을 지켜냈다.

노르웨이의 거래발표 행사는 지속적인 관심을 끄는 데도 성공했다. 행사 후 며칠간, 리더들은 '근무 시간'에도 필요하다면 언제든지 직접 나서는 모습을 보여주었다. 인수 소식에 깜짝 놀랐거나 나중에라도 건네고 싶은 질문이 생긴 사람들은 서슴없이 '이의'를 제기할 수 있었고, 대화를 통해 질문에 대한 대답을 얻어내고 안심하는 모습을 보여주었다. 이처럼 협력과 개방이라는 목적을 달성하는 과정은 그야말로 '자유로운 크루즈 여행'이라는 기업 문화에 어울리는 모습이었다. 만약 커뮤니케이션에서 이처럼 중요한 부분을 생략했다면 그들이 구축하고자 했던 신뢰는 무너지고 말았을 것이다.

그들의 철저한 준비 과정과 투명하고 효과적이었던 스토리텔링은 시장에서도 결실을 거두었다. 투자자들의 긍정적인 반응 덕분에 노르웨이 주가는 발표 당일에만 11%나 상승했고, 1년 후에는 70% 가까이 올랐다.

결론

커뮤니케이션 전략은 인수 거래의 성패를 좌우할 수 있다. 고위 경영진은 시장에 인수 거래를 발표하기 한참 전부터 투자자들이 요구와 질문 공세를 펼치리라는 점을 내다보아야 한다. 펩시코와 노르웨이사가 그랬던 것처럼 말이다. M&A는 회사의 명운을 좌우할 만큼 중요하므로, 투자자의 진정한 요구

사항을 이해하는 이사회와 고위 경영진이라면 오히려 이를 실사 과정에서 리트머스 테스트로 활용할 것이다. 그들은 인수 거래 제안의 초기 단계부터 커뮤니케이션 계획을 수립하여 믿을만한 전략적 스토리를 전달할 수 있다. 투자자들은 이를 바탕으로 통합 과정에서 경영진이 약속한 내용의 진위를 확인할 수 있고, 직원들은 처음부터 자신들의 기대치를 어느 정도 설정할 수도 있다. 그러나 수많은 통합 사례가 보여주듯이, 투자자들은 인수기업이 제시하는 스토리에 조금이라도 빈틈이 있으면 그들이 약속을 지킬 수 없다는 것을 꿰뚫어 볼 것이다.

물론 변호사들은 사전에 해야 할 말과 하면 안 되는 말을 경영진에게 알려준다. 더구나 일부 경영진 중에는 모든 일을 숨기는 기업 문화에 익숙한 사람도 있다. 하지만 그러한 태도에는 엄청난 대가가 따른다. 경영진과 투자자, 다른 이해당사자들이 '좋은' 사람과 '나쁜' 사람이 누군지만 신경 쓰기 시작하면 그들의 관계는 새로운 국면으로 접어든다. 투자자들은 의심하기 시작하면 점차 다른 이들을 모두 나쁜 사람으로 보게 되며, 이는 직원들도 마찬가지다.

따라서 발표 행사야말로 인수 거래의 모든 것이 달려있다고 해도 과언이 아니다. 거래 논리, 실사, 가치평가 등이 모두 거론되고 거래발표 후에 통합 과정을 거쳐, 새 조직이 나아갈 방향이 바로 이 자리에서 결정 나기 때문이다. 거래발표일을 성공적으로 치르기 위해 인수기업 측이 기울여야 할 노력은 결코 적다고 볼 수 없으나, 그럴 만한 가치는 충분하다. 앞에서도 말했듯이 그날은 바로 M&A의 방향을 결정짓는 변곡점이기 때문이다.

거래발표일 다음 날부터 곧바로 통합 과정이 시작된다. 6장과 7장에서는 이 내용을 다룰 것이다. 할 일은 여전히 너무나 많다.

6장

합병 후 통합 과정(PMI) ①
거래 전략에서 완료 전 통합관리까지

여기까지 오면서 할 일이 너무 많았고, 수많은 의사결정을 내렸다고 생각했다면 큰 오산을 하는 셈이다. 진정한 고생길은 통합 과정에 들어가서야 시작된다.

인수발표에만 몰두하다가 그날 행사를 치르고 나면 마치 모든 일이 끝난 것처럼 여기는 분위기가 있다. 하나 그러한 태도로는 자칫 일을 크게 그르칠 수 있다. 인수기업은 통합 계획을 실제로 적용하는 데만도 업무량이 엄청나다는 것을 뒤늦게야 깨닫는 경우가 허다하다. 통합 과정에는 비일상적이고 매우 예외적인 의사결정을 요구하는 상황이 대략 1만 건 정도 발생한다. 따라서 고위 경영진은 엄청난 시간과 에너지를 바쳐 일함에도 불구하고, 나머지 조직 구성원은 두려움과 불확실, 의심 속에서 허덕이기 일쑤다. 여기서 또 한 번 강조하지만, 투자자는 현명하며 경계를 늦추는 법이 없다. 그들은 인수 거래의 성과를 매의 눈으로 지켜본다.

사실, 이 장이 비록 인수 거래발표를 다룬 5장에 이어 등장하기는 하지만, 인수기업은 6장과 7장에서 다루는 주제에 대하여 거래를 발표하기 훨씬 전부터 고민을 시작해야 한다. 시너지를 달성할 방법과 원천, 그리고 거기에 필요한 자원을 파악하는 일은 거래를 승인하는 과정에서 가장 중요한 요소가 될 수밖에 없다.

합병 후 통합 과정(post-merger integration, PMI)을 계획할 때는 크고 작은 비일상적인 의사결정을 내려야 하는 순간이 너무나 많이 찾아온다. 일부만 예를 들더라도, 거래 가치의 중심축을 달성하는 방법이나 새로운 경영모델, 인수 목적에 부합하는 미래지향적 리더십 체계, 리더십의 변화와 통제 범위, 새로운 경영관리시스템, 영업 인력 통합, 본사 소재지나 각종 부동산 유지 방안, 기능별 및 사업별 시너지 달성 목표 등 끝도 없다.

이러한 끝없는 의사결정 중에는 하계 금요일 일정이나 휴가 운영 방안 등 매우 사소해 보이는 일도 많다. 물론 이러한 일 때문에 거래가 무산되는 일이야 없겠지만, 결국 누군가 어떻게든 해야 할 일이라는 것만은 분명하다. 이 같은 일이 제대로 결정되지 않은 채 시간이 흘러갈수록 직원들의 고객 응대나 생산성, 혁신 역량 등의 수준은 점점 떨어지게 된다.

그와 동시에 인수기업은 법무부 및 기타 부처, 또는 세계 다른 국가기관(유럽의 유럽위원회나 중공의 상무부 등)의 독과점 금지 법령에 저촉되지 않도록 조심해야 한다. 미국의 경우, 반독점 규제법(hart-scott-rodino regulations, HSR)은 한 마디로 합병의 당사자인 두 기업을 법적으로 한 회사가 되기 전까지는 별도의 독립된 기업으로 간주한다. 물론 PMI 계획은 같이 수립할 수 있지만, 마치 하나의 기업처럼 시장에 진출하거나 사업을 운영하면 안 된다. 나아가 합병이 완료되기 전까지는 양측 모두 시장 경쟁에 민감한 내용이나 사업 운영방식에 상당한 변화를 초래할 만한 정보를 공유해서도 안 된다(이어지는 '보안 공간과 보안팀'을 참조하라).

보안 공간과 보안팀

보안 공간이란 경쟁이나 영업상 민감한 정보를 공유하고 분석할 수 있는 데이터 보안 장소를 말한다. 보안팀은 보안 공간의 특수한 규정에 따라 그 정보를 획득할 권한을 지닌 팀이다. 이때 특수 규정은 데이터 획득, 공유, 분석, 그리고 그 결과의 유통 범위 등을 포함한다. 보안 공간은 HSR 규제법 준수 요건을 뛰어넘어 양측 기업이 데이터 공유에 관한 우려를 덜고 거래발표일부터 완료일까지의 계획 수립 시간을 최대한 활용하는 데 큰 도움이 된다.

보안 공간이 꼭 필요한 사례가 몇 가지 있는데, 예컨대 통합 계획의 가속화나 조직 및 경영모델을 결정할 때(공유 서비스냐, 기능별 특화 지원이냐 등), 그리고 시너지 잠재력을 파악하고 평가할 때(가격 및 공급망 최적화, 고객관계관리, 교차 판매 기회 검증) 등을 들 수 있다.

보안 공간과 보안팀은 실사 단계에서 도출된 가설을 검증하거나, 더 중요하게는 인수계약 후 통합 첫날부터 시작되는 구체적인 실행계획을 수립할 때 가장 필요하다. 예를 들어, 영업 인력을 본사 직영 체제로 운영할지 유통망 인력을 활용할지 결정하려면 우선 고객 매출과 수익성, 시장별 매출 분포, 영업 인력 성과 통계 등을 파악해야 한다.

보안 공간을 분석하려면 먼저 개별적인 데이터 요구사항을 양측의 실사팀에게 제공하여 영업상 민감한 정보를 제한된 환경에 업로드하여 보안팀만 열람할 수 있는 조건이 되는지 확인해야 한다. 보안팀은 외부 컨설턴트나 법률 자문기관 등의 제삼자에게 맡겨서 설사 거래가 무산되더라도 양측 회사 내부자가 상대측의 민감한 정보를 볼 수 없도록 하는 것이 좋다. 은퇴를 앞둔 리더급 인사가 이 과정에 참여하는 방안도 생각해볼 수 있다.

분석이 끝나면 수집된 결과물 중에서 민감한 정보를 가리거나 익명 처리한 후 먼저 양측이 의뢰한 외부 법률 자문기관이 검토한 다음 통합팀의 해당 인원이 함께 열람한다. 예를 들면 교차 판매 기회는 고객별 정보를 근거로 판단한 다음 상품별 혹은 지역별로 합산하고, 이를 다시 영업 부문 통합 계획에서 검토하는 것이 바람직하다. 상세 데이터, 계획, 정책 등은 거래가 법적으로 성사된 후에 실행팀이 맡아서 분류하고 공유하면 된다.

통합 계획 : 기초

통합 계획은 거래 논리를 고객, 상품, 기술, 시장진출 전략, 인력 등의 변수를 사용하여 단기간에 구체적이고 측정 가능한 핵심성과지표(key performance indicators, KPI)로 바꿔냄으로써, 사업의 연속성을 유지하는 것은 물론 경영 몰입도를 달성하며, 양측의 기존 사업 모멘텀을 보존하면서도 최소한 약속된 시너지 목표를 달성하는 청사진의 기능을 담당할 수 있다. 이 시기에 인수기업은 현재 상태에서 미래 상태로 이전할 계획을 세우게 된다. 즉, 고객에서 새로운 가치를 제공하거나 거래 발표 시점보다 더 효율적인 비용 구조를 달성할 계획을 세워야 하는 것이다.

통합 계획을 통해 달성해야 할 목표는 다음의 세 가지다.

1. 두 기업의 모멘텀을 유지한다(성장 가치 보존).
2. 새로운 조직을 구축한다(새 경영모델과 조직 구조를 적용).
3. 약속한 가치를 실현한다(프리미엄에 내포된 성과를 초과).

이러한 목표를 달성하는 데 필요한 투명한 구조와 프로세스, 지배 체재가 없다면 혼란은 만연해질 것이며 직원들은 동요하게 된다. 직무와 진행 속도에 혼란이 발생하고 인수 전에 수립한 전략과 그것을 실행계획으로 옮기는 방식이 모호해질 것이다. 고객, 공급업체, 직원 등을 설득할 명분이 약해지면서 전체적으로 무질서한 상황이 초래되며, 경쟁사들은 이 틈을 타 직원과 고객을 약탈해갈 것이다.

이 같은 악순환 구조가 한번 형성되면 급기야 인수 가치마저 희석되기 시작한다. 현재 및 미래의 프로세스와 이정표가 담긴 기능별 청사진이 마련되어 있지 않으면 약속한 시너지는 눈 녹듯이 사라지고 만다. 새 조직으로의 이행은 지연되고 직원들의 사기는 저하된다. 핵심 리더와 인력이 떠나면서 혼란이 더욱 극대화된다. 시너지를 측정하는 기준이나 계획이 불분명하면 기존의 성과 개선 목표치를 시너지로 혼동하는 일도 심심찮게 빚어진다.

비용과 매출 시너지 사이의 상호작용과 타이밍을 제대로 이해하지 못하거나 조율에 실패할 경우, 매출 시너지 전략을 실행하기 위한 조직의 핵심 기능이 약화하여 자칫 두 기업의 기존 성장 기대치마저 위태로워지는 사태가 올 수도 있다. 지나친 비용 절감은 심각한 부작용을 낳을 위험이 있다.

인적 측면에서 보면 두 조직을 결합하는 일은 마치 야외 결혼식에 비유할 수 있다. 멋진 휴양지에서 양측 대가족이 처음으로 상견례를 개최하는 장면 말이다. 양측이 이 자리에서 과연 서로의 마음에 들 수 있을까? 음식 준비는 어떻게 하면 좋을까? 서로 어울리지 못하면 어떻게 할 것인가? 양측 모두 감정이 고조될 수밖에 없고, 그 감정이 드러나든 말든 이제 물러설 수도 없다. 그리고 이러한 감정은 직원들의 업무, 그리고 자기 자신과 새로운 회사에 대한 인식에 영향을 미치게 된다.

통합 과정을 성공적으로 치러낸다는 것은 피인수 기업의 조직이 인수기업의 시스템과 프로세스, 문화에 마찰 없이 녹아들어(혹은 새로이 창조하여) 시너지를 극대화하고, 계획했던 전략을 실행하며, 가치 창출과 기업 브랜드 강화를 달성한다는 의미이다.

성공적인 통합을 위해 이 과정의 책임자들이 이해해야 할 사항은 다음과 같다.

- **이유:** 우리는 왜 인수 거래를 했는가? 전략적 논리는 무엇인가? 거래 가치의 핵심 동력은 무엇인가? 어떠한 시너지가 존재하며, 그것을 달성하고 초과하는 방법은 무엇인가?
- **대상:** 합병 기업의 새로운 경영모델은 무엇인가? 완전 통합 대상과 기존 조직 유지 대상은 각각 어디인가? 목표 기업의 문화적 적합성, 프로세스, 시스템, 자원 등은 충분한 조사를 통해 계획에 반영되었는가?
- **시기:** 통합 계획과 실행은 언제 시작되는가? 투자자는 인수 가치가 언제 실현된다고 기대하는가? 통합 과정에서 가장 많은 시간과 고민이 필요한 부분은 어디인가?
- **사람:** 양측 기업의 핵심 인사는 누구인가? 통합 책임자는 누구인가? 핵심 인사 중에서도 계획 수립과 실행에 참여하는 사람은 누구인가? 통합에 관여하여 중요한 결정을 내리는 사람은 누구인가? 절대로 없어서는 안 되는 가장 중요한 인물은 누구인가?
- **방법:** 프로세스와 시스템을 어떻게 통합할 것인가? 규제와 관련 법규를 준수하여 법률적으로 인수 거래를 성사하기 위해 어떤 단계를 거쳐야 하는가? PMI 계획이 진행되는 동안 인수 거래를 내외부에 효과적으로 설명하기 위한 커뮤니케이션 계획은 어떻게 수립할 것인가?

모든 인수 거래는 저마다 다르고, 목표 기업을 인수기업에 통합하는 효과적인 방법이 단 하나만 있는 것도 아니다. 그러나 전체적인 지침이나 공식적으로 뚜렷하게 정의된 통합 방법(흔히 '통합 전략'이라고 한다)이 없다면 혼란은 더욱 가중되고 합병 첫날부터 발생한 허점은 이후 고질적인 문제로 발전하게 된다. 몇 가지 예를 들자면 내용이 부실한 의사소통, 불분명한 의사결정 권한, 과로에 따른 피로와 보신주의, 최선에 미치지 못하는 의사결정 등이 있다. 그 결과, 인수 전 계획이나 실사 단계에서 세웠던 가설이 실종되고 기능 간 상호의존관계가 어긋나며, 재작업이 일상화되어 시너지를 확대하거나 가속할 기회가 무산된다.

생각만 해도 끔찍한 결과가 아닐 수 없다. 이처럼 준비를 제대로 하지 않으면 큰 낭패를 당하게 된다.

모범 답안이냐, 비전이냐

이 과정은 수많은 모범 답안을 펼쳐놓고 그대로 따라 할 수 있는 일이 아니다. 모범 답안 따라가기는 이미 낡은 방식이다. 이 일은 방향을 제시하는 비전과 구조, 지배체계를 제시하고 이를 바탕으로 두 기업이 통합 계획을 수립하는 과정에서 의사결정을 내려가는 것이다.

아울러 고위 경영진이 미리 중요한 결정을 내려줌으로써(예컨대 ERP 시스템을 SAP와 오라클 중 어느 것으로 할 것인지 선정하는 문제 등) 인수팀이 예상되는 정치적 갈등에 휩싸이지 않고 통합 계획을 충실히 실행할 수 있게 해주는 것도 중요한 일이다. 이 장과 7장은 상황이 최악으로 흐르는 것을 방지하여 인수 거래의 동력을 활용하여 양측의 역량을 결집하고, 고객에게 동기를 부여하며, 투자자와 이사회에 성과를 안겨줄 수 있는 기초 원칙을 다룬다. 나아가 혼란을 최소화하고 인수 거래의 동력을 유지하는 방법도 제시한다.

여기서 최고 경영진과 조직의 하층이 함께 통합 과정에 참여하도록 구성된 임시 기구인 통합관리사무국(IMO)의 역할이 대두된다. IMO는 거래발표 전에 고위 경영진이 내린 결정 사항과 계획을 바탕으로 새 조직 전반에서 성공을 거두는 데 필요한 세부 로드맵을 만들어낸다. 이 로드맵의 핵심 기능은 각 작업그룹이 의사결정의 지침이 되는 가치 중심축에 몰두하도록 하는 데 있다. 또한 IMO는 고위 경영진이 통합 계획 전반에 긴밀히 관여하도록 한다. IMO의 주된 역할이 바로 거래 비전과 전략을 실행하는 것이기 때문이다.

거래 완료 전에 계획과 의사결정을 많이 할수록 합병 이후에 새 조직이 시너지를 실현하고 통합을 실행할 동력이 더 튼튼해진다. 반면에 계획과 준비가 부실할수록 합병 첫날부터 두 기업이 따로 돌게 되어 통합에 이르는 최종 상태가 눈에 보이지 않게 된다. 그러한 와중에도 미리 투입된 자본에 대한 비용 계산은 한 치의 오차도 없이 진행된다. 게다가 두 회사의 통합에 전혀 진척이 없으면 그야말로 '죽음의 행진'이 시작되며, 투자자와 이사회, 직원 등은 한결같이 "저 회사를 도대체 왜 인수했지?"라는 의문을 품기 시작한다. 결과적으로, 이러한 의문에 대한 만족스러운 대답을 얻지 못하는 사람은 회사를 떠나게 된다.

예상되는 실수

우리가 경험한 바에 따르면 아주 노련한 경영자조차 거래발표일 이후에 결코 해서는 안 되는 뻔한 실수를 저지르는 경우가 많다.

첫째, 그들은 통합을 그저 일상 업무에 추가해서 하면 되는 '정상적인 업무'로 대한다. 이러한 태도는 통합에 필요한 엄청난 업무량과 의사결정을 간과하고, 여전히 치열한 경쟁 현장에서 고객을 응대해야 하는 현장 인력들의 주의를 분산하는 결과를 초래한다. 게다가 통합 과정에서 각 기능 사이에 존재하는 고도의 상호의존적 과제를 해결해야 하는데, 현장의 리더들은 이 같은 성격의 과제가 평소 하던 일과 달라 다른 누군가가 해결해주리라고 짐작한다. 경영진은 이러한 현실을 미처 깨닫지 못하는 경우가 많다.

둘째, '모든 일이 중요하다'고 말만 할 뿐, 업무의 우선순위를 정해두지 않는다. 그뿐만 아니라 일관된 관리 체제도 구축하지 않아 충돌과 환멸, 나아가 대혼란이 일어나는 경우가 흔하다. 셋째, 주요 의사결정의 로드맵이 없어 불확실한 상황에서 내리기 힘든 의사결정을 뒤로 미루거나 일을 지연시킨다. 심지어 다른 리더가 알아서 하겠지 하는 심정이 될 때도 있다.

인수기업이 의사결정을 미루는 이유는 목표 기업 측의 심기를 거스르기 싫거나 기업 문화를 손상하고 싶지 않아서일 수도 있고, 더 심한 경우 새로운 직원들에게 '아무것도 바뀌는 게 없다'는 메시지를 던지려는 의도도 있다. 이는 통합 과정이 시작되자마자 신뢰에 치명상을 가하는 일이다. 많은 것이 바뀔 거라는 점은 누구나 아는 사실이기 때문이다.

흔히들 '동등한 합병'이란 말을 많이 사용하지만, 현실에서는 이 같은 일을 거의 찾아볼 수 없다는 점을 기억하자. 힘든 결정을 미리 하지 않으면 시간이 지날수록 프리미엄에 걸맞은 비용 절감이나 매출 증대를 점점 더 기대하기 어려워진다. 듣기 좋은 말은 당장은 아무 문제 없는 것 같지만, 나중에는 의도치 않은 부정적인 결과를 초래하고 만다. 어차피 치러야 할 대가라면 하루라도 빨리 치르는 게 낫다.

과거에 어느 유망 기업을 인수하는 과정에서 인수기업이 목표 기업을 향해 자신들의 '비법'에 관해서는 조금도 타협하지 않겠다고 말한 사례가 있었다. 그러나 목표 기업이 보기에는 인수기업이 보유한 모든 것이 비법이었다. 주차 혜택에서 공짜 음식, 유급 휴가 제도, 사무실 위치, 주력 제품에 이르기까지 말이다(실제로 인수기업도 이러한 요소들을 비법이라고 생각했다). 결과적으로 인수기업이 정책과 제도를 바꾸기 시작한 순간 목표 기업은 신뢰가 무너졌다고 판단했고, 인재들은 모두 회사를 떠나고 말았다.

큰 실수를 범하지 않아야 하는 것은 당연한 일이지만, 정작 통합에 성공하는 열쇠는 세부적인 일들 속에 숨어있다. 통합에 실패하는 이유는 한 번의 큰 실수 때문이 아니다. 작은 실수가 계속 쌓일 때가 가장 위험하다. 시간은 어김없이 흐른다. 통합은 모든 사람이 주의를 기울이고 경영진이 우선순위를 두어야 비로소 완성된다. 지금 전력을 쏟지 않으면 2, 3년 지난 후에는 통합은커녕 외부 자문가에게 도움의 손길을 청해야 하는 신세가 된다.

경영모델과 통합 방식: 인수 논리의 현실 적용

통합 계획의 출발점은 인수 거래의 전략적 의도뿐만 아니라 최종 상태를 바라보는 태도가 될 수도 있다. 통합 계획을 수립하는 팀이 원래 의도를 모르거나 전략적 의도 자체가 불분명한 채로 최종 상태에 관해 뚜렷한 비전을 품고 그대로 실천하기는 너무나 힘든 일이다. 이것이 바로 앞 장에서 M&A 프로세스가 시작되자마자 뚜렷한 전략과 인수 논리부터 정해야 한다고 그토록 강조한 이유다.

인수 논리는 이후의 모든 일을 끌어가는 원동력이다. 인수기업이 애초에 왜 이 거래를 시작했느냐는 질문에 대답할 뿐만 아니라 인수를 통해 가치를 창출하는 근거와 가설을 제공해주기도 한다.

간단한 문제다. 합병 기업이 두 기업이 따로 떨어져 있는 것보다 더 높은 가치를 창출하는 이유는 무엇인가? 비용 절감이라는 근거로 추진하는 통합과 성장에 초점을 둔 통합에는 서로 방법상 근본적인 차이가 있다. 비용을 절감한다는 이유로 추진하는 인수는 지원 부서의 중복 제거에 초점을 두지만, 매출 성장을 목표로 진행되는 인수는(다른 말로는 전략적 인수라고 한다) 처음부터 끝까지 고객 제안을 염두에 둔다. 현실에서는 이 둘이 섞이는 것이 일반적이며, 두 가치가 서로 갈등을 빚는 일도 많으므로 이를 어떻게 해결하느냐가 중요한 문제가 된다.

인수 거래를 시작한 논리에 충실하면 리더들이 목적을 잊지 않을 가능성이 커진다. 인수 거래의 근본적인 전략을 기억하는 것 역시 장단기 목표에 관한 근본적인 질문에 대답하는 데 도움이 된다. 여기에는 다양한 이해당사자들이 기울이는 노력의 정도와 참여 시기, 역할 등이 포함된다.

구체적으로는 다음과 같다.

- 두 회사가 결합함으로써 창출할 가치는 무엇인가?
- 새 회사의 시장진출 방식은 무엇이 다른가?
- 두 회사는 어느 정도로, 그리고 어떠한 방식으로 통합되어야 하는가?
- 조직을 통합 운영하기 위한 준비 단계, 즉 고객의 기대와 경쟁사의 움직임을 고려하여 새로운 경영모델을 수립하는 이른바 통합 설계는 얼마나 빨리 진행되어야 하는가?

- 새 회사는 이미 발표한 비용 및 매출 시너지를 얼마나 초과 달성할 수 있을까?

경영모델

양쪽 기업 모두 이미 경영모델이 있다. 한마디로 조직 내 각 부분의 운영방식을 결정하고 이끌어가는 조직 구조가 갖춰져 있다는 것이다. 이는 또 조직 내 각 부분의 상호작용과 다양한 지원 기능의 집중 정도를 규정하는 서비스 제공 모델의 역할도 한다. 나아가 누가 어떠한 결정을 내릴지를 정하는 관리 프로세스, 행동 규범, 의사결정 권한이기도 하다. 종합하면, 경영모델은 전략을 바탕으로 조직이 고객을 만족시켜 궁극적으로 기업의 가치를 창출하는 데 필요한 청사진이라고 정의할 수 있다. 통합 계획을 수립하는 과정에서 경영모델은 일부든 전부든 바뀔 수밖에 없다. 합병 기업은 어떠한 식으로든 새로운 경영모델로 출발하기 때문이다.

새로운 경영모델은 새롭게 합병된 조직이 사업을 운영하고 가치를 창출하는 방식이 이전과 어떻게 다른가라는 질문에 대한 답이다. 여기에는 전사적, 사업부별 경영모델(여러 사업부가 서로 연락을 주고받고 서비스를 공유하여 시장에 진출하는 차별화된 방식)과 기능별 경영모델(사업부의 요구를 지원하는 기능별 인력, 프로세스, 기술 측면의 변화. 예컨대 비용 정산, 출장, 인원수 승인, 외주 대 해외 생산 등)이 모두 포함된다.

새 경영모델은 회사의 역량과 프로세스, 조직 구조 등을 통해 인수 논리와 사업 전략을 서로 연결한다. 이것은 다음과 같은 질문에 답을 제공한다. 미래 성장에 핵심 근거가 되는 시장을 우리 조직은 어떠한 구조를 갖추어 공략할 것인가? 서비스, 의사결정 권한, 지배 체제 등을 얼마나 중앙집중화할 것인가? 직원들의 올바른 행동을 유도하기 위해 보상 체계는 어떻게 개편할 것인가?

경영모델은 조직 설계가 아니다. 조직 설계는 새로운 경영모델 내에서의 직무와 사람에 관한 것으로, 7장에서 다룰 예정이다. 경영모델은 합병된 조직의 사업 운영방식이 어떻게 달라졌느냐에 관한 것이자, 사람, 업무, 장소, 시간, 방법 등이 과거와 어떻게 달라졌느냐 하는 것이다.

인수 거래 자체가 애초에 두 기업이 각자 떨어져 있어서는 얻을 수 없었던 기회 때문에 시작되었다는 점을 기억하면 변화는 불가피하다는 사실을 깨달을 수 있다. 이 점을 깊이 생각한다면 언뜻 조직 내에 미래 변화에 잘 대응할 것처럼 보이는 부분이 오히려 해체되는 것도 그리 놀랄 일이 아니라는 점을 알 수 있다. 예컨대 미국 법무부가 양쪽 기업 모두에 일부 사업부를 매각하라고 요구할 수도 있다는 것이다. 이러할 경우, 인수기업은 마냥 놀라지만 말고 어느 사업이 중복되고 어떠한 조치가 필요한지 미리 대략적인 방향을 염두에 두고 있어야 한다.[1]

합병 과정에서 진행된 변화로부터 새로운 경영모델이 출현한 사례를 하나 살펴보자. 두 회사는 모두 전년도 매출이 약 20억 달러에 달하는 첨단 기술 부품 제조업체였다. 양사 모두 전 세계에 생산 거점을 보유, 운영하고 있었으며, 두 회사 모두 포춘 50대 기업에 속하는 첨단 기술 기업에 OEM 방식으로 부품을 공급하고 있었다.

인수기업은 이 거래를 통해 기업 역량을 2배로 키울 수 있었다. 그러나 인수기업의 CEO는 이번 거래를 비용 절감을 통해 규모의 경제를 달성할 기회로 보는 일반적인 관점을 버리고 대담한 모험을 감행하고자 했다. 그는 OEM

공급 방식 자체가 고객사로부터 점점 더 일반상품처럼 취급받으면서 존재감이 약해지게 되는 위험을 지녔음을 잘 알았다. 대량 생산을 통한 비용 절감으로 고객을 만족시키는 방법은 막다른 골목으로 가는 일방통행에 불과하므로, 결국에는 극소수의 공급업체만 살아남고 나머지는 모두 도태될 수밖에 없다. 그 CEO는 아무리 많은 업체를 인수하더라도 비용 관점에서 접근하는 한, 기업이 장기적으로 생존할 가능성은 희박하다는 점을 간파했다.

그는 또 M&A가 변화의 강력한 원동력이 될 수 있다는 점도 동종업계 그 누구보다 잘 알고 있었다. 게다가 M&A가 경영자, 직원, 고객, 공급업체 등 모든 이해당사자가 "이 거래로 인해 어떤 변화가 일어날까?"라는 질문을 너무나 자연스럽게 던질 수밖에 없는 기회라는 점도 알았다.

인수기업은 서로 생산능력이 조금씩 다른 공장을 14개 운영하고 있었고, 그중에는 과거 경영진이 진행한 인수합병을 통해 취득한 곳도 있었다. 모든 공장은 자체적으로 최적의 효율을 발휘하고 있었다. 목표 기업에도 총 16개의 공장이 있었는데 사정은 별로 다르지 않았다. 두 기업의 공장들은 비록 서로 협력은 원활했지만, 생산량, 효율, 고객 만족, 자본 투자 등 모든 면에서 각자만의 최적화를 추구했다. 인수기업이 이번 인수를 통해 본사의 일반관리비를 줄이고 구매력 증강을 통해 직접재료비도 절감하며, 전기자동차와 같은 고성장 시장의 첨단 기술력을 확보할 수 있게 되었다는 점은 분명했다.

그러나 CEO는 인수팀에게 이러한 기회를 최적화하라고 밀어붙이는 대신, 최종시장의 복잡한 사정을 깊이 분석하여 고 마진 시장을 개척할 수 있게 경영모델을 재편하라고 주문했다. 한마디로 전기자동차, 스마트폰, 의료기기 등 어느 분야도 좋으니 최고의 지위를 차지하는 회사가 되자는 것이었다.

그가 택한 방향은 30개의 공장을 기반으로 품질과 가격을 개선하는 대신, 모든 공장을 통신, 자동차, 의료, 산업기기라는 네 개의 최종시장에 진출하기 위한 근본 역량으로 인식하는 최종 소비자 시장 중심의 방식이었다.

CEO는 최종시장 지향형 기업을 달성한다는 비전과 자사가 지닌 핵심 차별화 역량(전기자동차의 레이더나 라이더(광선 레이더) 분야의 중요 기술, 통신산업의 단기 프로젝트 역량, 의료분야의 특수 소재 수요 등)을 파악하는 일에 깊이 몰두했다. 그리고 이러한 비전과 관련된 핵심 역량을 조직하여 고객의 요구를 뛰어넘는 방법이 무엇일까를 고심했다.

인수 거래는 회사에 패러다임을 바꿀 기회를 제공했고, 경영모델과 보상체계를 개편함으로써 새로운 가치를 창출하는 원동력이 되었다. 또한 단순히 M&A를 진행하는 것에 그치지 않고, 비교적 독자적으로 운영되던 공장들을 네 개의 최종시장 중심으로 조직을 재편하기 위하여 경영모델과 조직을 설계하는 신속한 프로세스를 시작했다.

투명한 경영모델은 건강한 통합을 실현하기 위한 기반이다. 통합 조직의 운영방식이 차별화되어야 하는 이유와 그 방법은, 두 조직을 통합하는 최선의 방식이 무엇인지를 결정하는 바탕이 된다.

통합 방식, 관리 체제, 지도원칙

통합 방식('통합 전략'이라고도 한다)에는 인수 논리를 최종 경영모델로 전환하는 데 필요한 초기 의사결정이 수반된다. 즉, 통합 방식은 조직이 현재에서 미래로 나아가는 과정을 안내하는 방법과 관리 체제, 원칙 등을 말한다. 물론 여러 가지 경로와 방식을 택할 수 있지만, 통합 방식이 정의하는 변수는 이번 인수합병으로 등장할 경영모델을 규정하는 역할을 한다.

경로와 그에 따른 원칙을 분명하게 정해두면 통합팀이 힘겨운 현실을 이겨내는 데 도움이 된다. 그 현실이란 바로 통합 계획의 핵심인 우선순위 설정이다. 우선순위가 중요한 이유는 실무진은 통합의 범위와 적절한 진행 속도를 알아야 하며, 모든 일을 한꺼번에 해야 하는지 단계별로 진행해야 하는지 판단해야 하기 때문이다.

분명한 인수전략과 경영모델 역시 중요하지만, 어떻게 보면 이 역시 이론적이라는 한계를 지니고 있다. 통합 방식은 무엇보다 현실적인 선택을 시작해야 한다는 점에서 앞의 요소들과 다르다.

통합 방식에서 가장 중요한 부분은 다음의 다섯 가지 질문으로 나눌 수 있다.

1. **속도:** 통합을 얼마나 빨리 끝내야 하는가?
2. **범위:** 포함되는 영역과 배제되는 영역, 완전히 통합되는 사업부는 각각 어디인가?
3. **단계:** 단번에 모든 영역을 동시에 통합하는가, 시간을 두고 단계적으로 진행하는가?
4. **형식:** 인수기업이 주도하는가, 양측이 협력하는가, 아니면 이 둘이 섞인 방식인가?
5. **의사소통:** 주요 의사결정의 내용, 시기, 방법, 주체 등이 모두 정해졌는가?

인수합병은 그 종류에 따라 저마다 다른 접근방식이 필요하다. 가장 대표적인 유형의 인수합병이라고 해도 내부적으로는 엄청나게 다양하고 복잡한 형태가 있다. 인수합병이 전면적인 혁신으로 이어져 전혀 새로운 조직이 탄생할 수도 있고, 비슷한 사업을 영위하던 두 조직이 합쳐져 크기만 두 배로 되는 합병도 있다. 인수기업이 목표 기업을 전부 흡수하는 형태도 있고, 겉으로는 목표 기업의 본사가 건재한 채 지원 부서만 인수기업에 통합되는 '접합' 방식도 있다. 이 모든 인수방식과 각각에 해당하는 규칙을 서로 연결하면 일목요연하게 표로 정리할 수 있을 것도 같지만, 현실에서는 한 건 한 건마다 독특한 특징과 요소가 있어 통합 방식 또한 매번 달라질 수밖에 없다.

인수 거래에 내포된 속성과 복잡성은 각 요소를 선택하는 데 제약으로 작용한다. 예컨대 높은 비용의 프리미엄이 필요한 흡수 방식의 경우, 통합 과정은 인수기업 측의 주도 아래 일괄 방식으로 신속하게 이루어진다. 이보다 더 복잡한 방식의 경우 지원 부서 합병은 신속하게 진행되지만, 공급망 합리화는 시간이 요구됨은 물론, 특정 영역에서 다른 영역보다 더 많은 협력이 필요할 수도 있다. 서로 다른 ERP 시스템을 통합할 때는 두 시스템을 최소한 1년 정도 병행하다가 어느 하나를 중지하는 임시 운영 모델을 채택하기도 한다.

일례로 미국의 여러 지역에서 사업을 운영하며 운영 모델도 각기 다른 두 개의 거대 화장품 회사가 동등한 자격으로 합병 거래를 맺은 적이 있었다. 그중한 곳은 고객이 직접 상품을 선택하는 대량판매 시장(월마트, 타겟 등)에 강점을 보였고, 다른 한 회사는 전문 판매원을 둔 대형 백화점에 더 비중을 두고 있었다.

통합의 첫 단계는 지원 부서 합병과 영업조직 통합이었다. 일부 유통 채널이 중복되기는 했지만 대체로 기존의 경영모델을 그대로 유지한다는 방침이었다. 그러나 이렇게 되면 처음부터 고객(유통업체) 대응 주체를 단일화해야한다는 문제가 생긴다. 다음 단계는 창고를 통합하고 목표 기업의 향수 상품을 내부 조달로 전환하는 공급망 통합 작업이었다. 세 번째 단계가 바로 서로이질적인 ERP 시스템을 합치는 과정으로, 여기서 '엄청난 시간 지연'이 발생했다.

새 CEO가 먼저 직속 부하들을 선임하고(이들을 L1 경영팀이라고 한다), 그들로 구성된 IMO가 통합의 진행 방향, 특히 의사결정 권한을 둘러싼 공감대(전체적인 윤곽과 기대치)를 마련하면 그때부터 IMO가 출범하여 통합완성까지 엄청난 일들을 매일 치러내야 한다. 그들은 L1 경영팀과 논의할 결정사항에 관해 합의할 것이다. 이는 일상적인 통합 업무와 상관없이 이사회까지올라가야 할 내용이다. 따라서 감독 책임을 맡은 이사회는 통합 방식과 관리체제를 잘 알고 있어야 한다.

결정 사항 중에는 운영 위원회(executive steering committee)의 구성과 역할도 포함된다. 이것은 주요 사안에 대해 최종 결정 권한을 가진 기구다. 운영 위원회에는 최소한 양측의 CEO가 참여해야 하는데, 대규모 인수합병일수록 더욱 필요성이 커진다. COO나 CFO가 합류한다면 더 좋다. 그들은인수 거래에 초기부터 관여했으므로 재무 분야나 시너지 추정치와 관련된 복잡한 문제를 설명할 수 있다. 운영 위원회는 IMO가 제안한 결정 사항을 비준하고, 인수 거래에 관한 전략적 질문을 명확히 하며, IMO 차원에서 해결할수 없는 큰 갈등을 심사하고, 시너지 창출 계획을 승인하거나 예산 지원을 담당한다.

CEO와 직속 실무진은 통합의 형식에 관해 분명한 지침을 제시해야 한다.

인수기업이 완벽한 주도권을 가질 것인가, 좀 더 협력적인 프로세스를 진행할 것인가? 인수기업이 전적으로 주도한다면 미리 그 점을 분명히 해두어야 한다. 영업팀은 양쪽의 강점을 공유하면서 서로 협력하지만, 지원 부서의 프로세스와 시스템은 신속하게 인수기업의 방식을 따르는 절충 방식을 취할 수도 있다.

제시해야 할 원칙의 또 다른 예로는 완벽성 대신 과감함, 우아함보다 속도, 사람보다 직무, 또는 '숨어서 싸우지 말라'와 같은 지침, 대결 구도가 아닌 협력, 기존의 고객 만족을 위협하는 조치 금지 같은 것을 들 수 있다. 물론 이와 같은 원칙 중에는 인수 거래의 성격에 따라 미리 정해지는 경우도 있지만, 규모가 더 크고 복잡한 인수 거래에서는 장기적인 통합 지침을 명시적으로 밝혀야 할 필요가 있다.

사실 통합 방식과 지도원칙은 새 조직에 대한 기대치를 설정하는 데 도움이 된다. 고위 경영진은 인수 거래의 재무 논리에 부합하는 통합 방식을 채택해야 하며, 그에 따른 실행도 그들이 정한 조직의 기대치에 맞는 방향으로 유도해야 한다. 갈등과 의심이 불거질 때일수록 관리자와 직원들은 경영진도 자신과 한배를 탄 처지임을 믿을 수 있어야 한다.

통합 방식은 양보할 수 있는 것이 무엇인지도 명확히 제시한다. "무엇을 희생할 것인가?"가 이 과정의 가장 근본적인 질문 중 하나다. 어떠한 시너지나 변화도 위험 없이 공짜로 얻을 수는 없다. 원활한 통합과 나중에 더 큰 가치를 얻기 위해 당장 주당순이익은 희생할 수밖에 없다. 구조조정을 하더라도 IT 기반이나 ERP 시스템을 교체하고 직원을 채용하려면 먼저 소중한 자본이 들어가야 한다.

이러한 일은 조직의 통합을 위해 꼭 필요하지만, 그럼에도 단기적으로는 주당순이익에 위협이 된다. 이를 감수할 것인가, 아니면 없었던 일로 할 것인가? 도저히 타협할 수 없는 것은 무엇인가? IMO를 출범하기 전에 이 같은 문제를 모두 검토하고 결정해야 한다. 그리고 이러한 결정 사항 중에는 킥오프 미팅에서 다룰 내용도 있을 것이다(다음 페이지에서 IMO를 다룰 때 더 상세히 설명한다). 그러나 최소한 전체적인 윤곽은 고위 경영진이 미리 결정해두어야 한다.

통합의 방식과 원칙을 정하고 손익 교환을 분명히 밝히기 위해 참고할 만한 사례는 2009년 5월에 딜로이트 컨설팅이 KPMG의 전 컨설팅 자회사 베어링포인트의 정부 사업 부문을 인수한 건이다. 딜로이트로서는 이 인수 거래가 매우 중요했다. 베어링포인트의 매출과 인원은 딜로이트의 정부 사업 부문에 비해 두 배가 넘는 규모였다. 국방성 정보 분야를 예로 들면, 그들은 인수 거래 전후에 매출이 1,400만 달러에서 1억 5,000만 달러로 증가했다.

딜로이트 경영진은 베어링포인트의 인력을 유지하는 데 무게를 두었다. 컨설팅은 최고 경영진이 매출에 직접 간여하는 인간관계 사업이다. '사람들을 놀라게 하면' 대량 인재 유출 사태만 불러올 뿐이다. 그러나 정작 팀을 구성하는 단계가 되자 두 회사의 경영모델이 너무나 다르다는 사실이 드러났다. 딜로이트에서는 전문팀을 구성할 후보를 일반직원 중에서 선발하기 때문에 파트너들이 서로 경쟁을 펼쳐야 하지만, 베어링포인트는 파트너들이 각자 자신의 전속팀을 '거느리는' 구조였다.

딜로이트 경영진은 딜로이트의 경영모델을 유지하기로 했지만, 직원들에게 강제로 무언가를 해야 한다는 인상을 주지 않기 위해 속도를 늦추기로 했다. "지금과 달라지는 것은 없다."는 것이 지침이었다. 경영진은 베어링포인트의 일

곱 개 사업부 리더들을 일일이 만나(모두 75명이었다) 그들의 전반적인 안부는 물론 딜로이트에서의 경력개발과 진로에 대해 진심 어린 관심을 보여주었다. 딜로이트는 성과체계를 전면 개편하여 직무와 목표를 다시 설정했다. 핵심은 모든 직원을 남김없이 데리고 가는 일이었다. 다시 말해, 딜로이트 출신이 아니라고 해서 불리하거나 소외되는 일이 없도록 한 것이다.

또 하나의 중요한 원칙은 '대결 구도'를 떠올리는 말을 하지 않는 것이었다. '우리'라는 말은 이제 더 유능한 후보를 영입하고, 더 많은 고객을 응대하며, 더 좋은 관계를 유지하고, 더 큰 프로젝트를 제안하는 사람을 지칭하는 말로 바뀌었다. 이후 3년 동안 합병 기업은 더욱 빠르게 성장하여 인수 거래 후에 새로 영입한 인력이 전체 인원의 3분의 1을 차지하기에 이르렀다.

신속히 해야만 했던 일은 인수발표 후 통합 완료까지 불과 6주 만에 준비작업을 마치는 것이었다. 약 4,250명에 달하는 딜로이트의 직원들에게 새 배지와 노트북 컴퓨터, 이메일 및 네트워크 접근권한, 복리후생 제도 등을 모두 갖춰주는 실로 엄청난 과제를 통합 조직 출범일까지 완료했다. 출범 행사의 규모가 얼마나 컸던지, 딜로이트는 워싱턴 DC 컨벤션 센터를 통째로 빌려야 했다. 그간 딜로이트 정부 사업부는 연방정부 컨설팅 업계에서 가장 유력한 이름이 되었고 통합 과정에서 쌓인 경험은 고객에게만 이익이 된 것이 아니라 이후 또 다른 인수 거래에서도 유용한 자원이 되었다.

여기서 우리는 사려 깊은 방식과 원칙이 어떻게 성공적이고 신속한 통합 과정을 가능하게 하는지 알 수 있다. 이러한 원칙과 통합 방식은 단지 계획에만 중요한 것이 아니라 직원들의 경험과 통합 완료를 준비하는 전 과정에까지 영향을 미친다(7장에서 더 자세히 설명한다).

통합관리사무국(IMO):
통합 계획의 강력한 지휘 본부

IMO는 비록 임시 기구이기는 하지만 통합 과정을 주도하는 살아 숨 쉬는 주체다. 이 기구는 기업의 기존 조직과는 별도로 존재하며, 현장의 목소리와 최고 경영진의 의사결정을 중간에서 절충하는 역할을 한다. IMO는 통합 출범일과 최종 상태까지 마무리해야 할 일(즉, '필수요건')이 무엇인지를 파악한다. 이때까지 달성해야 할 일을 방해하는 요소, 통합 출범을 위해 타협할 수 없는 일의 우선순위, 또 의도적으로 연기해야 할 일은 무엇인지도 규명한다. 갈등이 불거지거나 우선순위의 경중을 가려야 할 때, IMO는 이 문제를 운영위원회에 보고하여 도움을 요청한다. M&A 전략과 실사, 평가, 거래발표 등은 모두 인수기업의 가치 창출에 초점을 맞추고 있으며, IMO의 목적은 그 가치를 실현하기 위한 실무를 진행하고 가속하는 것이다.[2]

IMO는 강력한 우선순위 집행자가 되어 작업그룹을 조직, 구축하고, 인수기업과 목표 기업 양쪽의 정보와 아이디어를 수집하며, 해결해야 할 문제와 이슈를 공론화하고, 사업부와 기능별로 시너지 목표를 설정하며, 그 목표를 달성할 프로젝트 아이디어를 개발하고, 통합 출범일과 최종 상태까지 마무리해야 할 필수요건, 그리고 모든 작업그룹이 관리해야 할 상호의존성을 규명하는 일 등을 해야 한다.

IMO가 하는 일은 인수전략에 담긴 약속과 새 경영모델을 실행하고, 각자의 좁은 영역에 사로잡혀 일하는 사람들이 닥칠 혼란을 예방하는 것이다. IMO는 통합 출범일부터 새 경영모델이 완성되는 그 날까지 새 조직의 동력이 되어야 한다.

해야 할 일의 양과 속도부터 도저히 감당할 수 없다고 느낄 수도 있다. 통합 과정에 필요한 시간이 정해져 있다는 점을 생각하면 더욱 그렇다. 단거리 경주와 다를 바 없는 셈이며, 실로 심호흡이 필요한 순간이라 할 수 있다.

상대방의 논리를 잘 이해하지 못하고, 일하는 방식에 관한 의견도 제각각이었던 두 조직을 통합하는 것은 마치 오케스트라 지휘자가 하는 일과 비슷하다고 볼 수 있다. 아닌 게 아니라 IMO의 역할은 마치 지휘자처럼 통합팀이 법적 테두리와 규제 범위 내에서 해야 할 일을 적시에 할 수 있도록 조율하는 것이다.

양쪽 기업 모두 수많은 인력을 보유했음은 틀림없는 사실이며, 목표 기업의 직원들이 그 자리에 있는 것 역시 결코 우연이 아니다. 그리고 그들을 원한 건 애초에 인수기업 측이다. 당장 그들로서는 자신의 일자리를 지킬 수 있는지를 걱정하거나, 자신이 맡은 업무와 사업부를 가장 최우선으로 생각할 수밖에 없다. 그리고 이 점은 인수기업의 직원이라고 해서 다를 바 없으므로, IMO를 이끄는 사람은 이 같은 상황을 최대한 조율하여 갈등을 예방해야 한다.

IMO의 권한은 사람들이 자기 일에만 몰두하고 스스로 결정을 내리는 일을 막기 위하여 있는 것이다. 이러한 행위를 그대로 방치하면 무질서와 혼란이 빚어지고, 사람들이 동요하며 무슨 일을 할지 몰라 불안과 근심에 사로잡힌다. 이 점에 있어 IMO가 할 일은 업무 순서와 절차를 정돈하여 통합 출범일에 필요한 최소 요건을 정해주는 것이다. 간단하게 말해서, 고객과 직원에 부정적인 영향이 단 한 건도 발생하지 않도록 하면 된다. IMO는 통제권도 발휘한다. 그래서 각 작업그룹이 경영 통합 활동뿐 아니라 시너지를 계획하는 과정에서 발생하는 일회성 및 지속성 추정 비용을 꾸준히 점검하고 대책을 마련한다.

IMO는 통합 작업그룹 내부(조직 하층부)에서 결정 사항을 도출하고, 이를 운영 위원회(최고 경영진)에 제안하여 비준을 받을 수 있도록 한다. 제안 내용에는 조직 설계와 리더십, 시너지 계획 및 확인(노동 및 비노동), 그리고 합병 기업의 최종 비전을 통합 완료 후 실행으로 전환하는 작업 등이 포함된다. IMO는 신속하게 업무를 처리해야 한다. 그래야 경영진이 빠르게 결정을 내리고, 혹시 새로운 정보가 나와 수정이 필요할 때도 대응할 수 있기 때문이다.

IMO 조직이 통합에 필수적이기는 하지만, 그렇다고 이 조직의 구성이나 프로세스에 지나친 비중을 둔다면 속도와 유연성, 효율 면에서 의도한 것과 정반대의 결과가 빚어질 수 있다. 프로세스에 지나치게 집중하면 또 다른 위험이 발생한다. 실무진의 관심이 오로지 성과를 정의하고 확인해서 보고서를 작성하는 데만 기울어진다는 점이다. 게다가 IMO는 임시 조직이다. 이 조직이 너무 오래 존속하면 새 조직에 도움이 되지 않는 프로세스가 부산물로 남게 될 위험이 있다. IMO는 경영이 정상화될 때까지만 존재하고 해체되어야 할 임시 기구라는 점을 잊어서는 안 된다.

사실 IMO의 소관 업무 중 하나가 바로 IMO 스스로가 해산하는 시점을 정하는 일이다. '완료된 일'이 무엇인지를 정의하는 것은 계획 수립과 뗄 수 없으며, 모든 통합 과정마다 달라진다. 작업그룹의 복잡성과 상호의존성이 저마다 다르기 때문이다. 경영진과 통합팀은 언제 이 일이 끝나는지를 알아야 한다. 이상적으로는 두 기업이 시장에서 하나의 기업으로 영업 활동을 수행하고 인수 논리에서 약속한 가치가 충분히 실현되었을 때라고 정의할 수 있다.

리더십, 작업그룹, 직원 구성

이렇게 복잡한 프로그램을 이끄는 일에는(비록 임시적이기는 하나) 진지한 태도가 필요하다. IMO의 리더, 즉 통합 책임자는 사업 내용과 인수전략을 알아야 하고, 양측 기업의 리더들이 통합에 꼭 필요한 일을 하도록 이끌 만큼 사람들의 신망을 얻는 인물이어야 한다. 경영자와 리더는 자신의 업무 형태가 변하거나 뚜렷한 방향이 보이지 않을 때 변화에 저항하는 것은 물론, 통합 전략과 상충하는 일이기는 하나 합병된 조직에 최선이라고 보이는 일을 자신의 판단에 따라 진행할 수도 있다.

너무도 분명한 사실이 있다. 통합 책임자는 결과적으로 성공할 수도, 일을 그르칠 수도 있다. 임무를 완수하는 일이 많아질수록 IMO는 더 강력해질 것이다. 프로젝트 리더의 역량이 약하다면 실패할 가능성이 커지는 것은 당연하다. 통합 책임자는 상근 직원이든, 조직 내 다른 리더들의 관심이든 상관없이 헌신적인 인력을 끌어모을 수 있어야 한다. CEO와 수시로 연락을 주고받아야 하는 것은 물론이다.

지금까지 우리가 관여한 업무 중 가장 성공적이었던 합병 사례의 경우(이 장의 마지막에 더 자세히 설명할 것이다), CEO는 가장 성과가 뛰어나고 규모도 큰 사업부의 책임자에게 통합팀을 맡겼다. 이렇게 유명한 인물을 지명함으로써 조직 전체에 통합 과정의 중요성을 눈으로 보여준 셈이었다. 당연히 이 일은 IMO가 필요한 자원과 관심을 얻어내는 데도 유리하게 작용했다. (가장 유능한 리더와 그 부서 인력을 일상적인 프로젝트 관리에 투입하는 일이) 다소 역설적으로 보일 수도 있지만, 중요한 통합 과정을 운영하는 것 또한 결코 일상적인 일은 아니라는 점을 명심해야 한다.

IMO 책임자는 효과적인 의사결정자가 되어야 한다. 핵심 줄거리(인수 거래에 관한 강력한 비전)를 다듬고 변화와 커뮤니케이션을 주도하며, 경영모델에 관한 의사결정의 타이밍을 조율하고, 보안팀의 업무와 조직 설계, 시너지 계획 등을 감독하며, 통합 출범 후 거의 모든 가치 창출을 주도할 정책이 무엇인지 파악해야 한다.

IMO 책임자를 선임하는 결정에는 통합의 중요성이 반영되어야 한다. IMO 책임자를 선정한다는 것은 그들이 본래 맡아온 일의 업무부담을 말끔히 덜어준다는 뜻이기도 하다. 그들이 새로 맡은 일을 의미 있게, 성공적으로 해내려면 충분한 시간이 필요하기 때문이다. 그들이 새로 맡게 된 일의 업무강도는 결코 만만치 않다. [3]

IMO는 통합 계획 조직을 구성하는 작업그룹을 관리한다. 법무, 인사, IT, 재무 등 전형적인 기능별 작업그룹 외에도 기존의 외주 활동을 내부 조달로 전환하거나 사업부 합병 등의 새로운 경영모델과 관련된 작업그룹도 있다. 5장에서 예로 들었던 기업인 노르웨이의 경우에는 선박 운영, 콜센터, 정박 중 상륙 여행 등이 이에 해당한다. 작업그룹은 리더십, 정관, 시너지 목표 등에 따라 여러 개의 하위 작업그룹으로 나뉠 수도 있다. 예를 들어 재무 부문에는 세무, 관리회계, 재무계획 및 분석 등의 작업그룹이 있고, 이들의 직속 상사는 재무 부서의 리더가 된다(**그림 6-1** 참조).

다른 모든 작업그룹에 영향을 미치는 작업그룹도 있다. 이른바 기능 간 팀(cross-functional team, 7장의 주제다)은 주로 조직 설계, 시너지, 내부고객 커뮤니케이션, 그리고 통합 출범 준비와 같은 일을 담당한다. 다른 회사의 사업부를 매수해서 자회사로 삼았을 때 진행하는 전환 서비스 계약

그림 6-1

노르웨이의 통합 관리체계

운영 위원회	
노르웨이 CEO 노르웨이 CFO	프레스티지 CEO 프레스티지 CFO

IMO
고위급 리더 4명 (양사에서 2명씩 참여, IMO 책임자는 노르웨이 측이 담당)

기능 간 작업그룹			
조직 설계	시너지 파악 및 포착	내부고객 커뮤니케이션	출범 준비

기능별 통합 작업그룹				
재무 운영	회계	부동산	마케팅	인사
IT	구매	항만 사용료	영업 (미국 및 국제)	정박 여행 서비스
콜센터/ 고객 서비스	매출 관리	선박 운영	호텔 운영	선상 매출

(TSA)이 바로 기능 간 작업그룹의 대표적인 예다. 기능 간 팀이 꼭 필요한 이유는 그들이 여러 기능 간에 협력을 끌어내고 상호의존성을 규명할 뿐만 아니라, 이러한 일에 흔히 발생하는 정치적 갈등을 이해하고 완화하는 역할도 하기 때문이다.

작업그룹과 하위 작업그룹을 책임지는 리더 선임 과정은 두 조직이 서로를 배워가는 중요한 첫 단계라고 할 수 있다. 작업그룹의 책임자는 주로 해당 업무에 적합한 기능별 혹은 사업부별 리더를 양사에서 선발하여 배정한다. 이른바 '한 지붕 두 가족팀'을 만드는 것이다. 이 같은 방식으로 양측의 전문적 업무 지식과 아이디어를 공유한다는 장점을 충분히 활용할 수 있고, 협력을 통해 신속한 성공을 달성할 기회를 얻기도 한다. 만약 두 기업의 전문가들이 지닌 업무 경험에서 얻는 지식을 과소평가한다면 이는 큰 실수라 할 수 있다.

우리 동료 중에 누군가가 한 말이 있다. "애초에 그 자리에 맞는 사람을 뽑아야 한다." 이처럼 우리를 포함해 대부분은 작업그룹의 리더를 뽑을 때 별로 바쁘지 않은 사람을 골라 IMO 조직에 파견한 후, 그저 일을 망치지만 않으면 된다고 생각하기 쉽다. 그러나 이것은 크게 잘못된 생각이다. 사실은 가장 바쁜 사람이 가장 유능한 사람이기 때문이다. 그들은 파견을 나가서도 일을 완벽하게 마무리해야 아무 부담 없이 원래 자리로 돌아올 수 있다고 생각한다.

물론 이 방식에도 위험이 없는 것은 아니다. 자칫하면 지금 하는 일상 업무를 위험에 빠뜨리거나, 리더의 일상 업무와 IMO 사이에 긴장이 발생할 수도 있다. 사실 그저 긴장만 발생하는 수준에서 그치지도 않는다. IMO에 합류하기 위해 자리를 비웠는데 임시 과업이 종료된 후에 돌아왔더니 이미 자신의 자리가 사라졌을 수도 있다. 그러므로 그와 같은 탁월한 인재들에게는 계획과 실행이 완성된 후 새롭게 구성된 조직에서 더 좋은 자리로 복귀할 수 있도록 확실한 보장이 필요하다.

관리체계와 정규 일정

IMO 조직은 결국 새로운 경영모델을 수립할 때 이미 정해진 결정 사항을 반영한다. IMO는 킥오프 미팅이나 기능 간 교차 워크숍, 그리고 IMO 책임자, 외부 자문, 운영 위원회 등이 매주 진행하는 회의 일정 등을 구성한다. IMO는 시너지 목표를 설정하고 부여하며, 우선순위별 프로젝트 및 정책 개발을 주도한다. 이로써 시너지 목표를 달성하고, 의사소통을 촉진하며, 통합 출범 후의 업무 우선순위를 나열하고, 통합의 성공에 필요한 의사결정과 활동을 촉진한다(다음의 '합병 후 통합(PMI)에 필요한 실행 기술'을 참조하라)

합병 후 통합(PMI)에 필요한 실행 기술

최근 PMI 기술이 발달함에 따라 인수기업은 기존의 데이터와 정보 흐름의 막대한 규모를 이해하고, 중요한 의사결정을 신속히 파악하며, 미래 프로세스를 설계하고, 통합 추진 계획을 수립 및 점검하며, 직원 정서를 파악하고, 복잡한 대규모 국제 거래를 관리할 수 있게 되었다. 이를 통해 인수기업은 엄청난 양의 데이터를 추적 관리하여 통찰을 얻고, 타당성 모델을 개발하며, 계획에 집중하고, 계획 대비 진척 상황을 점검할 수 있다. 그리고 기능별 연관성을 파악함으로써 조직 내 각 팀이 좁은 시야를 벗어나 협력할 수 있게 한다. PMI 기술에는 다음과 같은 것들이 포함된다.

- **프로젝트 관리 도구**: 여러 팀이 서로 협력하고 아이디어와 데이터, 계획, 의존성, 의사결정 등을 공유할 수 있는 바탕을 마련해준다. 이는 일종의 중앙 문서관리 시스템으로서, 새로운 경영모델 설계, 청사진, 현황 보고서, 시너지 계획 및 추적, 운영 위원회와 IMO의 결정 사항, 회의록, 마감 일정이 포함된 계획 수정, 상호의존성의 지속성 등을 공유하는 플랫폼의 역할을 한다.

- **조직 시각화 도구**: 이와 같은 방법을 사용하면 모든 팀이 합병 후 조직의 인력구성을 마치 현재 존재하는 것처럼 생생하게 살펴볼 수 있다. 이는 단지 엑셀 파일이나 종이에 기록된 명단을 보는 것과는 차원이 다르다. 이로써 리더들은 조직의 기본 틀과 각 조직에 내재한 구조적 비효율을 확인할 수 있어, 새 조직의 수많은 대안을 구상하고 모델을 수립할 때 중요한 의사결정 근거로 삼을 수 있다.

- **기업 문화 진단 도구**: 기업 문화의 광범위한 측면을 묻는 설문의 일종으로, 예컨대 공유 신념, 포용, 협력, 자부심 및 주인의식, 위험과 모호성의 수용한계 등과 같은 차별적 측면을 질문할 수 있

다. 이로써 양쪽 기업 문화의 현재 상태를 이해할 수 있다. 공통점과 차이점, 서로 보완할 점과 충돌할 수 있는 요소, 협력을 통해 최고의 시너지를 창출할 부분은 어디인지도 파악할 수 있다.

- **변화 관리 도구:** 이 기법은 향후 일어날 모든 변화와 그것이 누구에게 언제 영향을 미치는지를 확인할 수 있는 데이터베이스로 기능한다. 이를 통해 변화의 영향, 변화에 대한 예상 반응, 개입 계획, 직원 배치 현황, 변화 참여도 등을 파악할 수 있고, 변화 프로그램의 효율성을 이해함으로써 필요할 경우 궤도를 수정하는 데 결정적인 역할을 한다. 이 같은 정보는 모두 중앙 프로젝트관리 도구에 통합되어 리더들이 변화의 준비가 부족한 분야를 눈으로 확인하는 데 사용될 수 있다.

- **계약관리 도구:** 자연어처리기법(NLP)을 이용하여 계약과 관련된 조건, 일자, 당사자 등 수많은 데이터를 확인, 추출, 검토하는 방법이다. 이 방법은 한정된 시간과 비용으로 누구나 쉽게 활용할 수 있다. 인수기업은 계약이 자동 갱신되기 전에 선제적 협상에 나설 대상을 중요도 순으로 신속하게 선정할 수 있고, 유리한 조건의 공급자나 고객을 확보할 수 있으며, 궁극적으로는 시너지를 더 빨리 달성할 수 있다.

IMO와 작업그룹 조직의 규모는 어느 정도가 적당할까? 이러한 종류의 질문이 모두 그러하듯이, 경우에 따라 모두 다르다고 답할 수밖에 없을 것 같다. IMO 활동은 통합의 범위와 규모, 정도, 그리고 복잡도에 따라 모두 다르다. 더구나 인수 거래의 규모와 복잡성이 늘 비례하는 것이 아니라는 점도 알아야 한다(물론 대체로는 그렇다). 복잡성은 인수 거래의 전략, 경영모델, 그리고 통합 과정에 필요한 변화의 성격과 정도에 의존한다.

'전형적인 주간 일정'은 통합을 주도하는 리더와 IMO의 리더들, 그리고 양사의 재무 책임자가 참여하는 회의로 시작된다. 이 회의에서 그들은 그 주간에 집중적으로 다루어야 할 문제를 논의한다. 통합 프로그램의 리더가 추진할 의제나 관리해야 할 위험과 관련된 의사결정이나 추진 사항을 정하는 것이다. 이를 통해 IMO는 각 팀이 꼭 필요한 일에 집중하도록 강제하는 역할을 담당하게 된다.

이 회의에서 경영진은 지난주의 활동 상황이나 보고서를 검토하여 꼭 필요하고 중요한 이슈를 먼저 다루도록 하며, 관련 팀에 적절한 자원을 배분함으로써 시너지 프로그램이 본궤도에 오를 수 있도록 한다.

이러한 답변이 너무 뻔하게 들릴 수도 있다(작업그룹이 주간 목표를 달성하지 못하고 궤도에서 벗어나는 이유는 그저 충분한 자원이 확보되지 않았기 때문일 수도 있다). 그러나 이러한 검토와 우선순위 설정 과정이야말로 통합 조직이 출범될 때까지 프로그램의 효과적인 운영에 가장 중요한 역할을 한다.

둘째 날인 화요일에는 IMO 책임자가 각 작업그룹 리더들과 개별 면담을 통해 주간 현황을 검토하고 작업그룹의 건전성을 확인한다. 작업그룹 중에는 계획에 뒤처지거나 보수적인 태도를 보이는 곳이 틀림없이 나타나므로, 이날은 유달리 힘들고 불편한 날이 될 수도 있다. 한 명 한 명을 대상으로 종일 회의가 이어질 수도 있어 너무나 고될 것이다. 그러나 이는 모든 작업그룹이 각자 제 역할을 하기 위해 꼭 필요한 일이고, IMO 책임자가 새롭게 떠오르는 상호연관성과 출범일까지의 필수요건, 법적 규제와 관련된 장애물, 진척도와 시너지, 그리고 새로운 경영모델에 영향을 미치는 모든 것을 확인하는 유일한 방법이다. 업무가 제대로 진행되는지, 필요한 자원이 적재적소에 공급되는지 확인하는 작업이 바로 이날 이루어진다.

이 회의에서 집중적으로 검토하는 대상은 다음의 세 가지다.

1. 계획 진척 상황
2. 일정과 어긋났을 때 이를 보완할 전략
3. 의사결정

현황 보고서는 위험이나 주요 이슈가 드러나기 시작할 때 이를 파악하기에는 매우 유용하지만, 이 같은 문제를 팀의 업무 속도에 영향을 줄 정도로 상세하게 파헤칠 필요는 없다. 통합 책임자는 현황을 점검하는 것 외에도 작업그룹 전반에 드러나는 상호의존관계를 잘 살피고 필요한 의사결정을 내려야 한다. 미리 적절한 결정을 내리면 일이 계획에서 벗어난 채 더 진행되기 전에 수정할 기회를 얻을 수 있다. 작업그룹의 수에 따라 다르겠지만 이런 회의는 매주마다 며칠이 걸릴 수도 있다.

목요일과 금요일에는 주로 작업그룹 리더들과 IMO 책임자가 모여 전체 회의를 연다. 이 회의에서는 여러 기능 간 결정 사항 중 전체 프로그램에 영향을 미치는 결과물을 집중적으로 다루게 된다. 아울러 운영 위원회까지 올라가는 전략적 의사결정도 논의한다(운영 위원회는 초기에는 월간 회의를 열지만, 인수 거래가 법적으로 성사되는 날이 다가올수록 더 자주 모이게 된다).

회의가 너무 많아 보인다는 지적은 언제나 나올 수 있다. 특히 사람들은 회의가 제대로 조율되지 않거나 생산성이 별로 없다고 느낄 때 불평의 목소리를 더욱 높이고는 한다. 그러나 도리어 불협화음이 들릴수록 정규 일정을 통해 투명한 의사소통이 이루어지도록 하는 일의 중요성이 더더욱 높아진다. 회의를 통해 사람들이 자신만의 좁은 업무 범위에 갇혀 전체적인 통합 방향과 어긋난 결정을 내리는 바람에 프로세스가 지연되고, 최종적으로 이를 다시 고치게 되는 사태를 막을 수 있다.

좁은 틀에 사로잡힌 채 결정을 내린다는 것은, 결국 적합한 당사자들이 다시 모여 결정을 번복하거나 대안을 모색하며 통합 책임자가 상황을 검토하는 등의 절차가 추가로 필요해짐을 의미한다. 만약 리더들이 결정을 내리기 어려워하면 IMO 책임자가 나서서 해당 작업그룹 리더들이 행동할 수 있도록 만들어야 한다.

워크숍과 과제

킥오프 미팅은 통합 계획의 공식적인 시작을 알리는 행사다. IMO는 양측 기업에서 기능별 및 기능 간 작업그룹을 책임질 리더를 모두 초청한다(이때 물리적인 장소에 모일 수도 있고 온라인 방식을 취할 수도 있다). 그들은 통합 과정의 초기 공감대를 형성하고 인수전략에 대한 호응과 전략 목적, 시너지 목표, 통합 방식, 그리고 전략의 기능별 함의 등을 창출하는 플랫폼 역할을 한다.

이 같은 회의가 열리는 것은 새로운 경영모델을 실행하면서도 통합 기간 내내 긴장감과 속도를 유지해야 할 여러 팀과 부서에 힘을 실어주기 위해서이다. 킥오프 미팅은 가능한 한 빠르게 개최하여 거래발표 후 쓸데없는 잡음과 소문을 방지하고, 향후 전개될 방향에 관한 정보를 정확하게 전달해야 한다.

IMO 책임자가 각 작업그룹 리더들에게 달성할 방향이나 고차원적인 목표를 문서로 작성해서 제출하라고 할 수도 있고, 아니면 반대로 목표를 제시할 수도 있지만, 어느 쪽이든 상관없이 회의를 마친 후에는 누구나 분명한 목적의식을 가지고 회의장을 나서야 한다. 그들은 IMO 조직에 포함되지 않은 동료들이 질문을 던지더라도 똑같은 내용을 말해줄 수 있어야 한다. 즉, 무슨 말을 하더라도 인수 거래의 논리와 비전에 부합하는 내용이어야 한다는 것이다.

전체 킥오프 미팅에 참석한 사람들이 알게 되어야 하는 내용은 향후 30일, 60일, 90일 단위로 달성할 목표와 시너지 목표, 초기 이슈, 협력이 필요한 다른 작업그룹(상호의존성), 통합 출범 시까지 지켜야 할 필수요건, 그리고 각자 작업그룹의 구체적인 요구사항(안전, 국가별 규제사항 등) 등이다.

이 회의에서는 또 이 장의 서두에서 언급했듯이 행동 수칙과 업무 방법을 안내하는 지침을 확립해야 한다. 합병 과정은 인수기업이 전적으로 주도하는가, 아니면 두 기업이 협력하는 형태로 진행되는가? IMO 책임자는 두 기업의 협력 방식에 관한 지침을 내놓아야 한다. 이러한 지침은 주로 의사결정 방식과 투명성, 고객 경험에 관한 방침, 겉치레가 아닌 속도, 완벽보다는 과단성, '숨어서 싸우지 말라'와 같은 인적 지침, 손익 교환 구조 등이다.

행동 수칙에는 독과점 금지 규제와 관련된 통합 계획상의 규칙도 포함된다. 경쟁에 관한 민감한 정보를 공유하면 안 되며, 공동사업이나 마케팅, 가격 결정 등을 조율하는 내용 역시 마찬가지다. 보안 공간이 필요한 이유가 바로 이 때문이다. 다만 사무실이나 공장 최적화, IT 시스템, 재무관리 등을 계획하고 공유하는 데에는 대체로 제한이 없는 편이다.

이들 모두는 엄청난 업무량을 자랑하지만, 되도록 모든 업무를 신속하게 추진해야 한다. 거래발표일 전후에 즉각 움직이기 시작해야 조금이라도 시간 낭비를 줄일 수 있음에도 이 점을 간과하는 기업이 너무도 많다. 이처럼 느긋한 기업이 되어서는 안 된다. 시간은 결코 우리 편이 아니기 때문이다.

킥오프 미팅이 끝나면 팀들은 기능별 청사진에 집중하게 된다. 이러한 청사진은 현재 상태에서 미래의 최종 프로세스와 기술적 요건, 즉 필수 사항을 보여주는 지도 역할을 한다. 또한 모든 이슈를 해결한 통합 출범일을 맞이하기 위한 상세 계획에도 몰두해야 한다. 인수에 필요한 재원 조달에서 신규 법인 설립에 따른 모든 변화, 고객과 직원에 미치는 부정적 영향 방지, 그리고 직원들이 알아야 할 사항, 궁금한 내용까지 모두 계획에 포함된다.

각 작업그룹이 통합 출범에 필요한 주요 계획 일정을 수립하고 나면 IMO는 상호의존 워크숍을 준비한다. 여기서 각 작업그룹의 리더들은 지금부터 통합 완료일까지의 주요 일정을 검토하여 전체 작업그룹의 핵심 일정과 조율한다. 이로써 IMO 책임자는 각 작업그룹 사이의 상호의존성을 파악할 수 있다. 예컨대 미래의 법인 구조를 결정하는 세무 흐름과 그 법인 구조의 프로세스를 완성하고 법적 거래 완료에 필요한 규제 문서를 수집하는 법무 흐름 사이의 관계를 파악하는 것이다.

향후 주요 일정들이 서로 조금이라도 일치하지 않으면 큰 문제를 일으킬 수 있다. 재무, 구매, 인사와 같은 작업그룹의 타이밍과 활동은 이를 뒷받침하는 IT 지원 시스템에 크게 의존한다. 예를 들어 통합 출범일까지 전 조직에 공급자와 직원을 대상으로 하는 지급 시스템이 완비되지 않으면 안 된다. 이러한 예를 모두 열거하자면 끝이 없을 것이다.

자, 이제 상호의존적 성격을 지니는 팀을 서로 정렬하고 조율해야 할 때다.

에코랩의 날코 인수

지금까지 우리가 지켜본 여러 사례 중 가장 성공적인 경우는 바로 에코랩이 날코Nalco를 인수한 거래였다. 에코랩의 방식은 거래 논리를 통합 계획의 지침으로 사용하는 일이 어떠한 영향을 미치는지를 잘 보여준다. 에코랩의 IMO가 추진한 정책과 프로젝트는 인수 거래의 가치와 합병 기업의 미래를 주도했다.

2011년, 청소, 위생 및 감염 예방용품 업계 선두주자 에코랩이 수처리 전문 기업 날코를 83억 달러 가치에 인수했다. 이 거래 전까지 에코랩과 날코는 모두 혁신성과 고객 서비스 면에서 국제적인 평판을 자랑하는 고성장 기업이었다. 날코의 강력한 지식재산권 포트폴리오와 고객 기반, 그리고 현장 영업 모델은 에코랩이 상대적으로 취약한 수자원 사업과 신흥 시장 분야를 훌륭히 메워주는 요소였다. 호텔용 청소 카트에서 유전지대까지, 그들의 상품과 서비스는 세계 어디에서나 찾아볼 수 있었다.

에코랩은 이전에도 그보다 작은 규모의 인수 거래를 약 50여 건이나 맺은 적이 있었지만, 날코는 그들에 비해 몇 배나 더 큰 대형 거래이자 실로 혁신적인 성과를 거둘 수 있는 기회이기도 했다. 에코랩은 이 인수를 통해 시장의 주요 흐름을 선도하는 자리를 차지했다. 부상하는 에너지 수요, 수자원 부족 문제, 식품 안전 및 보안에 관한 대중적 관심 증대, 그리고 신흥 시장 성장 가속화 등은 업계의 대세로 떠오르는 흐름이었다.

하지만 거래 규모만 해도 엄청난 위험을 안고 있었다. 에코랩은 이 인수를 위해 치른 프리미엄을 정당화할 정도의 비용 시너지나 성장 가속화를 전혀 기대할 수 없었다. 어느 모로 봐도 정상적인 인수 거래라고는 할 수 없었다.

에코랩의 CEO 더글러스 베이커Douglas Baker는 통합 책임자에 크리스토프 벡Christophe Beck을 선임했다. 그는 에코랩의 최대 사업인 기관 사업부를 이끌던 인물이었다. 그가 회사에서 차지하는 비중을 생각하면 실로 깜짝 놀랄 만한 인선이었다. 그러나 이것은 경영진과 직원들에게 이번 통합이 회사의 미래에 얼마나 중요한 일인지 보여주는 희망적인 신호이기도 했다. 수많은 리더가 위대한 출범일을 맞이하여 시너지를 달성하거나 초과할 희망을 꿈꾸는 가운데, 벡은 다음과 같은 대담한 성명을 발표했다. "이번 인수는 역사상 최고의 통합 사례가 될 것입니다."

크리스토프는 양측 회사의 리더들로 전담팀을 꾸리고 투명한 보고 체계와 책임을 부여해야 한다고 고집했다. 아울러 통합팀은 같은 장소에서 근무해야 여러 이슈와 새롭게 드러나는 상호의존관계를 신속하게 해결할 수 있다고 주장했다. 매번 회의는 거래발표일로부터 며칠이 지났고 통합 출범일까지는 며칠이 남았는지를 떠올릴 수 있도록 날짜를 언급한 뒤에야 시작되었다. 이 '스톱워치'는 긴박감을 고취하고 팀이 제 역할을 감당하도록 하는 자극 요소였다.

에코랩은 '혼연일체Winning as One'라는 구호로 대변되는 맞춤형 통합 방식을 창안했고, 세 가지의 핵심 우선순위를 추구하는 IMO를 출범했다. 즉,

IMO를 세 개의 전담팀으로 나누고 각각 '마음을 사로잡는다', '시너지를 달성한다', '성장을 가속한다'와 같은 주제에 집중하도록 했다.

- **마음을 사로잡는다:** 이 팀은 조직 내외부에서 불확실과 혼란이 일어난다는 것을 전제로 계획을 수립한다. 그들의 계획은 강력한 안전 기록을 그대로 유지하면서도 가장 높은 가치를 창출하는 고객을 100% 보존하는 데 초점을 맞추었다. 아울러 통합 출범일과 그 이후에 직원들이 마찰 없이 업무에 적응하도록 환경을 조성한다는 계획도 포함되었다.

- **시너지를 달성한다:** 이 팀은 합병 기업을 최대한 민첩하고 효율적인 조직으로 만든다는 목표 아래, 비용 시너지에 관한 계획을 감독하는 일을 맡았다. 글로벌 규모의 서비스 공유, 공장 최적화 등을 통해 막대한 비용 절감을 예상했고, 통합 완료 후 구매 분야에서 곧바로 비용 절감이 발생할 것으로 내다보았다(보안 공간을 사용한 결과였다).

- **성장을 가속한다:** 이 팀의 목표는 합병 기업의 확대된 역량과 주요 기관이라는 보완 시장을 기반으로 기존의 핵심 사업을 강화하고, 에너지 서비스 분야의 항균 제품처럼 합병 효과에 따른 대담한 시도를 통해 시장 혁신을 이룩하며, 나아가 신흥 시장진출을 가속하는 것이었다. 예를 들면 합병 전부터 에코랩은 대형 병원에 커튼과 손소독제를 팔았고, 날코는 대형 병원에 냉난방기 유지보수 서비스를 제공했다. 이 팀은 상품과 서비스를 한데 묶어 교차 판매 형태로 제안함으로써 주요

고객을 획득한다는 거대한 기회를 엿보았다. 이러한 성장 시너지를 계획하고 확인하는 작업은 비용 시너지만큼이나 꼼꼼하게 진행되었다.

에코랩은 '사상 최고의 통합'을 달성한다는 슬로건 아래 글로벌 통합사무국을 설치하여 통합 전략과 계획을 추진하는 한편, 유럽과 아시아, 호주, 라틴아메리카에 각각 지역 통합팀을 구성했다. 조직을 이렇게 구성함으로써 이슈를 신속히 끌어올리고 전 세계적으로 일관된 방식을 추진하는 데 큰 도움을 얻었다. 그들은 뚜렷한 관리 원칙을 내세웠다. 기능별 팀은 기능에 관한 이슈를 해결하고, 사업팀은 시너지, 내부고객 경험, 경영모델 설계 등과 같은 기능 간 우선순위 업무를 다루며, 각 지역팀은 지역별 실행사항을 이끈다는 원칙을 엄수했다.

전체적인 재무 목표는 주당순이익 3달러를 달성하는 것으로 정했다. IMO와 작업그룹들은 개별 프로젝트와 주요 일정을 수립할 때도 이 목표를 반드시 염두에 두었다. 업무일 기준으로 단 61일 만에, IMO와 모든 작업그룹은 몇 단계로 구성된 정책과 프로젝트를 완수했다. 20개의 주요 활동과 세 가지 우선순위를 정했고, 여기서 수행한 정책은 총 115개의 주요 프로젝트(그리고 495개의 하위 프로젝트)로 바뀌었다. 각 프로젝트에는 활동 내용과 시작 및 종료 일자, 책임자, 그에 따른 이점과 비용 목표 등이 명시되었고 최종적으로 운영 위원회의 승인을 얻어 통합 출범일부터 적용되었다.

에코랩 사례는 집중적이고 상호연결된 IMO 활동의 형태를 잘 보여준다. 이를 통해 우리는 보고 체계와 작업그룹, 정책, 프로젝트는 모두 인수 논리에 부합하는 전체 목표를 뒷받침하도록 설계해야 한다는 사실을 배울 수 있다.

강력한 리더십과 세심한 구조, 그리고 지속적인 조율이 없는 인수기업은 통합 출범일까지의 경주에서 이길 준비가 전혀 안 된 셈이다.

결론

이 장에서는 통합 프로세스를 관리, 통제하는 데 필요한 구조, 특히 IMO와 그 리더를 집중적으로 다루었다. 통합 계획은 리더들이 정해진 양식을 채워 넣어 두툼한 서류 뭉치만 쌓이는 일이 되어서는 안 된다(물론 몇 년 전까지만 해도 그 수준에 머물러 있었던 것이 사실이다). 오늘날 통합 계획은 전사적 프로세스와 의사결정을 주도하는 비전과 구조를 만들어내는 일이 되었다. IMO는 인수 논리와 새 경영모델, 그리고 그 원칙을 숙지하여 이를 여러 팀과 작업그룹이 실천할 엄밀한 활동 프로그램으로 바꾸어낸다. 그리고 이를 통해 합병 기업의 최종 비전을 달성하여 고객과 주주에게 더 많은 가치를 창출한다.

7장은 IMO가 관리해야 할 주요 기능 간 작업그룹에 관한 내용이다. 여기에는 새 조직의 설계, 시너지 계획, 커뮤니케이션과 직원들의 경험, 그리고 통합 출범일까지의 일정 등이 포함되어 있다. 그리고 합병 기업이 통합 출범일과 그 이후에 성공을 거두는 데 필요한 사항이 논의된다. 사업부별 자회사를 계획할 때 발생하는 여러 복잡한 문제와 매도기업과 맺는 TSA 계약에 관해서도 이야기한다.

7장

합병 후 통합 과정 (PMI) ②

기능 간 작업그룹과 통합 출범일 준비

많은 기업이 처음에 투자자들에게 자신들의 통합 계획 전체를 성급히 알리려다가 막상 합병 기업이 출범할 때가 가까워지면 머뭇거리곤 한다. 치러내야 할 일의 양과 속도에 압도당한 탓이다.

앞서 6장에서 통합관리사무국을 활용해 거래 논리를 현실에 적용하는 법을 논의했다면, 이 장에서는 통합 출범일 전까지 거의 모든 조직이 구성하고 운영하는 기능 간 작업그룹과 IMO가 감독해야 할 사항, 즉 조직 설계와 시너지 계획, 내부고객 경험, 출범 준비 등을 살펴볼 것이다. 아직 긴장을 늦출 때가 아니다.

통합 출범일 이후에 이 같은 기능 간 작업그룹이 서서히 일상 업무로 바뀌면서 비로소 하나의 회사로 운영된다. 통합 완료 전 계획 수립 기간에 마찰 없이 매끄럽게 업무를 수행하는 일은 합병 조직이 비용 절감과 새로운 시장 제안에 성공할 수 있도록 만드는 바탕이 된다. 부서 하나를 인수할 때마다 IMO와 작업그룹으로서는 매도기업과 전환 서비스 계약(TSA)을 맺어야 하므로 복잡성이 한 단계씩 더 추가된다. 따라서 근본적인 질문은 '인수 논리를 만만치 않은 현실에 어떻게 적용해야 새 조직의 시장진출에 차별화를 꾀하고 지속적인 가치를 창출할 수 있느냐' 하는 것이다.

조직 설계:
미래를 위한 최적의 구조와 직무, 그리고 리더

조직 설계의 주요 관심사는 조직에 직무와 사람, 업무 기술을 정확히 배치함으로써, 올바른 정보를 적시에 입수하여 바람직한 의사결정을 내리게 구성되었느냐 하는 점이다. 새로운 경영모델도 이 같은 요소가 모두 갖춰질 때 비로소 가능한 것이다.[1]

거의 모든 경영진은 이 정도 규모의 조직 설계를 수행해본 경험이 없다. 그리고 자신뿐만 아니라 동료의 업무까지 이토록 위태로운 처지에 놓여본 적도 없을 것이다. 그 결과, 조직 설계는 최적의 환경에서조차 정치 논리와 감정이 끼어들어 파괴적인 결과로 이어질 위험이 커지게 된다. 조직 설계가 잘못되면 조직의 사기가 꺾이고 무력화되며 인수 거래의 원래 의도를 완전히 망치게 된다. 이러한 인적 요소는 극복하기가 몹시 어렵다. 조직 설계의 본질은 새 조직에서 권력과 영향력을 어떻게 배치할 것인가의 문제다. 따라서 IMO 책임자는 정치적 색채가 가득한 토론 역시 충분히 대비해야 한다.

이러한 이슈(법적 규제 준수와 관련된 논란을 포함한)를 피하기 위해서는 설계를 구상하기 전에 먼저 네 가지 사항이 정해져야 한다. 그것은 '경영모델', '유력 L1 경영팀(CEO의 직속 부하)', '기능별, 사업부별 인원과 비용이 포함된 시너지 목표', 그리고 '기능 및 사업부별 경영모델 선택(인수 거래의 영향이 미치는 사업)'이다. 언뜻 과도한 목표처럼 보이지만, 이러한 가설을 뒷받침하는 경영사례, 실사 결과, 평가모델 등을 이미 확보하고 있다는 점을 생각하면 충분히 가능한 일이다.

인수기업의 경영진 중에는 사내 여러 팀이 더 많은 성과를 거둘 수도 있으므로 특정 목표를 부여하지 않는다고 말하는 이도 있다. 그러나 실제로 그가 걱정하는 것과 같은 일은 일어나지 않는다. 구체적인 목표가 없으면 결과는 실망스러울 뿐이며, 나중에 이를 회복하기 위해 수고만 더 많이 들게 된다.

CEO가 가진 새로운 회사에 대한 비전에 따라 기업의 경영모델과 L1 경영팀이 수립되면, L1 경영팀은 각 사업부의 경영모델을 결정하고 이를 통해 각 조직을 설계하는 변수를 도출한다. 예를 들어 최고인사책임자(chief human resources officer, CHRO)는 그 부서의 통합 계획 책임자와 함께 새로운 인사 모델을 수립하게 된다. 이때, 기능별 경영모델의 변수는 기업 차원의 철학 및 결정 사항과 일치함은 물론 주어진 시너지 목표를 달성하는 것이어야 한다. 미리 이와 같은 지침을 세워두지 않으면, 리더들은 나름 합리적이라고 생각하는 조직 구조를 만들겠지만, 결과적으로 그 구조는 회사 전체의 시너지나 변화 목표를 달성하는 데는 전혀 도움을 주지 못한다.

기존 조직에서는 '효과가 있었지만' 새 운영 모델에는 적합하지 않은 분야가 있다는 사실은 어찌 보면 당연하다. 여기에 바로 현실적인 갈등이 존재한다. 그리고 이것이야말로 거래 전략과 경영모델, 그리고 시너지를 뚜렷이 정하는 일이 그토록 중요한 이유이다. 제아무리 기존에 재무회계 기능이 전사 차원이 아니라 사업부 단위로 운영되었다 하더라도 합병 후 중앙집중형 체계가 더 적합하다고 판명되었다면, 설령 목표 기업 측이 이전 방식을 선호한다고 해도 중앙관리 방식을 밀어붙여야 한다. 물론, 왜 그렇게 운영되어야 하는지 분명한 근거를 들어 쉽게 설명해야 한다. 그러지 않으면 사람들이 "아무 문제도 없는데 왜 바꾸려고만 하느냐."고 생각하기 쉽다.

CEO의 직속 부하, 즉 L1 경영팀은 거래발표일 이후 가능한 한 빨리 전면에 나서서 통합 계획과 의사결정에 유의미한 영향력을 발휘해야 한다. 인수기업은 목표 기업의 고위층에 충분히 생각할 시간을 준다는 의미에서 L1 경영팀의 인선을 일부러 늦게 발표하기도 한다. 그러나 그러한 결정이 조직 설계에 관여하지 않을 리더들에게까지 영향을 미칠 정도로 늦어져서는 안 된다. 그 아래 단계의 경영진, 즉 L2와 L3 단계의 리더도 거래 성사 직전까지는 발표해서 조직 전체에 고위 경영팀의 존재를 알려야 한다.[2] 여러 사업부가 합병되는 대규모 인수 거래의 경우, 시간이 허락된다면 통합 출범일까지는 L3 경영팀을 공개하는 것이 좋다. 그래야 직원들이 상사가 누구인지 알고 방향을 뚜렷하게 잡을 수 있다.[3]

다시 말해 이 단계에 관여하는 리더들은 소규모 인원이 될 수밖에 없다. 과거에는 경쟁자였을지도 모를 사람들이 새로운 경영팀에 한데 모여 올바른 방향을 공유하려면 최소한의 시간과 집중적인 노력이 필요하다. 각 팀은 사업전략과 우선순위, 시간표 등에서 서로 공감대를 형성하지 못하고 갈등을 빚을수도 있다. 그러나 이는 조직 설계 과정을 늦추기만 할 뿐이다.

장기 목표와 단기 목표, 그리고 조직의 혁신을 향한 열정과 '제시간에 일을 처리해야 하는' 요구 사이에는 언제나 밀고 당기기가 존재하기 마련이다. IMO의 역할도 바로 이러한 긴장 관계를 관리하는 것이며, 새로운 경영모델을 신속하게 정착시켜야 하는 이유도 바로 여기에 있다.

조직 설계라는 큰 계획이 진행되는 와중에 조직의 핵심부(나머지 모든 인력)는 두려움과 걱정에 휩싸여 있을 수 있다. 이러한 걱정을 줄여주는 가장 효과적인 방법은 다름 아닌 조직의 투명성과 정직성이다. 그저 회사의 전략과 비전만 전달하는 것이 아니라 줄어드는 일자리, 직무의 변화, 근무 장소의 변화, 그 밖에 개인의 일상에 영향을 미치는 변화를 솔직하게 알려주어야 한다.

리더들이 한 사람 한 사람의 감정이나 사람들의 업무에 미치는 변화의 영향을 충분히 헤아리지 않으면 직원들은 극도의 불안을 느끼게 되고, 이는 생산성 저하와 이직률 상승 위험으로 이어질 수 있다(대규모 인력 정책은 거래 성사 전후에 일어난다. 이 문제는 이 장의 후반부와 8장에서 다룬다).

리더들은 아직 최종 결정이 나지 않았더라도 조직 설계 '과정'에 관한 정보를 적극적으로 알려야 한다. 새로운 경영모델, 조직 설계 일정과 시간표, 직무 구성과 인선의 진척 상황, 그리고 추가 소식은 언제까지 들을 수 있는지 등을 말이다. 사람들이 궁금해하는 부분을 조금만 더 공개하더라도 아주 깜깜한 것보다는 사정이 훨씬 더 나아진다.

사람보다 직무에 집중하라

조직 설계를 시도하다 보면 많은 사람이 상처를 입게 된다. 고위층 중에 이 일에 관여했다가 어떠한 결정에 직접 영향을 받는 사람들의 경우 양쪽 회사 어디에서든 그의 경력 전체를 걸어야 한다. 합병 후에 특정 인원이 조직의 필요에 맞지 않는다는 사실이 드러난다면 해당 인원에게는 이직에 필요한 지원을 제공해야 한다. 이는 감정적으로 매우 힘든 일이 아닐 수 없다.

경영자들은 흔히 '사람보다 직무에 집중하라'면서 너무 감정에 치우치거나 불안을 확산하지 말라고 조언한다. 그러나 이러한 말이 진심일 리 없다. 우리는 모두 인간이며, 조직이 성장할수록 사람과 그의 역량을 중심으로 직무도 자연스럽게 확대된다.

리더들은 이 같은 불안감을 의식해서 사람을 먼저 생각한 다음, 거기에 직무를 맞추려는 유혹에 빠지기 쉽다. 그러나 사람을 중심으로 조직을 설계하는 행위는 단순히 일을 거꾸로 하는 것일 뿐만 아니라 대단히 큰 위험을 불러일으킬 수도 있다. 그 사람들이 불과 몇 달 후에도 회사에 남아있으리라는 보장은 그 어디에도 없다. 직무가 아니라 사람에 더 비중을 두는 방식(인력 선발)은 인수 거래의 잠재적 가치를 제한하는 결과를 낳는다.

사람을 먼저 선발하는 데 신경 쓰다 보면 직무 설계는 뒷전으로 밀려 경영 모델의 효과적인 구현이라는 원래 목적에서 멀어질 위험이 있다. 무엇보다 이렇게 '사람을 먼저' 생각하는 태도는 과거 중심형 사고방식이다. 조직 설계는 새로운 경영모델을 뒷받침하는 일이므로 무엇보다 미래지향적 사고가 필요하다. 전사적으로도 그렇고 각 기능 내부에서도 마찬가지다. 사람 중심으로 조직을 설계하다 보면, 정작 회사가 키워서 장차 성공시켜야 할 인재가 당장은 양쪽 기업 어디에도 없다는 사실을 간과하기 쉽다.

리더들이 해야 할 일은 새로운 전략에 맞는 직무를 먼저 고민하는 것이다. 처음부터 '사람이 아니라 직무'에 비중을 두고(단순히 입바른 소리가 아니라) 새 경영모델을 뒷받침할 구체적인 역량과 경험을 바탕으로 조직과 직무를 구성하면 약속한 시너지를 달성할 수 있다.

예를 들어, 비용 절감을 통해 최고의 제품을 생산하는 데 끊임없이 몰두해온 제품 중심형 기업이 있었다. 그런데 이 기업이 최근에 주요 인수 거래를 발표하면서 제시한 경영모델은 좀 더 고객 중심형 기업으로 탈바꿈한다는 내용을 담고 있었다.

지난 30년 동안 이 회사에서 제품 설계에 몰두해온 전문가는 한 번도 고객의 입장에 서본 경험이 없는 사람이었다. 그는 가장 멋진 제품을 만드는 데만 공을 들였을 뿐, 고객의 필요가 무엇인지 살핀 적은 없었다. 모두가 그를 좋아한 터라 경영진은 제품 개발을 책임지는 자리에 그를 앉히려 했지만, 정작 그에게는 상품을 사용하는 고객 관련 지식이나 그들의 필요를 파악할 기술이 전혀 없었다.

결론은 분명하다. 조직 설계 과정은 새 기업과 각 기능(혹은 사업부)의 경영모델, 시너지 목표(회사 발전 계획이나 모델을 수립하는 인수팀부터), 그리고 L1 경영팀에 관한 관점을 분명히 확립하는 것부터 시작해야 한다. 조직 설계의 목적은 기존의 경영모델이 아니라 새 경영모델을 지원하기 위해서다(다음의 '통합 기간의 조직 설계 요소'를 참조하라).

L1 경영팀과 기능별 통합팀 리더들이 모이는(6장 IMO 항목에서 언급한 '한 지붕 두 가족팀'이다) 첫 번째 조직 설계 워크숍에서는 양쪽 기업의 조직도를 분명하게 파악하는 작업부터 하게 된다. 다시 말해, 그저 조직에 포함된 인원수만 파악하는 게 아니라 모든 사람의 현재 직무와 업무 내용, 그들에게 들어가는 비용까지 자세히 파악한다는 뜻이다. 누가 어떤 자리에 앉아 얼마나 비용을 쓰는지 뚜렷이 밝혀지는 것이다.

통합 기간의 조직 설계 요소

- 기업 경영모델
- L1 경영진의 지명도
- 기능 및 사업부별 경영모델
- 세부 시너지 목표
- 정확한 인원수와 비용 기준점
- 직무 개발
- L2 및 L3 인원 선발

워크숍의 결과는 곧바로 감축 대상으로 삼을 분야와 중간 과정을 위해 얼마간 유지해야 하는 분야, 그리고 대규모 변화의 기회를 안겨줄 분야를 논의하는 단계로 이어진다. 또한 여기서는 임시 근로자나 독립 계약업자를 고용하는 사업장을 파악해 시너지 목표를 당장 달성할 수 있는 기회를 모색할 수도 있다(물론 그들이 오히려 유연성과 비용 효율성 면에서 더 유리하다면 손익 교환 가치를 따져봐야 할 수도 있다).

인수기업은 이제 중요한 선택을 앞두고 있다. 조직을 계층별로 설계하여 각 계층에 적합한 사람을 선발한 뒤 다음 단계로 나아갈 것인지, 아니면 전체 조직을 맞춤형으로 설계한 후 필요한 인력을 선택할 것인지 정해야 한다. 어느 쪽이든 조직 설계팀의 목적은 주어진 시너지 목표의 달성이다. 그러나 이 두 가지 방향에는 각각 중요한 의미가 숨어있다.

첫 번째 선택지에서는 설계 과정이 점진적이고 느리게 진행된다. 예를 들어 L1 경영팀은 직속 부하에 해당하는 L2 팀이 갖춰야 할 직무와 직능을 설계한 다음 그 직무에 맞는 사람을 선발한다. 계층별 방식에서는 이렇게 선발된 리더가 자신보다 하위 계층의 직무, 역량, 인원을 또 설계하는 식으로 계속 이어져간다.

이 방식에서는 계층별 비용도 정밀하게 산출할 수 있다. 설계 변수를 정할 때는 각 계층에서 달성할 시너지 목표에 포함되는 직무와 선택 변수, 그리고 이직 시기(사람들에게 직무를 제공할 것인지 이직을 제안할 것인지도) 등도 고려해야 한다. 그래야 해당 팀이 다음 계층을 설계할 수 있다. 이직을 제안할 때는 고려 대상에는 올랐으나, 선발에서 제외되어 양측이 공감하는 직무가 끝내 나타나지 않으면 퇴사할 사람도 염두에 두어야 한다.[4] (L4 이하 팀은 주로 통합 완료 후에 구성된다)

이 방식의 장점은 리더들이 다음 계층의 직무와 직능에 직접 관여한다는 점이다. 리더가 직접 자신이 속한 계층의 직무 설계에 책임을 지므로 적합한 인재를 잘 선택할 수 있을 것이라는 점에서 높은 호응도를 보일 수 있다. 계층이 높아질수록 인재 선발은 정해진 기준을 엄격히 따르기보다는 면접을 통해 이루어진다(인재 선발은 8장에서 다룬다). 그리고 계층별로 진행되므로 설계팀이 직무에 따른 각 계층의 비용에 대해 정확한 시각을 가질 수 있다.

단점은 계층마다 리더들이 따로 설계하기 때문에 시간이 오래 걸린다는 점이다. 일반적인 조직 설계에서는 속도가 별로 중요하지 않지만, M&A에서는 프리미엄에 대한 자본 비용이 매일 계산되므로 시간을 함부로 쓸 수 없다. 이 방법을 선택할 때는 직원들이 '해고의 공포에 장기간 노출'되는 일이 없도록 조심해야 한다. 한 계층의 설계 작업이 끝날 때마다 퇴출 인력이 조금씩 끊임없이 발생하다 보면, 특히 대기업의 경우에는 통합 후에 거대한 퇴출의 파도가 몰아닥칠 수도 있다.

두 번째 선택지는 사람을 선발하지 않고 먼저 직무와 구조를 철저하게 설계한 다음, 이에 따른 시너지 추정치와 개별 직무에 따른 퇴출 인력, 그리고 상대적인 비용까지 파악하는 방법이다. 조직 설계팀과 L1 경영팀, 기능별 작업그룹 리더들이 함께 시너지 목표를 충족하는 구조와 기능별 경영모델에 필요한 설계 변수를 확정한 다음에야 비로소 인원 선발을 시작할 수 있다.

이 방법의 장점은 인원을 선발하기 전에 미리 필요한 비용 구조를 충족하는지 알 수 있다는 것이다. 1번 선택지보다 진행 속도도 훨씬 더 빠르므로, 통합 출범 후에 사람들을 신속하게 제자리에 배치할 수 있다. 조직 설계팀이 최종 상태를 도식화하여 제공할 수 있으므로 시너지팀이 통합 완료 전에 최종 상태에 이르는 경로를 정할 수도 있다.

단점이 있다면 이러한 일이 아무 정보도 없는 백지상태에서 진행되는 것처럼 느껴진다는 점이다. L1 경영팀 중에는 조직의 하층부에서 실제로 어떤 일이 일어나는지 아는 사람이 거의 없어, 직무와 구조를 설계할 때 중요한 정보를 놓칠 수도 있다. 통합 출범일이 되면 아마 설계팀이 이렇게 말하는 것처럼 들릴 것이다. "자, 전부 끝났어요. 이제 조직 구조가 마련되었으니까 적당한 사람만 찾아 배치하시면 됩니다." 새 리더들로서는 설계팀의 제안이 마음에 들지 않을 수도 있다. 애초에 그들로부터 받은 정보가 없었기 때문이다. 따라서 이 방법을 택할 때는 최종 구조에 추가 또는 삭제 요소를 고려하여 설계하여 나중에 다른 사람들이 일부 조정할 수 있는 여지를 남겨두는 것이 중요하다.

두 번째 방법을 택할 경우, 인수기업으로서는 새 조직의 형태와 직무가 거의 정해진 후에야 전체적인 그림을 파악할 수 있다. 직무는 필요한 보상 수준과 역량에 따라 설계된다. 역량에는 경력, 기술, 거주 지역, 그 밖에 가장 중요한 기준들이 포함된다. 그리고 곧이어 진행될 인원 선발에 관한 엄격한 기준도 여기서 문서로 정해두어야 한다. M&A에서 가장 중요한 것은 가치를 창출하는 속도이므로 인수기업의 경영진도 이 방식을 가장 선호하는 것이 사실이다. 이 방법은 사람들이 해고의 공포에 장기간 노출되지 않아도 되므로 나중에 인력을 절감할 때도 조직에 불필요한 스트레스를 남기지 않고, 남아있는 직원들은 미래를 준비하는 데 전념할 수 있다(8장에서 더 자세히 설명한다).

두 번째 방법에는 두 가지 이점이 더 있다. 첫째, 잠재적 위험이 도사리고 있는 분야가 어디인지를 미리 알 수 있다(특히 조직 전체에 단 하나 존재하는 실패 요소). 그러한 분야일수록 여유 자원이 충분치 않은 경우가 많다. 예를 들어 백업 지원이 필요한 주요 고객 대상 회계 업무나 급여 체계가 합병되면 사라지게 되는 급여 회계 직무 등을 들 수 있다. 그들은 새 직장을 찾아 떠날 가능성이 크므로 이러한 직무에 맞는 역량을 갖춘 사람을 대안으로 준비해야 한다. 특히 결원이 일어났을 때 즉각 영향을 받는 원격지 사업장의 경우라면 더욱 그렇다.

둘째, 조직 전체를 한꺼번에 설계하는 특성상 인력 면에서의 시너지 기회를 미리 파악할 수 있다. 물론 각 직무를 맡게 될 구체적인 사람이 정해지지 않았으므로 시너지 규모는 대략적일 수밖에 없다. 그러나 첫 번째 선택지보다는 구체적인 인선이나 미래 직무에 대한 기대치가 확정되기 전에 시너지 목표를 달성하지 못할 가능성을 훨씬 더 빨리 감지할 수 있다.

어느 방법이든, 인원 절감 시너지가 가장 크게 발생하는 계층은 1단계에서 4단계까지, 즉 고위 경영진을 포함한 간부직 계층이다. 여기에서 시너지 기회를 찾아내지 못한다면 더 깊이 조사해서 조직의 근간을 덜어내야 할지도 모른다. 한 가지 명심해야 할 점은 이 같은 어려운 결정을 뒤로 미룰수록 점점 더 일이 어려워져서 결국 신뢰와 정당성을 잃어버릴 위험이 있다는 것이다. 나중에는 아예 기회가 사라질지도 모른다.

어느 쪽이든 고위층에서 결정을 책임질수록 나머지 조직에 미치는 비용 절감 부담은 덜해진다. 그뿐만이 아니라 통합 과정이 진행되는 동안에는 대개 조직에서 가장 유능하고 생산적인 직원일수록 극심한 과로에 시달리는 것이 보통이다. 그들은 최고의 이직 조건을 가지고 있고, 조직의 변화에 가장 크게 영향을 받으며, 따라서 정치적 자본도 잃어버릴 위험이 있다. 그들은 자신의 가치를 높게 평가하고 실제로도 업계에서 높은 대우를 받는다. 아마도 그들은 인수합병으로 인한 혼란과 스트레스를 굳이 감내할 필요가 있는지 회의를 느낄 것이다. 이들이 새 조직의 미래에 핵심적인 역할을 하는 사람이라면 두 번째 방법은 이들의 존재를 조기에 파악하여 조직에 남을 수 있는 보상을 마련하는 데 도움이 된다.

마지막으로 알아야 할 점이 있다, 조직의 나머지 모든 인원이 상황을 지켜보고 있다는 사실이다. 그들은 선발된 인원을 바탕으로 새 조직이 운영될 방향을 짐작한다. 따라서 아직 확실한 답이 나오지 않았더라도, 프로세스의 투명성을 유지하여 직원들이 품을 수밖에 없는 불안감을 다소나마 해소해주어야 한다.

시너지 계획:
악마는 디테일에 있다

시너지는 인수 논리의 중심이자 목표 기업의 주주에게 제공한 프리미엄을 정당화할 명분이다. 또한 시너지는 이사회의 투자자, 직원에게 제시하는 목표이기도 하다. 통합을 계획하고 실행하는 일은 바로 이 시너지를 현실화하는 과정이다. 인수기업이 실사 단계에서 하는 일은 이를 위한 최전선 활동이 되어야 하므로, 실사팀과 시너지팀 간에는 강력한 연결고리가 존재해야 한다. 실사 과정에서 구체적인 가설이 수립되지 않으면, 시너지팀은 아무런 정보도 없이 일에 뛰어들거나 최악의 경우 처음부터 가설을 직접 만들어야 할지도 모른다.

시너지 경영팀은 목표 설정에 대한 진지한 열의를 가진 재무 책임자 그룹을 구성해야 한다. 또한 양측 기업에서 비용 구조와 회계 시스템에 정통한 재정 계획 및 분석(FP&A) 전문가 집단을 소집하고, 시너지팀과 실사팀 구성원 사이를 이어줄 기업 개발 담당자를 확보해서 인수 거래의 가설을 끊임없이 환기시켜야 한다.

시너지를 입에 올리기는 쉽지만, 그것의 실제 의미가 바로 기존의 기대치를 뛰어넘는 영업이익이라는 점을 잊어서는 안 된다. 인수기업은 두 기업의 주가에 내재한 기존 성장 가치보다 더 높은 성과 개선을 반드시 달성해야 한다. 시너지는 결코 공짜가 아니라는 점 또한 명심해야 한다. 시너지를 달성하는 데는 그만한 대가가 따른다. 이를 '시너지 매칭 원리'라고 하는데, 모든 이익을 달성하는 데는 그에 상당하는 비용이 든다는 것을 의미한다.

시너지는 비용 절감(노동 및 비노동)이나 매출 강화라는 형태로 드러나며, 이 둘 사이에는 늘 갈등이 존재한다. 매출 시너지가 비용 시너지보다 더 위험한 이유는 불확실한 시장환경에 새로운 제안을 내놓기 때문이다. 고객이 과연 그 제안을 인정하고, 원하며, 기꺼이 주머니를 열까? 혹시라도 경쟁자가 비슷한 가치의 제안을 더 낮은 가격에 내놓지는 않을까? 영업 직원들이 과연 잘 모르는 상품을 교차 판매할 수 있을까? 새로운 제안을 내놓는 환경은 온통 미지수로 가득하다. 게다가 이러한 성장 시너지의 근거로 제시되는 것은 새로운 제안과 '공동 전문화', 즉 두 회사의 차별화 역량을 결합한 결과다. 만약 통합 출범일 후에 두 기업이 효과적으로 협력하지 못한다면 이러한 시너지에 반드시 누수가 발생할 것이다.

이와 달리 비용 시너지는 대체로 인수기업의 통제 범위에 포함되므로 그 규모를 추정하고 달성하기가 쉽다. 물론 구매나 부동산 등과 같은 잠재적 비용 시너지는 협상이나 실행 과정에서 조율이 필요하지만, 그래도 인수기업이 절감 범위를 정하는 데 필요한 데이터는 분명히 파악할 수 있다. 이 대목에서 보안팀은 보안 공간을 이용해 통합이 출범되자마자 가동할 시너지 계획을 산출한다. 특히 구매 절감이나 즉각적인 교차 판매 기회 등이 여기에 포함된다.

모든 인수기업은 시너지를 추진하는 과정에서 늘 누출leakage이라는 피할 수 없는 현실과 마주친다. 누출이란 무엇인가? 'X 달러'라는 시너지를 달성하리라고 예상했는데 어쩔 수 없는 이유로 목표에 미치지 못한 것을 말한다. 예를 들어 한 인수 사례에서 인수기업이 독일에 있던 부동산 자산의 일부를 매각하기로 계획했는데, 알고 보니 그중 한 건물 지하실에서 2차대전 시절의 불발탄이 발견되어 부동산 계획을 망쳐버렸다고 하자. 누구나 이러한 일을 겪지는 않겠지만, 염두에 두었던 시너지를 달성하기 힘들거나 심지어 불가능해지는 상황은 얼마든지 찾아올 수 있다.

시너지를 달성할 수 없는 이유는 누구에게나 있으므로, 결국 시너지 프로세스는 그 이유가 실제적인지를 검증하는 과정이 된다. 더욱 중요한 점은 시너지 목표를 인수 모델에 내재한 것보다 훨씬 더 높게 설정해야 한다는 사실이다. 공격적인 목표는 누출이 어느 정도 일어날 수밖에 없다는 점 외에도, 작업그룹 주체들이 프로젝트 포트폴리오를 수행할 때 안게 되는 위험을 고려해야 하기 때문에 중요하다. 그들은 위험도가 낮은 대신 성과도 낮은 경우, 혹은 위험도가 높지만 그만큼 보상도 큰 프로젝트 사이에서 현명한 결정을 내려야 한다.

기준점 설정

시너지 계획의 첫 단계는 비용, 매출, 인력을 합산하여 기준점을 정하는 것이다. 기준점이 확보되면 통합 출범 후의 이익을 미리 내다볼 수 있고, 나중에는 시너지 달성 여부를 판가름하는 벤치마크로 삼을 수 있다. 물론 어려운 작업이지만 언제나 꼭 필요한 일이기도 하다.

조직 설계팀은 주로 노동 분야의 시너지에 집중하지만, 시너지팀은 목표 기업과 인수기업의 비용, 매출, 전일제 환산 노동력(FTE) 등을 기능(재무 등)과 하위기능(세무, 자산, FP&A, 회계 등)을 포괄하는 공통 범주로 도식화하여 기준점을 만들어야 한다. 예를 들어 목표 기업에서 급여 비용 처리는 재무 기능에 포함되는데, 인수기업에서는 급여를 인사관리에서 담당할 수도 있다.

합병 회사의 기준점이 중요한 이유는 모든 회사의 기능과 하위기능이 똑같은 관리체계를 따르지는 않기 때문이다. 비용을 제대로 합산하려면 계획과 조율에 심혈을 기울여야 한다. 어떠한 방식을 취하든, 시너지 목표는 반드시 이 기준점에서 도출해야 한다. 현장에서는 흔히 '비용은 목표를 따른다'는 말을 많이 한다. 기준점에서 정의하는 '자료 꾸러미' 덕분에 시너지 목표가 수립되기 때문이다.

시너지팀의 업무는 조직 설계팀과 긴밀히 연동되어야 한다. 두 팀은 노동, 비노동 정책을 포괄하는 똑같은 분류 체계를 사용해야 한다. 두 팀의 업무는 비록 평행선상에 있지만, 인수기업이 달성하는 시너지 목표는 바로 두 팀이 만들어낸 '결합' 비용 절감액이기 때문이다. 똑같은 분류 체계를 통해 매출, 비용, FTE를 같은 기능 및 하위기능에 표시하는 게 중요한 이유가 바로 이것 때문이다. 통합 출범 전까지는 비록 분류 체계가 완전하게 통일되지 않을 수도 있지만, 그 직후에는 분명히 하나가 될 것이다.

기준점은 시너지 목표를 하향식으로 설정할 때 역시 검증 수단의 기초로 사용된다.[5] 예를 들어 법무 기능에서 시너지 목표가 200만 달러로 잡혔다면, 전체 법무 비용 구조에 비춰볼 때 이 비용 절감 목표가 합당한지 기준점을 바탕으로 비교 검증할 수 있다. 기준점은 높은 성과를 기록하는 동종 기업에서 기능별 벤치마크를 도입하는 것도 목표가 너무 공격적인지 아닌지 검증하는 수단이 되며, 기업은 이를 통해 합병 조직이 높은 성과를 올릴 기회로 삼을 수 있다.

하향식 시너지 목표

인수 모델과 기업 개발 단계에서 미리 진행한 실사는 시너지 목표의 출발점이다.

하향식 목표를 기능별 팀에 전달할 때는 이를 달성하는 구체적 방법이 빠져 있는 것이 보통이다. 방법을 찾아내는 것은 그 팀이 해야 할 업무이다. 시너지를 달성할 주체는 결국 기능별 팀과 해당 사업부이므로 프로젝트와 업무 계획에 필요한 구상은 그들의 몫이다. 시너지 프로그램의 책임자가 자신의 기능이나 사업부에서 시범 활동하지만, 시너지를 달성하는 방법을 알아내는 일은 기능별 혹은 사업부 책임자가 해야 한다. 계획 수립을 팀에 맡기는 이유는 그들이 맡은 기능이나 사업 부문에서 기회를 모색할 기회를 직접 보라는 의미이기도 하다.

하향식 목표는 기능 및 사업팀에 대단히 도전적인 목표를 주어야 한다. 우리의 경험에 비춰봐도 하향식 목표는 달성해야 할 시너지 총량보다 최소 40에서 50% 정도 더 큰 것이 보통이고, 외부에 발표하는 목표치보다 높은 것이 좋다. 누출이나 활동 중복, 혹은 예측 오류 등을 고려해야 하기 때문이다. 발표하는 시너지보다 75%에서 100%나 더 높은 목표를 설정하는 것도 그리 드문 일이 아니다. 각 팀은 다른 기능들이 발전하는 과정에서 어쩔 수 없이 활동이 중복되기도 하고, 이는 또 다른 누출의 원인이 된다. 시너지 책임자들은 목표를 설정하면서 각 팀과 최종 목표를 공유한다. 최종 목표를 공유하면 공개적으로 발표된 시너지 목표를 달성하면서도 어느 정도의 여유를 확보할 수 있다.

상향식 시너지 목표

상향식 시너지 목표를 개발하는 일은 하향식보다 더욱 힘들다. 그리고 악마는 바로 디테일에 숨어있다. 구체적인 시너지를 이끌어가는 활동과 프로젝트는 시간이 지날수록 발전한다. 각 팀은 매일 서로에게서 배우며 시너지 활동과 개선의 기회를 더 잘 파악할 수 있게 되기 때문이다. 비노동 분야의 활동에 필요한 브레인스토밍은 IMO가 주최하는 킥오프 미팅으로 시작한다. 기능별, 그리고 사업부별 리더들은 이러한 활동과 영향이 미치는 범위를 파악한다. 규모가 큰지 작은지, 크다면 얼마나 큰지, 100만에서 200만 달러 사이인지, 아니면 1천만에서 2천만 사이인지 등이다. 대략적인 범위만 가능하고 나중에 세밀하게 파악하는 방법도 있다. 보안 공간과 보안팀을 마련해 두면 HSR 요건상 공유가 제한된 상세 정보를 바탕으로 시너지를 파악하고 계획하는 데 큰 도움이 된다.

대개 이 같은 프로세스는 1차, 2차, 최종 제출(그 사이에 여러 차례 반복 과정이 있다)을 거치게 되는데, 하나하나가 다 여러 기능과 사업부, 개별 주체들이 관련된 100개 이상의 서로 다른 활동을 포함한다. 잠재적 기회가 너무 많으므로 여러 활동을 포착하기 위해서는 표준 형식이 필요하다. 표준 구조와 형식, 소프트웨어 등이 없으면, 중간 결과의 수준이 떨어지고 시간이 많이 소요되어 프로그램 전체가 지연될 가능성이 커진다. 모든 상향식 시너지 활동에는 담당자, 시작 및 종료 일자, 구체적인 액수, 달성 비용, 달성 주체 등이 명시되어야 한다. 이 다섯 가지 최소 요건을 갖추지 못하면 상향식 시너지 계획이라고 부르기 어렵다.

또 한 가지 중요한 내용은 각 활동에 필요한 정보 및 시기에 우선순위를 두는 것이다. 팀들은 처음부터 모든 세부 사항을 다 알 수 없다. 그래서 1차 제출 자료에는 활동 담당자, 조건, 주체, 관련 팀, 대략적인 가치 범위, 복잡성(고, 중, 저) 등이 포함되어야 한다. 후속 자료에는 이전 자료에서 달라진 내용과 기간별로 더 자세한 가치 추정치, 상세 비용 등을 명시해서 처음에 제시된 값보다 얼마나 좁혀졌는지 IMO의 승인을 얻고 운영 위원회에 보고한 다음, 마지막으로 실행계획에 반영한다.

경영진은 활동 계획 과정에 계속 관여하여 전략적 방향성을 제시하고, 필요하다면 예산 지원을 승인한다. 이러한 활동 중에는 많은 돈이 필요한 경우도 있다(시너지는 공짜가 아니다).

마지막으로, 시너지팀 책임자는 재무팀과 협조해서 외부 보고 자료에 시너지로 인식될 만한 부분이 어디인지 파악해야 한다. 우리가 컨설팅했던 어느 회사에서는 단 몇 달 동안만 공개되고 폐지된 어느 직무가 외부 보고서에 여전히 존재하는 것으로 나타난 사례가 있었다. 그러나 통합 과정에서 지켜야 할 기본적인 시너지 규칙은 모든 팀이 동의해야 한다(다음의 '통합 과정의 시너지 규칙 사례'를 참조하라).

작업계획

IMO는 통합 출범일까지 작업계획을 완료하여 실행팀이 단기간의 통합 경영 및 시너지 목표 달성에 곧바로 착수할 수 있도록 해야 한다. 작업계획은 시너지 활동의 가치 포트폴리오에 우선순위를 부여하여 그중에서 '신속히 달성할' 활동을 정하는 데 사용된다. 우선 활동으로 지정되면 통합 출범 후 시너지 실현이 가속될 수 있다.

모든 활동은 그 현실성을 입증하기 위해 관련 일정(및 추진 주체)이 명시된 프로젝트를 거쳐 최종 결과로 제출해야 한다. 수많은 생산 라인과 공장에 걸쳐 진행되는 1억 달러 규모의 내부 조달 전환 활동이 30만 달러짜리 국제전시회 출품 부스 통합 활동보다 훨씬 더 복잡한 것은 두말할 필요도 없다. 그러나 이러한 내용은 모두 약속된 시너지 목표에 합산되어야 한다. 전체 시너지 가치의 3분의 2 이상을 불과 소수의(다섯 개에서 열 개 사이) 시너지 활동이 주도한다.

통합 과정의 시너지 규칙 사례

인수기업이 시너지 작업계획을 구성하다 보면 모든 작업그룹에 일반지침이 필요하다는 점을 절감하고 다음과 같은 규칙을 모두 따르게 된다.

시너지로 인식되는 것은?

- **인원 비용**: 통합 출범 후에 발생하는 모든 직무 폐지 및 감축, 자발적인 퇴사가 발생한 후에 충원하지 않은 경우도 포함된다. 예산이 투입되는 개방형 직무가 감축된 경우는 시너지로 인식된다.[2]
- **비 인원 비용**: 계획을 상회하는 매출 증가나 비용 절감, 또는 기초 추정 비용보다 더 큰 폭으로 발생한 자본지출 감소로서 재무성과와 인수 결과에 긍정적 영향을 직접 미치는 비 인원 요소.

---

2) '실제로' 예산이 투입되는 개방형 직무여야 한다. 그러나 양측 기업의 경영진은 이런 직무가 슬그머니 나타나는 현상을 늘 경계해야 한다. 예산이 투입되는 비용도 모두 마찬가지다.

시너지를 떨어뜨리는 것은?

- **인원 비용**: 통합 출범 후에 발생하는 예산편성에서 제외된 모든 비공식 직무나 보상 증가액
- **비 인원 비용**: 경영 정책이나 기술, 프로세스, 절차를 새로 도입함으로써 발생하는 인력과 상관없는 일회성 비용

일회성 비용으로 인식되는 것은?

일회성 비용에는 시너지의 실행 및 달성에 필요한 비용이 포함된다.

- **인원 비용**: 해고, 재배치, 잔류 보너스, 채용 등이 있다.
- **비 인원 비용**: 하드웨어 및 소프트웨어 구매비, 임대계약 파기 또는 공급계약 종료 비용, 출장 및 컨설팅 비용

비용 시너지란?

비용 시너지란 두 기업의 프로세스와 시스템의 합병으로 달성되는 비용 절감을 말한다. 구체적으로는 규모의 경제를 극대화하거나, 비용이나 부서의 중복을 제거하거나, 기준점을 통합하여 효율을 증진하는 활동을 통해 달성된다. 기존에 예산이 책정된 자본 프로젝트나 일회성 프로젝트 비용을 제거하는 것도 여기에 포함된다.

매출 시너지란?

미래지향적 매출 계획과 구체적인 매출 활동(묶음 형태의 신규 고객 가치 제안 등)을 통해 일어나는 매출 증대를 말한다. 달성 방법은 고객층 확대, 특정 지역 공략, 교차 판매, 생산부터 시장까지의 전달 시간 단축 등이 있다.

시너지를 정의할 때 '정상적인 업무 개선'을 어떻게 생각할 것인가?

통합과 관련된 시너지에는 정상 업무로부터 발생한 개선(예. 기존에 계획되었거나 진행되고 있던 ERP 시스템 개선, 이것은 통합과 무관하다)은 포함되지 않는다. 기존 비용 절감 활동 예산에 미치는 영향은 기준점에 포함된다. 기존에 계획된 혁신 활동에서 발생한 비용 절감을 초과하는 액수는 시너지로 인식한다.

실현된 시너지는 누구의 공인가?

- **인원 비용**: 기능 및 사업부 차원에서 발생한 시너지를 확인하면 그것은 해당 기능이나 사업부에 공이 돌아간다. 이를 중복해서 계산하지 않도록 주의해야 한다.
- **비 인원 비용**: 재무나 법무 비용과 같은 기업 비용 중 각 사업부에 배분된 비율에서 시너지가 발생하면 그 효과는 사업부에 귀속된다.

기능 간 전환은 시너지로 인식되는가?

아니다. 기능 간 이동은 시너지에 영향을 주지 않는다.

이렇게 중요한 활동은 전체 작업계획을 동원해서라도 지원할 필요가 있다.

시너지팀은 이 같은 작업계획도와 시너지 달성 시간표를 IMO 리더에게 제공해야 한다. 그래야 리더들이 전략 방향을 제시하고 반복 검토작업을 주도하며, 우선순위, 타이밍, 순서 배열 등에 비중을 둘 수 있다. 시너지별로 우선순위가 정해지면 예산을 배정해야 한다. 예를 들어 ERP 시스템이 모두 다섯 개였는데 이를 하나로 통합한다면 막대한 일회성 비용이 들어갈 것이다. 최종적으로는 운영 위원회가 간추린 목록을 승인하고 가장 큰 가치를 창출하는 활동을 중심으로 예산을 배정한다.

작업계획을 제공하면 팀과 리더들이 추진력을 그대로 유지하여 통합 출범 후 최대한 신속하게 최우선 활동에 착수하는 데 큰 도움이 된다. 언제나 할 일은 많고 시간은 부족한 법이다.

시너지는 노동과 비노동 분야를 막론하고 모두 확인과 보고의 대상이 된다(8장에서 보다 상세히 다룰 것이다). 지금까지는 노동 시너지(인원 감축)와 비노동 시너지 활동을 각각 따로 다루어왔다. 그러나 내부적인 확인과 보고라는 점에서 보면 노동과 비노동 시너지는 재무 보고서에 모두 나타나야 한다. 이것은 외부 발표에 필요한 기준점으로서도 중요한 의미를 지니고 있다.

요약하자면, 시너지 프로그램의 주요 요소는 다음과 같다.

- 시너지 관리를 책임질 적합한 경영자를 선임한다.
- 기준점을 수립한다.
- 공격적인 시너지 목표를 부여한다.
- 절감과 성장을 위한 초기 아이디어를 구상한다.
- 목표를 달성할 방법에 관한 실질적인 활동과 프로젝트, 기록을 개발한다.
- 프로젝트의 세부 내용을 정하고 우선순위를 부여하며 예산을 배정한다.
- IMO와 운영 위원회의 승인을 얻는다.
- 경영진이 책임질 수 있는 목표를 정한다.

에코랩의 시너지

에코랩은 비용 절감을 통해 얻는 1억 5,000만 달러보다 더 큰 규모의 성장 시너지를 거두겠다고 강조했다. 즉, 고객의 마음을 사로잡고 내부 영업 마케팅팀의 사기 진작을 꾀한다는 뜻이었다. 이것은 통합 기간 내내 보안 공간에서 실사를 통해 얻은 성장 시너지 추정치를 확인한다는 점에서 의미가 있었다.

시너지팀은 교차 판매 기회와 고객에게 제안하는 묶음 솔루션, 기반 시설 공유, 신상품 및 서비스 공동 개발 등을 근거로 성장 시너지를 검토했다. 시너지의 근거로 삼는 대부분은 양사가 중복해서 공략했던 상위 50개 고객사에서 나왔다.

보안 공간은 성장 시너지 목표를 승인, 확장, 가속하는 데 결정적인 역할을 했다. 이를 통해 각 팀은 양측 기업으로부터 더 많은 데이터를 올바른 방법으로 사용하고, 두 기업의 전문가들이 보유한 지식을 작업그룹에 활용하여 성장 시너지에 공헌할 수 있었다. 게다가 고객별, 사업별, 지역별로 목표를 할당하여 시너지 실현을 계획하는 데도 큰 도움이 되었다. 양측 기업의 리더들은 보안 공간의 중요성을 인식하여 세심하고 집중적이며 우호적인 분위기의 보안 공간을 조성했다.

에코랩이 성공할 수 있었던 또 다른 결정적인 요인은 성장 시너지 추정치와 실행 프로그램에 최고 경영진의 강력한 뒷받침이 있었다는 점이다. 그들이 직접 나서면서 전 조직의 호응도가 높아졌다. 예를 들어 영업 및 마케팅팀이 핵심 고객사를 대상으로 기획한 이른바 '정상 회담'은 성장 시너지의 실행과 실현을 가속하는 데 크게 공헌했다.

에코랩의 성장 시너지팀은 통합 출범일까지 유형별, 사업부별, 지역별, 고객별 시너지 추정치를 산출했다. 그들은 상위 50개 고객사를 대상으로 운영할 커뮤니케이션 계획을 짰다. 통합 출범 직후에 개최할 영업 관련 전체 회의의 의제를 정하고 계획을 수립했다. 이로써 영업 및 서비스 분야의 전문 인력이 새로 통합된 시장진출 역량과 제안상품에 정통할 수 있게 되었다.

내부고객 커뮤니케이션:
불확실성 감소, 변화 대비

이해당사자와 내부고객을 향한 커뮤니케이션을 단순히 축하 행사만 더 많이 열면 되는 것쯤으로 생각하면 곤란하다. 이미 거래발표 행사도 열었고 통합 출범일도 곧 다가온다. 이해당사자들이 진정으로 원하는 일은 불확실성이 감소하고 뚜렷한 기대치와 행동을 보는 것이다. 우리 동료 중에 한 사람이 말했듯이, 경영진은 주변 사람들로부터 "신뢰를 잠시 빌렸을 뿐, 아직 얻지는 못했다." 따라서 당장 수익을 눈으로 보여주어야 한다. 그저 '동등한 합병'이라는 허울 좋은 말만으로는 신뢰를 얻을 수 없다.

모든 이해당사자(직원, 노조, 퇴직자, 고객, 공급업체, 하청업자, 그리고 당연히 투자자)를 향해 발신하는 메시지는 뚜렷한 의도를 가지고 준비해야 한다. 그 바탕이 되는 것은 무엇보다 투명성과 정직성이다. 그들의 질문에 당장 대답할 수 없다면 우선은 언제까지 답해줄 수 있는지라도 알려주어야 한다. 통합 출범일 전후의 커뮤니케이션 준비는 거래발표일 때와 비슷하다고 생각하면 된다. 체계적이어야 하고, 구체적인 일정과 정보를 전달해야 하며, 앞서 연습해야 한다. 사람들은 알맹이 없는 이메일 속에 숨어있는 허점을 훤히 들여다본다.

명료성은 통합 계획에 관한 모든 커뮤니케이션에서 가장 중요한 요소다. 그중에서도 내부고객의 경험은 오로지 직원의 필요에 관한 것으로, 여기에는 가장 중요한 새 직무 정의에서 변화 관리 계획, 나아가 새 조직 구조를 구축하는 리더십 등이 모두 포함된다. 이는 그저 단순한 의사소통이 아니다. 양측 기업의 모든 부서에서 벌어지는 전사 차원의 변화, 즉 모든 기능에 영향을 미치는 막대한 규모의 변화를 알려주는 일이다. 이와 같은 변화는 기능별 리더가 아니라 IMO가 관리하는 작업그룹의 형태로 진행된다. 이는 어찌 보면 통합에서 가장 핵심적인 부분이다. 조직을 안정시키고 직원들에게 새로운 전략을 알리며, 그 속에서 각자의 역할에 대한 열의를 북돋움으로써 강력하고 일관된 피드백 고리와 의사소통 채널을 만들어낸다(다음의 '내부고객 경험 비전'을 참조하라).

내부고객 경험 비전

내부고객 경험 비전은 통합 과정 전반의 모든 변화 관리 활동에 지침으로 작용하는 것으로, 다음과 같은 사항을 포함한다.

- 직원들에게 인수 거래의 의도를 알려줌으로써 신뢰를 구축한다.
- 경영진은 조직의 신뢰를 얻음으로써 그들에게 합병 조직의 미래에 관한 확신을 안겨줄 수 있어야 한다.
- 직원들에게 정확한 메시지를 전달하여 그들의 향후 직무에 관한 불안감을 줄여준다.
- 전사적인 단결력을 고취하고 성공 문화를 유지한다.
- 쌍방향 의사소통 체계를 구축하여 통합 과정에서 마주치는 강점과 약점을 이해한다.

조직 문화와 직원 경험을 선택하는 과정에서 심각한 갈등이 불거질 가능성도 있다. 물론 직원들도 그 사실을 잘 알고 있다. 만약 인수기업 측이 '가족',

'신뢰', '팀워크', '하나 됨'과 같은 단어를 쓰고 있는데, 정작 피인수 기업의 사람들이 "우리는 재빠르고 날렵하게 일을 해결한다."면서 사석에서 직원들에게 "느긋하고 행복하게 지내고 싶다면 차라리 개나 기르던지"라는 말을 서슴없이 한다면, 무언가 고칠 점이 있음이 틀림없다. 기존의 현실을 정확히 직시하지 않은 채 새로운 문화(업무 방식, 공통의 가치와 규범, 보상 방식 등)를 구축할 수는 없는 노릇이다. 통합 출범 전에 리더들은 양측 문화의 비슷한 점과 차이점을 파악하고 함께 일할 방법을 찾기 시작해야 한다. 그래야 출범 후에 조직을 성공적으로 운영할 수 있다(변화와 문화에 관해서는 8장에서 더 자세히 다룰 것이다).

설혹 양측 기업의 문화가 심각하게 충돌하지 않더라도, 합병 과정에서 어쩔 수 없이 일어나는 변화 때문에 감정 반응이 촉발될 수 있다. 인수합병은 마치 천지가 뒤바뀌는 것과 같기에 직원들은 욕구단계마저 낮아짐을 체감한다. 평소에는 일을 통한 자아실현 욕구에 몰두해왔다면, 이제는 신체와 안전에 관한 문제를 걱정하게 된 것이다. 과연 일자리는 보존할 수 있을지, 다음 달 급여는 제대로 나올지부터 걱정해야 하는 판국이다. 참으로 두려운 상황이 아닐 수 없다.

인수합병 때문에 직원들은 매우 고된 시간을 맞이하며, 그 때문에 일상이 완전히 헝클어지기도 한다. 내부고객 경험을 담당한 팀은 이러한 고통을 미리 내다보고 평가절하하거나 외면해서는 안 된다. 그래야만 직원들 역시 통합 계획에 깊은 고민이 담겨있다는 점을 인정해줄 것이다.

통합 과정에서 내부고객 경험 담당팀이 해야 할 일은 다음의 세 가지로 귀결된다.

1. 앞으로 일어날 변화를 파악한다.
2. 그 변화를 뒷받침하기 위해 새 조직이 할 일을 계획한다.
3. 직원들이 인수합병의 전 과정에서 발생할 변화를 준비하도록 지원한다.

내부고객 경험팀은 모든 이해당사자 그룹별로 일어날 변화의 시간표와 그에 따른 계획을 정의하게 된다. 어떠한 변화가 찾아올지 파악한 뒤에는 리더들이 해야 할 말과 행동을 치밀하게 조율하고, 학습 및 순환 프로그램이 포함된 활동 계획을 수립한다. 또한 직원들에게도 필요한 정규 학습 과정의 선택권을 제공하여 통합 출범 이후를 대비할 수 있게 해주어야 한다.

예컨대 어느 고객 서비스 부서가 향후 12개월에서 18개월까지 맞이할 중요한 변화가 15가지 정도 된다고 해보자. 그중에는 기존 시스템 종료 및 신규 시스템 정착, 신규 제품 및 안내 자료 숙지, FAQ 개정에 따른 출처 확인 작업 등이 포함되어 있다. 어느 팀은 시스템 전환 과정에서 임시 운영 모델을 도입하기도 한다(만약 ERP 시스템 통합에 1년이 걸린다면 그동안 시스템을 운영하는 방법도 큰 과제일 것이다).

출범 당일에는 두 시스템이 동시에 운영되지만 모든 팀은 전환 과정이 어떻게 진행되는지를 알고 있어야 한다. 만약 기존 ERP 시스템 관리를 맡고 있던 누군가가 자신이 다른 곳으로 이전 발령된다는 것을 안다면, 그는 자신이 왜 지원 업무를 계속해야 하는지, 또 그렇게 했을 때 어떠한 보상이 돌아오는지 알 권리가 있다. 조직 전체로 보면 이렇게 바뀌는 기능이 한두 가지가 아닐 것이다. 내부고객 경험을 잘 관리한다는 것은 이러한 사례를 하나하나 파악하여 세심하게 배려해준다는 뜻이다.

모든 기능과 사업부가 똑같은 방식으로 영향을 받지는 않는다. 따라서 서로 다른 필요를 지닌 다양한 그룹이 겪는 독특한 경험을 이해하고 그에 맞는 조치를 마련해야 한다. 예를 들어 재무 분야에서는 상당한 인력이 감축되는 데 비해, 영업 분야는 오히려 공격적인 채용에 나설 수 있다. 얼핏 불공평해 보이는 이런 차이 때문에라도 분야마다 진지한 대화를 통해 변하는 것과 그렇지 않은 것, 그 이유를 직원들이 충분히 이해하도록 배려해야 한다.

이제 교차보고 체계로 통합된 양측 기업 관리자들에게는 새로운 직원을 관리할 때 따라야 할 절차가 필요하다. 갑자기 몰려든 직원들을 직무기술서도 없이 관리할 수는 없기 때문이다. 급변하는 상황에 대처할 최소한의 수단이 필요한 것이다.

내부고객 경험팀은 조직의 전체 상황을 파악한 후, 하나하나의 변화에 대하여 각 그룹을 지원할 방법을 결정해야 한다. 지원 방법, 리더들이 대화에 나설 시기, 그들의 의견을 청취하는 방법, 보상 방안 등을 모두 따져보아야 한다. 고통을 미리 내다본다는 말은 바로 이를 뜻한다. 사소한 일도 있고 중요한 일도 있겠지만, 이들 모두가 직원들의 삶에 영향을 미친다는 사실만큼은 분명하다.

게다가 이 같은 일을 단 한 통의 이메일만으로 해결할 수는 없다. 무엇이 바뀌는지(그리고 무엇이 바뀌지 않는지) 안다는 것은 내부고객 경험팀이 직원의 필요를 예상한 내용을 근거로 시간에 따른 변화의 추이를 그릴 수 있다는 뜻이다. 그 팀은 통합 계획뿐만 아니라 이 같은 변화 과정이 직원에게 미치는 영향까지 알아야 한다. 여기에는 인력구조와 폭넓은 양상(이직, 새 직무, 교차 판매 과제, 각 기능이 겪는 변화 등)과 전문성을 연마하는 데 필요한 노력, 변화의 영향을 최소화하는 과정까지 모두 포함된다. 통합 출범 행사에서는 최종 상태에 이르는 길을 뚜렷이 보여주어야 한다. 즉, 그 이전에 하는 일의 상당 부분은 비전을 만드는 작업이라는 뜻이다.

가장 먼저 해야 할 일은 일상 업무에서 예상되는 모든 프로세스 중에서 합병으로 인해 달라지는 부분을 미리 내다보는 것이다. 새로운 프로세스에 관한 교육이나 업무 절차의 변화와 같은 기본적인 부분(출장 계획이나 일일 경비 등)도 여기에 해당한다. 사실 직원들은 이처럼 일상 업무에서 일어나는 변화를 가장 먼저 피부로 느낀다.

성공적인 합병으로 이름난 한 사례에서, 인수기업 측은 실제로 목표 기업의 제품 연구개발팀을 방문했다. 그런데 이 별다를 게 없어 보이는 방문이 특별한 행사로 바뀌었다. 목표 기업 측에서는 회사 마당에 텐트를 설치하고 바비큐 파티를 열었으며, R&D팀이 가장 자랑하는 결과물을 전시해놓기도 했다. 연구팀은 방문객의 '시찰 통로'에 5대 개발 상품을 전시해놓고 축제 같은 분위기 속에서 열심히 설명했다. 물론 자신들이 개발 상품을 그토록 자랑스러워하는 이유 역시 빼놓지 않았다.

이 행사 덕분에 모든 이들의 기분이 좋아진 것도 사실이지만, 특히 연구개발팀에게는 인수기업 측이 자신과 그 업적을 진정으로 존중해줌을 직접 느낄 수 있는 좋은 기회가 되었다. 양측은 서로의 역사를 공유했고, 무엇이 그들의 가슴을 설레게 하는지 이야기했으며, 상품에 관한 지식과 미래 협력 방향을 논의했다. 확실한 동지 의식이 싹튼 순간이었다. 이러한 이벤트는 단지 사람들의 기분을 좋게 만들어준 차원을 넘어 교차 판매 역량 강화와 매출 시너지 목표 달성에 도움이 되었다.

인수합병이 진행될 때마다 모두가 이처럼 회사 마당에서 바비큐 파티를 열지는 않는다. 그러나 이와 유사한 수준의 내부고객 경험을 창출하는 경험은 꼭 필요하다. 회사가 자신을 존중해준다는 느낌을 받지 못한다면, 마찬가지로 고객을 대접해줄 마음 역시 우러나지 않을 것이다. 통합 출범까지 열심히 달려가는 다른 작업그룹들도 모두 마찬가지겠지만, 전체 내부고객 경험을 기획하는 일은 그 무엇보다도 중요하다. 이 기획에는 통합 방식의 핵심 원리가 담겨있어야 한다. 체계적인 교육 일정과 메시지를 전달하는 사람에게 필요한 지원 도구도 포함되어야 한다. 예를 들면 경영진을 위해 전용 무대를 준비하거나 전 직원이 참여하는 출범 행사 전에 준비 모임을 마련하는 등의 일이다.

계획과 실행에 얼마나 정성을 들였는지와 상관없이, 직원들이 새로운 직무에 필요한 도구나 지식을 갖추었는지, 이를 필요할 때 어디서 구하면 되는지를 숙지하고 있는지, 과연 변화에 대응할 준비가 되었는지 등을 반드시 확인해야 한다. 통합을 시작할 준비가 되었는지는 주로 설문조사를 통해 확인한다. 내부고객 경험팀은 그 결과를 바탕으로 위험이 숨어있는 분야를 파악하고 출범 전까지 IMO와 함께 이 문제를 조정한다. 때로는 점검팀이 가장 준비 상태가 취약한 것으로 파악된 팀에 직접 파견되어 출범 전까지 문제를 해결하기도 한다.

관계 설정

인수기업이 목표 기업의 직원들을 새로 영입한 것이 아니라는 점을 명심해야 한다. 그들은 결코 신규 채용자가 아니며 이 조직에 들어오겠다고 자발적으로 결정하지 않았다. 실제로 그들 중에는 충분히 우리 회사에 들어올 기회가 있었는데도 불구하고 목표 기업을 선택한 사람도 많다. 요컨대 그들은 어디까지나 목표 기업을 선택해서 일하던 사람이나만큼, 우리가 그들에게 다가가야 한다는 말이다. 그들을 위하여 신나는 분위기를 조성하고 소속감과 정체성을 심어주려는 노력이 필요하다.

직원들이 원하는 것(진정한 필요)은 회사 측의 분명한 태도와 이곳에 있어야 할 이유다. 직원들은 애매모호함이나 불확실함을 싫어한다. 그들은 앞서 언급한 상황에 놓이게 된다면 항상 최악을 가정할 것이다.

고위층에 있는 사람들이야 약속한 시너지를 달성할 수 있는지를 걱정할지 모르겠지만, 일반 직원들은 내 사원증이 제대로 새 회사에서 통하는지, 인터넷은 잘 작동될 것인지, 노트북이 새로 바뀌는지, 커피 맛은 어떤지, 명함은 잘 나왔는지, 급여는 언제 들어오는지, 급여 체계는 어떻게 바뀌는지 등에 더 관심이 많다. 그들이 '시너지'란 말만 들어도 겁에 질릴 수 있다는 점을 알아야 한다. 일반 직원에게 있어 시너지란 곧 해고, 변화, 고된 노동 등을 의미하기 때문이다.

의외로 사람들은 나쁜 소식을 잘 받아들인다. "당신은 우리에게 중요한 사람입니다. 바뀌는 게 있으면 나중에 알려드리겠습니다."라는 말보다는 "우리는 투명하게 일을 처리합니다. 6개월의 사전 공지 기간 후에 퇴직금을 올려드리고 이직 지원 서비스를 제공하겠습니다."라고 솔직하게 말하는 편이 낫다. 앞으로 일어날 일을 모두 자세하게 말해줄 수는 없어도, 필요한 답을 언제까지 들을 수 있다는 것 정도는 충분히 알려줄 수 있고 또 그래야 한다. 그것이 그들에게 줄 수 있는 최소한의 보증이다. 한 가지 더 조심해야 할 점은 직원들과의 만남은 부서 간에 세심한 조정이 필요한 일이라는 것이다. IT, 인사, 재무 부서가 정리되지 않은 내용을 제각각 전하다 보면 직원들로서는 집중력을 잃거나, 슬럼프에 빠지거나, 심지어 질려버리기도 한다. 통합 조직의 전체적인 업무 절차를 한눈에 볼 수 있도록 회사 측의 메시지를 잘 조정해서 전달해야 한다.

이러한 노력을 기울이는 이유는 단순히 직원들에게 인간적으로 잘 대해주기 위해서가 아니다. 이러한 노력에는 잘못된 이야기가 경쟁사나 공급업체, 고객에게 흘러나가는 일을 막기 위한 목적도 있다. 더구나 낯선 직원들을 우리 편으로 만들어놓으면 혹여라도 나중에 우리에게 어떠한 해로운 일을 끼치지는 않을 것이다.

이러한 점을 생각했을 때 신임 CEO와 최고 경영진을 가능한 한 빨리 발표하는 것이 중요하다는 사실을 알 수 있다. 이것이 회사가 나아가는 방향과 경영 방식을 어느 정도 알 수 있는 가장 확실한 방법이기 때문이다. 경영자들의 명성이야 이미 익히 들어 알고 있다. 그들이 진정 알고 싶은 정보는 내가 얻는 것이 과연 무엇이냐는 점이며, 이는 역시나 불확실성을 줄이고 싶은 마음에서 비롯된다. 리더들은 이 자리를 미래에 대한 비전을 확고하게 알리는 기회로 삼을 수 있다.

이와 같은 일을 리더들의 힘만으로 해낼 수는 없다. 따라서 내부고객 경험팀은 직원들에게 정보를 전달해줄 신망과 영향력을 갖춘 리더들의 명단을 파악해야 한다. 그들은 변화에 관한 분명한 메시지를 전달하고 합병 조직의 공유 가치와 신념, 동기를 정의하는 큰 역할을 맡게 된다. 사실, 그들이 맡은 역할은 기업 문화의 근본적인 측면을 알리는 일이기도 하다. 따라서 이와 같은 목적을 달성하기 위해서는 조직 내에 어떠한 기능이 영향을 받고 누가 변화의 주체인지를 알아야 한다.

　예를 들어 에코랩은 거래발표일부터 거래완료일 사이에 이후 시작할 변화 관리 정책을 기획했다. 그들은 양측 회사에 걸쳐 총 500명의 '문화 파트너' 를 지정한 후 이들을 중심으로 약 8명에서 10명 사이의 자발적 대화 모임을 조성했다. 이 그룹의 목적은 통합과 관련해 두 기업 문화의 강점을 어떻게 극대화하고 확산할 것인가를 결정하는 일이었다. 문화 파트너들은 조직 내에 대화 분위기를 조성하고 확산했을 뿐만 아니라 통합 계획팀과 경영팀에 현장 상황과 조직의 구체적인 문제점을 알려주는 소중한 연결고리 역할을 맡았다. 변화준비팀은 일반적으로 널리 쓰이는 설문조사와 함께 변화위원회나 기능 간 팀 회의 같은 새로운 방법을 시도하면서 변화의 분위기를 조성하고 통합과 관련된 변화 방안을 모색했다.

　직원들과의 커뮤니케이션에서 가장 중요한 목적은 모든 조직에 분명하고 투명한 정보를 제공하며 정상적인 경영상황과 직원들의 생각을 핵심 메시지를 통해 서로 이어주는 것이었다. 그러기 위해서는 모든 분야와 조직 전체를 향한 핵심 메시지가 있어야 하고, 또 그것을 숙지해야 했다. 게다가 내부 커뮤니케이션 계획과 시간표, 피드백 방법을 마련해야 했으며, 이를 위해 전사적으로 통일된 메시지 줄거리와 홍보부서의 콘텐츠 제작 지원이 필요했다. 에코랩의 국제커뮤니케이션팀은 인수 거래의 가장 중요한 우선순위에 관한 세 가지 메시지 원리를 전달하는 데 집중했다. 세 가지란 바로 6장에서 소개했던 '마음 사로잡기', '시너지 달성', '성장 가속화'다.

　직원들에게 적극적으로 다가가 분명하고 투명한 메시지를 전달하는 일은 그들의 삶이 앞으로 어떠할지를 알려주는 데 큰 도움이 된다. 통합 출범일이 되면 모든 직원은 자신이 처한 상황을 알게 된다. 우선 자신의 직무가 어떻게 달라지는지, 자신의 새로운 상사는 누구인지, 보상과 혜택은 어떻게 되는지 등을 말이다. 체계적인 의사소통 프로세스는 출범 당일, 첫 달, 첫해, 그리고 이후 중요한 이정표가 마련될 때마다 직원들과 긴밀하게 협력할 수 있는 바탕이 된다. 구체적인 정보를 줄 수 없을 때는 언제까지 알려줄 수 있는지 날짜라도 제시해야 한다는 점을 다시 한번 강조한다.

5장에서 언급했듯이, "기업 문화는 거래발표일부터 시작된다." 분명하고 일관되며 투명한 커뮤니케이션을 중시하는 태도는 거래발표일에 이미 다 드러난다. 이 같은 철학은 통합 과정과 그 이후까지 직원들이 계속 경험할 수 있어야 한다. 두 회사의 가치를 나란히 놓고 그들에게 맞는 자리를 분명하게 설명해준다면 직원들은 가장 갈급해하는 확신을 얻을 수 있고, 그것은 소중한 열매로 돌아올 것이다.

출범 준비: 계획에서 실행까지

통합 출범일은 처음에는 몹시 달성하기 힘든 목표로 보인다. 이날을 준비하는 과정은 복잡한 결정과 통합 활동이 끝없이 이어지는 미로처럼 여겨지기도 한다. 그러나 통합 출범일을 성공적으로 준비하는 일은 바닷물을 끓이는 것처럼 불가능한 일이 아니라 마치 레이저를 쏘듯이 소수의 필수 과제에 몰두하는 것에 더 가깝다고 볼 수 있다. 심지어 어느 회사는 출범일에 새로운 정책이나 대담한 프로그램을 발표하는 등, 훨씬 더 많은 결과물을 내놓기도 한다. 성공은 좋은 일이다. 특히 시간에 여유가 있다면 무슨 일이든 해낼 수 있다. 그러나 무엇보다 필수요건은 꼭 충족해야 한다.

준비 과정을 짧게 요약해보자. 우선, 가능한 한 빨리 통합을 마무리해야 한다. 규제 요건에 저촉되지 않고 시너지를 빨리 달성하도록 준비한다. 출범일의 목표는 잘못된 일(예컨대 누군가가 투옥되는 일이 없어야 한다)을 최소화하고 기업의 연속성을 보존하는 것이다. 모든 사람이 새 조직의 첫날을 중요하게 여기고 환호하도록 분위기를 끌어내는 것도 성공적인 출범 행사의 중요한 요소다. 새로운 경영 방식으로 합병 기업을 시작할 만반의 준비를 해야 한다.

통합 출범 준비에 필요한 업무가 그리 많지는 않지만 그렇다고 그리 간단한 것도 아니다. 따라서 어느 하나라도 완벽하지 않으면 큰 낭패를 맛볼 수 있다. 통합 출범에 필요한 일이 하나라도 빠지면 목표 기업이나 인수기업의 운영이 삐걱거리고 시가총액이 무너지는 등, 회사 사정이 하룻밤 사이에 악화할 수 있다. 이 같은 소식이 언론에 보도되고 경영진의 통합 능력에 대한 평가가 나빠지면 인수 거래를 바라보는 내부(직원과 이사회)나 외부(고객 및 공급자)의 시선도 순식간에 나빠진다. 게다가 출범 준비가 제대로 되지 않으면 통합 후 실행도 지연되어 시너지 가치가 희석되고 고객 신뢰도에도 치명상을 입는다.

우리 동료 중 한 사람은 이렇게 말한다. "통합 출범일은 태아와 같다. 분명히 태어날 것이고 예정일도 알고 있지만, 정확히 언제 태어날지는 아무도 모른다." 출범일이 예상보다 앞당겨지더라도 반드시 달성해야 할 일, 반대로 연기되었을 때는 어떤 일을 더 할 수 있는지 등을 미리 계획해두어야 한다. 그런 목표가 인수전략의 핵심과 관계가 있는지 자문해보는 것도 좋은 방법이다. 만약 그 답이 긍정이라면 현실적으로 그것을 마무리할 수 있는지, 일의 범위상 출범일까지 실행하는 것이 적절한지를 또 점검한다. 둘 다 긍정적인 대답이 나왔다면 그대로 추진하면 된다.

'최소한'의 수준은 어느 정도일까? 통합 출범의 가장 큰 과제는 인수기업과 목표 기업이 거래 성사 후에 아무런 방해 없이 기업을 운영하는 것이다. 이러한 최소한의 목표를 달성한다는 것은 모든 지역에서 법적 규제 요건을 충족하여 직원과 공급업체가 운영을 계속하고 급여를 받으며, 안전 관리 면에서도 승인을 유지한다는 뜻이다. 이들 세 분야 중 어느 하나라도 결격 사유가 발생하면 경영만 이상이 오는 것이 아니라 심할 경우 법적 문제까지 초래할 수 있다. 그러므로 어떤 인수 거래든 성공하기 위해서는 통합 출범을 완벽하게 준비하는 것이 가장 기본적인 요건이다. 출범일은 태아와 같아서 생각보다 일찍 찾아올 수도 있다. 그럴 때는 최소 요건이 더욱 중요해진다.

그러므로 출범 준비는 우선순위를 잘 가려야 한다. 그리고 거래 성사에 가장 큰 가치를 창출하는 핵심 목표를 우선순위의 맨 앞자리에 놓아야 한다. 이를 위해서는 체크리스트를 작성할 필요가 있고, 여기에는 특정 목표를 달성하지 못할 때를 대비한 충격 완화 계획이 포함된다. 이 리스트에 출범일까지 달성하지 않아도 되는 항목이 있다면, 그 문제는 최종 상태까지 달성하면 된다. 그렇다고 그것이 중요하지 않다는 말은 아니다. 단지 출범일까지 해낼 필요는 없다는 것이다. 그러한 내용을 결정하려면 데이터가 더 많이 확보되어야 할 수도 있다(고객 행동 관련 데이터 등). 출범 준비 업무가 법적 사태를 피하고 거래 성사에 필요한 사항만 레이저처럼 집중해서 달성하는 일이라고 한 이유이다.

에코랩은 출범을 세심하게 준비했다. 청사진과 상황판을 마련해 새로운 에코랩이 아무 탈 없이 운영되고, 규제당국자나 고객이 모두 만족하며, 직원들이 고객을 응대하는 데도 별다른 문제 없이 출범 당일에 업무에 착수할 수 있도록 했다. 크리스토프 벡이 이날을 '사상 최고의 통합일'로 만들겠다고 공언한 사실을 기억해보라. 그는 자신의 발언을 실천하고자 했다.

이러한 그들의 노력에는 전 세계에 걸친 에코랩과 날코의 주요 거점에 네 개의 통제센터를 마련하여 해당 지역의 이슈를 해결하도록 한 일이 가장 중심적인 역할을 했다. 통제센터는 눈에 띄는 이슈는 무엇이든 신속히 해결하기 위해 고안되었다. 그들은 공통된 위험 요소를 파악하고 피해 완화 전략을 공유하는 등 경영진의 리더십을 실시간으로 보여주었다. 새로운 무언가를 만들어내기보다는 기존의 업무 프로세스(인사 지원 센터, IT 서비스 센터 등)를 사용하여 문제를 드러내고 진행 상황을 공유했다.

IMO는 리더들과 직원들이 모두 사용하는 시간표를 마련했다. L2 및 L3 경영팀에 속한 리더들은 전 직원을 대상으로 발표할 내용과 조직도, 핵심 요점 등을 통합 출범일에 8일 앞선 11월 21일에 미리 받았다. 일주일 후, 에코랩과 날코의 경영진은 화상회의에 초대되어 통합 출범일에 전달할 핵심 메시지와 각자의 역할을 안내받았다. 화상회의 후 에코랩의 최고경영진과 날코의 이사진을 포함한 리더들은 "리더 및 직원에게 드리는 통합 출범 안내문"을 받았다. 그리고 통합 출범 당일의 화상회의에서는 같은 리더들이 각자의 팀을 대상으로 활용할 맞춤형 자료를 재차 받았다. 직원들을 위한 준비 과정 역시 대체로 비슷했다.

에코랩은 또한 출범일까지 필요한 여섯 가지 필수요건을 확인했다. 출범일까지의 시스템 인증(인사, ERP, IT 등), 시너지, 조직 설계, 커뮤니케이션 계획, 2012년 우선 추진 업무, 통합 실행 구조 등이었다. 그리고 이러한 내용을 IMO에 설명한 후 승인을 얻었다.

에코랩의 통합 출범일은 크게 성공했다. 본부에서는 세인트폴 컨벤션 센터를 빌려 에코랩의 상징색이 칠해진 대형풍선을 높이 띄우고 전 직원이 참석한 행사를 열었다. 그리고 향후 추진 전략과 새 회사의 목적, 사명, 가치 등을 공유했다. 전 세계에서 비슷한 행사가 열렸다. 한편 에코랩과 날코에는 5년, 10년, 15년 및 그 이상 연차를 맞이하는 직원에게 기념 핀을 달아주는 문화(직원들이 소중히 여기고 있던)가 있었는데, 통합 출범일에 전 직원은 각자 재직 연차에 따라 새로운 디자인의 에코랩 핀을 받았다.

게다가 에코랩은 통합 첫 주에 새로운 안전 운영 계획과 교차 판매를 통한 시장진출 계획을 선보이며 합병 회사로서 고객을 대하기 시작했다. 출범 행사는 고객과 직원에 집중적인 관심을 쏟음으로써 통합 후 성공적인 도약을 위한 강력한 추진력을 마련했다.

자회사와 전환 서비스 계약

인수기업은 실사 결과를 바탕으로 인수한 회사를 일으켜 세우는 데 필요한 일회성 비용과 미래 운영비를 추정한다. 그리고 출범일이 되면 인수기업은 실제 운영비에 매도기업이 제공하는 전환 서비스를 포함한 규모를 완벽하게 파악해야 한다.

출범일을 전후한 과도기에는 추가 비용이 드는데, 매수기업이 시너지 실현에 착수하기 위해서는 매도측이 제공하는 전환 서비스 계약(TSA)에 의존할 수밖에 없기 때문이다. 인수팀과 양측 기업의 변호사들은 사업의 연속성을 위해 매도측이 제공하는 서비스를 둘러싸고 고도의 법률적 틀(구속력이 없는 거래조건)에 합의한다. 양측은 거래계약이 성사된 이후에도 이 조건을 바탕으로 TSA에 관한 협상을 이어간다. 구체적으로 제공할 서비스와 기간, 비용 등이 협상의 대상이 된다. 계약에서 거래조건을 먼저 합의하는 방식이 유용한 이유는, 매수측으로서는 매도측이 제공하는 서비스의 구체적인 내용을 모르면 과다 청구를 걱정할 수밖에 없기 때문이다. 따라서 대개 양측은 거래조건에 다음과 같은 문항을 삽입하여 비용 협상의 한계치를 합의한다. "인수된 회사의 현행 비용 구조보다 더 많은 금액을 모기업에 청구해서는 안 된다."

실사 단계에서는 매도측과 매수측이 아주 우호적인 관계를 형성한다. 그러나 일단 인수계약을 맺고 나면 양측의 이해관계는 곧장 달라진다. 매도측은 이제 그 사업에 흥미가 없다. 어차피 핵심 사업도 아니었으니 더 이상 시간과 돈을 쓰고 싶지 않은 것이다. 매도측으로서는 TSA를 제공하는 행위란 거래계약을 맺는 것 말고는 어떠한 이익도 없는 일이다. 매도기업은 기반시설 공유, 서비스, 구매 계약 등의 형태로 매각한 사업부와 비용이 연결되어 있다. 그들은 매수기업을 지원하는 목적 외에는 가능한 한 이런 데 비용을 들이려고 하지 않는다. 따라서 최고의 직원을 매수기업에 넘겨주지는 않을 것이고, TSA를 제공하는 기간이나 범위에서도 강경한 자세를 취할 가능성이 크다. 이러한 역학관계를 알아야 하는 이유는 매수기업이 조금이라도 더 많은 시간을 두고 인수하는 사업의 사람과 프로세스, 시스템을 자세히 파악해야 TSA의 범위와 가격, 서비스 기간 등을 더 구체적으로 정할 수 있다고 생각할 것이기 때문이다.

통합이 진행되는 동안 TSA는 여러 기능에 걸쳐 체계적으로 파악한 다음 이를 바탕으로 가격을 협상해야 한다. 대개는 통합 리더가 이런 다기능적인 관점과 운영에 관한 지식 및 전문성을 가지고 있으므로 매도기업 측과의 협상에서 핵심 연락책을 맡게 된다. TSA를 종료하는 시기를 따지다 보면 기능 간 상호연결 특성이 드러난다. 이는 회사를 통째로 인수하는 것보다 오히려 더 복잡하기도 하다. 예를 들어 급여, 연금 및 성과 관리가 포함된 인사시스템 TSA를 마치는 시기는 IT 통합 일정이나 다른 HR 시스템에 따라 크게 달라진다. 매수기업이 IT 분야의 TSA를 마치기 전까지는 인사 관련 TSA에 계속 돈을 지급해야 한다. 이렇게 되면 TSA의 비용이 처음에 생각했던 것보다 훨씬 더 증가한다는 것이다.

통합 출범일의 고유한 특성은 자회사에도 그대로 적용된다. 매도기업이 출범일까지 사업을 떼어주지 않는 상황에서 TSA는 사업 연속성을 보장하는 유일한 수단이다. 물론 그중에는 분리되는 분야도 있으며, 매수기업은 이 같은 분야를 철저하게 검증해야 한다. 예를 들어 매도기업은 사업의 소속 법인을 이전해야 하며, 그러기 위해서는 은행 계좌, 직원들의 소속 법인, 납세 번호, 제삼자 계약 등을 분리해야 한다. 매도측과 함께 종합적인 분리 계획을 세우는 것은 출범일을 아무 문제 없이 맞이하기 위해 가장 처음으로 해야 할 일이다. 총연습에서 법인 전환까지 이르는 출범 준비에 적극적으로 참여하는 일은 일종의 검증 과정으로서, 매도기업이 온전한 사업을 넘겨주는 데 큰 도움이 된다.

결론

통합은 다른 관점으로 보는 방법이자 기본 양식과 관료주의에 관한 문제다. CEO는 컨설팅 회사로부터 두 회사의 로고가 새겨진 서류철을 받아 들었을 것이다. 그 안에는 각본이 들어있다. 각본은 그 자체만으로는 대단히 정적인 문건이다. 서류철을 펴보면 IMO팀과 지도원칙, 헌장, 출범 준비, 시너지 커뮤니케이션, 통합 후 비전, 작업그룹 명단 등이 차례로 등장한다. 컨설턴트가 킥오프 미팅에 참여할 사람을 불러 모아 양식을 나눠주면 그때부터 골치 아픈 일들이 시작된다. 물론 그게 다가 아니다. 리더들은 갑자기 어린아이가 된 것 같은 기분이 들 수도 있다. 자신이 통제할 수도 없고, 투자한 적도 없는 현황 보고서와 로드맵을 따라야 한다. 이와 같은 일은 처한 상황과 태도에 따라 몇 개월이나 지속된다.

6장과 7장에서 설명한 방식에 따르면 먼저 투자와 지지를 얻은 다음 리더들이 함께 여러 가지 주요 의사결정을 내리게 된다. IT팀이 6개월간 모든 의사결정을 직접 내려가며 분투하는 대신, 그 리더들이 나서서 의사결정을 촉진할 수 있는 것이다. 이 방식은 사내의 모든 팀이 각자의 계획을 추진하고, 직원들과 IMO 소속 요원들에게 분명한 지침을 제시하기 위한 구조와 틀을 마련해준다.

이러한 수준의 통합 계획은 새 조직이 통합 전에 계획한 운영상의 결정을 즉각 실현하고, 시너지를 조기에 달성하며, 통합 후 최종 비전에 관한 계획을 수립할 수 있게 돕는다.

8장에서는 이런 엄청난 양의 계획 업무가 어떻게 과도기 계획을 통합 출범 후 정상 업무로 바뀌고 인수 논리에 따른 약속을 지키는 데 도움이 되는지 살펴본다.

8장

통합 출범일

통합 후 실행 과정

통합 출범일은 신나고 획기적인 일대 사건이다. 그러나 경영상으로는 차분하게 맞이해야 하는 하나의 단계일 뿐이다. 직원 및 고객들과 긴밀한 의사소통을 이어가고, 규제 요건을 충족해야 하며, 은행 계좌를 무사히 준비해야 한다. 그러나 거래가 성사되어 통합 출범 행사를 성대히 치르고 나면 이제 통합의 여정과 새 회사의 미래가 시작된다. 마음을 단단히 먹어야 한다. 지금부터 발표하는 성과를 모든 이들이 주의 깊게 지켜보고 있기 때문이다.[1]

　통합 후 실행 과정에는 거래발표일과 그 이후의 통합 계획 못지않은 고도의 집중적인 경영관리가 필요하다. 통합 후 성공의 핵심 요소는 모멘텀을 유지하는 것이다. 통합 출범일 전에 이미 수천 건의 의사결정이 이루어졌으나 아직 그것은 검증된 바도 없고 새 조직에 적용되지도 않았다. 이 장에서는 인수 논리를 성공적으로 실행에 옮기고 통합 전 계획을 모두 무사히 달성하는 방법을 살펴본다. 그리고 어떻게 하면 이 과정을 신속하게, 또 효율적으로 진행할 수 있는지도 알아본다. 그러나 우선, '위험'에 대해 짚고 넘어가자.

통합 이후에는 이전에 없던 중대한 위험이 대두된다. 미처 파악하지 못한 상호의존성이나 변화 프로그램 등이 리더들의 적절한 관리 감독 없이 방치되면 천천히 누수가 발생하다가 나중에야 고위 경영진의 눈에 띄게 된다. 핵심 인력이 빠져나가고 그들이 가지고 있던 업무 지식도 함께 사라지면서 사업의 근본이 흔들리게 된다. 설령 통합의 시너지가 일부 실현되더라도 말이다. 그 결과 투자자의 신뢰만 사라지는 것이 아니라 고객, 직원, 공급자들과 유지해오던 가장 중요한 관계에도 손실이 발생한다.

통합 이후는 인수기업의 경영자들도 원래의 직무로 돌아가 인수 거래를 정상적인 기업 운영의 시각으로 대하는 시기다. 경영진은 이제 통합 프로그램에서 점점 손을 떼고 관리자들이 맡아서 운영하게 해준다. 이렇게 운영의 무게 중심이 변하는 상황에서야말로 통합팀의 집중력과 실행력을 그대로 유지하는 것이 더욱 중요하다.

지금까지 우리가 지켜본 가장 큰 실수는 인수기업의 리더들이 인수합병에 주의를 별로 기울이지 않거나, 심지어 통합 작업의 일부를 목표 기업에서 온 관리자에게 맡기기까지 한다는 점이었다. 예컨대 그들에게 프로세스를 바꾸라고 하거나, 그들이 관여하지도 않은 시너지 달성 과제를 맡긴 것이다. 목표 기업 측 사람들이 인수기업 측과 같은 목표를 가지고 있거나 그들이 인수합병 전에 했던 방식대로 운영하기를 원한다고 생각한다면 큰 오산임을 알아야 한다.

또 하나 어려운 문제는 최종 상태에 관한 정의가 뚜렷하지 않다는 점으로, 즉 전환 작업이 언제 모두 완료되며, 두 기업이 시장에서 하나의 합병 기업으로 운영되는 시점이 언제인지를 모른다는 것이다.

그 외에도 걸림돌은 많다. 예를 들면 시너지 프로젝트를 실제로 수행하는 방법을 뚜렷이 이해하지 못해서 시너지를 정확히 확인하지 못하는 경우가 있다. 솔직히 모든 사람이 오직 통합 출범일만 목표로 일제히 달려오느라 지친 면도 있다. 그리고 누적된 피로로 인해 IMO를 너무 일찍 해산하는 등의 잘못된 결정을 내릴 수도 있다. 사실, IMO의 역량은 통합 출범 후에 발생하는 여러 변화를 관리하는 데 오히려 더 필요할 수도 있다.

통합 과정에서 '동력이 떨어지는' 징후나 증상은 무엇일까? 수많은 대답이 있겠지만, 움직일 수 없는 증거라고 볼 만한 것들만을 예로 들자면 다음과 같다. 통합 관리자들이 불만을 품거나 의욕을 잃고 회사를 떠나기 시작한다. 직원들이 소속감을 못 느끼거나 정당한 대우를 받지 못한다고 느껴 직무 만족도와 사기가 저하된다. 필요를 충족하지 못하거나 회사가 약속을 어겨 불만을 느낀 고객을 경쟁사에 뺏긴다. 목표의 우선순위가 무너져 실행 책임자가 계획에서 배제되었다고 느끼거나 목표를 달성하기가 너무 버겁다고 생각한다. 시너지 목표를 발표한 지 12개월에서 18개월 후에 성과가 그에 훨씬 못 미친다면, 바로 이러한 요인이 모두 더해져 재무성과에 고스란히 반영된 결과라고 볼 수 있다.

사실 통합 후 실행 과정이 길수록, 경영진이 원래 인수 논리에서 제시하고 주주와 고객에게 약속했던 가치를 그대로 실현할 가능성은 점점 줄어든다. 그리고 치열한 경쟁 시장에서 이러한 문제는 예상 수익을 조정해야 하는 수준을 넘어, 두 기업이 합병되기 전에 기대했던 재무성과마저 달성할 수 없는 사태를 초래할 수 있다. 게다가 거래 성사 후에 통합 활동이 계속 이어지면서 인수합병이 없었더라면 원래 계획에 따라 기업 성장에 투입되었을 돈마저 계속

들어가기 때문에, 후속 인수, 또는 추가 성장과 같은 다른 기회는 엄두도 못 내게 된다.

통합 후 실행 활동은 거의 1년 이내에 마무리되고 길어도 18개월을 넘지는 않는다. 그보다 길어지면 사람들의 관심이 시들게 된다. 1년 안에 주요 통합 과제를 끝내지 못하면 시너지 추정치의 현재 가치가 줄어들면서 인수 가치도 저하될 뿐만 아니라, 영업이익을 추적하는 작업도 좀 더 복잡해진다. 실행이 늦어지면 변화 관리 자체가 더욱 힘들어지는데, 이것은 관리자나 직원이나 전환 과정을 아예 일상 업무로 여기기 시작하면서 행동이 굳어지고 관료화되기 때문이다.

따라서 거래 성사 후 통합을 성공적으로 이루어내는 첫걸음은 전적으로 열정을 바칠 팀을 확보하는 것이며, 주로 IMO가 이 일을 담당하게 된다. 뚜렷한 리더진이 구성되고 이들이 믿을만한 기능별, 사업별 리더들과 협력하여 오로지 통합과 전환 작업에만 매진해야 한다. 따라서 이들에게는 독자적인 결정권을 주어야 한다.

통합 후의 핵심 과제는 새 회사가 초기의 인수 논리와 출범 전의 계획 및 결정을 모두 실행하는 것이다. 따라서 합병 기업과 새 경영모델을 하루속히 정상 업무로 정착시키는 데 집중해야 한다. 이를 종합해보면 다음과 같은 다섯 가지의 주요 전환 대상으로 나눌 수 있다.

1. IMO 체제에서 정상 업무 체제로
2. 조직 설계에서 인원 선발과 노동력 전환으로
3. 시너지 계획에서 시너지 추적과 보고로

4. 보안 공간에서 고객 경험 및 성장으로

5. 내부고객 경험에서 변화 관리 및 문화로

이 다섯 가지 필수적인 전환 과정을 추적하여 통합 후 실행 과정을 성공적으로 이끄는 방법을 아래에 하나하나 설명한다.

전환 과정 : 통합관리기구(IMO) 체제에서 정상 업무 체제로

IMO와 그 체제가 통합 출범일에 곧바로 끝나지 않고, 대신 뚜렷한 변화 과정을 거치게 된다. IMO는 통합 출범까지 쉴새 없이 달려오는 동안 여러 작업그룹을 관리 감독하면서 특정 기능 분야를 넘어서는 상호의존관계와 그들 사이의 우선순위에 주의를 기울여왔다. 출범일 후에 IMO는 각 기능을 정상 업무로 복귀시키는 작업에 착수한다. IMO는 통합 과정에서는 최종 상태를 정의하고 각종 계획과 시너지 프로젝트를 만들어내는 데 관심을 기울였지만, 통합 후에는 실행과 전환, 그리고 조직의 방향을 약속된 목표 달성에 맞추는 데 집중하게 된다.

통합 출범일을 계기로 그동안의 노력이 한풀 꺾일 수 있으므로(누적된 피로와 중요한 이정표에 도달했다는 데서 오는 안도감이 더해져서) IMO는 동력을 보존하여 통합 과정이 궤도를 이탈하지 않도록 주의해야 한다. 지금은 통합 출범 전에 계획했던 모든 일을 실행에 옮기는 시작점에 불과하다는 사실을 명심해야 한다. 그동안은 아무 문제 없는 출범일을 맞이하기 위해 단기적 해결책으로 버텨왔다면, 이제는 IMO 체제에서 정상 업무로 전환하는 더 큰 과제를 앞두게 된 셈이다.

거래 성사 후의 통합 계획은 실행이라는 현실을 마주한다. '인수 논리의 가치를 실현한다'는 개념이 아무리 멋진 원칙이라고는 해도, 솔직히 말해 통합 출범 후 IMO가 마주해야 하는 현실은 수많은 업무 현장과 작업그룹들의 중첩되는 일상 업무들 사이에 상호의존성을 끊임없이 관리해가며 계획과 이정표가 제대로 지켜지는지, 통합 방법이 순조롭게 운영되는지 확인하는 것이다. 통합 업무에 이 같은 부가적인 조정 작업이 더 이상 필요 없어질 때가 되어야 비로소 과도기의 작업그룹이 일상 업무로 전환될 수 있다.

그런데 '정상 업무'란 도대체 무엇을 의미하는 걸까? 이 책이 다루는 통합이라는 목적에 비추어 볼 때, 이 말은 '각 기능이 현재와 미래에 IMO와 같은 별도 기구의 부가적인 개입이 필요 없이 서로 협력하여 업무를 수행해나가는 것'을 뜻한다.

정상 업무로 전환하려는 목적은 크게 세 가지 측면으로 설명할 수 있다.

1. 업무 현장의 팀들을 사업부 단위로 운영하고 정규 IMO 회의에 참여하는 일정에서 벗어날 수 있게 한다.
2. 작업그룹들이 통합 목표를 모두 완료하고 시너지 목표를 달성할 뚜렷한 방법을 마련한다.
3. IMO가 더 이상 작업그룹을 조정하는 노력을 기울일 필요가 없다는 사실을 경영진과 운영 위원회에 분명하게 알린다.

가장 흔히 저지르는 실수는 특정 작업그룹이 정상 업무 상태에 도달하는 일과 일정량의 시너지 실현 상태를 서로 연동하는 것이다. 예를 들어, IT나 재무 기능이 시너지를 100% 달성했음에도 다른 작업그룹이 또 다른 통합 활동에 아직 매달려 있는 바람에 통합 업무를 벗어나지 못할 수 있다. IT나 재무 기능은 다른 작업그룹의 시너지나 통합 요건에 중요한 길목을 차지하기 때문이다. 이 경우, 정상 업무로 돌아오기 위해서는 통합 활동을 위한 조정이 더 이상 필요 없는 상태가 되어야 한다.

작업그룹이 일단 통합 업무에서 벗어나면 IMO는 더 이상 작업그룹에 대해 프로그램 관리자 역할을 하지 않아도 된다. 즉, 이후부터는 IMO 회의에 참여하지 않아도 된다는 의미이다. 이러한 회의는 어디까지나 IMO가 조정을 위해 개입하고, 일정이나 전체적인 작업계획을 기준으로 현재 상황을 파악하는 자리이기 때문이다. 정상 업무로 복귀한 후에 통합 작업그룹은 더 이상 존재하지 않게 된다. 그들의 프로젝트나 활동은 기존 업무나 기능의 프로젝트 및 활동에 편입된다. 예산편성도 정상적인 연간 운영 계획이나 예산 프로세스로 통합된다. 이때 프로젝트 관리자는 작업그룹의 문서화 작업과 산출물을 지원하는 역할을 맡는다.

통합 업무가 종료되면 작업그룹별 리더는 계획 실행에 투입되었던 인원을 재배치하는 등의 잔여 업무를 처리한다.

작업그룹은 시너지 포착과 통합 비용을 계속 추적하는 동안에는 추적과 보고를 위해 중앙 계획 수단의 통합 준비 프로젝트를 계속 진행할 필요가 있다. 이 업무는 IMO와 FP&A가 주도한다.

IMO 체제에서 정상 업무로 이행하는 속도는 기능에 따라 다르다. 보통 인사나 IT, 재무와 같은 지원 기능은 IMO로부터 가장 큰 주목을 받는다. 이들이 조직 내에서 가장 긴 시간을 소비하고 다른 기능에 미치는 영향도 제일 크기 때문이다. 인수기업과 목표 기업의 통합 과정은 바로 이러한 기능(IT, 인사, 재무)의 서로 상이한 시스템에서부터 시작될 수 있다. 따라서 새 조직이 정상 업무로 전환할 때 이 기능도 정상으로 회복하는 과정을 거쳐야 하는데, 여기에는 보통 1년 이상의 기간이 필요하다. 자회사에서 정상 업무로 이행하는 과정은 TSA가 충족되면 곧바로 끝난다. HSR 규정의 적용을 받는 매각거래도 정상 업무로 복귀하기 전에 마무리되어야 한다.

이해를 돕기 위해 시너지 실현을 위한 기능 간 작업그룹을 예로 들어보겠다. 이 작업그룹이 공식적으로 정상 업무로 복귀하려면 각 작업그룹이 목표를 승인하고 상향식 계획이 기능별 또는 사업부별 예산에 포함되어야 한다(비용 기대치가 줄어들거나 매출 기대치가 높아졌을 것이다). 결과를 추적하는 일은 결국 FP&A가 맡게 된다. 다른 사업 성과를 추적하는 일도 마찬가지다. 인수발표일에 약속한 추정 목표를 달성하거나 초과하면 시너지팀을 해산하는 회사도 있다. 시너지 실현이 순조롭게 진행되는지, 기대치를 넘어서는지 파악한 후에 FP&A로 이관하는 회사도 있다.

FP&A로 공식 이관되기 전까지는 IMO가 시너지 실현의 기록과 추적을 확인해야 한다. 그렇지 않으면 사업부나 기능별로 첫해 성적이 왜곡될 수 있어 IMO가 그들에게 신경을 쓰지 않게 된다. 확고한 시너지 목표나 성과 평가 기능이 없으면 사업부는 쉽게 달성하는 숫자만 IMO에 제공하여, 실제로는 그렇지 않음에도 불구하고 마치 시너지를 달성한 것처럼 꾸며낼 수 있다.

IMO가 언제 해산해야 할지 아는 것도 통합의 최종 상태를 미리 내다보는 활동에 포함된다. '완수'라는 말의 의미를 정의하는 것도 전체 계획의 일부로서, 통합의 성격과 작업그룹의 복잡성에 따라 저마다 다르다. 그러나 실행팀은 각 기능과 사업부가 언제 그 시점에 도달했는지를 알아야 한다. 이상적으로 최종 상태란 두 기업이 시장에서 하나의 기업으로 활동하면서 인수 논리가 충분히 실현된 상태라고 정의할 수 있다.

시간이 지나면서 작업그룹이 하나둘 떨어져 나가면 IMO의 구조와 그 규모가 위축되면서 중요성도 점점 줄어든다. 인원이나 회의 빈도도 줄어들면서 작업그룹이 이 구조를 벗어나게 된다. 회의 일정이나 경영진 보고는 통합 절차가 아니라 단지 시너지를 확인하기 위해서만 존재하게 된다. IMO의 마지막은 대개 IMO 리더가 다른 직무를 맡거나, 구성원 중 다수가 IMO 이전의 직무로 돌아가거나 또 다른 자리로 옮기는 형태가 된다. IMO팀에 끝까지 남아 업무를 마무리 짓는 사람은 대개 구성원 중에서도 최고 직위에 다소 못 미치는 사람이다.

그러나 통합이 완료되기 전까지 IMO는 어떤 형태로든 존재한다(다음의 '정상 업무 복귀 과정'을 참조하라).

정상 업무 복귀 과정

1. IMO의 핵심부가 정상 업무에 복귀할 만한 작업그룹을 찾는다. 혹은 스스로 준비가 되었다고 판단하는 작업그룹이 먼저

IMO에 연락을 취할 수도 있다.

2. IMO는 해당 작업그룹과 함께 복귀에 필요한 서류를 작성한다.

3. IMO와 해당 작업그룹이 함께 필요 서류를 살펴보고 작업그룹 직속 관리자의 관점에서 승인 자격을 검토한다.

4. 승인에 앞서 작업그룹 리더는 자신이 속한 조직과 관련된 통합과 작업계획에 전적으로 책임을 져야 한다는 사실을 인식한다.

전환 과정: 조직 설계에서 인원 선발과 노동력 전환으로

조직 설계가 끝나고 직무가 결정되면 새 회사의 계획을 실행하고 나머지 인력의 전환 작업을 주도할 인원을 선발해야 한다.

인원 선발

조직 설계팀이 담당하는 인원 선발은 그저 적합한 인력을 고르기만 하면 되는 일이 아니다. 두 회사에서 누가 남고 누가 떠날지, 누가 어떤 직무를 맡을지에 관한 문제이며, 여기에는 모두가 공감하며 가장 우선시되어야 할 선발 기준이 얼마나 공정하게 적용되는가가 중요하다. 경력 적합도, 업무 기술, 보상(비용), 성과 평가, 지리적 위치, 그리고 다양성, 형평성, 포용성(diversity, equity, inclusion, DEI) 등과 같은 기준들이다. 통합 출범일까지 L0에서 L2(때로는 L3까지) 계층의 리더들을 먼저 선정하여 공표한다. 이 리더들의 면면은 합병 회사의 미래 방향을 알 수 있는 중요한 신호 역할을 한다. 그다음에는 L3와 L4 및 그 이하의 리더를 선발, 공지, 전환한다. 훨씬 더 많은 인력군이다.

이제는 7장에서 설명한 통합 전 계획 프로세스에서 선택한 선택지를 실행하는 단계다. 즉 1번 선택지였다면 선발된 리더들이 조직과 직무를 설계한 다음 계층별로 인원을 선발하면 되고, 2번 선택지로 정했다면 L3 리더들이 조직 구조와 인원을 처음부터 끝까지 설계한 다음 인원 선발은 그 후에 진행한다. 어느 쪽이든 영향을 받는 기능이나 사업부의 시너지 목표를 따라 진행하는 편이, 조직 내부에 깊이 숨어있는 비용 절감 요인을 찾아내는 것보다 비용 구조가 훨씬 더 큰 상층부(L1부터 L4)에서 시너지 목표를 달성하기가 훨씬 더 쉽다.

어느 쪽을 택하든, 이제 남은 과제는 공개된 직책을 후보로 채우는 일이다. 조직 설계팀과 인사팀은 인원을 선발하는 경영진이 합의된 기준을 숙지하고 이를 일관되게 적용하도록 해야 한다(결국은 최적의 인물을 선발하는 게 목적이다). 어떤 방법을 택하든지 적임자와 기준, 비용 사이에는 항상 긴장 관계가 존재한다.

첫 번째 선택지는 양측 기업 모두 리더들이 그동안 쌓아온 인간관계를 바탕으로 누구를 선발할지 잘 알 수 있다는 장점이 있다. 그러나 바로 그 인간관계가 결정에 영향을 미친다는 단점도 있다. 이 방법은 계층별로 진행되다 보니 자칫 '정실 인사'로 흐를 위험이 있다. 편향된 인선이 이루어질 수 있는 이유는 판단하는 사람의 의도와 상관없이 모두가 합의하는 인원 선발 기준을 뚜렷하고 공정하게 적용하기가 어려운 일이기 때문이다. 우리는 오랫동안 함께 일해온 동료를 너무 높게 평가한 나머지, 사실은 그가 '적합한' 자격을 갖추지 못했는데도 마치 무슨 일이든 다 할 수 있을 것처럼 착각하기 쉽다.

물론 첫 번째 선택지에는 각 계층의 인건비가 일종의 검증 장치로 작용하여, 시너지 목표가 확인되어야 다음 계층으로 넘어갈 수 있다는 장점도 있다. 다만 리더가 생각하기에 인건비가 높은 인원일수록 다음 단계에서 살아남지 못할 것 같아 남겨두었는데, 결국 다음 단계에 가서 감축 대상에 포함되는 문제가 발생할 수 있다. 여기서 다시 한번 '해고의 공포가 장기간 지속'될 수 있다.

예를 들어 마크는 L2 리더에 해당하는 사업부 부사장으로 선발되었고 그는 직속 부하에 해당하는 이사직에 에이미라는 사람을 선임했다. 마크는 이 사실을 발표한 후 에이미를 그 자리에 앉혔고, 에이미는 다시 자기 휘하의 직무를 설계한 후 부하들을 발표하고 선발했다. 그들 역시 각자 부하를 선발하는 식으로 같은 과정을 반복했다. 이때 가장 높은 계층의 리더가 시너지 목표를 준수하지 않으면 비용 절감 부담이 다음 계층으로 계속 전가되어 간다. 그렇게 해서 결국 조직 전체가 할당된 절감 목표를 달성할 수 없게 되면 이 과정을 몇 번이고 처음부터 다시 해야 한다. 이렇게 되면 리더들은 처음에 미뤄둔 어려운 결정을 다시 해야 하거나, 심하면 시너지 목표를 아예 포기해버리게 된다. 이와 같은 일은 심심찮게 벌어진다(7장에서 언급한 누출의 사례에 해당한다). 게다가 이미 선발된 줄 알고 있던 당사자에게 선발 취소를 알리는 것은 매우 고통스러운 일이다.

　두 번째 선택지는 좀 더 데이터를 중심으로 인원을 선발하는 방법으로, 대개 L3 계층의 리더와 인사 부서 파트너가 함께 조직의 전 계층을 자세히 살펴보는 방식이다. 이 방식의 장점은 모두가 동의하는 선발 기준을 개별 부서 차원이 아니라 회사 전체에 공정하고 엄격하게 적용할 수 있다는 점이다. 물론 조직 설계 단계에서도 이미 각 직무의 평균 비용이 고려되었지만, 선발 단계에서는 개별 인원에 대한 구체적인 비용을 고려하게 된다. 하지만 이렇게 기준을 곧이곧대로 적용하면 결과적으로 차선책이나 더 높은 비용이 드는 쪽이 선택될 가능성이 있다. 성과가 우수한 직원일수록 대개 몸값도 비쌀 것이기 때문이다. 다시 말해 비용 우선순위를 전혀 고려하지 않으면 결국에는 가장 인건비가 높은 사람이 선발될 가능성이 크다. 반대로 비용을 최우선순위로 고려하면 새 조직에는 우수한 직원이 전혀 남지 않게 될 위험이 있다. 비용 위험이 없는 대신 인재 위험에 노출되는 것이다(만약 유능한 잠재력을 지닌 젊은 직원들이 풍부하다면 이 문제는 육성으로 해결할 수 있을 것이다).

　이처럼 엄격한 기준을 적용한 결과를 리더들이 쉽게 받아들이려 하지 않을 때는 더 큰 긴장이 조성된다. 리더들은 자신이 조직 설계에도 관여하지 않았건만, 이제는 최고의 인력을 선택할 수도 없게 되었다는 사실에 불만이 싹틀 수 있다. 두 번째 선택지의 경우 대체로 불공정과 모순의 위험은 그리 크지 않다지만 리더들은 자신이 처한 상황이 불쾌하거나 심지어 화가 날 수도 있다. 시너지 목표는 충족되었을망정 정작 자신이 선택하지 않은 사람들로 팀이 꾸려진 셈이니 말이다. 고위층 경영자들이 결과에 만족하지 못하거나 하층부 관리자들이 반발할 때는 조정이 필요할 수도 있다. 시너지 목표를 달성하지 못한다면 기준을 바꿔야 하는 것이다. 하위 계층 관리자들에게 불만이 있다면 조직은 그들이 팀을 통해 성공을 거둘 수 있도록 전환 기간을 연장하거나 교육 프로그램을 운영하거나 리더 재임 기간을 늘려주는 등의 도움을 줄 수 있다.

어떠한 방식을 택하든 법무팀과 시너지팀의 검토가 필요하다. 법무팀은 불공정이나 편향 없이 기준이 일관되게 적용되고 있는지 살펴본다. 시너지팀은 리더가 승인된 시너지 추정치나 목표에서 벗어나지 않도록 관리한다(의도적이든 다른 이유로든). 법무팀과 시너지팀은 대개 규칙을 강제하는 막강한 위치에 있는 경우가 많다.

전 직원을 상대로 검토해보면 어느 프로세스가 불공정을 만들어내는지(무의식적인 편향으로 인해) 알 수 있고, 그러한 프로세스의 문제를 해결하거나 장기적인 DEI 목적에 부합하도록 바꿀 수 있다. 통합 출범일은 회사의 문제가 어디에 어떻게 존재하는지를 새 조직에서 투명하게 드러내고 그와 같은 불평등을 인원 선발 과정을 통해 적극적으로 해결할 수 있는 기회다. 최소한 인력 재배치 과정에서 양측 기업이 그동안 기울여온 노력이 후퇴하거나 DEI라는 대의에 어긋나는 방향의 경력을 만들어내서는(또는 시도해서는) 안 될 것이다.

인력 전환

인력 전환에는 두 가지 큰 안건이 있다. 첫째, 인력 전환이 미칠 영향을 전 직원은 물론이고 규제 기관, 근로자 협의체, 노조 등에 모두 통지해야 한다. 거의 모든 나라에는 공장 폐쇄나 정리해고가 있을 때 반드시 이를 통지해야 한다는 규정이 있다. 미국의 경우 근로자 적응 및 재훈련 통지법(worker adjustment and retaining notification act, WARN)이 그 예다. 이 규정에 따르면 직원 중 누가 어떠한 제안을 받고 잔류하는지, 단기 재직 계약이 필요한 사람은 누군지, 이직 서비스를 통해 퇴출당하는 직원은 누구인지 등을 전부 알게 되어있다. 이직 대상에 포함되지 않는 직원이라 해도 조직의 주요 변화를 아는 것은 중요한 일이다.

둘째, 직원들이 새로운 직무를 맡아 대거로 이동함에 따라 기업 운영의 연속성을 보장하기 위해 업무 지식이 제대로 전달되어야 한다. 일부 직원 중에는 보유한 지식의 가치가 워낙 커서, 단지 전환 과정 중에 '대기 상태'에 있는 것만으로 주변의 인정과 칭찬 정도가 아니라 금전적 보상까지 해주어야 하는 이도 있다. 그러나 그와 같은 잔류 보상자에 해당하는 직원의 총수는 그리 많다고 볼 수 없다.

인력 전환을 순조롭게 진행하기 위해 고려해야 할 또 다른 중요한 사안은 타이밍과 물적 지원, 그리고 진행 순서 등이다. 여기에서도 30일, 60일, 90일 단위의 일정 계획이 필요하다. 한 가지 중요한 결정 사항은 동시에 전환할 기능과 그러면 안 되는 기능을 구분하는 일이다. 조직 설계팀은 인간관계와 문서, 주요 고객 변화, 그리고 예상되는 기술 변화와 그것이 여러 사람에게 미치는 영향 등을 파악할 수 있다. 예컨대 영업 인력은 새로운 고객층과 통계수치를 기반으로 전혀 새로운 CRM(고객관계관리) 시스템을 익혀야 하고, 조직 내에서도 달라진 지원 부서 팀들과 새롭게 인간관계를 맺어야 한다. 더구나 그 지원인력들 역시 새로운 것들을 배우는 중이다. 진행 순서 문제는 고객에게 미치는 혼란과 직원들의 스트레스를 최소화하기 위해 시간과 지원이 얼마나 필요한가에 달려있다.

따라서 인력 전환에서는 이 과정이 잘못되었을 때 초래될 위험의 정도에 따라 각 기능을 바라본다. 가장 일반적인 방법은 가동되는 기능을 신속하게 공지하고, 가능한 한 빨리 직원을 재배치한 후에 고객 응대 인력을 전환하는 것이다. 출범 당일에는 주요 고객 관계를 누가 주도하는지 불분명할 수 있다. 대개 그와 같은 지식은 보안 계획에 포함되어 있기 때문이다. 일반적으로 기업들은 고객 관계에 관한 정보를 최고 인재 못지않게 경쟁에 민감한 정보로 인식하므로, 리더들은 중요한 결정을 내리기 전에 고객 포트폴리오와 영업 관계를 충분히 파악할 필요가 있다.

지원 부서의 도움으로 가동되는 기능이 어떠한 영향을 받는지는 잘 알려져 있다. 통합 전 계획에 이미 외주, 공유 서비스 센터, IT 시스템 등에 관한 선택이 포함되어 있기 때문이다. 그러나 이런 변화가 완벽히 정착하기까지는 12개월에서 18개월 정도가 소요되므로, 시스템이 폐기되는 동안에도 지원인력(급여 처리 시스템 관리자 등) 중 상당수가 남아있어야 한다.

지식 전달에는 타이밍과 물적 지원, 그리고 진행 순서도 중요한 요소로 작용한다. 신속한 통지와 빠른 퇴출이 진행되면서 오랜 경험을 통해 축적된 필수 지식도 함께 빠져나갈 수 있다. 남아있는 직원들이 도움을 원한다면, 그들을 잠깐 붙잡아두는 데만도 30일 치 이상의 보너스가 필요할 수 있다. 원활한 지식 전달과 핵심 고객 소개, 중요한 문제 전달 등을 위해 보너스를 지급할 수 있다는 것은 전환 계약이나 잔류 계약의 내용만 봐도 알 수 있다.

예컨대 앨런이 남아있게 된 사람이고 마이클이 떠나는 쪽이라면 지식 전달 계획을 수립할 때 이 둘이 인수인계 절차를 밟는 동안 정상 업무가 과정에 부정적인 영향을 미치지 않도록 세심하게 배려해야 한다. 자아 성찰을 촉진하는 대화도 지식과 인간관계, 문서로 간주해야 한다. 그동안 마이클이 업무에 관여해온 역사와 앨런이 어떠한 단절도 없이 고객을 응대하는 데 필요했던 내외부의 정보가 그들의 대화를 통해 전달되기 때문이다(6장에서는 이것을 서비스 제공 모델이라고 했다). 서비스 제공 수준을 높이지는 못하더라도 최소한 유지하는 것이 목적인 셈이다.

직원들에게는 이 프로세스도 부담이 될 수 있다. 따라서 지식 전달에 추가로 들어가는 시간과 노력을 인정해줄 필요가 있다. 이 시간은 직원의 고객에게는 성가신 일이고, 직원으로서도 기존의 재무 및 인사 부서 담당자를 떠나 사실상 낯선 사람을 만나 익숙하지 않은 프로세스를 익혀야 하므로 자칫 어찌할 바를 모를 수도 있다. 인력 전환팀은 이러한 변화 과정의 순서와 타이밍을 세심하게 관리해야 한다.

조직 설계팀은 각 기능 사이의 전환 과정에 속도 차이가 나는지도 파악해야 한다. 직원과 고객에게 미치는 혼란을 최소화하는 방식으로 전환을 진행하는 것이 중요하다. 너무나 기존의 문화가 열악해서 혼란이 드러나는 것이 오히려 신속한 복구에 도움이 될 수도 있지만, 실제로 그런 경우는 거의 드물다. 지원 부서 인력이 이직하는 데 필요한 기간은 대개 2주 정도다. 재편되기는 하지만 이직은 없는 고객 응대 기능의 경우는 몇 달이 걸리기도 한다. 그러나 여기서도 가장 중요한 것은 인력 전환과 지식 전달은 모두 다른 인수작업들과 마찬가지로 순서를 세심하게 고려하여 진행해야 한다는 사실이다.

전환 과정:
시너지 계획에서 시너지 추적 및 보고로

통합 출범 이전까지 시너지팀은 작업그룹들에 각종 활동과 작업계획을 개발하고 각 활동에 로드맵과 이정표를 명기하라고 독려했다. 이러한 계획의 목적은 각 작업그룹에 할당된 최소 비용이나 매출 시너지 목표를 달성하는 것이었다. 운영 위원회는 이 같은 계획들을 승인한 다음 실행 프로젝트 코드를 부여하여 경영 계획과 목표에 반영했다. 여기까지는 쉬운 일이다. 멀고 힘든 여정은 바로 지금부터다.

이제 보안 공간은 열렸고 데이터도 언제든지 살펴볼 수 있으며, 두 기업은 하나의 회사로 운영될 수 있다. 새 회사는 투자자에게 확신을 심어주기 시작해야 한다. 인수기업이 목표 기업의 주식을 프리미엄까지 주고 사들였기 때문이다. 노동과 비노동 분야의 시너지 계획은 시너지팀과 작업그룹의 노력으로 재검토된 후 곧바로 각 기능의 추가 활동에 따라 검증을 거치게 된다. 이제 기능별로 새 경영팀이 자리를 잡았기 때문에 분명히 가능한 일이다.

더 중요한 사실은 IMO가 시너지팀과 함께 통합 출범일 전까지 설계와 승인을 거친 공격적인 재무 보고와 추적 프로세스를 시작한다는 것이다. 이를 통해 목표 시너지를 감독할 수 있고, 그 요인을 시너지를 창출한 여러 활동과 작업계획에 할당할 수 있다. 진정한 시너지는 뚜렷한 실체로서 결국은 손익계산서에 영향을 미친다. 이는 두 회사의 기존 운영 계획과 구분되어야 하며, 시너지를 실현했다는 주장은 실체를 확인하는 과정을 견뎌낼 수 있어야 한다.

우리가 경험한 바에 따르면, 시너지 진척도를 추적하는 일정(주간 단위가 좋다)을 꾸준히 지속하다 보면 반드시 성취를 맛보는 날이 온다. 에코랩의 경우, 출범 첫 주에 곧바로 구매 부문에서 2,100만 달러가 넘는 시너지를 거두었다. 비록 이 일정은 시간이 지날수록 느슨해질 수 있지만, 여러 기능은 각자 순 시너지(총 재무성과 증가액에서 지속적인 비용 증가치를 뺀 값) 추정치를 달성할 정도의 시간과 노력을 기울일 준비를 해야 한다.

시너지 계획과 그 결과는 이후 적극적인 관리와 추적이 뒷받침되지 않으면 점점 시들해진다. 사업부 리더들은 애초에 자신이 구상한 목표가 아니면 그것을 달성하는 데 최소한의 노력만 기울인다. 심지어 목표를 달성하려는 계획을 세우고 열심히 활동하면서도 속으로는 비현실적이라는 생각을 품는다. 때로는 경영 계획을 초과하는 성적으로 시너지 목표를 달성한 것처럼 꾸며내기도 한다(단기 비용을 줄이고 그것을 시너지로 계산하면 된다). 사람들이 계획을 지키지 않는 것은 이해하지 못해서가 아니다. 그대로 실천하기가 어렵기 때문이다. 그들은 임시변통을 시도하여 옛 방식으로 되돌아가려고 한다. 이것이 바로 계획을 감시하고 실현된 시너지를 인식하는 프로세스가 그토록 중요한 이유다. 통합 출범 직후의 시너지 목표 달성과 초과에 상당한 금전적 보상을 제공해야 하는 것도 마찬가지 이유에서다.

예를 들어 환경 서비스 분야의 두 대기업이 합병했을 때, 그 회사는 시너지 목표인 추정 EBIT 1억 5,000만 달러를 달성하면 약 7,000만 달러에 달하는 시너지 달성 보너스를 최고경영진과 700여 명의 직원들에게 지급하겠다고 발표했다. 그보다 낮은 목표, 즉 시너지 달성에 필요한 일회성 비용과 지속성 비용이 미리 정한 수치를 넘지만 않으면 최대 보상액의 25에서 100%는 충분히 받을 수 있었다. 이 정도의 보상은 흔히 있는 일이 아니다.

7장에서 살펴봤듯이, 시너지 프로그램은 우선순위가 정해진 활동들이 모인 것이다. 각각의 활동은 추진 주체가 있고 작업계획이 필요하다. 이 활동의 목적과 순 시너지를 달성하기 위한 일련의 프로젝트와 이에 따른 일정표가 필요하다. 통합 출범 후에 IMO는 시너지 작업계획과 일정을 최종 상태 경영 통합 계획에 편입하여 어떤 시너지가 통합 활동 전반에 영향을 받는지 일목요연하게 드러낸다.

이는 너무나 방대하고 복잡한 일로 보일 것이며 실제로도 그렇다. 그러나 작업계획 전반을 한눈에 볼 수 있는 주체는 IMO밖에 없다. 그리고 시너지 실현은 시너지 계획의 기반이 되는 경영 통합의 범위 안에 있다. 여기에는 합병 회사의 첫 분기 성과, 혹은 부동산 및 기반 시설의 합병 등이 포함된다. 이러한 일정은 새롭게 합병된 조직의 비용 절감으로 곧바로 이어진다.

결국 이것은 IMO가 우선순위를 어떻게 설정하느냐에 달린 문제다. 몇몇 시너지들은 연관성은 낮지만 다른 더 복잡한 것들(달성에 필요한 시간도 훨씬 더 길다)에 비해 훨씬 더 큰 가치를 산출하기도 하기 때문이다. 더구나 시너지 작업계획과 경영 통합 활동의 순서는 새 경영모델과 리더십 우선순위에 부합해야 한다. 따라서 우선순위를 바꾸려면 운영 위원회의 승인이 필요하다.

성공적인 시너지 보고 및 추적 프로그램에는 다음과 같은 세 가지 강화 요소가 있다.

1. **재무 보고**: 개별 시너지 활동의 이점과 관련 비용을 추적하는 방법을 확립하고, 이를 내부 비용센터, 부서, 프로젝트 코드와 연동한다.
2. **일정 추적**: IMO가 주도하는 작업으로, 각 활동의 프로젝트 중간 목

표를 추적하여 일자 및 연관도를 계획과 맞추어 크게 벗어나지 않도록 관리한다.

3. **선행 지표:** 주요 시너지 동력을 기반으로 의존성을 감시하여 대략적인 교정 수치를 미리 제시하려는 목적으로 개발된 KPI다. 선행 지표는 시너지 활동이 궤도를 벗어나거나 정해진 중간 목표를 달성하지 못할 때 이를 미리 경고하는 '건강 진단' 역할을 한다. 선행 지표를 주로 사용하는 대상은 거액의 보상과 주요 중간 목표가 걸린 대규모 활동이다. 이러한 활동은 대개 시간도 오래 걸리고 복잡하므로 궤도를 이탈하지 않는지 지속적으로 감시할 필요가 있다.

앞서 등장했던 홈랜드의 CEO 체스 퍼거슨을 떠올려보자. 홈랜드는 아푸르인더스트리 인수작업을 계속 진행했다. 그들은 통합 출범일을 무사히 치러냈고, 지금은 시너지 보고 및 추적 프로그램을 가동 중이다. 산업전시회나 다른 행사에 출품하거나 후원하는 일을 통합한 것도, 평소 홈랜드와 아푸르가 이러한 행사에 동시에 참석하는 일이 많아서 수백만 달러의 비용 절감 효과를 거둘 수 있다고 판단했기 때문이었다. 이 활동의 중간 목표 중에는 두 회사가 같이 참석하는 전시회를 파악하고 비용을 할당하는 일이 있었다. 통합 출품 전략도 세워야 했고, 어느 전시회나 회의에서 가장 큰 통합 효과를 거둘 수 있는지도 판단해야 했다. 양사 간 조건을 합의하고 합병 순서를 짜는 일 역시 중요했다. 이 과정에서의 선행 지표라면 양사가 참석한 전체 전시회 중에서 실제로 통합에 성공한 전시회의 숫자가 될 것이다.

6장에서 소개했던 화장품 회사의 합병 건을 다시 생각해보자. 목표 기업은 향수 제품을 네 개의 제조업체에 위탁 생산하고 있었다. 이 인수합병에서 발생하는 시너지의 주요 원천은 인수기업의 생산시설을 통해 향수를 생산한다는 데 있었다. 따라서 주요 중간 성과로는 인수기업의 제조시설 재편, 화학 원료와 충전용기를 혼합하는 신규 설비 구매, 시험 생산 가동, 생산능력과 인력의 확충, 그리고 위탁 생산 계약 해지 등을 들 수 있었다. 선행 지표는 신규 장비 가동 준비에 필요한 기술 명세서 확보 및 신규 장비 주문, 신규 인력 고용 및 교육 진척도 점검, 위탁 생산업체 계약 해지 추진 등이었다.

이제 해야 할 일은 재무 보고 및 추적 작업이다. 이와 관련해 여섯 가지 주요 개념이 있다. 기준점, 지정된 시너지 목표, 기능 및 사업부 단위 재무계획, 주기별 예측치, 실제 현황, 그리고 어떤 방향으로든 문제를 확인하고 재예측하는 데 필요한 변수 분석 등이다.

그림 8-1은 이 여섯 가지 항목이 결합하여 재무 보고와 추적을 진행하는 프로세스를 보여준다. 출발점은 시너지를 제외한 합병 회사의 향후 계획에 관한 기준점이다. 확장된 시너지 목표는 기능이나 사업부가 미래에 달성해야 하는 최소한의 목표다. 이 계획은 통합 출범일을 목표로 기능이나 사업부가 작성한 상향식 재무계획으로, 목표를 달성하는 것은 물론이고, 그것을 넘어서는 경우가 많다. 특히 보상이 걸려있다면 더욱 그렇다. 통합 출범일에는 예측치와 계획이 일치하고, 실제 현황에 따라 월간 또는 분기 단위로 재예측이 이루어진다. 실제 현황은 FP&A에 의해 검증된 문서상의 비용이나 매출 시너지를 말한다. 계획과 예측의 차이는 다음 주기에서 노동 및 비노동 시너지를 더욱 정교하게 예측하는 형태로 나타난다.

그림 8-1

시너지 재무 보고 및 추적 프로세스

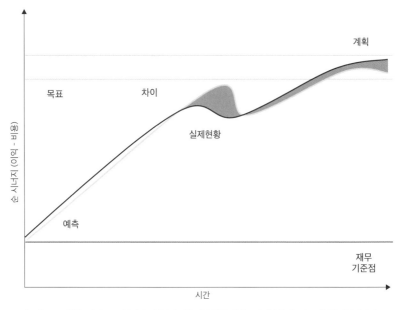

주: 기준점, 목표, 계획은 직선으로 단순하게 가정하여 예측, 실제 현황, 차이 등이 계획에 접근하는 과정을 나타내었다.

시너지팀과 IMO, 그리고 고위 경영진은 이 재무 보고 및 추적 프로세스와 중간 목표 추적, 그리고 선행 지표 등을 이용하여 매출 및 비용 시너지 프로그램을 관리하고 인수기업이 약속한 성과를 달성한다.

실제로 시너지팀과 IMO는 월별로 실제 현황을 추적하고, 분기별로는 평가와 재예측 작업을 해야 한다. 예측과 계획의 차이를 분석하여 회사가 기대치를 초과 또는 미달한 이유를 파악해야 하고 IMO와 운영 위원회, 이사회 등에 현황을 보고해야 한다. 노동과 비노동을 포함하여 활동의 업적 역시 수집해야 한다.

통합 출범 전에 합의된 기준점이 없다는 사실은 또 다른 실수의 빌미가 된다.

결합 기능의 기준점은 인수합병이 없었을 경우의 비용과 매출 계획을 미리 보여 주는 것이다. 그것이 시너지 추적 프로그램의 출발점이 되는 이유는 시너지가 정상 운영되는 합병 기업의 새 예산에 속하기 때문이다. 통합 출범일 전에 기준점을 강하게 내세우지 않는 행위는 상당한 속임수의 소지가 된다. 양쪽 기업 모두 예산을 밝히지 않음으로써 시너지를 측정하고 보상할 원천이 모호해지기 때문이다.

몇 가지 중요한 차이에 주목해야 한다. 일회성 비용과 시너지 달성에 필요한 지속성 비용을 구분해야 하며, 추정 시너지와 손익계산서 영향도 서로 차이가 있다. 일회성 비용의 예는 외부 자문, 임대계약 파기 및 공급계약 종료 비용, 신규 장비나 신규 IT 시스템 도입 비용 등이다. 지속성 비용 증가의 예로는 성장 시너지를 추진하기 위한 영업 인력 증가 등을 들 수 있다. 순 시너지는 성과 개선 총액에서 그것을 달성하는 데 필요한 지속성 비용을 뺀 값으로, EBIT와 NOPAT의 증가에 기여한다는 점을 기억해야 한다.

4장에서 시너지 증가와 당해연도의 손익계산서에 미치는 총 영향을 추정한 바 있다. 이른바 '시너지 추정치'란 추진 중인 연간 비용 절감액을 예상한 값이고, 손익계산서 영향은 당해연도의 실제 총액을 말한다(4장에서는 시너지 추정치와 손익계산서 영향을 같은 것으로 보았다). 다음 사례는 연간 20만 달러의 인건비가 들어가는 엔지니어가 회계연도 중간에 회사를 떠난 경우다. 절감액의 분기별 영향은 표와 같이 나타낼 수 있다.

2020	1분기	2분기	3분기	4분기
예상 절감액 시너지	0달러	0달러	5만 달러	5만 달러

이 사례에서 원래 예상했던 연말의 절감액 추정치는 20만 달러(4×50)지만, 당해연도 손익계산서 영향은 10만 달러밖에 안 된다(당해연도 성과 개선의 합계). 시너지 증가율이 1년 내내 0에 수렴하면 손익계산서 영향은 시너지 추정치와 같아진다.

각 기능과 사업부가 충분히 제 역할을 다하여 거래발표일에 내세웠던 약속을 달성하거나 뛰어넘어 FP&A의 지속적인 실행계획과 예산에 반영된다고 확신할 때까지 시너지팀은 계속 그 자리에 남아있을 필요가 있다.

전환 과정: 보안 공간에서 고객 경험 및 성장으로

인수합병에서는 비용 시너지가 가치의 중심축을 차지하는 경우가 많지만, 여전히 많은 인수 거래의 주요 관심사는 성장에 있다. M&A를 통해 가치 있는 매출 성장을 이룩할 수 있느냐 여부는 기존의 매출을 유지하고, 기존 기업의 재무 목표에 이미 반영되어 있는 미래 성장 기대치를 달성한 다음, 거기에 더하여 인수 거래의 전략적 이점, 즉 매출 시너지를 얼마나 실현하느냐에 달린 문제다. 매출 시너지는 대체로 비용 시너지보다 실현에 더 많은 시간을 요구하는데, 이는 경쟁자와 고객의 반응에 의존하며 새로운 영업 시스템, 고객 제안, 영업 인력 재배치에 따라 달라지기 때문이다.

매출 개선의 주요 동력은 기업을 좀 더 고객 중심적인 방향으로 이끄는 경영모델의 변화에서 오는 경우가 많다. 즉, 신성장 동력의 원천은 합병 전에 비해 더 큰 가치를 얻는다고 느끼는 고객이라 할 수 있다.

M&A와 상관없이 고객 경험을 성공적으로 관리하면 잔류 고객이 증가하고, 객단가와 구매율이 활성화되며, 가격 민감도가 둔화한다. 이를 보장하는 조건은 정확한 메시지와 상품 및 서비스를 올바른 유통 채널과 시간에, 그리고 고객이 만족하는 가격에 제공하는 것이다. 모든 성장 계획은 고객 경험 강화를 중심으로 수립해야 한다.

고객 경험 전략과 매출 성장 계획은 실사 단계에서 시작되어 보안 공간과 통합 기간을 통해 진행된다. 미리 고려해야 할 사항은 다음과 같다. 고객 구매 행동의 요인을 파악한다, 기존의 제안을 개선한다, 제안의 변화가 고객과 그들의 반응에 미칠 영향을 파악한다, 경쟁사로 넘어갈 위험이 있는 고객과 그 이유를 파악한다, 그리고 거래발표, 통합 기간, 통합 출범 및 그 이후에 고객에게 전달할 메시지를 검토한다 등이다.

고객 이탈은 합병 기간에 다가올 수 있는 심각한 위험이다. 고객이 떠나는 이유는 서비스 혼란, 정보 부족, 영업 인력들 사이의 경쟁적 행동(조율되지 않은 보상 제도의 탓이 크다) 등 다양하지만, 경쟁자들의 경우 고객에게 우리 회사의 인수합병이 악영향을 미칠 것이라고 선전하는 식으로 대응할 가능성이 크다. 이 같은 이탈 고객의 상당수는 기존의 고객 경험을 고객군과 유통 채널별로 평가하고 고객의 목소리를 경청하면서 우선순위별로 개선 기회를 포착한다면 충분히 막을 수 있다.

통합 출범 전에 고객과 직접 소통하는 것도 중요한 선택지 중 하나다. 일례로 어느 반도체 장비 제조회사가 사업 보완 차원에서 세정 장비 회사를 인수했을 때, 인수기업의 1등 고객들은 목표 기업의 영업 인력 및 리더와의 좋지 않은 관계로 인해 불만을 품고 있었다. 인수기업은 통합 출범 전까지 이 문제를 해결하기 위해 고객들과 광범위한 대화의 장을 마련하여 이번 인수 건과 새로운 경영진, 그리고 이를 통해 어떤 변화가 가능한지 등을 설명했다. 거래 성사 전에 이 같은 대화의 기회를 마련함으로써 고객들은 자신의 걱정을 호소할 기회를 얻었고, 인수기업은 매출 누수를 차단하고 합병 효과를 설명함으로써 출범 직후 합동 영업에 의한 성장 기회를 이어갈 수 있었다.

이러한 직접적인 대화가 아니더라도 고객과 그들의 행동에 관한 막대한 데이터를 동원할 준비는 해두어야 한다. 합병된 영업 인력과 모든 영업 채널을 통해 확보한 데이터는 고객의 필요를 온전히 파악하는 데 있어 매우 소중한 자산이다. 올바른 데이터와 분석자료, AI 등을 충분히 확보하고 있으면 고객에게 더 많은 가치를 제안하는 알고리즘을 개발할 수 있다.

특히 영업 인력은 고객과의 접점이다. 그들이 쌓아온 인간관계와 지식은 매출 성장의 든든한 기반이다. 유능한 영업 인력은 고객이 구매하거나 외면하는 이유, 구매 시기, 구매량, 만족과 불만족, 충족되지 못한 욕구, 구매할 의사가 있는 가격, 이탈 이유 등을 모두 안다. 심지어 점심시간이나 업무 도중에 내뱉는 불만 사항까지 모두 꿰고 있다. 그러므로 영업팀 사람들은 보안 공간의 계획이 새로운 성장 기회로 전환되는 이 시기에, 경영진이 어떠한 질문을 하더라도 기꺼이 고객의 목소리를 대변할 자세를 갖추어야 한다.

보안 공간에서 성장 기회로

통합 준비 기간에 보안 공간에는 양측 기업의 상품 및 서비스 포트폴리오를 점검하기에 최적의 환경이 마련된다. 이곳에서는 중복되는 고객, 상품 및 서비스 현황, 가격, 직접 판매와 유통 채널 방식의 비교, 고객별 수익성, 고객 및 지역별 영업 현황 등을 모두 검토할 수 있고, 이 모든 잠재 기회의 규모와 우선순위를 파악해 매출 성장과 수익성 제고에 활용할 수 있다.

그러나 우선은 기본으로 돌아가 보자. 매출 시너지는 시장진출 전략을 평가하고 변화를 모색하여 성장 곡선을 개선하려는 모든 회사가 부딪히는 일반적인 문제 중 하나의 특수한 사례일 뿐이다. 넓게 보면 시장진출 전략을 개선한다는 말은 결국 후보 시장(3장에서 말한 유효 시장보다 넓은 개념이다)을 얼마나 공략 대상으로 편입할 수 있느냐, 아니면 고객 경험 개선이나 새로운 제안 개발, 또는 이 둘을 결합하여 고객이 중시하는 더 나은 제안을 내놓을 수 있느냐의 문제라고 볼 수 있다.

유효 시장의 확대는 우선 기업이 고객과 마주하는 접점이나 순간에 집중하는 것에서부터 시작해야 한다. 안타를 치려면 우선 '타석에 들어서야' 한다. 재무 서비스를 예로 들면 은행 지점은 전통적인 접점으로, 예금 고객의 관심을 더 새롭고, 적절하며, 가치 있는 상품이나 서비스로 끌어들일 수 있는 탄탄한 기반이다. 그곳은 아직도 고객들이(밀레니얼 세대까지) 즐겨 방문하고 사람을 만나는 장소이다.[2]

시장진출 전략의 변화는 한마디로 '이기는 패'에 집중하는 데서 나온다. 예를 들어 고객 접점(고객 세분화, 지리적 위치, 유통 채널 등)을 강화 또는 확대하고, 기존에 다루지 않던 고객 선호 사항(서비스, 즉각 대응, 상품 품질 등)에 주목하며, 기존 상품 및 서비스를 묶어 고객의 숨은 필요에 대응하거나, 새로운 편익을 제공하여 가격 민감성을 둔화하는 등의 방법이 있다. 내부적으로는 영업 보상 체계 및 영업팀 재편, 신속한 가격 승인을 통한 영업 프로세스 개선, CRM 시스템 개선, 주문에서 결제, 납기까지의 영업 시스템 개선 등의 방법이 있다.

M&A에서도 다뤄야 할 문제는 대동소이하나, 훨씬 더 복잡하다고 보면 된다. 인수합병에는 새로운 가능성과 기회가 모두 같이 따라온다. 두 기업이 따로 있을 때는 누릴 수 없었던 수많은 새로운 접점과 제안 기회가 한꺼번에 몰아닥친다. A라는 회사는 B 회사보다 더 많고 강력한 고객 관계와 더 훌륭한 디지털 유통 채널을 확보하고 있었다고 하자. 그런데 지리적 및 국제적 존재감 면에서는 B 회사가 우위를 누리고 있었다. 이 둘의 강점을 합하면 공동 판매가 가능한 상품 및 서비스 포트폴리오를 구성하거나, 기존 상품을 교차 판매할 수도 있고, 매력적인 묶음 상품을 개발하거나, 지리적 존재감을 강화하거나, 새로운 상품이나 서비스를 선보일 수도 있다.

이제 인수기업이 주목할 만한 자연적 성장의 사례를 들어보자. 수의학 진단 및 정보관리 회사 IDEXX가 교차 판매와 새로운 제안을 결합하여 시장진출 전략에 극적인 변화를 가져온 성공적인 전환 사례다.

2013년, IDEXX의 미국반려동물단체North American Companion Animal Group 대표 제이 마젤스키Jay Mazelsky는 고객에게 더욱 다가서는 방향의 영업 모델 혁신에 나섰다. 지금까지 개별적인 상품만을 강조했던 방식에서 탈피하여 수의학 병원을 상대로 종합 솔루션을 제공하는 시장 모델로 전환을 꾀한 것이었다. 수년에 걸쳐 진행될 이 계획에는 IDEXX가 고객에게 다가서는 방식을 새롭게 정의하는 2단계 시장진출 전략이 담겨있었다.

기존의 영업 모델은 상품 및 서비스를 중심으로 구성된 전문가 영업 집단이 전국의 세 개 거대 유통망을 통해 수의과 의사 고객에게 다가가는 구조였다. 다시 말해 진단 분석기, 연구 서비스, 그리고 조기 진단용 SNAP 혈액 검사 장비 등과 같은 독립된 상품군을 각각 다른 영업 인력들이 판매해왔다. 이 같은 고객 세분화 방식은 교차 판매를 통해 같은 고객에게 여러 가지 제안을 제공할 이점을 가로막았다. 게다가 영업사원도 자신의 좁은 영역에만 사로잡혀 다양한 상품군으로 경력을 확장할 기회를 놓치고 있었다. 또한 이는 고객과 신뢰할만한 조언자 관계를 맺을 정도로 충분한 시간과 인맥을 확보한 영업 인력이 IDEXX에 충분치 못하다는 뜻이기도 했다. 어떻게든 교차 판매를 시도하려면 상당히 복잡한 조정이 필요한 상황이었다.

IDEXX는 처음에 영업 모델을 고객 매니저 방식으로 바꾸려고 했다. 즉, 영업 인력이 개별 상품 및 서비스만 파는 게 아니라 해당 지역 내의 모든 고객을 관리하는 방식을 생각한 것이다. 그렇게 되면 고객이 자신의 진료 방식에 맞는 최선의 조합을 선택할 수 있었다. 예컨대 진단 장비 하나를 영업하면서도 연구 지원, SNAP 검사 등을 설명할 수 있고 나아가 IDEXX의 종합 소프트웨어 솔루션을 홍보하는 새로운 제안을 제시할 수도 있다. 동물의 진단 이력을 시계열로 한눈에 볼 수 있는 데이터 웨어하우스 서비스도 여기에 포함된다.

이 같은 혁신으로 즉각 나타날 효과는 다음과 같았다. 판매 시점에서 교차 판매의 기회가 증대된다. 영업사원이 고객 병원이 닥친 경영상의 여러 문제를 넓은 시야로 바라보며 일종의 '전략적 동반자'로서 솔루션을 제공할 수 있다 (특히 소기업은 이러한 서비스를 절실히 필요로 한다). 가격 설정, 계약, 서비스 방문 등을 지원하는 좀 더 체계적인 영업 프레임을 마련할 수 있다.

이러한 전략 변화는 첫해부터 엄청난 성공을 거두어, 2014년에 IDEXX는 두 번째 단계로 기존의 대리점을 자사의 영업 인력으로 대체하는 유통 채널 혁신

계획을 발표했다. 진단 전문가들이 대거 영업 활동에 나선 데 힘입어 IDEXX는 급격한 외형 성장세와 높은 고객 만족도를 기록했고, 북미 지역의 새 경영모델이 성공함에 따라 결국 국제무대에도 새롭게 다시 등장할 수 있었다.

인수기업들은 시장진출 전략 제고에 있어 IDEXX에 버금가거나 더 뛰어난 기회를 모색해야 한다. 사실 어떠한 M&A 거래에서든 성장 전략을 분석하면 예상되는 가치, 실현에 이르는 기간, 복잡도, 필요한 투자 등에 따라 달라지는 수많은 기회의 목록이 도출된다. 그와 같은 기회 중에서 우선순위를 어떻게 설정하느냐에 따라 초기 성장모멘텀을 확보하는 것은 물론, 혁신 상품 개발과 같은 장기 프로젝트 투자를 통해 인수 논리에 담긴 약속을 모두 달성할 수 있다.

교차 판매(A 회사의 상품을 B 회사의 유통망으로 팔거나 혹은 거꾸로 하는 방법)는 유효 시장을 즉각적으로 확장하므로 신속한 성공을 안겨줄 수 있다. 아울러 새 기업의 브랜드를 구축하는 데도 효과적인 방법이다. 경영진은 이 같은 기회를 명확히 정의하여 영업 인력이 어떤 고객을 대상으로 모든 상품을 어떻게 팔아야 하는지를 하루속히 익힐 수 있게 해주어야 한다. 따라서 통합 출범 즉시 영업 보상 계획에 교차 판매 인센티브 제도를 포함하여 발표해야 한다.

영업 인력은 대체로 교차 판매 기회를 환영하지만, 그 전에 수많은 의문이 해결되어야 한다고 생각할 것이다. A 회사가 B 회사 제품을 정말 팔 수 있을까? 구매 담당자들은 그들이 파는 상품을 똑같이 대우해줄까? 한 고객을 상대로 영업 인력이 중복되면 혹시 구매부서에서 할인을 요구하지 않을까? 우리가 통합 첫날 비용 시너지를 달성한다며 공급업체에 그러했듯이 말이다. 회사에서 서로 다른 계약과 가격 조건이 양립할 수 있을까? 영업팀이 다른 회사 상품을 판매하는 데 따르는 보상은 과연 충분할까?

기존 상품을 교차 판매만 하든, 신상품이나 묶음 상품을 선보이든, 매출 시너지를 고려할 때 제기될 수밖에 없는 문제가 바로 '보완성'이다. '새로운 인력이 보강됐다'든지, '보완 상품이 마련됐다'든지, 아니면 '고객들이 우리 묶음 상품을 좋아할 것'이라는 등의 내용이 있어야 한다는 의미이다. 중요한 것은 어떠한 접점이나 상품, 서비스도 리더가 그렇게 말하는 것만으로 보완 요소가 갖춰지지는 않는다는 점이다. 새 회사는 기존 고객층을 더 세밀히 침투하고 더 많은 고객을 확보하여 새로운 방법으로 그들을 만족시킬 수 있어야 한다.

기존의 풍부한 상품과 서비스를 영리하게 결합하여 성공적인 묶음 제안을 내놓은 사례를 살펴보자. 아마존이 퀴드시Quidsi(다이퍼스닷컴의 모회사)를 인수하여 아마존 프라임에서 다이퍼스 할인과 3개월 무료 구독 혜택을 제공한 일은 매우 간단하면서도 강력한 묶음 제안으로, 많은 수의 젊은 가정에 사랑받은 사례라고 할 수 있다. 이 캠페인으로 양사 모두 판매량이 엄청나게 늘었다.

더욱 연관도가 높은 묶음 판매의 예는 대형 트럭의 트랜스미션과 엔진을 결합한 사례이다. 일부 수정이 가미된 이 결합 상품이 출시되면서, 고객들은 다른 공급업체로부터 각각 따로 살 때보다 훨씬 더 연비가 향상된 구동 장치를 구할 수 있게 되었다. 또 다른 사례는, 한 화학제품 회사가 데이터서비스 업체를 인수하여 주문을 자동화했더니, 고객사가 더 이상 재고량에 신경 쓸 필요도 없어졌고 핵심 화학성분이 떨어질 위험 역시 줄어들었다는 이야기다. 묶음 제안은 가격 민감도가 상대적으로 약한 대신 다른 편익을 중시하는 고객군을 발견하는 계기가 된다. 두 항공사가 노선을 결합하여 더 많은 직통 항공편을 제공함으로써 수익성이 높은 출장 여행객을 유치한 사례도 있다.

신제품은 대개 가치를 실현하기까지 오랜 시간이 걸리는 데다, 기존 상품의 결합을 뛰어넘는 상품이나 서비스가 무엇인가에 관한 두 기업의 공동 혁신 노력을 통해 출현하는 것이 보통이다. 두 기업은 이미 각자의 혁신 로드맵에 따라 다양한 단계의 진척을 보이고 있었을 것이다. 공동 혁신은 공동 상품 개발 로드맵에 따라 지식재산권과 기술 역량을 결합하고, 이를 통해 인수합병이 아니었다면 불가능했을 '가능성을 모색하는 노력'이 뒷받침되어야만 꽃피울 수 있다. 또한 이러한 노력을 바탕으로 리더들은 어떤 분야에서 상품을 개발하고 R&D를 진행할지, 미래의 수익원은 어디가 될지 등을 결정할 수 있다. 공동 혁신은 정상적인 사업 프로세스를 새롭게 결합하거나 신규 기술을 도입하여, 새 응용 분야를 찾아내는 것만으로도 구현될 수 있다.

가치 있는 M&A 매출 성장은 힘들고 복잡하지만, 절대로 불가능한 일은 아니다. 신성장 동력은 인수 거래 전보다 합병 기업이 제안하는 가치에 더 큰 혜택이 있다고 믿는 고객에게 달려있다. 보안 공간팀의 노력을 바탕으로 고객의 필요에 끊임없이 몰두하고, 고객 행동에 관한 지식을 최대한 활용한다면 다른 어디에서도 얻을 수 없던 성장 기반을 마련할 수 있다. 교차 판매, 묶음 제안, 신상품 등은 모두 실제적이고 지속적인 성장의 경로를 제공해준다.

에코랩의 성장

에코랩과 날코가 서로의 상품과 서비스를 보완한 것은 합병 기업 성장 전략의 기초로서 교차 판매와 묶음 제안, 새로운 상품과 서비스를 제공하는 데 큰 역할을 했다. 에코랩이 정의한 성공은 시장 모멘텀을 구축하고 성장시키고, 기존의 유통 채널과 관계를 활용하여 핵심 고객층에 더욱 침투한다는 것이었다. 에코랩은 이를 포함한 여러 성장 목표를 염두에 두고 통합 출범 후 열

흘 만에 글로벌 영업 회의를 사흘간 개최했다. 이 회의에는 상위 고객 리더 50명과 핵심 사업부 리더들이 참가했다. 회의 안건에는 제품 시연, 교차 교육, 고객 리더 미팅, 그리고 양사가 공동 추진하는 통합 가치 제안을 비롯한 고객별 실행계획 개발 등이 포함되었다.

참석자들은 영업 인력 재편에 따른 시너지와 성장 기회, 고객 접근 모델 개편, 그리고 새로운 영역과 책임의 도출 등을 논의했다. 이러한 논의를 통해 합병 기업의 파이를 키울 기회가 드러났고, 그에 따른 추진 주체가 지명되었다. 양측의 제품 전문가들은 교육 세션을 통해 공동 상품 로드맵을 설명하고 혁신 기회를 파악했다.

또한 에코랩과 날코는 최우량 고객들의 필요에 집중하여, 영업 인력을 통해 최고 고객들의 장기적 목적을 포착하고 합병 기업이 고객의 수요에 최선을 다해 대응할 수 있도록 했다. 이를 두고 『하버드비즈니스리뷰』는 이렇게 설명했다. "그 회사의 모델은 고객 현장에서 평가와 교육을 제공하고 이를 통해 맞춤형 상품 및 서비스 포트폴리오를 구축하는 것이었다."[3] 고객들은 이미 두 회사와 오래도록 협력 관계를 유지해온 터라 이같이 강력한 관계를 유지하는 일은 너무나 중요했다.

교차 판매는 에코랩이 통합을 통해 얻을 수 있는 핵심 기회였다. 세계 최대 호텔 체인이 바로 에코랩의 핵심 고객이었다. 그들은 에코랩의 세정 제품을 린넨 품목 세탁에서 사무실 청소에까지 두루 사용하고 있었다. 그러나 날코는 지금까지 그런 고객에게 접근하여 자사의 광범위한 수처리 솔루션 서비스를 제공할 기회가 전혀 없었다. 통합 영업팀은 에코랩과 날코의 서비스를 결합하여 기존 수처리 서비스를 강화하고 좀 더 완벽한 일관 솔루션을 제공하는 방법을 모색했다. 이렇게 강화된 '새' 에코랩의 역량은 고객 중심의 구체적인 현장 서비스를 제공하는 데도 강점을 발휘했다. 예를 들어 호텔 린넨 제품 세탁에 사용된 물은 이제 현장 조경에 재사용된다. 합병의 결과 탄생한 결합 솔루션인 셈이다.

에코랩은 신상품과 서비스에도 관심을 기울였다. 날코의 기존 서비스 중에는 냉난방 타워의 센서 감지 기능을 제공하는 서비스도 있었다. 이들 센서를 통해 수집한 데이터는 사전 유지보수가 필요한 부분을 파악하고 운영하는 데 사용되었다. 에코랩은 장기적 상품 개발 목표의 일환으로, 날코의 센서를 사용하여 상품의 효과성을 현장에서 추적하는 새로운 감시 서비스 개발에 착수했다. 예를 들어 에코랩은 막힌 파이프를 청소하고 살균 처리하는 용도로 제석용 화학제품을 사용하는 방안을 제안했다. 에코랩은 날코의 센서 기술을 활용하여 파이프가 막히는 과정을 감시하고, 고객이 파이프에 쌓인 석회를 제거하기 위해 이 화학제품을 썼을 때 제 기능을 발휘하는지 추적하여 예측 정비와 고장시간 단축 달성 방안을 개발했다.

전환 과정:
내부고객 경험에서 변화 관리 및 문화로

7장에서, 내부고객 경험을 계획할 때는 직원의 '고통을 미리 내다보는' 노력이 포함되어야 한다는 내용이 있었다. 이는 직원들에게 미치는 중요한 변화를 기능별, 직원 그룹별로 예상하고 이를 해결해줌으로써 다가올 변화와 전환 과정을 직원들이 잘 준비할 수 있게 해야 한다는 말이다. 실제로 이 장에서는 통합 이후에 일어나는 여러 변화의 세부 사항을 설명했다. 비록 이것이 계획 단계에서는 간단해 보이지만 막상 변화를 관리할 때는 그리 만만치 않은 일이다. 컬럼비아 경영대학 교수 토드 지크Todd Jick는 자신의 유명한 논문인 「변화 수용자On the Recipients of Change」에서 이렇게 말했다.

사람들이 변화에 부정적인 반응을 보이는 이유는 대체로 '통제'에서 찾을 수 있다. 자신의 영향, 주변 환경, 자부심의 원천, 자라오면서 익숙한 생활방식과 업무 등을 과연 통제할 수 있느냐가 관건이라는 것이다. 이러한 요소가 위협받는 상황에서 우리의 안전은 무너진다. 이 같은 위협에 대한 반응을 이해하고, 받아들이고, 처리하는 데는 상당한 에너지가 필요하다. 우리가 감당해야 하는 대상에는 변화 그 자체뿐만 아니라 나의 반응까지 포함된다! 비록 이성적으로는 변화를 받아들일 수 있고("상황이 정말 심각하군."), 때로는 그 변화가 승진이라고 하더라도("드디어 승진했구나.") 이를 즉각 수용하는 일은 결코 쉽지 않다. 거의 모든 사람은 피로를 느낀다. 적응에는 시간이 필요하다.[4]

M&A의 변화 관리가 훨씬 더 복잡한 이유는 유동적인 부분이 너무 많기 때문이다. 인력 계획과 전환, 내부고객 경험 계획의 실행, 새 경영모델과 조직 설계의 적용, 두 기업의 문화와 일하는 방식을 통합하는 과정 등 모든 것이 유동적이다.[5]
경영진은 투자자와 고객의 신뢰를 살 수 있고, 직원들의 불안을 잠재우며,

동시에 그들의 동기를 고취할 수 있는, 미래에 관한 희망찬 관점을 신속하게 만들어내야 한다. 이 두 가지 목적을 동시에 달성하기 위해서는 두 가지 상반된 메시지를 세심하게 마련해야 한다. 이처럼 평행선을 달리는 실행 경로 사이에서 우선순위를 정해야 하니 애초에 긴장 관계가 성립될 수밖에 없다. 첫째, 기업 차원의 외부적 요구사항을 관리한다. 둘째, 직원들의 동기를 그들의 욕구 단계, 즉 직무 안정성, 보상, 애착, 성장 등에 따라 체계적으로 고취한다.

기업 차원에서 경영진은 '영감과 열정, 그리고 냉정'을 제공해야 한다. 영감과 열정은 거래발표일에 시작하여 통합 출범일까지 끌고 간다. 외부 시장이 알고 싶은 것은 전략과 비전이다. 가치를 어떻게 창출하는지, 시너지는 어디서 실현되는지, 그리고 목표를 달성하기 위한 새 경영모델은 무엇인지 등이 궁금한 것이다. 메시지를 통해 그들에게 믿음의 열정을 일으키려면, 인수 거래를 통해 고객 경험이 어떻게 개선되고 성장과 가치가 창출되는지에 대한 좀 더 자세한 설명을 내놓아야 한다. 나중에 시장과 이사회에 냉정을 안겨주는 방법은, 통합 출범 후 합병 기업이 예상된 이익을 실현하기 시작하면서 미래를 헤쳐가는 방법을 보여주는 것이다.

직원들이 거는 기대는 또 다르다. 그들은 경영진에게 '냉정과 열정, 그리고 영감'의 순서를 원한다. 이는 일견 시장의 필요와는 정반대로 보인다. 우선 직원들은 비전에 관해서는 별 관심이 없다. 그들의 최우선 관심사는 과연 자신의 일자리와 받는 혜택에 변함이 없는가, 즉 통합 준비와 동시에 시작되는 프로세스다. 열정은 통합 출범 후에 시작되는 법이다. 직원들은 우선 자기 일자리가 온전한지 알아야 그다음에 회사와 브랜드의 비전을 향해 열정을 불태울 수 있고, 또 미래에 대한 호기심을 키워갈 수 있다. 그들은 나아가 새 회사에

정을 붙이고 앞으로 회사에 남아있는 동안 소속감과 목적의식을 키워가는 데 필요한 동기를 얻고자 한다.

긴장은 바로 이 두 그룹, 즉 시장과 직원이 상반된 정보를 동시에 접하는 데서 생겨난다. 소수의 경영진은 까마득히 높은 윗자리에 앉아 회사를 운영하지만, 나머지 수만 명의 직원은 현장 바닥에서 조직을 바라본다. 내부고객 경험팀은 이따금 변화 관리 업무도 하는데, 그들이 변화 관리 차원에서 부여받은 책임이 바로 이런 긴장을 끊임없이 해소하는 일이다. 그들은 통합 기간에 구상하고 개발한 변화 관리 활동을 좀 더 구체적으로 실행하는 방식으로 이 과제에 접근해야 한다.

통합 출범 전 계획 기간에, 내부고객 경험팀은 직원들이 미래에 관해 품는 불안감을 해결하기 위해 노력한다. 인원 선발 과정을 설명하고, 향후 일정을 적극적으로 홍보하며, 새로운 리더를 발표하고, 혜택을 분명하게 알리며, 직원들이 변화에 적응하도록 돕는다. 이는 합병이라는 현실과 마주치는 직원들의 불안감을 해소하여 직무에 충실할 수 있게 해주는, 꼭 필요한 업무이다. 통합 출범일이 되면 누구나 떠올리는 의문 또한 신속하게 해결해주어야 한다. 즉, "일자리는 온전할까?", "직속 상사는 누구인가?", "다른 부서로 옮겨야 하나?", 또 "혜택은 변함이 없나?"와 같은 것들이다. 그 누구도 사원증이 아직도 유효한지, 보험 문제는 어디 가서 물어보면 되는지, 상사는 누군지, 내 자리는 어디인지 같은 문제로 직원이 고민하게 해서는 안 된다. 이것이 바로 '냉정'에 해당하는 부분이다.

이렇게 직원들이 안심한다면, 다른 문제로 옮겨갈 수 있다. 다음으로 '열정'을 불러일으킬 차례다. 변화관리팀은 애착심을 고취하는 데 관심을 기울여, "이 회사의 가치, 공동체 공헌, 브랜드 등이 과연 내 신념과 합치하는가?"라는 질문을 다루게 된다. 직원들은 조직에 대한 연대감과 소속감이 쌓여갈 때쯤 영감의 순간을 맞이한다. 변화관리팀은 반드시 직원들의 장래성을 조명해주어야 한다. 예컨대 "승진, 이동, 또는 리더가 될 기회가 있는가?"라는 질문을 통해 직원들에게 성장 가능성을 제공하여, 그들이 다가오는 미래를 충실하게 여길 수 있도록 해주어야 한다.

그러나 이러한 방법이 효과를 거두려면 역시 구체적인 실체가 뒷받침되어야 한다. 주요 일정을 이해하고 이를 그들이 '피부로 느낄 수 있는' 방식으로 전달해야만 직원들은 회사에 연대감을 느끼고 새 조직에서 경력 개발의 동기를 얻을 수 있다.

견실한 변화 관리가 없는 조직(그저 새 리더만 발표하고 직원들의 직무 배치만 새로 하면 되는 줄 아는)은 이직률과 직원 불만이 하늘을 찌르게 된다. 왜 그럴까? 간단하다. 자신이 어디에 속하는지 모르기 때문에 시간이 지날수록 직원들의 불만과 좌절감만 쌓이는 것이다. 또 다른 실수는 직원의 자율권을 축소하거나 뚜렷한 설명도 없이 중요한 변화를 밀어붙이는 일이다. 직원들은 자신의 권리가 침해되었다고 생각하면 불만을 품고 스스로의 직무와 미래를 의심하게 된다. 예를 들어 직속 상사가 아직 정해지지 않았는데도 여전히 주변 사람 중에 마음에 드는 이를 상사로 대하는 사람이 있다. 사람들은 자신이 원하는 일만 기억하고 그대로 행동하는 경향이 있다. 다시 한번 말하지만, 사람들이 바뀌지 않는 이유는 내용을 몰라서가 아니다. 따라서 변화 관리란 사람들에게 이 변화가 타당한 것이며, 장래에는 결국 자신에게 도움이 된다는 사실을 느낄 수 있도록 시간을 주는 일임을 알아야 한다.

구체적인 변화 관리 기법으로는 교육 세션, 쌍방향 의사소통, 순환 보직 등을 들 수 있다. 물론 리더의 적극적인 관심과 인정, 동기 부여 등도 중요하다. 어떠한 만남이든 핵심 가치와 실체를 보여줄 기회로 삼아야 한다. 물론 모든 직원을 공평하게 대해야 하나, 직원과의 만남은 인격적인 교류의 장이 되어야 한다. 단순히 금전적인 보상을 넘어 직원들의 노고를 존중하고 감사하는 태도가 필요하다. 일부 직원 그룹이 변화를 어떻게 느낄지 예상하지 못했다면 그들은 당신을 배척할 것이다. 따라서 통합 출범 후 변화 관리는 통합 과정의 직원 경험만큼이나 미리 세심하게 준비해야 한다. 30일, 60일, 90일 주기로 직원들이 마주칠 변화를 미리 내다보고 특히 통합 일정표와 연계해야 한다.

전체 프로세스는 떠나는 사람을 포함한 모든 직원에게 공평해야 한다. 그래야 남아있는 사람도 혹시 모를 죄책감을 이겨낼 수 있다. 컬럼비아대학교 사회심리학자 조엘 브로크너Joel Brockner는 소통과 일관성, 책임감을 갖춘 높은 수준의 프로세스(절차적 공정성)야말로 모든 사람이 결과에 수긍하게 만드는 중요한 요인이라는 사실을 밝혔다.[6]

문화

M&A와 관련하여 변화 관리를 거론하다 보면 결국은 문화의 문제로 귀결된다. 문화라고 하면 자칫 뜬구름 잡는 이야기로 들릴 수도 있겠지만, 실제로 문화를 통합하는 일은 복잡하고 유의미한 문제를 안고 있어 인수합병의 본질과도 깊이 맞닿아 있다. '일하는 방식'에 관한 공통된 믿음은 결정 권한, 정보 접근, 보상과 혜택 등과 관련된 문제로 회사마다 너무나 다른 양상을 띤다. 그와 같은 공유 가치와 기대는 하룻밤 사이에 생긴 것이 아니다. 오랜 세월에 걸

쳐 관리자와 직원들 사이에 발전과 변화를 거듭해온 결과가 바로 문화다.[7]

　기업 문화는 구성원들 사이에서 너무나 당연하게 받아들여지기 때문에 그들의 관습과 신념이 외부인의 눈으로는 도저히 이해가 안 될 수도 있으며, 이른바 문화 충돌을 초래하는 싹이 되기도 한다. 문화의 핵심 기능은 사람들의 행동을 예측할 수 있게 하는 것이다. 그러므로 공통의 문화를 가꾸는 일에 관심을 기울이는 노력은 빠르면 빠를수록 좋다. 즉, 거래발표일부터 시작해야 한다. 변화 관리에 약한 회사들을 살펴보면 늘 이런 식으로 말한다는 것을 알 수 있다. "지금은 통합 때문에 정신이 없지만, 이 일이 어느 정도 마무리되고 여유가 생기면 문화 문제도 다루려고 합니다." 그때는 이미 늦는다는 사실을 알아야 한다.

　조직은 어느 측면을 보느냐에 따라 다양한 양상을 드러내므로, 새로운 경영모델과 새 조직의 문화를 가꾼다는 관점에서 가장 중요한 측면을 파악할 필요가 있다. 문화를 진단해보면 조직 내에서의 자부심과 주인의식, 포용에 대한 태도, 위험관리와 지배구조의 프로세스, 변화와 혁신에 관한 태도, 고객 중심이냐 상품 중심이냐의 차이, 직원들이 협력하고 팀을 구성하는 방식, 비공식적 네트워크의 중요성, 나아가 일상 업무를 수행하는 방식과 습관, 당연하게 여겨지는 행동 등이 모두 드러난다.

　문화는 조직을 한데 뭉치고 성과를 창출하는 버팀목이기도 하다. 극단적인 예로, 끊임없이 수익 극대화에만 몰두했던 한 CEO가 있었다. 회의에서 어떠한 결정을 내리더라도 그녀를 포함한 경영진이 맨 먼저 묻는 말은 바로 수익 극대화였다. 신제품 출시 여부를 결정할 때도 그들은 언제나 분명하게 정의된 영업이익 기준을 충족해야만 생산을 승인했다. 이 사실을 잘 아는 직원들 역시 비용 절감에 관해서만은 병적인 집착을 보였다. 심지어 신제품 설계에 들어가는 구리 선을 구하느라 쓰레기통을 찾아 헤매는 일도 있었다. 수익을 극대화하고 비용에 민감한 그들의 문화는 수익 공유 시스템이 도입되면서 더욱 강화되었고, 결국 이를 통해 연간 기본급여도 35% 넘게 상승했다. 그들의 독특한 문화가 실행 전략과 이를 강화하는 보상 제도, 리더의 비전 등과 단단히 통합되어 있다는 점에 주목할 필요가 있다.

또 다른 예를 들어보자. 2006년, 디즈니에서는 픽사를 인수하여 자사의 애니메이션 사업부에 새로운 활기를 불어넣고 기술 혁신의 계기로 삼고자 했다. 그 당시 디즈니는 픽사의 문화를 보존하는 데 심혈을 기울였다. 픽사의 크리에이티브 책임자 존 레세터John Lasseter가 월트디즈니 애니메이션의 책임자를 맡아 당시 월트디즈니 주식회사의 CEO였던 로버트 아이거Robert Iger를 직속 상사로 모시게 되었을 뿐 아니라, 두 회사는 문화적으로 중요한 이슈에 관해 서로 '사회 협약'을 맺기도 했다. 디즈니는 직원들이 여전히 픽사에 있다고 착각할 정도로 모든 것을 기존과 똑같이 유지하겠다고 약속했다. 이메일 주소나 건물 간판도 여전히 픽사 그대로였고, 월간 맥주 파티나 신입사원 환영식 같은 독특한 문화도 변함이 없었다. 로버트 아이거가 자신의 저서 『디즈니만이 하는 것The Ride of a Lifetime』에서 밝혔듯이, "귀사가 창조해낸 문화를 우리가 지키지 않는다면, 우리는 귀사의 중요한 가치를 파괴하는 셈입니다."[8]

문화적 신호와 상징은 거래발표일부터 드러나기 시작하고 통합 준비 기간에 강화되었다가 이제 통합 출범 후에는 원하든 그렇지 않든 조직 내부에 깊이 각인된다. 새로 선임된 리더와 그의 스타일, 그리고 가치는 새로운 문화를 알리는 중요한 신호다. 직원들도 이전과 달라진 우선순위를 전부 보고 느끼며, 누가 영향력이 있고 의사결정은 어떻게 이루어지는지, 어떤 행동이 보상 받는지, 발언권이 있거나 의사결정에 참여하는 사람은 누군지, 회사가 운영되는 시스템은 어떤 것인지 등을 모두 안다. 직원들은 이와 같은 모든 신호를 통합 과정에 공유되어 정착된 문화로 받아들인다. 통합 출범 후에 거둔 초기 성공 사례(신규 고객이나 교차 판매 사례 등)도 직원들에게 미래의 성공을 위해 무엇이 중요한지를 보여주는 중요한 기회로 삼을 수 있다.

그러나 이러한 시도는 모두 경영자의 몫이므로, 그것이 직원에게 어떤 영향을 미칠지 신중하게 생각하여 추진해야 한다. 단지 문화라는 측면만이 아니라 직원의 소속감과 성장, 그들의 만족과 생산성까지 고려해야 하며, 그러한 요소를 앞으로도 오랫동안 회사의 일부분으로 보는 태도가 필요하다. 문화가 일하는 방식을 둘러싼 공유된 규범이라면 일하는 방식도 시간이 지남에 따라 변화하므로, 새로운 규범을 적극적으로 형성할 기회는 언제든지 존재하는 셈이다. 이것이 바로 직원들의 태도가 일찍감치 결정되어버리고 그들의 행동이 굳어지기 전에 서둘러 바람직한 문화를 형성해야 하는 이유이다.[9]

에코랩의 문화

2016년 4월호 『하버드비즈니스리뷰』에는 하버드 경영대학원 제이 로쉬Jay Lorsch 교수와 그의 동료 에밀리 맥타그Emily McTague가 에코랩의 CEO 더글러스 베이커에게 그가 회사 문화를 어떻게 형성했는지를 인터뷰한 내용이 실렸다. 베이커는 2004년에 에코랩의 지휘봉을 맡아 당시 40억 달러이던 매출을 2014년까지 140억 달러 규모로 성장시키는 동안 모두 50건이 넘는 인수합병을 성사했고, 그중에 가장 큰 건이 바로 날코였다. 그의 재임 기간 직원

규모는 2배 이상으로 증가했다.[10]

에코랩은 새로운 기업을 거듭 인수하면서 조직이 복잡해지고 계층이 늘어났으며, 각 부서와 관리자들은 점점 좁은 틀 안에 갇히기 시작했다. 로쉬와 맥타그는 이렇게 표현했다. "관료주의가 확대하면서 에코랩의 고객 중심 문화를 잠식했고, 이는 결국 사업에 큰 타격을 입혔다."

베이커는 고객 중심주의를 회복하고 맞춤형 제안을 핵심 강점으로 삼고자 했다. 즉, 큰 변화를 시도하기로 한 것이다. 그는 우선 고객을 가장 가까이에서 상대하는 일선 직원들에게 의사 결정권을 대폭 넘겨주는 조치를 단행했다. 그리고 그들에게 에코랩의 모든 상품과 서비스를 교육하여 고객의 필요에 가장 부합하는 솔루션을 독자적으로 판단할 수 있도록 했다.

비록 의사결정 단계를 전면으로 배치하는 일은 위험해 보였지만, 베이커는 아랑곳하지 않았다. "오히려 그렇게 되자 잘못된 판단을 훨씬 더 빨리 감지하고 고칠 수 있게 되었습니다. 결국 관리자들은 직원에게 자율권을 부여하고 그들을 믿게 되었지요. 문화적 대변혁이었다고나 할까요." 결과적으로 현장의 책임감이 강화되었고, 에코랩은 변화하는 고객 수요를 실시간으로 파악하는 기반을 구축했다.

특히나 베이커가 변화 관리와 문화 형성을 위해 중요하게 활용한 수단이 있었다. 그것은 바로 홍보와 칭찬을 통한 공개적인 인정이었다. 로쉬와 맥타그의 다음 글을 살펴보자.

베이커는 직원의 동기를 부여하고 경영 목표를 실행하는 데 능력주의가 중요한 역할을 한다고 강조했다. 승진을 비롯한 기타 보상은 회사가 중시하는 행동을 알리는 신호로 사용되었다. 베이커는 공개적인 인정이 장기적으로 보면 금전적인 보상보다 오히려 더 큰 효과를 나타낸다는 사실을 깨달았다. 그는 이렇게 지적했다. "직원들을 더 돋보이게 하고 칭찬하며 동료보다 더 인정해주는 방법이 무엇이겠습니까? 보너스도 물론 중요하지만, 그것은 눈에 보이지 않고 드러나지도 않습니다." 실제로 고객을 응대하는 직원에게 권한을 위임하고 그들이 앞장설 때 기꺼이 격려해준 관리자들은 그 공을 제대로 인정받았다.

전 부서에 걸친 이런 협력의 분위기는 새로운 에코랩에 오래도록 긍정적인 영향을 미쳤다.

최일선 직원들이 고객 관계를 주도한 데 대해 보상받고 서로 협력하는 과정에서 자율적인 문화가 싹텄다(이는 또한 고위 관리자와 경영진이 시간적 여유를 얻어 더 폭넓은 일에 관심을 기울일 수 있는 원동력이 되기도 했다). 조직의 상하 계층 간에 신뢰가 싹트면서 회사에 대한 신뢰도 더 공고해졌고, 모든 구성원이 자신의 업무와 사명(세상을 더 깨끗하고, 안전하고, 건강하게 만든다)을 사회에 대한 진정한 공헌으로 여기기 시작했다. 그들은 자신의 직무에 막중한 책임감을 느꼈고, 고객에게 더 나은 삶을 제공하는 것을 최우선 목표로 생각했다. 그러나 이런 변화가 하루아침에 이루어진 것은 아니었다. 이는 수많은 인수를 거듭하면서 반복적으로 쌓인 결과였기 때문이다.

베이커는 이렇게 말했다. "우리가 회사를 인수할 때마다 직원들이 새 회사를 곧바로 사랑하게 되지는 않습니다. 사랑은 시간이 필요한 일입니다."

결론

통합 준비 과정이 단거리 경주와 같다면 그 이후는 마라톤에 해당한다. 통합 출범일은 물론 신나는 행사이자 충분히 축하할 만한 일이지만, 그 이후에 해야 할 일이 훨씬 더 많다. 그러나 그 일에도 끝은 있다. 우리의 목적은 완전한 통합을 이룩하여 질서정연한 조직(전략적으로나 운영 면에서나)을 만들고 인수합병의 약속을 달성하는 것임을 명심해야 한다. 철저한 계획에 일사불란한 실행이 더해진다면 그 목적을 달성할 수 있다. 직원과 투자자, 고객, 그리고 이사회가 기대한 것보다 훨씬 더 큰 수익을 달성하는 일도 충분히 가능하다.

9장

분석 도구
시너지 함정 피하기

이사회는 원래 회사를 위해 자신의 책무를 다해야 한다는 이른바 '신의 성실의 의무'를 진다. 신의 성실의 의무란 다시 말해 '비슷한 다른 상황에서도 정상적이고 신중한 사람이라면 누구나 할 만한' 행동을 해야 한다는 뜻이다. 이사회는 경영진이 추진하는 인수 거래의 전략과 가치를 담은 보고서를 정기적으로 검토하며, 또 이 정보를 바탕으로 틀림없이 여러 가지 질문을 던졌을 것이다. 그러나 이사회의 승인을 거친 상당수의 인수 거래가 실패로 돌아간 것을 보면 그들이 과연 꼭 필요한 질문을 던지고 제대로 된 논의를 했는지 의문이 들지 않을 수 없다.[1]

물론 인수기업의 이사회가 광범위한 경영 판단의 원칙에 따라 보호된다고는 하지만, 이렇게 막대한 자본이 투자되는 결정을 놓고 이사들이 정상적이고 신중한 사람이 반드시 해왔을 질문을 던졌더라면 결과가 어떻게 달라졌을까? 예를 들어, 만약 시너지가 달성되지 않는다면 얼마나 많은 주주 가치가 위험에 처하게 되는가? 인수 거래를 주식으로 하는 것과 현금으로 하는 것은 투자자에게 어떤 차이가 있는가? 투자자에게는 비용 절감이나 배출 증가를 몇 %나 달성하겠다고 약속할 것인가(그리고 시장에 발표할 것인가)? 그것은 과연 타당하고 현실적인 목표인가? 통합에 필요한 비용과 투입 인원수는 알고 있는가? 우리 회사는 과연 통합 계획을 추진할 만한 현실적인 경영 계획과 뚜렷한 사업 구조를 갖추고 있는가? 물론 이 외에도 중대하고 결정적인 질문이 많을 것이다. 만약 경영진에게 인수 거래의 타당성에 관해 구체적인 질문을 던져서 중대한 경고 신호를 신속하게 감지해낼 수 있는 수단이 있다면 어떨까? 이를 통해 실패할 가능성이 매우 크다는 사실을 미리 파악할 수 있다면 말이다.

이사진은 표결에 임하기 전에 제안된 인수 거래에 관해 더 자세한 정보를 더 많이 확보해야 한다. 앞선 장에서 이미 언급했듯이, 시장의 부정적인 반응은 경영진의 믿음과 투자자의 인식이 서로 다른 데서 빚어지는 결과다. 그러므로 이사회에 절실히 필요한 도구는 인수합병의 재무구조와 CEO가 시장에 던질 메시지, 그리고 약속을 즉각 실현하는 데 필요한 준비 수준 등을 검증하는 방법이다. 사실 이사회가 막대한 인수 프리미엄을 치러도 되는지 판단하는 근거가 투자은행의 '적정 의견'뿐이라면 과연 그 이사들이 비싼 몸값만큼의 성과를 냈다고 보기는 어려울 것이다.

이 장에서는 시장이 부정적인 반응을 보일 만한 인수 거래를 이사회가 미리 알아채고, 더욱 깊이 있는 논의를 하는 데 도움이 되는 간단한 분석 도구와 질문들을 살펴볼 것이다. 그러한 도구는 다음과 같다.

- **투자 손실 위험액(shareholder value at risk, SVAR)**: 인수 거래의 현금 가치를 측정하는 척도다.
- **PMI 이사회 패키지(PMI Board Pack)**: 이것은 M&A에 관한 이사회 조치 수단 중 가치평가 및 전략적 논리와 병행하는 수단이다.
- **프리미엄 충족 기준과 타당성 영역(meet the premium(MTP) line and plausibility box)**: 비용과 매출 시너지 추정치를 각각 점으로 도시하여 해당 인수 건이 기준을 초과하는지 미달하는지를 파악하고, 회사나 업계의 시너지 실현 이력을 근거로 이 조합의 타당성을 판별하는 방법이다. 투자설명 자료로 사용된다.
- **역량/시장 접근 매트릭스 및 시너지 조합**: 두 기업의 합병 특성을 근거로 인수 거래의 비용 시너지와 매출 시너지 조합의 타당성을 검증하는 또 다른 방법이다.

이러한 도구는 경영진이 생각하는 바와 투자자들이 시장보다 일찍 인식하는 내용 사이의 차이를 줄여주는 데 도움이 된다. 고위 경영진은 이사회가 개입하기 전에 이런 질문에 대한 대답을 모두 파악해야 한다. 이들 도구를 모두 갖추고 있으면 이사회는 이 거래가 회사 주가에 어떤 영향을 미치며, 그 이유는 무엇인가라는 질문에 대답하기가 좀 더 편할 것이다.

투자 손실 위험액

4장에서 특정 인수 거래의 가격은 비교 가능한 다른 인수 거래의 가격에 영향을 받는다는 이야기를 한 적이 있다. 이러한 현상은 주로 경영진이 성과 증가를 확신할 근거나 시기, 방법을 엄밀히 따져볼 수 없을 때 두드러진다. 이사회는 최소한 해당 인수 거래를 승인했을 때 얼마나 많은 주주 가치가 위험에 처하게 되는지는 알아야 한다. 아울러 경영진의 다른 제안 사항들(특히 인수 거래에 주식 대신 현금을 지급할 경우)이 그와 같은 위험에 어떤 영향을 미치는지도 이해해야 한다.[2]

양측은 인수계약을 맺기 전에 프리미엄에 내포된 시너지 기대치가 실현되지 않았을 경우 두 회사의 주주 가치에 미칠 영향을 꼼꼼히 따져봐야 한다. 즉, 이사회는 꼭 이런 질문을 던져봐야 한다는 것이다. "이번 인수의 성패에 우리 회사의 시장 가치가 몇 %나 걸린 겁니까?"

인수기업이 짊어져야 하는 상대적인 시너지 위험을 간단하게 계산하는 방법이 바로 투자 손실 위험액(shareholder value at risk, SVAR)으로, 이는 인수 거래를 위해 치른 프리미엄을 인수기업의 거래발표 전 시장 가치로 나눈 값이다.

프리미엄 비율에 인수기업 대비 목표 기업의 시장 가치를 곱해도 같은 값이 나온다. SVAR은 한 마디로 해당 인수 거래에 따른 시너지가 실현되지 않았을 때, 회사의 주주 가치가 얼마나 떨어지느냐를 나타내는 값이다. 매도기업에 제공하는 프리미엄이 클수록, 그리고 인수기업 시장 가치 대비 목표 기업의 시장 가치가 클수록 SVAR은 커진다. 앞서 말했듯이 인수기업은 프리미엄보다 훨씬 더 큰 손실을 당할 가능성도 있다(양사의 원래 성장 가치마저 훼손된다면). 그러한 경우는 SVAR이 위험을 과소평가한 것이다.

거래대금을 주식으로 치르느냐 현금으로 치르느냐는 양측 기업의 주주 가치와 SVAR에 막대한 영향을 미친다. 현금 거래에서는 두 기업의 역할이 분명하고 주식 가치만큼의 현금이 오가는 것으로 거래가 깔끔히 마무리된다. 그러나 주식을 교환하면 누가 매수자이고 누가 매도자인지 훨씬 더 모호해진다. 때로는 목표 기업의 주주들이 결국 인수기업의 대주주가 되는 일도 있다.[3]

인수대금을 주식으로 치르는 기업은 피인수 기업의 가치와 위험을 모두 그 회사 주주들과 함께 공유한다. 이처럼 현금 대신 주식을 사용한다는 결정은 주주 수익에도 영향을 미친다. M&A에 관한 과거 연구 결과를 보면 주식으로 거래한 인수합병은 하나같이 현금으로 거래한 경우보다 거래발표일과 그 이후에 주주 수익이 꽤 큰 폭으로 감소했다는 사실을 알 수 있다. 이는 우리가 연구한 결과와도 일치했다. 더구나 현금 거래와 주식 거래의 성과 차이는 초기뿐만 아니라 시간이 지날수록 점점 더 커진다는 사실을 발견했다.[4]

이렇게 분명한 차이가 있음에도 불구하고 해당 문제는 쉽게 간과되는 경향이 있다. 이사회, 경영진, 나아가 외부 언론마저도 인수에 얼마나 많은 돈이 들어갔느냐에만 신경 쓴다. 가격에 관심을 기울이는 부분이 잘못되었다는 게 아니다. 가격은 분명히 양측 주주에게 중요한 문제다. 그러나 회사가 주식 교환 방식을 염두에 두고 있을 때 회사 가치에 대한 평가는 경영자와 투자자가 고려해야 할 여러 가지 요소 중 하나에 불과하다. 주식 거래와 현금 거래의 기본적인 차이점을 몇 가지 살펴보자.

현금 거래와 주식 거래의 기본적인 차이

가장 큰 차이는 다음과 같다. 현금 거래에서는 프리미엄에 내포된 시너지가 실현되지 않았을 때 발생하는 위험을 인수기업의 주주가 모두 책임진다. 반면에 주식 거래에서는 그 위험이 목표 기업의 주주들에게로 분산된다. 좀 더 정확히 말하면, 주식 거래의 경우 시너지 위험은 인수기업과 목표 기업의 주주들이 합병 기업에 대한 소유 지분에 비례하여 분배된다.

가상의 예시를 들어 들어보자. 홈랜드 테크놀로지는 아푸르 인더스트리를 인수하고 싶다. 홈랜드의 시가총액은 50억 달러로, 100달러짜리 주식 5,000만 주로 구성되어 있다. 아푸르의 발행 주식 총수는 4,000만 주, 주가는 70달러이므로 현재 시가총액은 28억 달러다. 홈랜드 경영진은 두 기업이 합병하면 17억 달러의 시너지 가치가 발생할 것으로 예상한다. 그리고 아푸르의 주식 전부를 주당 100달러에 매수한다고 발표했다. 아푸르의 가치를 40억 달러로 평가한 셈이다. 따라서 거래발표 전 시가총액 28억 달러에 비해 12억 달러의 프리미엄을 추가로 지급한다는 의미가 된다.

인수기업이 이 거래에서 기대하는 순이익, 즉 순현재가치(NPV)는 인수합병을 통해 얻는 시너지의 현재 가치 추정치에서 인수 프리미엄을 뺀 값이다(1장에서 이미 설명한 바 있다). 만약 홈랜드가 이 거래를 현금으로 치르기로 한다면 주주에게 돌아갈 NPV는 시너지 현재 가치 추정치 17억 달러에서 프리미엄 12억 달러를 뺀 값, 즉 5억 달러일 것이다.

그러나 홈랜드가 이 거래자금을 마련하기 위해 새 주식을 발행하면 기존 주주에게 돌아갈 NPV는 줄어든다. 만약 홈랜드가 아푸르 주식 1주당 자사주를 1주씩 제공한다고 해보자. 이 제안은 현금 거래에서 아푸르에게 제시했던 가치와 같은 액수다. 그러나 이 거래가 성사되면, 인수기업의 주주들로서는 기존에 자신이 가지고 있던 홈랜드에 대한 지분이 줄어들게 된다. 인수합병 후 주식 총수인 9,000만 주(기존 주식 5,000만 주에 새 주식 4,000만 주를 더한 수)에서 기존 주주가 차지하는 비율은 55.5%밖에 되지 않는다. 따라서 인수기업의 순현재가치 기대치 중 그들의 지분은 5억 달러의 55.5%인 2억 7,750만 달러가 된다. 아푸르 주주들은 이미 프리미엄을 챙긴 데다 나머지 지분까지 가져가서 이제 더 몸집이 커진 홈랜드의 주주가 된 것이다.

홈랜드의 원래 주주들이 현금 거래에서와 똑같은 NPV를 주식 거래에서도 누릴 수 있는 유일한 방법은 아푸르에 새 주식을 덜 주는 것밖에 없다. 이러한 방법을 정당화하는 근거는 두 회사의 주식 가치가 주식에 포함된 시너지 기대치보다 더 크다고 주장하는 것이다. 이는 다시 말해 합병 기업의 주가는 거래 발표 전 시장 가치였던 주당 100달러가 아니라 홈랜드 경영진이 기대하는 가치를 반영한다는 의미이다.

비록 이러한 논리가 원리상으로는 공정한 것처럼 보일지 모르지만, 현실적으로 아푸르 주주들로서는 합병 기업의 가치가 홈랜드의 예상보다 훨씬 더 크다고 확신하지 않는 한 자신의 지분이 줄어드는 사태를 용납하지는 않을 것이다. 특히 인수기업이 주식 거래에서 실망스러운 이력을 보여온 경우라면 이 거래는 좀처럼 성사되기가 쉽지 않다.

따라서 겉으로 보기에 주식 거래는 목표 기업 주주들에게 잠재적 시너지 증가에서 오는 수익을 제공한다. 인수기업으로서도 이미 프리미엄을 지급한 만큼 그것을 뛰어넘는 시너지를 창출해야 하고, 아닌 게 아니라 목표 기업 주주들에게도 이 점을 분명히 강조할 것이다. 문제는 목표 기업 주주들이 수익뿐만 아니라 위험도 같이 부담한다는 점이다.

만약 홈랜드가 주식 교환 방식으로 아푸르를 인수했는데 시너지 기대치를 전혀 실현하지 못했다고 해보자. 전액 현금 거래였다면 홈랜드 주주들은 아푸르에 지급한 12억 달러의 프리미엄을 고스란히 손실로 떠안아야 했을 것이다. 그러나 전액 주식 거래의 경우, 그들은 프리미엄의 55.5%만 손해 보면된다. 결국 나머지 44.5% 손실액(5억 3,400만 달러)은 아푸르 주주들의 몫으로 돌아간다.

거의 모든 인수합병 상황에서 인수기업의 규모는 목표 기업보다 규모가 훨씬더 크므로, 목표 기업의 주주들이 합병 기업의 지분에서 차지하는 비중은 거의무시할 정도다. 그러한 경우에는 처음부터 목표 기업의 이사회가 과연 인수기업의 주식을 소유하는 방안을 추천할 것인지부터 결정해야 한다.

앞에서 예로 든 홈랜드의 인수 거래에서 SVAR은 어느 정도나 되는지 생각해보자. 홈랜드는 12억 달러의 프리미엄을 제안했고 자신의 시가총액은 50억 달러다. 따라서 만약 현금 거래였다면 SVAR은 12 나누기 50, 즉 24%가 될 것이다(다른 식으로 계산할 수도 있다. 회사 규모 56%(28억 달러/50억 달러)에 프리미엄 비중 43%를 곱해도 같은 값이 나온다). 그러나 아푸르 주주들에게 주식을 제공하는 경우라면 홈랜드의 SVAR는 이보다 줄어든다. 위험 중 일부가 목표 기업 주주들에게 전가되었기 때문이다. 주식 거래일 경우 홈랜드의 SVAR을 계산하고자 할 때는 전액 현금 거래 시의 SVAR인 24%에 홈랜드가 합병 기업에서 차지하는 지분 55.5%를 곱하면 되며, 그 결과는 13.3%다(**표 9-1** 참조).

주식과 현금이 섞인 거래의 SVAR은 가중 평균값으로 계산할 수 있다. 즉, 현금 거래 비중에 전액 현금 SVAR을 곱한 값과 주식 거래 비중에 전액 주식 SVAR

표 9-1

전액 현금 거래와 전액 주식 거래의 경우 인수기업의 SVAR

목표 기업 독립 가치 대비 인수기업 독립 가치의 비율

전액 현금 거래		0.25	0.50	0.75	1.00
	30	7.5	15	22.5	30
	40	10	20	30	40
프리미엄(%)	**50**	12.5	25	37.5	50
	60	15	30	45	60
전액 주식 거래[3]					
	30	3.75	7.5	11.25	15
	40	5	10	15	20
프리미엄(%)	**50**	6.25	12.5	18.75	25
	60	7.5	15	22.5	30

3) 전액 주식 거래 인수기업이 차지하는 합병 기업 지분은 50%다.

을 곱한 값을 더하면 된다. 위의 홈랜드 사례에서 현금과 주식 비중을 각각 50%로 가정하면 SVAR은 $((0.5 \times 24\%) + (0.5 \times 13.3\%))$, 즉 18.7%가 된다.

이른바 '프리미엄 위험도'라고도 하는 SVAR 변동치는 매도기업의 주주와 이사회가 시너지가 실현되지 않았을 경우 자신에게 미칠 위험을 판단하는 수단이다. 매도기업의 관점에서 중요한 질문은 주식 거래 방식의 인수합병에서는 프리미엄의 몇 % 정도가 위험에 처하는가 하는 점이다. 대답은 간단하다. 매도기업이 합병 기업에서 차지하는 지분이 바로 그것이다.

앞서 예로 든 가상의 거래에서 아푸르 주주들이 안아야 하는 프리미엄 위험도는 44.5%다(새 주식 4,000만 주를 총 주식 9,000만 주로 나눈 값). 여기서 등장한 프리미엄 위험도 계산 공식은 사실 위험도를 측정하는 수단으로는 아주 보수적인 방법이라고 할 수 있다. 두 기업의 독립 가치는 안전하고 단지 프리미엄만 위험에 놓인다고 보기 때문이다. 그러나 여러 인수기업의 사례에서 볼 수 있듯이, 인수 합병이 실패로 돌아가면 양쪽 회사 모두 프리미엄을 훨씬 뛰어넘는 손해를 감수해야 한다.

기업별 선택 방안

이처럼 지급 방법이 가치에 미치는 영향이 크므로, 양쪽 회사의 이사회는 신의 성실의 의무를 다하는 차원에서라도 반드시 의사결정 과정에 이와 같은 효과를 포함하여 검토해야 한다. 인수기업은 인수합병의 결과에서 창출한 시너지 소득의 일부를 목표 기업 주주들에게 공여하는 이유를 자사 주주들에게 설명할 수 있어야 한다. 그들로서는 합병 기업의 주식을 부여받은 목표 기업 주주들이 새 기업에 투자하는 위험도 이해해야 한다고 생각할 것이 틀림없다. 이사들이 복잡한 고민을 하는 이유도 바로 이러한 사정이 모두 얽혀 있기 때문이다.

인수기업을 위한 질문

인수기업의 경영진과 이사회는 인수금 지급 방식을 정하기에 앞서 두 가지 경제적 질문에 관해 고민해봐야 한다. 첫째, 인수기업의 주가는 저평가 상태인가, 적정한가, 아니면 고평가되어 있는가? 둘째, 인수 프리미엄을 정당화할 만큼의 기대 시너지가 실현되지 않을 때 닥치는 위험은 무엇인가? 이러한 질문에 대한 대답은 기업들이 현금 거래와 주식 거래 중 하나를 선택하는 데 큰 도움이 될 수 있다. 그럼 두 가지 질문을 차례로 살펴보자.

인수기업의 주식 가치평가: 만약 인수기업이 자사 주가가 시장에서 저평가되었다고 판단한다면, 인수 거래를 위해 신주를 발행하면 안 된다. 기존 주주에게 손해가 되기 때문이다. 시장은 항상 기업의 신주 발행을 경영진이(그들은 기업의 장기 전망을 그 누구보다 잘 볼 수 있는 위치에 있다) 주가가 과다 평가되었다고 본다는 신호로 받아들인다. 이는 어느 연구 결과에서도 똑같이 증명된 패턴이다. 그러므로 경영진이 주식으로 인수대금을 치르겠다고 선택하면, 어떠한 면으로 봐도 주가가 하락할 가능성이 커지게 된다.

게다가 자사 주식이 저평가되었다고 생각하면서도 그것을 인수 거래 방식으로 제안한다면, 신주 발행 가격은 그들이 적정하다고 믿는 가격이 아니라 시장에서 '저평가된' 현재 가격이 기준이 될 확률이 높다. 다시 말해 회사는 원래 의도했던 것보다 더 큰 금액을 치러야 하고, 어쩌면 그 비용이 인수 가치보다 더 커질 위험도 있다. 만약 홈랜드가 자사 주식의 실제 가치를 100달러가 아니라 125달러로 본다고 하자. 그러면 경영자들은 아푸르 주주들에게 발행하려는 4,000만 주의 가치를 40억 달러가 아니라 50억 달러로 볼 것이다. 그런데 만약 홈랜드가 아푸르의 가치를 40억 달러로 본다면, 이는 아푸르 주주들에게 3,200만 주가 넘는 주식은 줄 수 없다는 소리가 된다.

그러나 현실적으로 반신반의하는 매도기업 측에게 더 적은 주식을 주면서 그것의 '실제 가치가 더 크다'고 설득하기란 결코 쉬운 일이 아니다. 인수기업 경영진이 자사 주가가 시장에서 상당히 저평가되었다고 보는 한, 거래 방식이 현금 쪽으로 기우는 것은 당연한 논리적 귀결이다. 그런데도 주가가 저평가되었다고 공공연히 떠든 바로 그 CEO가 '지나치게 낮은' 가격의 주식을 대량으로 발행하여 인수 거래를 진행하려고 시도하는 모습을 종종 본다. 시장이 그 모습을 과연 어떻게 해석하고 따라갈 것 같은가?

시너지 위험: 주식과 현금 중 어느 한쪽을 사용하는 결정은, 인수기업이 거래를 통해 얻게 될 시너지를 달성하지 못할 위험을 어느 수준으로 평가하는가를 알려주는 신호이기도 하다. 시너지를 기대치를 확실히 달성할 수 있다고 믿는 인수기업이라면 현금을 주고서라도 기존 주주가 프리미엄 이상의 시너지 소득을 목표 기업 주주에게 내줄 필요가 없도록 할 것이다.

그러나 경영진이 필요한 수준의 시너지를 달성하지 못할 위험이 상당하다고 생각한다면, 현금 대신 주식을 제공함으로써 그 위험을 분산하고자 할 것이다. 회사의 소유 지분을 희석함으로써 거래가 진행되는 전후에 발생하는 손해에 대한 책임도 어느 정도 제한되기 때문이다. 그러나 이 경우에도 시장은 경영진의 의도와 상관없이 독자적인 판단을 충분히 내릴 수 있다. 사실 우리도 연구해봤지만, 시장은 주식 거래보다 현금 거래에 더 호의적으로 반응한다는 사실이 여러 실증적인 연구를 통해 일관되게 증명되고 있다.

결국 주식 거래는 시장을 향해 두 가지 강력한 신호를 보낸다. 하나는 인수기업의 주가가 고평가되어 있다는 것이고, 다른 하나는 경영진이 인수 거래를 충분히 확신하지 못한다는 것이다. 따라서 이론적으로만 보면 인수합병에 반드시 성공할 수 있고 자사 주가가 저평가되어 있다고 믿는 인수기업이라면 항상 현금 거래 방식을 택하는 것이 맞다. 현금 거래 방식은 주가가 저평가되었다고 믿는 인수기업, 그리고 인수기업의 실제 가치를 확신하지 못하는 매도기업 양쪽의 문제를 해결하는 데 딱 맞는 방법이다.[5]

그러나 항상 그렇게 간단한 이야기로 흘러가는 것도 아니다. 예컨대 인수기업은 현금 거래를 하고 싶은데 현금 동원 능력(혹은 차입능력)이 부족할 수도 있다. 이렇게 되면 문제가 더 복잡해진다. 이사회는 저평가된 주식을 발행하면 비용이 증가하는데도 과연 인수합병에 나설 이유가 있는지부터 냉정하게 판단해야 할 것이다.

매도기업을 위한 질문

현금 거래의 경우 매도기업의 이사회가 할 일은 간단하다. 회사의 독립적인 가치와 인수 제안 가격만 서로 비교해보면 된다. 유일한 위험은 회사의 진짜 가치가 인수 제안가보다 더 높은 경우로, 즉 인수 제안을 받아들이지 않고 기존 사업을 그대로 운영할 때 더 큰 가치를 창출할 수 있을 때다. 정말 그렇게 볼 이유가 확실하다면 거래는 거의 성립될 수 없을 것이다.

아푸르 주주들에게 제시된 가격이 주당 100달러라고 해보자. 이는 기존의 70달러에서 43% 오른 금액이 프리미엄으로 제시된 셈이다. 더 나아가 세금은 고려하지 말고 그들이 이 현금을 비슷한 위험도를 안고 있는 다른 사업에 투자하면 10%의 수익을 올릴 수 있다고 가정해보자. 그러면 100달러는 5년 후에 161달러가 될 것이다. 만약 인수 제안을 거절한다면 아푸르는 기존의 주당

70달러 가치를 바탕으로 연간 수익률 18%를 달성해야 5년 후에 같은 수익을 올릴 수 있다. 따라서 불확실한 수익 가능성과 눈앞에 보이는 확실한 제안을 서로 저울질하는 것이 의사결정의 핵심이다.

그러나 현실적으로 목표 기업의 이사회가 받아들 제안은 주식 거래나 현금과 주식이 혼합된 거래일 가능성이 훨씬 더 크다. 따라서 주주들에게 제시된 합병 기업의 주식 가치를 평가해야 한다는 과제가 여전히 남는다. 사실 목표 기업의 주주들 역시 합병 기업의 파트너이므로 합병에 따른 시너지 실현에 관한 한 인수기업의 주주들만큼이나 이해관계가 크다. 만약 거래 성사 후에 시너지가 실현되지 않거나 다른 나쁜 재료가 형성되기 시작하면 목표 기업의 주주들은 인수 거래로 확보한 프리미엄의 상당 부분을 잃어버리게 된다.

목표 기업의 이사회가 주식 거래 제안을 수락한다면, 그것은 제안에 포함된 회사 주가를 적정하다고 인정한 것은 물론이고 합병 기업을 매력적인 투자 대상으로 봤다는 뜻이기도 하다. 따라서 이사회가 할 일은 인수 논리와 통합 계획을 평가하는 것이다(아래 PMI 이사회 패키지 참조). 이때 이사회는 사실상 매도기업과 매수기업의 역할을 동시에 해야 한다. 즉, 그들은 인수기업이 주주들을 대신해 투자 제안을 준비하는 과정을 그대로 따른 후에 의사결정을 내려야 한다는 의미이다.

어떤 조건의 주식 거래를 제안받더라도, 목표 기업 주주들은 발표된 가치가 인수 전후에 실제로 달성할 가치와 같다고 생각하면 안 된다. 조기 매각은 노출에 한계가 있겠지만, 그 전략에는 비용이 따른다. 통합이 진행되는 동안 목표 기업의 주가는 대체로 제안 가격 아래에서 형성되는 것이 일반적이기 때문이다. 물론 합병 기업의 주식을 거래가 성사된 후에 팔려고 기다리는 주주들은 그 시점에 주가가 어떻게 될지 알 방법이 없다.

요컨대 가장 중요한 질문은 '인수기업의 주식 가치가 얼마나 되느냐' 하는 것이다. 과연 시너지 기대치가 실현될 가능성은 어느 정도일까? 이 질문이야 말로 인수 거래 지급 방식을 제안하거나 수락하려고 할 때 가장 중요하게 다루어야 하는 경제적 문제다. 세금 문제나 회계 처리 등 양측 회사의 자문가들이 관심을 끌고자 제기하는 다른 문제도 물론 있다. 그러나 그와 같은 주제는 SVAR을 평가하는 데에는 본질적인 문제가 될 수 없다.

PMI 이사회 패키지

6장과 7장, 8장에서 자세히 살펴보았듯이, 합병 후 통합 과정(PMI)은 매우 복잡한 프로세스다. 이 과정의 속도와 중요성, 그리고 그 수많은 의사결정 건수만으로도 일반적인 다른 의사결정과는 비교할 수 없을 정도로 복잡하고 어렵다. 서로 문화가 전혀 다른 조직을 통합하는 과정에도 사업을 정상적으로 운영하여 매일매일의 현금 흐름까지 그대로 유지하는 일은 실로 벅차기 이를 데 없는 과제다. 이러한 일을 원래 잘하는 조직이란 거의 없다고 봐도 된다.[6]

이사들은 경영진이 주장하는 내용이 최소한 통합 계획이라는 바탕 위에서 나온 것인지 정도는 반드시 확인한 후에 거래를 승인해야 한다. 고위 경영진도 이사진이 이러한 사실을 확인할 거라는 점을 인지하고 미리 인수 거래의 타당성을 철저하게 입증해야 한다. 결국 투자자들은 경영진에게 믿을만한 계획이 있는지를 알고 싶기 때문이다.

이사회는 인수 거래의 전략과 가치평가 보고서를 꾸준히 검토하고 간혹 외부 평가 기관의 적정 의견을 참고할 때도 있지만, 다른 기업을 어떻게 통합해야 하는지를 고민하는 경우는 거의 없다. PMI 이사회 패키지는 경영진이 통합 과정에 숨어있는 흔한 함정을 피할 수 있도록 이사회가 챙겨야 할 내용을 알려준다. 이사진이 보기에, 합병 후 통합 과정에서 애초에 약속한 바를 달성하지 못하는 중요한 이유는 다음의 네 가지로 요약할 수 있다.

1. **집중력 부족:** 뚜렷한 체계 없이 PMI를 진행하는 바람에 경영진과 직원들이 정상 업무를 제대로 치러내지 못하고 고객과 경쟁자에 대한 걱정만 쌓여간다. 직원들은 점점 다른 일자리를 알아보기 시작한다.

2. **시간 낭비:** 통합 출범이 눈앞에 다가왔는데도 시너지를 창출할 준비가 전혀 안 된 것처럼 보이고, 따라서 달성할 시너지의 현재 가치가 급격히 감소한다. 이렇게 시너지 달성이 지연될수록 인수전략에 대한 직원들의 믿음이 흔들리고 경쟁자들은 대응할 시간을 벌게 된다. 경영진은 우선순위를 파악하지 못하는 바람에 중요하고 어려운 일부터 하기는 커녕 의사결정이 점점 느려지고 방향감각을 잃어버린다.

3. **경쟁자의 반응과 변화하는 사업 환경:** PMI 계획을 꼼꼼하게 세웠으나, 정작 필요할 때 즉각적으로 다시 검토하고 수정할 수 있는 구조가 마련되지 않았다. 한마디로 PMI의 관점이 너무 내부에만 치중해있느라 변화하는 사업 환경에 제대로 대응하지 못하는 경우다.

4. **계획 이행 실패:** PMI를 진행하면서 새 조직을 설계하고 시너지를 조기 실현하는 데는 집중했으나, 기존 조직을 최종 상태로 전환하는 데 필요한 수많은 기초적인 문제를 해결하지 못한 경우다. 그 결과 조직이 시너지 목표를 달성할 수 있는 모습으로 탈바꿈하지 못했다.

인수 거래를 검토하는 단계에서, 이사회는 제안된 거래의 전략적, 재무적 타당성뿐만 아니라 약속한 결과를 달성하는 데 필요한 기초가 마련되어 있는지도 검토하고 확인해야 하는 독특한 위치에 있는 사람들이다. 이러한 계획이 뒷받침되지 않으면 시간이 지날수록 인수 가치에 누수 현상이 발생한다. 이사들은 고위 경영진에게 구체적인 요구사항을 제기함으로써 막강한 영향력을 행사할 수 있다. 인수 거래가 이사회 승인을 거쳐 공식적으로 발표되기 전에, 고위 경영진은 다음의 다섯 가지 기본적인 요소를 준비해야 한다.

1. 필요한 활동과 의사결정이 담긴 PMI 프로세스 일정을 제시해야 한다.
2. 최고 수준의 핵심 의사결정 사항을 미리 정해두어야 한다.
3. 맞춤형 통합 방식을 뚜렷하게 구상하여 제시해야 한다.
4. PMI에 필요한 체계와 팀, 자원을 구성하고 확보한다.
5. 약속한 성과를 달성할 사업계획을 수립한다.

PMI 프로세스 일정

성공적인 PMI는 거래가 성사되기 훨씬 전부터 시작되어 이후에도 오랫동안 지속되는 체계적인 일정으로 구성된다. 이사회는 경영진으로부터 필요한 활동과 후속 일정을 보고받아야 PMI의 전체 상황을 파악할 수 있다.

인수합병이 실패하는 사례를 보면 대개 CEO가 PMI 계획에 관해 언급한 내용이 별로 없는 경우가 많다. 이사회가 일정과 시간표만 제대로 살펴보면 어떠한 문제가 발생할지 쉽게 파악할 수 있다. 사실, 이사들이 M&A 제안서를 검토하기 시작할 때부터 PMI 프로세스 계획이 이미 어느 정도는 진행되어야 한다. 물론 이 단계에서도 결정해야 할 일들이 많을 것이다. 그러나 PMI 계획에 관한 기본적인 요소들은 고위 경영진이 반드시 다루어야 할 일 중 하나다.

물론 고위 경영진이 이 책의 앞부분에서 설명한 모든 구체적인 내용을 인수 검토 단계에서부터 다루는 것은 무리겠지만, 최소한 PMI의 일반적인 단계와 진행 방향 등을 이사회에 설명해줄 수는 있다. 예를 들면 다음과 같은 것들이다.

- 예비 계획과 방향 설정
- 데이터 수집
- PMI 구상 및 의사결정
- 실행

예비 계획과 방향 설정은 실사 및 평가 작업과 동시에 진행된다. 적대적 인수의 경우라면 이 과정은 공개된 정보에 의존할 수밖에 없을 것이다. 이 시점에서 고위 경영진은 통합 방식과 새 경영모델(이를 통해 인수 논리 및 사업 목표를 프로세스, 역량, 조직 구조 등과 서로 연결할 수 있다)의 전체적인 윤곽을 결정하고, 시기와 팀 구성 및 직무, 자원 배분, 성과 목표 등과 같은 핵심적인 사안을 결정한다. 이러한 내용은 PMI 이사회 패키지를 구성하는 요소

들로서, 거래발표일 전에 이미 정해져야 한다.[7]

데이터 수집 및 분석 작업은 실사 단계에서 시작되어 이 시점에 이르면 본격적으로 진행될 수 있으나, 적어도 거래발표 직후에는 곧바로 착수해야 한다. 통합 작업그룹들은 두 조직의 기존 운영상황에 관한 정보를 수집하여 공유하고 핵심적인 차이점과 공통점을 비교한다. 주요 통합 활동과 시너지와 관련된 측면을 주로 살펴야 한다는 것은 두말할 필요도 없다. 양쪽 회사의 데이터 중 공유 대상에 포함될 것과 제외할 것을 구분하고, 경쟁에서 민감한 정보를 판단할 뚜렷한 원칙을 통합 출범 전까지 마련해야 한다. 이를 위해 법률적 자문이 필요할 수도 있다. 이때 분석 대상은 합병 조직의 재무적 기준선을 수립하고 PMI 기간에 사업을 안정화하는 데 필요한 이슈들이다.

구상과 의사결정이 필요한 문제들은 새 경영모델과 부합하는 통합 기회, 조직 설계, 시너지 목표, 그리고 성과를 달성할 통합 작업계획 등이다. 이 작업은 데이터가 수집되는 대로 시작할 수 있고, 규제 관련 승인 절차에 따라 변동될 수 있으며, 일단 보안 공간이 마련되면 통합 출범 이후에도 계속 진행될 가능성이 크다. 이 단계는 합병으로 탄생하는 새 회사의 틀을 만드는 매우 중요한 단계로서, 양측 회사의 팀들이 서로의 역사와 문화, 전략, 의사결정 스타일을 더욱 깊이 이해하는 기회가 된다. 이러한 상호이해는 새 회사의 통합에 관한 선택지를 개발, 평가, 논의하는 과정에서 가시화될 것이다. 이 단계에서 나오는 제안 내용은 시너지 약속을 실현하는 데 도움이 되어야 한다.

거래가 성사되면 실행이 시작되어 핵심 통합 단계가 모두 마무리될 때까지 계속된다. 이 기간은 대체로 1년에서 18개월 정도가 소요되는데, 이 시점에서 경영진이 가장 중점을 두어야 할 일은 조직을 통합팀 구조에서 정상 업무 체제로 전환하는 것이다. 이 과정에서 통합과 시너지를 철저하게 추적함으로써 조직 전체가 시너지 실현에 집중하고, 이를 위한 고도의 책임감을 유지하며, 그 바탕이 되는 개별 사업의 모멘텀을 유지해야 한다.

　여기서도 중요한 점은 경영진이 모든 문제의 해답을 알고 있지는 않다는 사실이다. 그러나 그들은 이 모든 단계를 아우르는 일정과 시간표와 함께 합병을 이끌어가는 원칙을 최대한 빨리 제시해야 한다.

최고위층의 핵심 의사결정

PMI를 진행하려면 처음부터 최고위층이 몇 가지 핵심 사항을 결정할(혹은 의도적으로 미루거나) 필요가 있다. 즉, 통합의 범위와 고도의 조직적 문제에 관해서는 미리 대략적인 의사결정을 내려야 한다. 우선 두 회사의 어떤 분야를 완벽하게 통합할지 결정해야 하고, CEO(L0)와 그의 직속 부하(L1), 새로운 경영모델의 초안이나 새 조직 구조 등도 결정 대상이 될 수 있다.

　예비 결정의 범위와 속성은 상황에 따라 다르지만, 통합 의사결정 구조가 이러한 결정을 대신하기는 그리 쉬운 일이 아니다. 그중 일부는 인수 협상의 핵심적인 부분을 차지하기도 한다.

　때로는 중요한 결정을 의도적으로 뒤로 미루기도 한다. 예를 들어 최근에 진행된 금융서비스 업계의 합병 사례를 보면, 브랜드 전략에 관한 중요한 문제와 고객 정보 공유를 제한하는 데이터 보호법 때문에 계열사 두 곳의 합병 방법에 관한 결정을 일정 기간 연기한 일도 있었다. 결론적으로 모든 세부 사항을 다 다룰 수는 없지만, 새 조직의 방향과 관계된 중요한 결정 사항은 이사회에 분명히 보고할 필요가 없다.

맞춤형 통합 방식

PMI를 진행하는 동안 조직에 가장 만연하는 요소가 있다면 그것은 바로 불확실성이다. 이를 제대로 관리하지 않으면 여러모로 큰 방해 요소가 되고, 심하면 프로세스를 완전히 무너뜨리는 경우도 허다하다. 모든 M&A 거래는 저마다 각각 다르므로, 고위 경영진은 자사의 사정에 맞는 PMI 방식을 확립하고 이를 이사회에 분명히 전달해야 한다. 여기에는 통합의 범위와 속도, 분위기, 초기 우선순위, 그리고 핵심 결정 사항을 알리는 방식과 시기 등이 포함된다(상세 내용은 6장을 참조하라).

새 조직에 대한 기대치가 설정되면 이사회도 그 내용을 알아야 한다. 고위 경영진은 인수 논리에 부합하는 통합 방식을 채택해야 하며, 이후의 모든 활동도 그들이 조직에 거는 기대치에 어긋남이 없도록 관리해야 한다.

갈등이 빚어지는 상황에서도 경영진은 관리자와 직원들과 같은 배를 타고 있다는 확신을 줄 수 있어야 한다. 이 단계에서 발생하는 실수는 PMI의 실패로 이어지고 이후에 발생하는 문화 충돌의 원인이 될 수도 있다. 이사회는 세심한 감독을 통해 접근방식을 검증하여 경영진이 이 같은 함정에 빠지지 않도록 해야 한다.

구조·팀·자원

핵심 사항이 결정되고 통합 방식이 분명해지면 개별 사업 운영과는 별도로 PMI를 관리할 통합 구조가 필요하다. PMI를 진행하는 과정에 결정해야 할 크고 작은 수많은 결정을 고위 경영자가 일일이 관여할 수는 없다. 따라서 분명한 역할과 책임 및 권한이 부여된 PMI 팀을 별도로 조직하고, 최고경영진(운영 위원회)의 조언이 분명히 전달될 수 있는 보고 체계가 수립되어야 한다.

여기서 중심적인 역할을 하는 주체가 바로 통합관리사무국(IMO)과 그 감독하에 있는 작업그룹이다. IMO와 그 작업그룹들은 회사의 다양한 정보를 체계적으로 수집하고 사내에 협력 분위기를 조성하여 초기의 성공 기반을 마련한다. IMO 체제에 속한 각 팀은 상향식 통합 방식을 주도하는데, 여기에 치밀한 일정이 결합하는 경우 고위 경영진이 어려운 결정을 내리고 프로세스의 모멘텀을 유지하는 데 큰 도움이 된다. 따라서 이사회는 IMO와 작업그룹으로 구성된 체제를 이해해야 하고, 일상 업무의 부담을 벗어나 통합에 집중하는 인원과 이를 보조하는 다른 직원의 수와 필요 기간, 기타 필요한 외부 지원 비용 등을 알고 있어야 한다.

고위 경영진은 PMI팀, 그중에서도 IMO에 필요한 자원을 확보하는 방법도 고민해야 한다. 고위 경영진과 중간 관리자 중 PMI 프로세스에 과중한 업무 비중을 할애하는 사람이 10%가 넘는 경우도 드물지 않다. 이러한 관리자들은 양쪽 어느 회사에서든 가장 유능한 직원들일 것이 분명하므로, 누가 어느 정도의 시간을 할애해야 하는지 기준을 분명히 정해서 PMI 기간에 자칫 치열한 경쟁 환경에 뒤처지는 일이 없도록 배려해야 한다.

요약하면 이사회는 이와 같은 통합 구조과 핵심 인력, 그리고 통합 과정을 이끌어가는 데 필요한 타이밍과 인사관리 수준을 잘 이해해야 한다. 그리고 이러한 요소들과 선택한 통합 방식 사이의 일관성을 유지해야 한다.

사업계획
고위 경영진은 새로 탄생할 회사의 사업계획을 탄탄하게 수립하여 이사회에 보고해야 한다. 여기에는 시너지 목표와 주요 정책 및 목표, 통합 과정에 발생하는 일회성 비용 등이 포함되어야 한다. 물론 이 같은 내용은 목표 기업의 가치를 평가할 때도 모두 고려해야 할 사항이다. 따라서 이사회는 이러한 폭넓은 목표와 경영진이 그것을 어떻게 달성하려고 하는지를 이해해야 한다. 여기에는 새 경영모델과 시장진출 전략의 변화, 그리고 이를 통해 프리미엄을 상회하는 성장 시너지나 비용 절감 등도 포함된다. 또 이러한 시너지 목표는 인수합병이 없었을 경우 두 기업이 각기 달성할 '기준선'보다 크다는 점을 이사회는 분명히 알아야 한다. 초기에 경영진이 설정한 시너지 목표가 PMI 활동을 통해 내부 예산과 계획에 반영된 최종 시너지 약속으로 바뀌면 사업계획의 구체적인 내용도 그에 따라 변화한다.

시너지 목표가 뚜렷이 규명되지 않은 채, 재무계획이나 때로는 가치평가에 이리저리 섞여서 명확히 눈에 띄지 않는 경우가 많다. 이렇게 되면 6개월에서 12개월이 지난 후에 실제로 시너지를 달성했는지 파악하는 일은 거의 불가능해진다. 이사회는 성과 목표가 분명히 눈에 띌 수 있도록 통합 진척 상황을 파악하는 추가적인 조치나 이정표를 마련하라고 요구할 수 있다. 예를 들어 노동 및 비노동 시너지 달성이나 시설 계약 종료, 신제품 제안 등의 시기와 같은 것들이 있다. 그래야만 이사회가 다음번 회의에서 통합 진척 상황을 파악할 수 있다.

사업계획이란 경영사례와 인수 논리를 현장에서 운영하는 데 필요한 작전 도구, 합병 조직이 두 기업의 주가에 반영된 성과 추이를 앞지를 수 있는 이유, 고객이 원하는 것보다 더 많은 것을 제공하는 방법, 그리고 그것을 경쟁자들이 쉽게 따라 하기 힘든 이유 등을 알려준다. 통합 프로세스는 사업계획을 더 정교하게 가다듬고 확고한 기반을 다지는 과정이다. 이사회는 전체적인 계획만 볼 것이 아니라 이를 검증, 조정하고 계획 대비 실행 단계별로 꼼꼼히 점수를 기록해야 한다.

PMI 이사회 패키지는 일정 및 활동 단계, 최고경영진의 의사결정, 통합 방식, 구조·팀·자원, 그리고 성과 달성을 위한 사업계획이라는 다섯 가지 요소로 모든 인수 거래를 판단할 수 있게 해준다.

그중 마지막 요소인 사업계획을 위해 우리가 제안한 수단은 거래발표일에 투자자들에게 설명하기 전에 먼저 이사회가 인수 거래의 재무 목표가 가진 건전성과 타당성을 검증할 수 있게 해준다.

프리미엄 충족 기준과 타당성 영역

그간 수익 증가와 시장 확대를 인수 결정의 근거로 삼는 관행의 단점을 지적하는 연구가 많았음에도, 여전히 단기 수익 증가는 인수기업이 특정 인수 거래의 진행 여부를 판단하는 기준으로 널리 사용되는 것이 현실이다. 더구나 투자 설명 자료에서도 최우선 과제로 등장하는 경우가 많다. 여기서는 수익 증가를 M&A 거래의 평가 기준으로 삼으면 안 된다고 논박하기보다는, 고위 경영진과 이사회가 비싼 프리미엄을 다른 회사에 준다고 결정하기 전에 수익 기반 재무 정보를 훨씬 더 유용하게 사용할 수 있는 방법을 제시하고자 한다.[8]

SVAR이 상당히 큰 수준의 인수 거래(그렇게 보는 주체는 바로 이사회다)에서 우리는 목표 기업에 대해 프리미엄을 정당화할 비용 절감과 매출 강화 조합을 산출하는 간단한 '수익' 모델을 제시한다. 이 모델을 사용하면 수익 증가를 근거로 인수 거래를 논의하는 자리에서도 거의 모든 관리자와 투자자들에게 친숙한 경영 용어를 사용하여 이를 비판, 검증할 수 있다. 그렇다고 이것이 제대로 수행한 DCF 가치평가를 대체할 수 있는 것은 아니지만, 이사회가 눈에 뻔히 보이는 실수를 피할 수 있게 해주는 또 하나의 방법인 것만은 틀림없다. 이 방식은 또 PMI 사업계획을 검증하는 간단한 방법이기도 하다.[9]

거래발표가 나기 전 공개기업(MV_T)의 총 시장 가치는 세후 이익률(P/E_T)로 표현된다.

$$(1)\ MV_T = E_T \times P/E_T$$

인수기업이 목표 기업에 프리미엄을 제안할 때, 그 프리미엄의 현금 가치는 프리미엄 비중(%P)에 거래발표 전 목표 기업의 시장가치를 곱한 값이 된다(MV_T).

또는, 목표 기업의 세후 수익(E_T)과 주가수익률(P/E_T)로 표현하는 방법도 있다.

$$(2a)\ \%P \times MV_T = \%P \times (E_T \times P/E_T) = (\%P \times E_T) \times P/E_T$$

공식 (2a)가 말하는 바는, 목표 기업에 제공한 프리미엄만큼을 벌려면 목표 기업의 세후 이익(E_T)이 %P 만큼 증가하고 이것이 영원히 지속되어야 한다는 것이다. 그러나 이것은 목표 기업의 이익률(P/E_T)이 일정하다는 것을 전제로 한다.[10] P/E에 일정한 값을 부여하는 것은 시너지로 인해 이익이 증가

하더라도 P/E 값은 인수합병 이전과 달라지지 않는다고 가정하는 것이다.[11]

예를 들어보자. 만약 인수기업이 거래발표 전 목표 기업의 시장 가치에 대해 20%의 프리미엄을 제공하기로 했다면(그리고 P/E는 일정하다고 가정한다), 목표 기업의 세후 이익 증가율은 20%가 되어야 한다. 위 공식에서 E_T 대신 세전 이익률(Π), 매출(R), 실질 세율(T) 등을 대입하면 필요한 세후 이익 증가량을 다음과 같이 도출할 수 있다.

$$(2b)\ \%P \times E_T = \%P \times (R \times \Pi) \times (1-T)$$

이 세후 이익 증가는 반드시 세전 시너지가 발생해야 가능하므로, 우리가 관심을 기울여야 할 것은 바로 이 세전 시너지[$\%P \times (R \times \Pi)$]다.

인수기업 중에는 오로지 비용 절감이나 매출 증가 중 어느 하나에만 신경 쓰는 곳도 있지만, 그보다 더 보편적인 방식은 이 둘을 동시에 추구하는 것이다.

인수기업이 인수 프리미엄에 해당하는 돈을 오로지 비용 절감으로만 벌려고 하는 경우, 세전 이익 증가분을 목표 기업의 인수 전 기초 영업 비용으로 나눈 값을 비용 시너지(%SynC)로 정의한다. %SynC는 인수기업이 경영 관점에서 인수 프리미엄에 상당하는 이익을 달성하기가 얼마나 어려운지를 판단하는 유용한 척도다. CEO나 기업 리더는 비용 절감을 백분율로 나타냄으로써 절감의 타당성을 설명해야 한다.

공식 (3b)는 프리미엄 비중과 세전 영업이익률(이를 EBIT라고 한다)만 계산하면 비용 절감 비율만으로 인수합병에 따른 세전 이익 증가를 빠르게 평가해볼 수 있음을 보여준다. 따라서, 예를 들어 세전 이익률이 18%인 목표 기업에 35%의 프리미엄을 제공하는 인수 거래의 경우라면, 프리미엄을 상쇄하고 손익분기점에 도달하는 데 필요한 비용 절감 비율은 7.7%가 된다

$$\textbf{(3a)} \; \%SynC = \frac{\text{달성할 세전 에너지}}{\text{기초 영업 비용}}$$

또는, 분모의 기초 영업 비용을 세전 영업이익률과 매출로 표현하면 다음과 같은 공식이 나온다.

$$\textbf{(3b)} \; \%SynC = \frac{\%P \times (\Pi \times R)}{(1-\Pi) \times R} = \%P \times \frac{\Pi}{1-\Pi}$$

$[0.35 \times (0.18 / (1 - 0.18))]$. 여기서 명심해야 할 점은 합병으로 인한 시너지 달성을 나타나는 비용 절감이 합병 전에 두 기업이 이미 기대하고 있던 비용 절감 목표 외에 추가로 달성되는 것이어야 한다는 사실이다.

이는 언뜻 보면 당연한 것 같지만, 이 모델은 인수 프리미엄이 일정할 경우 고수익 사업 분야일수록 훨씬 더 공격적인 %SynC 목표를 제시한다고 볼 수 있다. 여기에서 알 수 있는 단순한 사실은 영업이익률이 큰 사업일수록 기초 비용의 비중은 줄어든다는 것이다. 그와 같은 사업에서 공격적인 %SynC 목표를 추구하려면 기준선에서 근본적인 차별화를 달성해야 한다. 근본적이라는 말은 조직의 군살을 과감하게 덜어내야 한다는 뜻일 수도 있다. 즉, 비용 절감을 통해 프리미엄을 상쇄하는 일이 그만큼 어렵다는 의미이다.[12]

비용 시너지뿐만 아니라 매출 잠재력에 관해서도 공식 **(3b)**를 조금만 조정하면 매출 증가 기대치를 고려한 이후의 이익, 즉 매출 시너지(%SynR)에

필요한 비용 절감액을 추정하는 데 사용할 수 있다. 다시 말해, 매출 증가를 통한 시너지가 클수록 비용 절감에 전가되는 부담은 줄어든다.

$$(4a)\ \%SynC = \frac{\%P(\Pi \times R) - (R \times \%SynR \times \Pi)}{R(1 - \Pi)} \quad \text{또는}$$

$$(4b)\ \%SynC = \frac{\%P\Pi - \%SynR \times \Pi}{1 - \Pi} = \frac{\Pi}{1 - \Pi} \times (\%P - \%SynR)$$

공식 **(4b)**를 사용하면 인수 거래에 제공한 프리미엄을 상쇄할 만한 비용 시너지를 계산할 수 있다. 여기에 필요한 변수는 세 가지다. 제공한 프리미엄, 세전 영업이익률(EBIT), 그리고 매출 시너지 비율 기대치다.[13] 만약 %SynR 가 프리미엄 비율과 같다면 이 모델에서 인수 프리미엄이 일정할 때 필요한 비용 시너지는 0이 된다.

이 공식은 이른바 프리미엄 충족 기준(MTP Line)으로 이어진다. **그림 9-1**은 35%의 프리미엄과 18%의 세전 영업이익률로 형성된 기준과 동등한(그러나 초과하지는 않는) 세전 시너지를 달성하는 %SynC와 %SynR의 조합을 보여준다. 만약 매출 증가 비율 기대치가 프리미엄 비율(이 사례에서는 35%)과 일치한다면 프리미엄을 상쇄하는 데 필요한 비용 절감액은 0이다. 그리고 이미 증명했듯이 매출 증가 기대치가 없는 상황에서 프리미엄을 상쇄하는 데 필요한 비용 절감액은 7.7%다(그림의 양 말단은 %SynC와 %SynR 중 어느 하나가 0일 때 프리미엄을 상쇄하는 데 필요한 나머지 하나의 값을 나타낸다).

고위 경영진과 이사회에 MTP 기준이 중요한 이유는 분명하다. 수익이 기준에 못 미치는 인수 거래를 피하는 것은 당연한 일이기 때문이다. 최소한 검

증은 더욱 철저하게 해야 한다. 이 방법에 따르면 A와 B에 속하는 인수 거래
는 피해야 하는 데 비해, C는 프리미엄을 상쇄하는 것 이상의 성과를 거둘

그림 9 - 1

MTP 기준

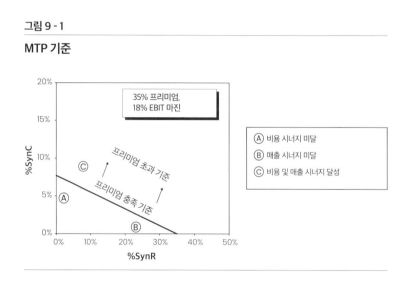

수 있다. 목표 기업에 치른 프리미엄이 비쌀수록 그만큼 더 벌어들이기 위해
%SynC와 %SynR의 조합을 더 키워야 한다(**그림 9-1**에서 설명하면, 프리
미엄이 35%보다 더 비싸질수록 MTP 기준은 상향 이동하게 된다).

이 간단한 도식으로 경영진이 인수 거래를 통해 달성할 수 있다고 생각하는
매출과 비용 시너지 조합의 구체적인 내용을 설명할 수 있다. 이는 경영진이
투자자에게 적극적으로 알려야 할 가장 중요한 내용이기도 하다. 결국 투자
자가 가장 알고 싶은 점도 바로 인수 거래를 통해 이 그림에서 어느 지점에 도
달할 수 있는가 하는 것이기 때문이다.

매출 시너지 기대치 달성에 필요한 여러 가정을 검증하는 것 외에도 대답해

야 할 질문이 몇 가지 더 있다. 예컨대 실제로 절감할 수 있는 비용 기준은 어디까지인가(간접비, 경비 등이 포함되는지 여부)? 애초에 비용 기준이 높은 거래라면 인수기업에 특별한 역량이 없는 한 관리할 수 있는 여지는 그리 많지 않다. 그리고 또 하나 중요한 질문은, 인수기업이나 업계의 다른 인수기업들은 비슷한 거래에서 시너지를 실현하기 위해 어떤 방법을 주로 택했느냐 하는 것이다.

우리가 경험한 바에 따르면 기업들은 주로 매출 증대보다는 비용 절감에 더 강점을 보였다. 예를 들어 건물 폐쇄나 인원 감축 등의 방법으로 비용을 절감하는 건 너무나 쉬운 일이다. 이들은 통제할 수 있고, 가시적이며, 실제적인 내부 문제라고 할 수 있다. 게다가 비용은 대체로 가장 먼저 고려 대상이 되는 문제이기도 하다. 의욕에 찬 몇몇 팀들이 열심히 노력해서 빠르게 성과를 올릴 수 있는 분야가 바로 비용 절감이다.

반면에 매출은 경쟁자와 고객 반응이라는 외부 변수가 있다. 따라서 이 분야는 예측도, 통제도 어렵다. 특히 교차 판매 활동을 통해 수익을 올려야 한다면 더욱 그렇다. 더구나 매출 성장에 필요한 분석과 집중적인 노력은 사업이 안정화되고 비용 문제가 해결될 때까지 기다려야 하는 경우가 많다(매출 성장에 관한 자세한 내용은 8장을 참조하라).

그러나 이러한 매출 성장 지연은 원치 않은 결과를 초래한다. 경쟁자들은 대응에 나설 시간을 번 다음 시장에서 자사 고객을 지킬 뿐만 아니라 합병 기업의 고객까지 넘보게 된다. 그들은 인수기업의 동향을 예상하고 새 기업의 혼란과 고객 서비스 미비를 틈타 인수기업과 목표 기업 고객들의 환심을 산다. 매출 시너지의 실현이 늦어지면 헤드헌터와 경쟁사가 우리 회사에서 가장 유능한 영업 직원을 빼가기도 한다. 또한 새로운 시장진출 전략이 마련되어 지금까지 해보지 않았던 방식으로 고객을 응대하기 시작할 무렵이면 벌써 PMI 과정에서 쌓인 피로감이 조직 전반에 엄습해올 위험도 있으며, 매출 성장보다 비용 절감에 더 방점이 찍힌 경우(혹은 이 둘의 비중이 엇비슷한 경우라도), 매출 성장을 지원하는 데 필요한 기반이 결국 차단되기도 한다.

추정 시너지를 평가할 때는 성공적인 비용 절감과 매출 개선을 달성하기 어렵다고 판단되는 합리적인 상한선을 설정하는 것이 매우 중요하다. 이는 검토 중인 인수 거래와 관련된 경영상의 어려운 점을 판단하는 데에도 결정적인 요소가 된다. **그림 9-2**에 보이는 '타당성 영역'을 둘러싼 경계가 바로 이와 같은 기준선이다. 이 도식은 목표 기업을 인수하여 달성할 시너지가 앞에서 설명한 MTP 기준을 넘어선다고 하더라도 그 시너지 조합이 과연 타당한가를 판단하는 데 사용된다. **그림 9-2**는 각각 10%의 영업비용 절감과 매출 증가를 상한으로 하는 가상의 영역을 보여준다.[14] (A, B, C 중 C만 타당성과 프리미엄 기준 충족의 두 조건을 만족한다) 실제 상황에서 인수기업은 이 영역에 속할 수 있다는 근거만 있으면 변수는 원하는 대로 설정하면 된다. 이때의 근거는 인수기업의 경험이나 동종업계의 시너지를 벤치마킹할 수도 있다. 이 도식을 바탕으로 비용과 매출 시너지를 다양하게 조합하면 합리적인 가격 범위를 검증하는 방법으로도 사용 가능하다.

우리는 시너지가 곧바로 나타난다고 가정했으므로 매출 시너지와 비용 시너지의 발생 시기에 차이가 나면 그것 역시 밝혀내야 한다. 막대한 프리미엄을 상쇄해야 하는 시너지 실현이 조금이라도 지연될 것으로 예상되면 투자자들은 그 소식을 듣자마자 곧바로 반응하여 그 지연 시간만큼 인수기업의 주가를 떨어뜨리게 된다. 우리가 연구한 M&A 사례에서도 알 수 있듯이, 그렇게 하락한 주

그림 9 - 2

타당성 영역

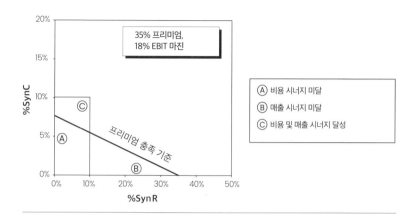

가는 다시 인수기업에 영향을 미쳐 조직의 사기 저하로 이어진다. 특히 퇴직 연금이 인수기업의 주식에 투자되어 있는 직원들은 직접적인 타격을 받는다.

요약하자면, 이사회는 인수 거래를 검토할 때 두 가지 질문을 염두에 두어야 한다.

1. 비용 절감과 매출 증가, 즉 시너지의 조합이 MTP 기준을 초과하는가?
2. 시너지 조합이 위치한 지점이 타당성 영역에 속하는가?

역량/시장 접근 매트릭스 및 시너지 조합

이 두 가지 질문을 다룰 준비가 되었다면, 다음 분석 단계는 비용과 매출 시너지의 조합(그 결과가 타당성 영역에 들어온다고 할지라도)이 두 기업의 통합 논리에 비추어 현장 상황에 타당한지를 따져보는 것이다. 이번 섹션에서는 이를 논의할 틀을 제시한 다음 이 틀을 적용할만한 사례를 네 가지 들어볼 것이다.

다양성과 연관성이 M&A가 창출하는 부가가치에 미치는 효과를 연구한 논문은 무수히 많다.[15] 그런 논문의 목적은 인수합병을 딱 하나의 범주(대개 '관련이 있다', '없다', 또는 그 중간으로 분류한다)로 분류한 다음 이에 속하는 사례들의 평균적인 성과를 비교하여 무엇이 더 낫고 모자라는지 판단하는 것이다. 이러한 논문에는 또 서로 충돌하는 여러 사례를 중심으로 진행되어 온 학계의 오랜 논쟁이 담겨 있기도 하다.[16] 그러나 이러한 논쟁이 비록 학문적인 관점에서는 흥밋거리가 될지 모르지만, 현장에서 마주치는 특정 인수 거래를 진단하는 데는 그리 도움이 되지 않는 경우가 허다하다. 안타깝게도 이 같은 주제에 관하여 현장에서 작성된 문헌도 그러한 '분류화'의 관점에 치우치는 경향을 볼 수 있다. 이러한 일에 있어서 인수 거래는 흔히 기업이 '인접' 분야를 점령하거나 '다양성'을 추구하는 '핵심'으로 불린다.[17]

그러나 인수 거래를 그와 같은 범주에 집어넣을 때 발생하는 문제는, 여러 범주에 걸친 인수 거래의 다양한 측면이나 합병으로 인해 창출될 새로운 역량과 시장 접근 기회 등을 충분히 고려하지 못한다는 점이다.

그림 9-3a에 제시한 3×3 행렬은 연관성이라는 모호한 기준만으로 인수 거래를 하나의 범주에 집어넣는 것보다 통합 실무진은 물론, 이사회 수준의 논의에서도 더 유용하게 사용할 수 있는 틀이다. 이 틀을 사용하면 가치 창출 전략이나 합병 기업의 특성에 따라 인수 거래를 다양한 범주의 조합으로 분류할 수 있다.[18]

그림 9-3a를 사용하면 어떠한 인수 거래도 다음과 같은 기준으로 특징지을 수 있다. 1) 두 기업의 역량이나(예를 들면 R&D, 제품 설계, 제품 구성, 운영, 비용 구조, 공급망, 시스템 등) 시장 접근도(예를 들면 영업 인력 등의 채널, 제삼자 관계, 지리적 위치, 브랜드, 채널 파워 등)가 같은 분야, 2) 두 기업 중 어느 한 곳이 상대방에 대해 비교 우위를 가진 분야, 3) 서로 합쳐지면 중복되지 않는 새로운 역량이나 시장 접근 기회를 창출할 수 있는 분야 등이다.

그림 9-3b의 각 시너지 조합은 역량/시장 접근 매트릭스의 여러 영역이 어떻게 잠재적 시너지의 다양한 형태로 바뀌어 %SynR/%SynC 그래프에서 다양한 비용 및 매출 시너지 조합으로 표현되는지를 보여준다(그림 9-1은 여

그림 9-3a 및 9-3b

역량/시장 접근 매트릭스 및 시너지 조합

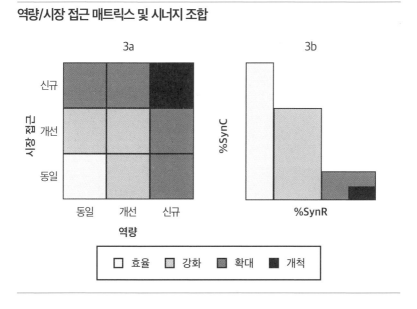

기에 MTP 기준을 더한 결과다). 그 결과 시너지 기대치 조합의 기초가 형성되며, 경영진이 투자자에게 제시할 자료가 된다.

역량/시장 접근 매트릭스의 다양한 영역은 비용 시너지나 매출 시너지, 혹은 이 둘의 조합 중 어느 쪽이 더 실현 잠재력이 큰지 알려준다. 두 기업의 역량이나 시장 접근 중 같은 분야를 통합할 때는 규모의 경제나 중복 제거 효과 때문에 주로 비용 이익이 더 크다(효율). 통합으로 중복은 발생하나 역량과 시장 접근이 개선되는 경우라면 매출 시너지와 비용 시너지가 모두 실현될 수 있다(강화). 중복이 거의 없이 새로운 역량과 시장 접근을 통합하는 거래라면 부가가치는 주로 매출 증대에서 나온다(중복이 조금이라도 있다면 '확대', 전혀 없다면 '개척'이라고 부른다). 거의 모든 인수합병은 이 매트릭스의 아홉 가지 영역에 해당한다. 이제부터 각 영역을 하나하나 살펴보자.

사례

1991년 케미컬뱅크와 매뉴팩처러스하노버 간에 성사된 인수합병 건은 **그림 9-3a**에서 정확히 왼쪽 아래 칸에 해당하는 '내부 시장' 효율화의 대표적인 사례라고 볼 수 있다. 따라서 이 사례는 **그림 9-3b**에서 비용 시너지가 지배하는 영역에 해당하기도 한다. 반대 경우인 오른쪽 위 칸에 해당하는 사례로는 AOL이 타임워너를 인수하여 인터넷과 전통 미디어가 결합한 신시장 개척형을 들 수 있을 것이다. 또 이것을 **그림 9-3b**에서 따져보면 주로 매출 시너지를 산출할 것으로 예상할 수 있다.

어떠한 인수 거래의 시너지가 이 매트릭스의 여러 영역에 걸쳐있는 경우, 그 조합은 매출과 비용이 차지하는 비율의 가중 평균값으로 표현된다. 그 결과

형성되는 지점은 통합 기업의 자산과 일치하는 %SynR/%SynC의 적절한 위치가 되어, **그림 9-1**에서 나타낸 MTP 기준의 위나 아래에 자리하게 될 것이다. 투자자들도 인수기업이 제안하는 거래가 과연 어떤 지점에 놓이는지 궁금할 것이다.[19]

인수 거래가 역량/시장 접근 '영역'에서 동일, 개선, 신규 중 어디에 위치하는지를 기준으로 보는 시각에는 두 가지 이점이 있다. 우선 인수 거래를 세분화하여 개별 요소의 가치를 따져볼 수 있다. 그리고 이보다 더욱 중요한 점은 이러한 영역이 비용이나 매출 시너지를 산출할 가능성을 따져서 비용 및 매출 시너지 기대치의 타당성을 평가할 수 있다는 사실이다.

그다음에 경영진은 다음과 같은 질문을 검토해야 한다. 모든 요소를 고려할 때, 제안받은 인수 거래는 MTP 기준을 넘어선 구간 중 어디에 위치하는 것이 타당한가? 이 질문을 검토한 결과 경영진이 설명하는 비용 및 매출 시너지 조합이 이 인수 거래가 차지하는 지점과 어긋나는 것이 틀림없다면, 이를 명백한 경고 신호로 받아들여야 한다. 예를 들어 어느 인수 거래가 대체로 **그림 9-3a**의 우상향 영역에 해당하는데, 경영진이 설명하는 시너지는 주로 비용 절감에 맞춰져 있고 매출 시너지는 거의 언급이 없다면 그 인수 거래는 다시 철저하게 검토해봐야 할 것이다.

그림 9-3a는 시너지 조합의 타당성 외에도 다양한 거래에서 개선된 성과를 달성할 가능성에 대한 통찰을 안겨준다. **그림 9-3a**에서 인수 거래가 차지하는 매트릭스의 각 요소를 살피는 일은, 사실상 해당 인수 거래의 무게 중심이 어디에 있느냐를 보는 것과 같다. 앞에서 언급했듯이, 일반적으로 비용 시너지 추정치는 매출 시너지 기대치보다 신뢰도가 높다. 따라서 프리미엄이 같은

조건일 때, 무게 중심이 왼쪽 아래 영역에 놓인 인수 거래는 시너지 추정치를 달성하고, 나아가 프리미엄을 상쇄할 가능성이 더 크다. 최소한 투자자들은 이러한 관점을 가지고 있을 것이다.

　이 같은 전략 분석은 인수 거래의 가치를 따져야 하는 이사회와 통합 계획, 그리고 성공적인 투자설명 자료 작성에 중요한 시사점을 제공한다. 주요 인수 거래가 발표되면, 투자자들의 관심은 그 가치가 과연 어디에서 오는지, 인수기업은 그 가치를 실현할 계획이 있는지에 쏠린다. 인수 거래를 시장에 발표할 때, 아무런 시간표도 없이 큰 시너지 목표를 단 하나만 내건 채 이익이 증가할 것이라고만 말하는 경우가 너무나 많다. 하지만 문제는 투자자들이 그 목표를 이해할 수도, 확인할 수도 없다는 점이다. 하나의 목표만 가지고 시장에 뛰어드는 행동은 인수기업에게 믿을만한 계획이 없다는 사실을 방증한다. 이렇게 되면 투자자들은 주식을 사기보다는 팔아야 할 이유가 더 커진다. 심지어 목표 기업에 제공하는 프리미엄도 한두 푼이 아닌 상황에서 말이다.

추진 방안 모델

투자자가 충분히 확인할 수 있고, 또 신뢰할 수 있는 시너지 기대치를 발표하여 인수기업에 탄탄한 계획이 있다는 인상을 안겨준 인수 거래의 좋은 사례가 있다. 바로 2000년 12월에 펩시코가 퀘이커오츠를 134억 달러에 전액 주식 거래 방식으로 인수하겠다고 발표한 일이다.[20] (펩시코의 투자설명에 관해서는 앞서 5장에서 다룬 바 있다)

펩시코 경영진은 시너지를 기대하는 분야를 밝히면서 비록 그것이 투자 모델에는 포함되지 않았으나 이익을 거둘 가능성이 매우 크다는 점을 자세히 설명했다. 앞서 설명했듯이 그들이 파악한 시너지는 총 2억 3,000만 달러였다. 주로 영업이익으로 구성된 세부 근거는 다음과 같다. 트로피카나 사업 부문 매출 증대 4,500만 달러(같은 사업역량으로 시장 범위 확대), 프리토레이 시스템으로 퀘이커 스낵 판매 매출 3,400만 달러(같은 사업역량으로 시장 범위 확대), 구매비용 절감 6,000만 달러(동일 역량, 동일 시장), 판관비, 물류, 살균처리 제조 등을 통한 비용 절감 6,500만 달러(동일 역량, 동일 시장), 중복 업무 제거를 통한 절감액 2,600만 달러(동일 역량, 동일 시장) 등이다.

따라서 이 인수 거래의 무게 중심은 핵심 사업에 가까웠고(**그림 9-3a**에서 왼쪽 아래 구역), 투자자들(직원들도) 역시 어디서 시너지가 실현되는지 뚜렷이 파악할 수 있었다. 그들은 이 인수 거래를 통한 영업이익 개선과 효율적인 자본 사용 효과가 무려 22%에 달하는 프리미엄을 충분히 상쇄하고도 남는다는 점을 쉽게 알 수 있었다.

경영진도 퀘이커오츠를 비롯한 여러 브랜드를 펩시코와 통합하고 두 회사의 역량을 최대한 활용하여 추가 성장을 달성하는 방법을 분명하게 설명할 수 있었다. 더구나 펩시코의 회장직을 연임하게 된 로저 엔리코는 경영진이 발표한 비용 절감과 매출 시너지 추정치는 매우 보수적으로 잡은 수치라고 강조했다.

투자자들은 펩시코의 발표에 긍정적으로 화답했다. 주가는 거래발표 후 며칠 만에 6%(약 40억 달러) 넘게 상승했고, 2001년 8월에 거래가 성사된 이후로도 약 10년간 업계 평균을 꾸준히 상회했다.

펩시코와 유사한 사례는 또 있다. 넥스타미디어가 트리뷴미디어를 약 20%의 프리미엄에 해당하는 64억 달러에 전액 현금 거래로 인수했을 때, 그들은 투자자들에게 분명한 시너지를 제시하며 확신을 안겨주었다. 기업 간접비 절감액 2,000만 달러, 방송국 비용 절감 6,500만 달러, 트리뷴 미디어 방송 순수 재송신 매출 7,500만 달러(트리뷴 구독자에 넥스타 요율 적용으로 이익 증대) 등을 합해 거래 성사 첫해에만 1억 6,000만 달러의 시너지를 달성한 것이다(넥스타 인수 건 역시 5장에서도 소개했다). 넥스타 CEO 페리 숙은 M&A 통합에 탄탄한 경력을 보유한 훈련된 경영진이 시너지 달성에 큰 공을 세웠다고 강조했다(거래 성사 당시 넥스타는 시너지 예상치를 1억 8,500만 달러로 올렸다).

효율화에서 8,500만 달러(동일 역량, 동일 시장), 매출에서 7,500만 달러(동일 역량, 시장 확대)를 달성하는 것으로 내다보는 이 시너지 예상치를 **그림 9-3a**에 대입하면, 인수 거래의 무게 중심은 왼쪽 아래 칸에 자리하게 된다. 이렇게 산출된 시너지 조합은 통합 기업의 역량과 일치하므로, 투자자들은 거래발표일에 주가가 11%나 오른 넥스타에 대해 MTP 기준을 넘는 매출 및 비용 시너지 지점을 쉽게 그릴 수 있었다.[21]

대조 사례

다소 대조적인 사례로는 2000년 1월에 AOL이 타임워너를 인수한 건과 허큘리스가 1998년 7월에 발표한 베츠디어본 인수 건을 들 수 있다. AOL과 타임워너의 합병은 무려 560억 달러(56%)의 프리미엄이 오가면서 전혀 다른 업종이 결합한 건이었음에도, 투자자에게 발표한 비용 시너지는 고작 10억 달러에 불과했다. 게다가 시너지가 어디에서 창출된다는 설명 또한 전혀 없었다. 이 거래는 이른바 '개척'으로 분류할 수 있는 건이었고, 따라서 그 정도의 비용 시너지를 추정할 타당한 근거는 어디에도 없었다.

허큘리스와 베츠디어본의 전액 현금 인수 거래는 95%라는 막대한 프리미엄(약 10억 달러)이 개입되고 제지용 화학약품 분야에서 일부 사업의 중복이 발생하는 건이었다. 투자자에게 설명한 비용 시너지 추정치는 1억 달러였다. 그러나 더 자세히 들여다보면 허큘리스는 종이의 특성을 개선하는 기능성 제지 화학약품에 강점이 있었던 데 비해, 베츠디어본은 제지 장비의 성능을 개선하는 제지 공정용 화학약품을 파는 회사였다. 게다가 13억 달러에 달하는 베츠디어본 매출의 절반 이상은 대규모 수처리 사업에서 나왔는데, 허큘리스는 이 분야에 전혀 발을 들이지 않고 있었다.

허큘리스와 베츠디어본은 비록 제지업계 고객사와 관련해 상당한 채널 중복이 있었지만, 이 인수를 **그림 9-3a**에서 따져봤다면 주로 오른쪽에 해당하는 확대 및 개척 영역으로 분류되었을 것이다. 따라서 **그림 9-3b**의 시너지 조합 도식에 따르면 경영진은 주로 교차 판매를 통한 매출 시너지에 중점을 두지, 비용 절감(간접비 등)에는 거의 신경을 쓰지 않았어야 했다고 볼 수 있다.

그림 9-4에 지금까지 등장한 네 건의 인수 사례를 나타내었다.[22] 그림에 보이는 사선은 각 인수 거래의 MTP 기준을 나타내며, 네 개의 점은 각각의 투자설명에서 제시된 매출 및 비용 시너지를 나타낸다.[23] 네 점 모두 **그림 9-2**에서 설명한 가상의 타당성 영역에 포함되기는 하지만, 시너지 조합이 MTP 기준을 초과

하는 인수 거래는 펩시코와 퀘이커, 그리고 넥스타와 트리뷴 건뿐이다. 더 중요한 것은 이 두 건이 위치한 점은 비용 및 매출 시너지 추정치 조합이 인수 거래의 전략이나 합병된 기업의 역량과 일치함을 보여준다는 사실이다.

AOL과 타임워너의 합병에서 밝힌 세전 비용 시너지 10억 달러는 **그림 9-4**에 나타난 MTP 기준에 훨씬 못 미치는 수준이다. 더구나 그에 따른 %SynC 추정치가 약 5%라는 사실은 이 거래의 성격을 개척으로 분류하는 이유를 도저히 설명하기 어렵다(**그림 9-3a**의 신규/신규에 해당). 돌이켜보면 AOL이 타임워너를 인수한다는 발표가 나왔을 때 시장 반응은 매우 부정적이었고 (약 15%, 즉 300억 달러가 넘게 떨어졌다), 막상 거래가 성사되었을 때도 시너지가 거의 0에 수렴한 게 결코 놀라운 일이 아니었던 셈이다.[24]

허큘리스와 베츠디어본의 경우도 마찬가지다. 그들이 발표한 1억 달러의 세전 비용 시너지는 MTP 기준에 훨씬 못 미치는 값이었으며 전혀 타당한 시너지 조합으로 볼 수 없었다. 이 발표로 허큘리스 주가는 14% 하락했고(4억 8,500만 달러로 거의 프리미엄의 절반에 해당한다) 이후에도 계속해서 떨어졌다.

결론:
절대적인 주의 의무

주요 인수합병 거래는 오늘날 이사회가 처리해야 할 수많은 안건 중 하나일 뿐이지만, 매우 중요한 건임에는 분명하다. 이사들도 이제는 주주들을 상대로 막중한 책임을 지고 있다는 사실을 잘 알고 있으며, 특히 '다른 회사에 투

그림 9-4

네 건의 %SynR / %SynC 조합 대비 MTP 기준

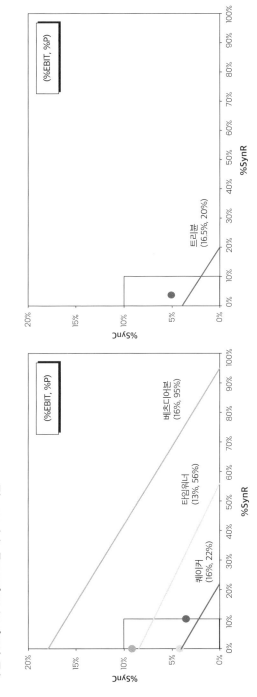

주: 케이커의 점 위치: (10.0%, 3.6%), 타임워너의 점 위치: (0.0%, 4.2%), 베츠디어본의 점 위치: (0.0%, 9.2%), 트리뷴의 점 위치: (3.7%, 5.1%)

자'하는 문제에 관한 한 더욱 그렇다. 계획과 실행이 부실한 인수 거래가 투자자들의 소중한 가치에 끼치는 악영향에 비하면 경영진의 사기행각은 오히려 건전하다고 할 정도다(다음의 '이사회가 던져야 할 질문'을 참조하라).

물론 우리가 제안한 방법만 있으면 인수 논리에 따른 철저한 실사 과정이나 제안된 인수 가치에 대한 정확한 DCF 분석 작업, 그리고 조기에 수립해야 하는 PMI 계획 등이 전혀 필요 없다고 주장하는 것은 아니다. 하지만 적어도 이것이 유용한 보완 수단이라는 사실만큼은 분명하다. 우리는 이 방법이 나아가 CEO와 이사회가 비교적 간단하면서도 믿을만한 지침으로 삼을 수 있고,

이사회가 던져야 할 질문

어느 이사회라도 CEO가 제안하는 인수 거래에 관해 다음과 같은 간단한 질문을 던져볼 수 있다. 만약 CEO가 이 정도 수준의 질문에도 대답하지 못한다면 투자자를 설득할 준비가 전혀 안 되어있는 것이란 사실은 딱히 거론할 필요도 없다.

- 이 거래가 분명한 전략적 프로세스를 거쳤다는 증거가 있는가?
- 이 거래는 고객과 시장, 상품, 기술 등에 관한 장기적 목표에 부합하는가?

- 인수기업과 목표 기업 각각의 독립적인 성과 기대치는 무엇인가?
- 합병 결과 발생하는 이익의 출처는 어디인가?
- 목표로 삼는 성과 개선 추정치가 거래에 필요한 프리미엄을 상쇄하고도 남는가?
- 이 거래로 가장 큰 영향을 받는 경쟁자는 누구인가?
- 그 경쟁사나 다른 회사들은 어떤 방식으로 대응할 것인가?
- 2개월에서 18개월이 소요되는 실행계획에서 주요 일정은 어떠한 것들인가?
- 이 계획을 뒷받침하기 위해 또 다른 투자(일회성 비용)가 추가로 필요한가?
- 경영진 중에 계획을 실행하는 핵심 주체는 누구인가?
- 양쪽 회사에서 매각이나 분사 대상이 되는 사업부는 어디인가?
- 다른 투자 대상이나 인수 거래에 비해 이 거래가 특별히 더 좋은 이유는 무엇인가?

고위 경영진과 활발한 논의를 펼칠 수 있는 바탕이 되기를 희망한다. 우리가 제안한 방법을 사용한 결과가 DCF 분석(또는 EVA 검증) 결과나 입력 논리와 상충한다면 DCF 분석에 사용된 가설을 재검토해보기를 권한다.

이사회가 다루어야 할 핵심 쟁점은 다음과 같다. '이 거래가 우리 회사의 주가에 미치는 영향과 그 이유는 무엇인가?' 인수전략, 목표 이익, 가치평가, 통합 준비, 커뮤니케이션 준비 등을 검증하는 일은 거래발표 후에 시작하면 이미 늦다. 우리가 제안한 방법을 실행에 옮기는 일이 어려워 보일 수도 있지만, 이 방법은 이사진이 고려해야 할 최소한의 기초적 사실을 알려준다. 이사들은 인수 거래를 승인하고 투자자에게 설명하기 전에 고위 경영진이 구체적인 경영 사례와 모델, 그리고 계획을 수립해두고 있는지를 먼저 확인해야 한다. 또한 고위 경영진도 이 점을 염두에 두고 검증을 견뎌낼 각오를 다져야 한다.

10장

/

결론

M&A를 추진하는 바람직한 방법

때에 따라서 기업은 M&A보다 출장경비를 승인하는 데 오히려 더 엄격한 잣대를 적용하는 것처럼 보인다. 이렇게 말하는 것이 심한 과장이라고 볼 수도 있겠지만, 실제로 거의 모든 회사에서는 아주 사소한 비용이 드는 일을 승인하는 데는 몇 달이 걸리면서, 정작 수십억 달러가 오가는 M&A는 순식간에 결정하는 경우가 많다. 그러면서도 적절한 통제나 프로세스, 교육 수준은 턱없이 부족하다.

목표 기업을 붙잡으려고 안달하는 태도는 실망스러운 결과를 낳을 뿐이다. 거래를 성사하겠다는 의욕이 넘치면(무슨 거래든 전략적으로 보이고, 이것 외에는 아무 대안도 없는 듯이 보인다) 무슨 일이 있어도 이를 끝까지 밀어붙이려는 태도로 이어지기 쉽다. 실사 결과에서의 문제점을 덮어버리고 평가액은 인수가를 정당화할 정도로 맞춰놓는다. 인수 그 자체에만 매달리느라 눈이 멀게 되는 것이다.

투자자들이 수치에 문제가 있다는 것을 눈치채면 거래발표일에 주가 하락은 불을 보듯 뻔한 일이다. 인수기업은 거래발표일의 들뜬 분위기에 취해 통합 계획을 꼼꼼히 실행하지 못하고, 이 같은 분위기는 통합 출범 후에도 그대로 이어져 결국 고객과 투자자에게 실망만 안겨준다.

말도 안 되는 것 같지만, M&A 업계에서는 실제로 이러한 일이 심심찮게 벌어진다. 수십 년간 애써 일구어온 성장이 단 한 번의 잘못된 인수 거래로 물거품이 되고 만다. 게다가 이 모든 일은 남들이 다 보는 앞에서 이루어진다.

투자자의 초기 반응은 긍정적이든 부정적이든 꾸준히 지속되므로 미래 수익을 내다보는 훌륭한 지표가 된다. 투자자들은 거래가 발표되자마자 그 가치를 꽤 정확히 알아맞힌다. 투자에 관한 한 그들은 전문가다. 긍정 반응과 부정 반응을 얻은 거래들은 수익률 역시 각자의 반응에 비례한다. 물론 결과가 뒤바뀔 수도 있고 처음에 긍정적인 반응을 보였다고 해서 모두 성공을 거두는 것도 아니지만, 처음부터 부정적인 반응을 얻은 거래가 나중에 역전을 거두기는 매우 어렵다. 3분의 2가량의 거래는 1년 후에도 여전히 그 상태에 머무는 경우가 일반적이다.

우리가 연구를 통해 발견한 가장 중요한 사실도 바로 '지속성 확산폭' 점수가 60%에 이른다는 점이었다. 시장의 긍정적인 반응과 성과가 1년간 지속된 거래가, 투자자들이 처음에 예측했던 대로 부정적인 반응과 결과가 1년간 이어진 거래와 뚜렷이 구분된 것이다. 처음부터 바람직한 방향으로 들어서서 약속한 성과를 충실히 달성하는 것이 얼마나 큰 혜택을 안겨주는지를 인수기업은 똑똑히 깨달아야 한다.

나쁜 인수 거래가 안고 있는 문제는 시장의 초기 반응이나 부정적인 결과가 지속된다는 것에 그치지 않는다. 더 큰 문제는 나쁜 인수 거래로 인해 조직 전체가 오랫동안 불필요하게 고생하고 결국은 투자를 철회하게 된다는 점이다. 게다가 실수를 만회하는 데 드는 비용은 엄청나게 크다. 중요한 교훈을 얻는 것치고는 너무나 큰 대가라고 할 수 있다.

인수합병을 하지 말라는 것이 아니다. 오히려 그 반대다. M&A가 선사하는 약속은 지속적인 수익 성장을 가능케 하고, 직원의 사기를 높이며, 고객을 만족시키고, 주주의 수익을 키운다. 우리가 M&A의 약속을 믿지 않았다면 애초에 이 책을 쓰는 데 시간을 허비하지도 않았을 것이다.

시장의 부정적 반응을 피해 긍정적 반응을 지속하는 일이 얼마나 중요한지 알았는가? 그렇다면 이제 남은 문제는 '그것을 어떻게 달성할 것이냐' 하는 것뿐이다. 우리는 지금까지 M&A의 실패가 주로 준비와 방법, 전략의 부재에서 오는 결과라고 주장해왔다. 인수 거래에 나서는 기업이 늘 이 일에만 매달려 있는 경우는 거의 없다. 다시 말해, 그들은 평소에 이 과정을 제대로 관리할 시스템을 마련해 두지 않았다. 그들은 가장 중요한 인수 대상을 꾸준히 선별하는 활동은커녕, 예상되는 가치를 실현할 구체적인 통합 방식도 구상하지 않았다.

우리가 제안하는 해결책은 'M&A의 모든 단계에 철저하게 준비된 인수기업이 되라는 것'이다. 우리의 제안은 인수기업이 M&A 경험에 상관없이 긍정적인 초기 반응을 얻어내고 이를 지속할 수 있게 해준다.

우리가 일러준 방법을 숙지하고 충분히 준비한다면, 이른바 시너지의 함정이라는 흔한 실수를 저지르지 않을 수 있다. 즉, 기존에 이미 존재하던 성과 개선 목표와 인수합병의 결과에서 발생하는 시너지를 서로 혼동하지 않게 된다.

앞서 설명했듯이, 시너지와 기존 목표를 혼동하면 경영자와 직원들은 통합 과정 내내 고생만 하게 될 가능성이 크다. 인수기업 역시 이 두 가지 성과 개선의 차이를 이해하지 못하면 처음부터 어려움을 겪게 될 것이다.

통합 출범일부터 그 약속을 실현하기 위해서는 역량과 자원, 훈련, 그리고 믿을만한 계획을 갖추어야 한다. 통합 출범일 이후에는 회사의 준비 상황과 상관없이 소중한 자본에 대하여 이자가 하루하루 계산되기 때문이다. 인수 거래를 성사했다고 해서 경쟁력과 효율이 저절로 갖추어지는 법은 없다. 시너지는 결코 공짜가 아니다.

목표 기업을 검토 후보에 올리는 것조차 앞선 모든 과정을 이해한 후에야 가능한 일이다. 6장부터 8장까지 통합 전 계획과 이후 실행에 관한 내용을 살펴봤듯이, 인수 거래를 성장의 방법으로 삼고 뛰어들기 전에 앞서 이 일의 본질을 파악해야 한다. 거래를 발표한 뒤에 이와 같은 소리를 듣는 일이 있어서는 절대로 안 된다. "이 일이 이렇게 엄청난 것인지 미리 알았더라면 좋았을 텐데요."

준비 과정에 치러내야 할 일이 어마어마한 것은 명백하지만, 사실 좋은 소식도 있다. 이러한 과정이 결코 일회성이 아니라는 사실이다. M&A 프로그램에는 똑같은 과정이 반복되므로, 한 번만 제대로 성공하면 흐름을 계속 이어갈 수 있다. 새로운 인수 건을 성공적으로 치러냈다고 해서 모든 일이 끝나지 않는다. 계획한 성장 논리를 모두 실행했다면 당신은 이미 또 다른 주요 인수 대상을 검토할 준비를 마친 셈이다.

요약

여기까지 책을 읽으신 분들이라면 이 책의 내용이 일정한 논리와 일관성에 따라 진행됐음을 알아차렸을 것이다. M&A 전략과 실사를 통한 인수 논리 파악, DCF 가치평가를 통한 시너지 목표 수립, 거래발표일, 통합 전 계획, 통합 후 실행, 그리고 이사회를 위한 조언 등의 순서 말이다. 제시된 각 단계는 이전 단계에서 배운 내용과 의사결정을 바탕으로 진행된다.

1장에서 우리는 성공적인 인수합병의 다섯 가지 전제 조건을 제시했다. 이제 그것을 하나하나 되돌아보며 M&A의 전체 과정에 대입해보도록 하자.

1. 성공적인 인수합병을 통해 기업은 경쟁자를 물리치고 투자자에게 보상을 안겨줄 수 있다.
2. 성공적인 기업 성장 과정에서 기업은 좋은 기회를 잡고 나쁜 기회는 피할 수 있어야 한다.
3. 준비된 인수기업('상시 준비 체제'를 갖춘 기업)이 꼭 적극적인 인수기업인 것은 아니다. 그들은 자신이 무엇을 원하는지 잘 알기 때문에 기다릴 수 있으며, 적당한 후보가 등장하면 언제든지 적극적으로 나설 수 있다.
4. 합병 후 통합 과정(PMI)이 아무리 우수해도 나쁜 인수 거래를 만회할 수는 없으며, 만약 PMI가 잘못되면 아무리 훌륭한 거래(전략이 우수하고 가격이 현실적인 거래)라도 망칠 수 있다.
5. 투자자는 똑똑하고 예민하다. 그들은 충분히 고민하며 준비하지 못한

거래인지를 발표가 나자마자 곧바로 알아차리며, 그에 따른 결과 역시 끝까지 추적한다.

요컨대, M&A를 성공하는 것은 어려운 일이다. 그러나 성공적인 인수기업이 M&A를 대하는 사고방식에는 처음부터 남다른 원칙이 있다. 지금까지 우리는 그 모든 단계를 살펴보았고, 또 어떠한 함정과 교훈이 있는지 분명히 이해했다. 따라서 이제 남은 일은 이러한 교훈을 그대로 실천하는 것뿐이다.

M&A 전략

M&A의 각 단계가 존재하는 이유는 철저한 준비가 필요하기 때문이다. 그중에서도 가장 먼저 해야 할 일은 능동적인 M&A 전략 수립이다. 반대로 말하면, 겉으로 보기에 그럴듯한 인수 후보가 나타날 때마다 아무 준비 없이 뛰어들어 실사 과정에 시간과 돈만 낭비하는 수동적인 회사가 되지 말자는 의미이기도 하다. 수동적인 기업에게 우선순위란 그다지 의미가 없다.

'상시 준비 체제'를 갖춘 인수기업은 거래를 놓치지 않기 위해 애쓰는 대신 성공을 위해 게임에 뛰어든다.

준비된 인수기업은 신중한 자본 정책에 따라 자신이 가진 선택권을 충분히 활용하여 M&A에 전략적 통일성을 부여한다. 또한 그들은 자신의 전략을 은행에 의뢰하지 않는다. 즉, 준비된 인수기업은 자본을 소중히 여긴다. 그들은 잘 짜인 프로세스를 바탕으로 좋은 기회를 포착하고 나쁜 기회는 걸러낸다. 가장 중요한 사실은, 준비된 인수기업은 M&A 프로그램의 우선순위를 세워두고 있다는 점이다. 그들은 원하는 것이 무엇인지, 그 이유는 무엇인지, 그리고 어떻게 가치를 창출하는지를 모두 알고 있다.

요컨대 준비된 인수기업은 M&A의 활용 방안을 자사의 성장 전략에 이미 포함해두고 있다. 그들은 인수하고 싶은 회사나 사업부의 리스트를 확보하고 있으며, 그 하나하나가 왜 후보에 올랐는지를 잘 알고 있다. 원하지 않는 회사와 피해야 할 인수 조건 또한 확고하다. 경쟁자의 전략도 짐작하고 있으며, 그에 따라 어느 회사를 전략적으로 인수해야 할 것인지도 안다. 마지막으로, 그들은 이번 거래의 성패와 상관없이 M&A 성장 계획의 다음 단계도 이미 내다보고 있다.

준비된 인수기업은 뚜렷한 M&A 전략과 가장 중요한 목표 기업 명단을 이미 확보했기 때문에 기업의 성장에 필요한 두 가지 목적, 즉 경쟁자를 물리치고 투자자에게 보상을 안겨준다는 목표를 향해 나설 수 있다.

'상시 준비 체제'를 갖추는 일은 충분히 배울 수 있다. 그러나 그만큼 시간과 자원을 프로세스에 쏟아부어야 한다. 이를 위해서는 투자자의 기대와 경쟁자의 M&A 활동에 대응하는 독자적인 성장 계획을 진단해야 하고, 최고경영진이 전략적 우선순위에 맞추어 M&A를 향한 가장 중요한 경로를 선택해야하며, 그 우선 경로에 맞는 주요 인수 후보 명단을 확보하고, 가장 매력적이고 타당한 목표 기업을 기준에 맞게 꾸준히 선별해야 한다.

이제까지 앞서 소개한 단계를 거치지 않았다 하더라도, 지금부터라도 이를 충실히 따름으로써 가장 중요한 목표 기업을 자세하게 파악할 수 있고 모든 결정 사항을 기록할 수 있다. 특히 관심을 기울일 필요가 없는 기업일수록 내용을 구체적으로 기록해 놓아야 한다. 이러한 과정을 거치며 미래 성장을 위해 부족한 역량을 파악할 수 있고, M&A를 위해 가장 중요한 경로(사업, 상품, 서비스, 최종시장 등)가 무엇인지 결정할 수 있다.

미리 이와 같은 과정을 거쳐야, 훗날 경로가 서로 섞이고, 더욱 상세한 선별 기준이 등장함에 따라 애초에 전략이 무엇이었는지 혼란이 오는 사태, 즉 투자의 우선순위가 흔들리는 일을 피할 수 있다. 우리 회사가 원하는 가치가 무엇이며, 그것을 어떻게 창출하는지 알 수 있고, 이미 내린 결정 사항도 다시 검토하고 갱신할 수 있게 된다. 이제 다음에 해야 할 일은 목표 기업을 실사하는 것이다.

실사

M&A 전략을 수립하고 목표 기업의 우선순위를 정할 수 있게 되었다면, 이제 우리 회사의 투자 논리(경영 사례)에 비추어 목표 기업의 잠재력을 검증할 차례다. 때로는 특정 목표 기업의 매력도를 몰라볼 수도 있지만, 그래도 괜찮다. 이제는 눈앞의 인수 거래에 매달릴 수준은 넘어섰기 때문이다. 성사될 뻔한 인수 건은 M&A의 논리와 우선순위를 배우고 연마하는 좋은 기회일 뿐이다. 돌이켜보면 우리가 고객사에 건넸던 가장 현명한 조언은 '항상 협상을 철회할 만한 문제가 무엇인지 파악하라'였다.

매도기업이 보여주는 미래의 매출과 이익은 언제나 장밋빛 전망으로 채워져 있다. 철저한 실사가 필요한 이유도 바로 여기에 있다. 미래는 온통 불확실한 것뿐이다. 목표 기업의 사업 안정성이나 매출 성장 전망, 합병 기업의 잠재력 등 무엇 하나 확실한 게 없다. 따라서 목표 기업의 현재 사업과 미래 성장 잠재력을 꼭 실사해 보아야 한다. 인수자금이란 바로 그 두 가지를 구매하기 위해 치르는 돈이고, 거기에 프리미엄까지 포함되기 때문이다. 그리고 그 두 가지는 일련의 잠재적 성과에 달려있다.

그뿐만이 아니다. 인수에 들어가는 소중한 자본의 이자 소득까지 벌어야 비로소 투자자를 만족시킬 수 있다. 거래발표일에 프리미엄이 얼마인지 공개되는 순간, 투자자들은 가장 먼저 이자 비용부터 계산한 다음 우리가 제시하는 시너지가 타당한지 따져본다는 점을 기억해야 한다.

그러므로 실사를 진지하게 여겨야 한다. 전략적 실사란 목표 기업의 사업을 깊이 이해하고, 우리 회사의 전략적 목적에 어떤 점이 맞는지 확인하여 양쪽 기업 사이에 존재하는 비용 및 매출 시너지를 파악하며, 그것을 어떻게 실현할 것인지 구상하고, 인수 가격을 책정하는 과정이라 할 수 있다. 실사의 목적은 두 회사의 합병으로 고객 서비스를 향상하고 투자 비용을 넘어서는 성과를 산출하는 일이 가능한지 확인하는 것이다.

3장에서 우리는 전략 프로세스의 핵심이라고 할 수 있는 실사의 세 가지 유형을 살펴본 바 있다. 그것은 바로 재무, 영업, 그리고 경영 분야였다. FDD는 기초적인 재무감사의 수준을 넘어 목표 기업의 정규화된 재무성과를 파악하는 활동이다. 그리고 그 결과는 향후 재무성과를 예측하는 기준선이 된다. 인수기업은 목표 기업의 과거 재무 기록을 확신할 수 있고, 그 숫자가 의미하는 바를 이해해야 한다.

CDD는 인수 거래의 성장 논리를 검증하는 작업이며, 여기에는 미래의 반복 매출에 관한 가정, 가격 정책을 통한 이익률, 독립적 성장 잠재력, 새 시장진출 전략을 통한 합병 이익 등이 포함된다. 모든 답은 시장에 있으므로 CDD의 원천은 기초 조사 자료에 있다.

ODD의 목적은 비용 시너지를 추구할 기회가 있는지, 그것이 실제로 가능한지 확인하는 것이다. 따라서 목표 기업의 기존 비용 구조가 지닌 효율과 지금까지 진행됐던 비용 절감 활동을 진단하고, 일회성 비용, 시너지 발생 시기, 인수기업의 운영현황과의 연관성 등을 포함하는 상향식 시너지 모델을 수립하여, 목표 기업 측 은행이 제시하는 '마법의 10%'와 충돌하는지, 혹은 일치하는지를 파악해야 한다.

실사 과정의 목적은 '만족스러운' 결과를 내는 것이 아니다. 그 결과는 목표 기업에 대한 가치평가와 통합 계획에 입력 자료로 사용된다. 사실 가장 근본적인 의의는 '이 거래를 추진함이 과연 바람직한지를 판단하는 것'이다. 실사는 상대방의 속살을 드러내어 시장이나 고객과 관련된 문제가 없는지, 치명적인 경영상의 문제나 기회는 없는지 등을 파악하는 일이다. 나아가 실사는 제시 가격의 타당성을 높이고, 경영모델과 통합의 우선순위를 밝히며, 최대 인수 가격에 대한 확신을 얻고, 부정적인 리스크를 최소화한다. 이와 같은 목적에 충실하게 진행했는데도 결과가 모두 만족스럽다면 그보다 더 좋은 일은 없을 것이다.

얼마나 필요한가?

현금흐름할인(DCF) 기법을 사용한 분석은 중요하지만, 그만큼 분석에 포함된 가정에 대단히 민감하다는 특징이 있다. 그 결과 인수 가격이 지나치게 인상됨은 물론이거니와 인수를 성사하기 위해 치러야 할 가격만을 제시할 뿐, 정작 우리 회사가 치를 수 있는 최대 가격은 제시하지 않는다는 단점이 있다.

우리의 연구에 따르면, 부정적인 결과를 반복한 기업일수록 꾸준히 긍정적인 성과를 낸 기업보다 프리미엄을 비싸게 치렀다는 사실을 알 수 있었다. 성과가 저조했던 기업의 평균 프리미엄은 33.8%인데 비해, 성과가 우수한 기업의 평균 프리미엄은 겨우 26.6%에 불과했다. 그리고 이 차이는 전액 현금 거래나 전액 주식 거래일 경우 더 크게 벌어졌다. 정확한 가치평가가 중요한 이유는 실사를 통해 수립한 모델이 곧 합병 기업의 약속이 되기 때문이다.

우리는 DCF 분석에만 의존하기보다는 이를 검증하는 방법으로 널리 알려진 경제적 부가가치(EVA)를 제시했다. EVA 방식은 인수기업과 목표 기업을 독립된 별도 기업으로 파악하고(각자의 현재 영업 가치(COV)와 미래 성장 가치(FGV)) 투자자들이 이미 기대하고 있는 성과 목표를 분석한다.

EVA 분석은 목표 기업의 시장 가치 전부에 프리미엄까지 더한 값을 치르는 일이 과연 어떠한 의미를 지니는지를 알려준다. 즉, 이와 같은 행위는 합병 기업의 FGV에 곧바로 영향을 미친다. 분석을 통해 또 한 가지 분명히 알 수 있는 사실은, 우리가 약속한 연간 성과 개선(시너지)이 곧 세후 순영업이익(NOPAT)이 된다는 점이다.

종합하면, 분석 결과를 통해 우리가 자본을 올바로 사용하고 있음이 입증되어야 한다. 즉, 우리가 약속한 시너지는 최소한 프리미엄에 대한 이자 비용보다는 큰 값이어야 한다. 약속한 성과의 재무적인 의미를 정확히 이해하는 것은 필수 의무사항이다. 왜냐하면 우리가 알려주지 않아도 투자자들은 가장 먼저 이 계산을 직접 적용해보기 때문이다. 이 분석 결과는 이사회에 인수 거래의 승인을 구할 때나 거래발표일에 시장에 설명할 때도 스토리의 기초 자료가 된다.

이사회를 대하는 법

이사회에 관해서는 앞서 한 장을 따로 할애해서 설명했다. 9장의 원래 집필 의도는 이사회에 필요한 간편한 참고 자료를 제공하는 것이었지만, 인수합병 과정의 전체에 걸쳐 수집, 분석, 발표해야 할 정보를 요약하기도 했다. 즉, 9장의 내용은 M&A의 모든 과정에 필요한 정보인 셈이다. 그러나 당연히 경영진이 인수 거래를 결정하고 발표하기 전에 먼저 이사회의 승인이 필요하다. 이사회 승인이나 거래발표(그리고 준비 과정)는 모두 그보다 앞선 단계들의 결과일 뿐이다. M&A 전략 수립, 사업 환경 평가, 목표 기업 파악, 그리고 시너지를 포함한 실사, 가치평가, 예비 PMI 계획 등이 바로 그것이다.

이사회는 경영진이 어떠한 인수 거래를 제안하더라도 그다지 놀라지 않을 정도로 앞서 M&A 전략을 훤히 꿰뚫고 있어야 한다. 또한 그들은 제안된 인수 거래에 대해 9장에서 설명했던 질문에 대한 대답을 듣고 싶을 것이다. 따라서 CEO와 고위 경영진 역시 미리 답을 준비해두어야 한다. 대답을 미리 준비하지 못했다면 아예 이사회에 내놓지도 말아야 한다. 투자자에게는 말할 것도 없다.

이사회는 또 9장에 나온 도구를 사용하여 인수 거래를 살펴봐야 한다. 구체적인 세부 사항까지는 아니더라도 전략적, 재무적 타당성을 확보했는지, 합리적인 계획을 지니고 있는지는 파악해야 한다. 쉽게 말해, 이사회는 과연 다른 일보다 이 거래에 돈을 쓰는 것이 더 나은지를 따져야 한다.

이사회가 던져야 할 근본적인 질문은 이 거래로 주주들이 떠안게 되는 위험이 어느 정도인가 하는 것이다. 또한 그들은 PMI 계획의 범위와 타당성도 확인해야 하고, 인수 거래 전반을 다양한 각도에서 검증해야 한다. 프리미엄 충족(MTP) 기준과 타당성 영역을 적용해보고, 경영진이 설명하는 비용 절감과 매출 증가의 시너지 조합이 합병 기업의 조건에 비추어 타당한지도 검토해야 하며, 이 모든 정보를 투자자들이 어떻게 판단할지도 내다보아야 한다.

거래발표

4장에서 설명한 가치평가 결과는 이사회에 보고할 내용도 되지만 그대로 거래발표일에 사용할 준비 자료가 되기도 한다. 투자자에게 이야기할 내용이 바로 그 사업계획이기 때문이다. 철저히 준비해야 한다.

여러 면에서 거래발표일은 인수 거래의 전체적인 분위기를 형성한다. 거래발표일은 주주들의 질문에 공개적으로 대답하는 날이다. 이날의 질문에는 주주들이 직접 묻는 표면적인 질문 외에도, 그들이 내내 속으로 생각만 해오던 내용이 포함되어 있다. 이사회의 질문은 물론, 인수 논리와 시너지 목표, 달성 계획, 그리고 프리미엄 규모 등과 관련이 있다고 할 수 있다. 직원과 고객이 궁금해하는 내용도 있다. 만약 그들에게 질문이 없거나, 혹여 있더라도 공개적으로 꺼낼 수 없다면 오히려 더 큰 문제다. 거기에는 여러 복잡한 사정이 있을 것이다.

투자자를 비롯한 여러 이해당사자에게 인수 거래를 설명할 때 준비해야 할 가장 중요한 질문은 다음 세 가지로 요약할 수 있다.

1. 인수기업이 달성해야 할 믿을만한 시너지 목표가 있는가, 투자자들은 그 목표를 오랜 시간에 걸쳐 확인할 수 있는가?
2. 인수 논리는 불확실성을 줄이고 조직에 뚜렷한 방향을 제시하여 직원들이 효과적으로 달성할 수 있는 스토리를 제시하는가?
3. 발표 내용은 PMI 계획과 거래의 재무성과를 설득력 있게 연결해주는가?

다시 강조하지만, 이러한 질문에 대답하지 않으면 투자자들은 경영진이 대답할 수 없다고 여기고, 나아가 아무런 계획이 없다고 판단한다. 그리고 그러한 판단에 합당한 대가를 요구한다. 투자자들의 머릿속에서 위 세 가지 질문은 다시 하나의 가장 중요한 질문으로 이어진다. 이 거래는 주가에 어떠한 영향을 미치며, 그 이유는 무엇인가?

거래발표일은 모든 이해당사자의 이목이 모인(인수 논리와 그것이 모두에게 이익이 됨을 설명할) 자리에서 회사에 계획이 있음을 보여줄 수 있는 처음이자 최고의 기회다. M&A에 관한 투자설명회는 전형적인 정보 비대칭 문제를 해결하는 자리가 되어야 한다. 경영진은 인수 거래에 관한 내용을 투자자보다 더 많이 아는 것이 당연하기에, 투자자로서는 경영진의 말에 의존하여 판단할 수밖에 없다. 다시 말해, 경영진은 거래 논리도 알고, 그 논리를 몇 차례나 반복해서 검증해봤으며, 사업 환경도 평가해봤고, 이사회에 제출할 보고서도 작성했으며, 아마도 수없이 많은 논의를 거쳤을 것이고, 여러 가지 수치를 계산한 결과 프리미엄을 산출해냈을 것이다. 그러나 경영진의 설명을 듣는 투자자 중에 이 모든 과정을 거쳐본 사람은 아무도 없다.

이러한 사실은 철저한 준비가 필요함을 말해준다. 인수 논리를 꼼꼼히 기록하고, 이해당사자별로 메시지를 전달할 채널을 선정하며, 경영진이 등장하기에 적절한 시기를 결정해야 한다. 준비는 미리 시작할수록 좋지만, 비판이 나올 것도 예상해야 한다.

모든 이해당사자가 주목할 것이다. 이때야말로 인수 거래에 관한 관심이 최고조에 오르는 순간이다. 이 결정적인 순간을 낭비하면 안 된다. 그 관심을 소중히 사용해야 한다.

통합 전 계획

거래발표일은 결승선이 아니라 오히려 출발선이다. 만약 발표에 대한 첫 반응이 긍정적이었다면 축하한다! 이제 진짜 어려운 일을 시작해야 한다. 통합 전 계획과 통합 후 실행은 장기간에 걸쳐 가치를 창출하고 이를 유지하는 비결이다.

통합 전 계획의 기반은 다름 아닌 인수 논리로서, 이는 이사회 보고와 거래발표 자료에까지 모두 이어진다. 통합 전 계획에서 다루는 주제는 거래발표와 상관없이 그 자체로 꼭 필요하며, 시너지의 원천과 달성 방법은 인수 거래 승인의 핵심적인 내용이다. 물론 경영모델도 마찬가지다. 합병 조직의 사업 운영방식과 가치 창출 방법이 기존 조직과 어떻게 다른지 밝히는 내용이 바로 새 경영모델이다. 그러나 통합 전 계획은 이보다 훨씬 더 깊이 들어가 두 회사의 업무를 통합하고 새 조직을 창조하는 데 필요한 실무적인 차원의 일이다. 한 마디로 이론을 현실에 적용하는 단계다.

이 책이 통합 전 계획에 두 장이나 할애한 것만 보더라도 이 시기에 해야 할 일이 얼마나 많고 중요한지 알 수 있을 것이다.

인수합병은 그 본질상 뭔가 새로운 것을 만들어내는 과정이므로, 통합 전 계획에는 일정한 패턴이 별로 없는 경우가 많다. 인수기업이 해야 할 일은 새로운 경영모델을 수립하는 일에서부터, 통합 출범일까지 인수 목적을 달성하기 위한 리더십의 구조와 역할을 창출하는 방법에 이르기까지 너무나 방대하다. 그중에는 새로운 기업 경영 시스템을 정착하는 큰 규모의 일도 있지만, 하계 주말 스케줄을 작성하거나 커피 맛을 결정하는 것처럼 사소해 보이는 일까지 포함된다.

평소와 다른 이러한 결정 사항 때문에 인수 거래가 깨어지는 일은 없겠지만 이것이 하나하나 축적되는 것만은 분명하다. 크고 중요한 일 못지않게 사소한 일도 모두 관리하고 추적해야 한다. 그래서 필요한 것이 통합관리사무국(IMO)이다. IMO를 구성하려면 사업 내용에 정통한 영향력 있는 리더들이 필요하다. 이 기구는 미래의 경영모델 수립 과정을 주도하고, 의사결정에 우선순위를 부여하며, 혼란을 최소화하고, 인수합병의 모멘텀을 보존한다. 무엇보다 전체 통합 과정의 회의 일정을 수립한다. IMO는 거래발표 전에(실사 과정 전후에) 수립된 계획을 이후에도 계속 관리하고, 통합 출범일 이후에 최종 상태까지 새 조직이 성공을 향해 나아가는 로드맵을 마련한다. 또 실무를 담당하는 작업그룹을 감독하고, 각 그룹의 시너지 목표를 수립하며, 그룹 간의 중요한 상호의존성을 파악하고, 운영 위원회와 소통하며 더 큰 범위의 중요한 결정과 승인을 끌어낸다.

IMO 체제 아래로는 재무, IT, 부동산, 마케팅 등의 개별 작업그룹이 존재하며 각각은 자체적인 리더십과 헌장을 중심으로 각자에 부여된 시너지 목표를 달성하기 위한 새로운 기능 조직이나 사업부별 청사진을 마련한다.

우리는 앞서 개별 작업그룹을 오가며 꾸준히 조율을 담당하는 기능 간 작업그룹에 대해 한 장을 할애해 설명한 적이 있다. 조직 설계팀은 구조와 직무를 설계하는 과정에서 새 기업의 경영모델과 L1 경영진, 시너지 목표, 그리고 기능 및 사업부의 경영모델 등을 선택하게 된다. 조직 설계가 선택할 수 있는 프로세스에는 다음의 두 가지가 있다. 1) 계층별로 직무를 설계하면서 이에 맞는 인원을 선발한다. 2) 조직 구조와 직무를 한꺼번에 설계한 다음 인원은 나중에 선발한다.

시너지 계획(인수 논리에 따른 재무구조의 핵심)은 영업 및 경영 실사를 진행하고 가치평가 모델을 수립한 인수팀으로부터 업무를 인계받는 것으로 시작된다. 이렇게 해서 마련된 시너지 추정치는 개별 시너지 목표를 부여받은 작업그룹들이 수행할 실질적인 상향식 작업계획으로 바뀐다. 시너지팀은 양쪽 회사의 FP&A와 협력하여 통합 조직의 기능 및 사업부별 기초 예산을 수립한다. 시너지 계획은 이 기준을 바탕으로 수립된다. 시너지 계획은 초기 개념이 우선순위별 활동과 세부 프로젝트 계획으로 발전된 것으로, 시너지 프로그램이 제 길을 벗어나 심각한 누수가 발생하는 현상을 방지하는 역할을 한다.

커뮤니케이션과 내부고객 경험 관리의 바탕에는 현재 경영진은 이해당사자의 신뢰를 빌려 쓰고 있을 뿐, 아직 확보하지는 못했다는 현실이 놓여있다. 따라서 커뮤니케이션팀은 모든 이해당사자를 상대로 맞춤형 계획을 수립해야 한다. 여기에는 직원, 고객, 공급업체, 노동조합, 퇴직자, 그리고 당연히 투자자도 포함된다. 내부고객 경험을 계획할 때는 현재 상황이 직원 채용 과정이 아니라는 사실을 인식해야 한다. 그들은 신입사원이 아니다. 이 팀의 목적은 직원들에게 확신을 심어주고, 경영진에 대한 초기 신뢰를 구축하며, 맞춤형 메시지를 통해 불안을 감소하고, 직원들이 새로운 조직에서 존중을 느끼며 다가올 변화에 대응력을 기르는 시스템을 구축하는 것이다.

이 모든 과정은 통합 출범 준비로 이어진다. 통합 출범까지는 힘든 일정이 계속해서 나타나고, 끝없는 결정 사항과 활동이 이어지는 것처럼 보인다. 실제로도 그렇고, 또 그래야 한다. 그러나 운영의 측면에서 보면 이 과정은 매우 조용하게 진행된다. 이는 반드시 달성해야 하는 필수 사항과 겉으로 보기에만 좋은 일이 뚜렷이 구분되는, 매우 구체적이고 목표지향적인 활동이다. 통합 출범일은 우선순위가 뚜렷한 일이고 어떠한 결점도 존재해서는 안 된다.

조금이라도 실수가 있으면 조직의 사기에 심각한 영향을 미치고, 통합 후 실행 노력을 물거품으로 돌아가게 만든다.

통합 후 실행

통합 전 계획에 들인 모든 수고에는 반드시 보상이 따른다. 이러한 계획을 바탕으로 통합 후 변화가 진행되며 계획이 현실로 옮겨진다.

통합 출범 후에 작업그룹이 하나둘 해산하고 합병 조직이 정상 업무로 복귀하면서 IMO 체제는 점점 축소된다. 작업그룹의 활동이 종료된다는 것은 IMO의 적극적인 조정이 더 이상 필요 없다는 뜻이다. 즉 작업그룹 리더들은 이제 IMO 회의에 참석하지 않는다. 작업그룹은 통합의 목적을 완수하고 각자의 시너지 목표를 달성해야 하며, 다른 그룹과의 연관성을 청산하여 서로 독립된 관계로 발전해야 한다.

지금까지 주로 양측 기업의 인력 통합에 집중해서 계획을 수립해온 조직 설계팀은 이제 인원 선발과 인력 전환 업무를 주로 하게 된다. L2 및 L3 계층의 리더까지 발표되면, 앞에서 설명한 두 가지 조직 설계 방식 중 어느 하나에 따라 새로운 직무 기준에 맞고 법적 지침을 위배하지 않는 범위 내에서 인원을 선발한다. 그 과정에서 '해고의 공포가 장시간 지속되는 일'이 없어야 한다. 이 팀은 또 리더와 직원들의 전환 계획을 수립하기도 하는데, 이를 통해 직원들이 새로운 직무로 이동하는 과정에서 지식 전달이 원활히 이루어져 업무에 이상이 없도록 해야 한다.

시너지 계획은 이제 시너지 확인과 보고 단계로 이동한다. 시너지 계획과 그 결과는 적극적으로 관리, 확인하지 않으면 언제든지 옆길로 벗어날 위험이 있다. 시너지팀은 크게 세 가지 시스템을 구축한다. 실현된 이익과 그 비용을 추적하는 재무 보고, 각 활동에 대한 주요 일정 확인, 그리고 주요 활동의 진행 방향을 미리 내다보는 선행 지표 관리 등이다. IMO와 시너지팀은 성과 보고를 위해 공격적인 일정을 밀어붙이며, 시너지 달성에 따르는 상당한 금전적 보너스는 매우 소중한 보상이 된다.

성장팀의 업무는 말 그대로 성장 기회를 포착하고 고객 경험을 설계하는 일이다. 이를 통해 두 기업 모두 스스로는 달성할 수 없는 성과를 달성할 수 있다. 매출 시너지는 구체적인 시장진출 전략 과제를 제시하며, M&A는 고객에게 접근할 수많은 기회를 제공해주고, 기존 상품의 교차 판매, 새로운 묶음 제안, 그리고 혁신적인 신상품 등으로 고객 만족을 향상하며 새로운 성장을 달성할 수 있다.

마지막으로, 내부고객 경험팀은 변화 관리 업무와 다른 모든 활동의 지침이 될 새로운 문화를 창조하는 일을 계속해 나간다. 실행팀은 투자자와 고객의 신뢰를 얻고 미래 발전 가능성을 보여주는 활동을 지속해야만 한다. 그들은 직원들의 불안감을 해소하는 한편, 그들의 욕구 단계에 따라 영감을 제공함으로써 자신과 자신의 미래를 새 조직의 틀 안에서 인식하도록 도움을 주어야 한다. 이 두 가지 목적을 달성하려면 섬세하게 마련된(그러나 서로 다른) 두 가지 메시지가 필요하다. 우리는 이것을 "문화는 거래발표와 동시에 시작된다."고 한다. 인수기업은 알게 모르게 '새로운 문화(조직의 일하는 방식)란 이런 것'이라는 사실을 행동으로 전달한다는 점을 늘 명심해야 한다.

통합 후 실행은 이론을 실천으로, 계획을 행동으로 옮기는 과정이며, 통합이란 전부터 해오던 모든 일을 인수 거래의 약속을 실천하는 방향으로 옮기기 위해 수많은 결정을 관리하는 단계를 의미한다.

약속의 실현

M&A를 통해 우리는 순환 매출, 영업이익, 성장 등과 같은 미래를 산다. 이 일을 제대로 해내기 위해서는 엄청난 분량의 업무를 감당해야 한다. 그러나 그럴 만한 가치는 충분하다. 인수합병은 막대한 가치를 창출하고 이를 지속할 수 있다.

우리는 PMI 수립을 돕거나 잘못된 인수 거래를 분석하려고 할 때마다 다음과 같은 변명을 자주 많이 들었다. "이 일은 인수 거래를 하기 전부터 공들여 온 일이오." 하지만 이러한 말은 효과적인 프로세스가 없거나 미래의 비전을 주도하고 실행하기로 되어있는 실행팀의 조언을 듣지 않았다는 사실을 드러내는 증거일 뿐이다.

이 책은 인수기업에 효과적인 프로세스를 안겨준다. 이를 통해 문제를 찾아 해결하고, 바람직한 인수 거래를 진행하며, 조직의 비전을 현실에 옮길 수 있다. 이 책을 충실히 숙지하고 각 단계를 진지하게 밟아나가면 M&A를 충분히 이해하고 준비할 수 있다. 그리고 약속을 실현할 수 있다.

그러나 바람직한 M&A를 실천하는 일은 일회성 프로젝트가 아니다. 인수합병 추진 방식에 영향을 미치고 올바르게 추진할 기회를 증대하는 변화이자 혁신이다. M&A는 지속적인 가치를 창출할 수 있고, 또 그래야 한다. 인수기업과 이해당사자, 그리고 업계 전체를 위해서 말이다.

감사의 글

『시너지 솔루션』은 지난 3년간 여러 면에서 이 일을 사랑으로 견뎌온 결과였다. 이 책을 쓰기 위해 이사회와 경영진, 관리자들에게 가장 필요한 범위를 깊이 고민했고, 내용과 사례를 선별했으며, M&A에 관한 방대한 문헌을 살핀다음 중요한 조사를 다 마쳤다. 실로 힘든 과정이었다. 그러나 이 일은 우리만한 것이 아니다. 우리는 딜로이트의 M&A 및 구조조정 사업부와 여러 외부 전문가들에게 큰 신세를 졌다. 그들은 기꺼이 시간과 지혜를 내어주었고, 우리가 내민 초고에 아낌없는 비판을 제공했다.

이 특별한 책이 나오기까지 우리 핵심 멤버들에게 소중한 도움을 받는 등엄청난 빚을 졌다. 한 분 한 분의 이름을 소개하며 감사드린다. 에이미 리치, 아누팜 쇼메, 벤 코텍, 데이비드 네이선, 제임스 라브, 존 포스터, 마드하비롱갈리, 필립 가바리니, 그리고 사우빅 카 등이다.

물론 이분들이 전부가 아니다. 홀로 여기까지 온 것이 아니라는 우리의 말은 진심이며, 여러 전문가들의 통찰과 관심, 그리고 앞서가는 전문성에 힘입어 이 어려운 작업을 즐겁게 해올 수 있었다.

이 외에도 우리는 지난 25년 동안 모두 합해 수만 건의 인수 거래와 복잡한 구조조정 프로젝트를 수행해온 딜로이트 M&A 구조조정 사업부의 여러 리더와 가깝게 협력하는 행운을 얻었다. 이분들이 베풀어주신 지혜와 격려, 그리고 동업자 정신에 가슴 깊이 감사드린다.

이 책을 꼼꼼히 검토하고 귀한 제안을 해주신 하버드대학교 출판부의 케빈 에버스 편집장에게 특별히 감사드린다. 한시도 쉬지 않고 우리를 도와준 프로덕션 편집자 안젤라 필리우라스, 비서 업무를 탁월하게 수행해준 다이앤 카바노와 카리 릴리에퀴스트와 비서실장 샤론 피에히의 인내와 완벽한 도움에 감사드린다.

마크 서로워, 제프리 웨이런스

The Synergy
Solution

부록 A

M&A의 주주 수익률

지난 40년간 수백 건의 M&A 관련 연구 결과가 발표되었다. 1983년에 간행된 금융경제학 저널 11호에 실린 논문은 이후 여러 분야의 학술 논문이 봇물 터지듯 쏟아지는 계기가 되었다. 그 결과 오늘날 금융, 경제, 경영, 회계 등 여러 분야에서 M&A에 관한 방대한 논문이 축적되었다. 학계는 인수기업과 목표 기업의 주주 성과에서부터 관리자들의 인센티브와 동기부여가 인수합병과 회계에 미치는 영향까지 다양한 연구를 수행했다.

M&A 성과에 관한 연구가 주로 거래발표일 전후에 인수기업의 주주 수익을 중심으로 이루어지기는 했으나 그중에는 더 오랜 기간에 걸쳐 진행된 연구도 있었다. 더구나 주주 수익률을 측정하는 방법도 미가공수익률에서부터 시장조정수익률, 평균조정수익률, 그리고 인수합병이나 배당 지급 같은 이벤트에서 발생하는 누적초과수익률(cumulative abnormal returns, CARs)까지 다양한 형태를 띠고 있었다. 또한 학자들은 총자산 이익률

(return on assets, ROA)이나 자기자본 수익률(return on equity, ROE) 같은 회계 기반 수익에 관해서도 광범위한 연구를 거듭했다.

아울러, 여러 연구마다 대상이 되는 기간도 다르다는 사실을 알아야 한다. 물론 이것은 당연한 일이다. 지금까지 몇 차례 중요한 M&A 유행이 있었고, 연구 기간을 설정하는 방식은 학자마다 다르며, 그에 따라 결과에도 차이가 있었기 때문이다.

우리는 인수기업의 투자자들이 거래발표 전후에 어떠한 반응을 보였는지 조사하기 위해 거래발표 전후 각 5일, 즉 총 11일간의 투자 수익과 그 이후 1년간(거래발표 시기를 포함)의 투자 수익을 측정했다. 그리고 이 수치를 S&P 캐피털IQ 플랫폼이 제공하는 S&P500 동종업계 평균 지수와의 비교를 통해 조정했다. 우리가 주주 수익률을 사용한 이유는 대체로 이 지수가 뛰어난 기업일수록 높은 평가를 받기 때문이다. 그 결과 산출한 값이 산업별 평균 조정수익률, 혹은 상대적 총주주수익률(RTSR)이다.

우리는 광범위한 데이터베이스에 걸쳐 M&A를 통한 주주 수익을 가장 잘 나타낼 뿐만 아니라 즉시 재현할 수 있는 간단한 척도를 적용했다. (그 결과 우리가 계산한 거래발표일 전후의 인수기업 수익 전체 평균 −1.6%는 그래핀, 해일블리언, 킬리 등이 CARs을 사용하여 총 770건의 인수 거래를 대상으로 조사한 −1.4%와 대동소이했다)[1]

우리는 저자 중 한 명인 마크 서로워의 『M&A 게임의 법칙The Synergy Trap』이라는 책에 이미 실린 1995년 1월 1일부터 2018년 12월 31일까지 24년간의 인수 거래를 조사한 결과에서부터 시작했다. 우리는 먼저 톰슨 원Thompson ONE 솔루션을 사용하여 거래 규모가 1억 달러 이상인 약 2,500건의 예비 샘플을 수집한 후 다음과 같은 기준을 적용했다. 예를 들어, 두 기업 모두 미국 증권거래소에 상장되어 있을 것, 인수 거래 전 매도기업의 시가총 액 규모가 매수기업 대비 최소한 10% 이상일 것, 그리고 인수기업이 해당 인 수 거래 이후 1년 이내에 또 다른 인수 건을 추진하지 않아 1년간의 성과 지표 에 영향이 없을 것 등이었다.

그 결과 도출된 최종 연구 대상은 총 1,267건이었고, 총 자산가치는 5조 3,700억 달러, 프리미엄 총액은 1조 1,300억 달러였다. 매수기업과 매도기업 의 주가, 시가총액, 주주 수익 및 시장수익률 데이터의 출처는 캐피털IQ였다 (주식분할 및 배당은 조정된 값임). 모든 데이터와 결과는 평균값으로 나타 내었다.[2]

인수기업의 주주 수익률: 종합 결과

1장에서 설명한 인수기업의 주주 수익률 종합표에 혼합 거래(현금 거래와 주 식 거래의 혼합)를 더한 결과, 전액 현금(이하 '현금') 및 전액 주식 거래(이 하 '주식')와 유사한 패턴이 나왔다. 결과는 **표 A-1**에 나타나 있다.

표 A-1

인수기업의 주주 수익률

| | | 총 거래 | | | | 전액 현금 거래 | |
	거래수	발표시점	1년간	프리미엄		거래수	발표시점
지속 긍정	290	8.0%	32.7%	26.6%		89	8.6%
초기 긍정	508	7.7	8.4%	26.9%		146	8.1%
전체 표본	**1,267**	**-1.6%**	**-2.1%**	**30.1%**		**257**	**1.8%**
초기 부정	759	-7.8%	-9.1%	32.2%		111	-6.4%
지속 부정	495	-9.0%	-26.7%	33.8%		69	-7.1%

RTSR
(동종업계)

발표 기간
(발표 전후 각각 5일)   1년 후

주요 사항

- 총 1,267개 거래의 거래발표일 기준 동종업계 조정수익률은 마이너스 값
(−1.6% 수익률)을 나타내었다. 그중 60%가 부정적인 반응(부정 반
응 비율, PNR)을 얻었고, 1년간 수익률이 마이너스를 보인 비율도 56%
였다(−2.1% 수익률). 총거래 중에서 부정 반응이 지속된 비율은 40%,
긍정 반응이 지속된 비율은 23%였다.

		전액 주식 거래				혼합 거래			
1년간	프리미엄	거래수	발표시점	1년간	프리미엄	거래수	발표시점	1년간	프리미엄
36.2%	27.6%	92	7.3%	31.1%	22.5%	109	8.0%	31.0%	29.3%
12.6%	28.6%	160	8.1%	7.2%	23.3%	202	7.2%	6.4%	28.4%
3.8%	**31.1%**	**451**	**-2.9%**	**-5.7%**	**28.2%**	**559**	**-2.1%**	**-1.9%**	**31.1%**
-7.8%	34.5%	291	-8.9%	-12.8%	30.9%	357	-7.4%	-6.5%	32.6%
-29.1%	36.6%	207	-9.9%	-27.4%	32.8%	219	-8.7%	-25.3%	33.7%

- 발표 시점을 전후한 현금 거래 수익률은 주식 거래와 혼합 거래에 비해 높았고(+1.8% 대 −2.9% 및 −2.1%), 1년간 수익률 역시 마찬가지였다(+3.8% 대 −5.7% 및 −1.9%). 현금 거래 수익률이 더 높은 경향은 현금 PNR이 43%인데 비해 주식과 혼합의 PNR이 각각 65%와 64%인 점에서도 똑같이 나타났다. 이 같은 경향은 현금, 주식, 혼합 거래 중 부정 반응이 지속된 비율(각각 27%, 46%, 39%)과 긍정 반응이 지속된 비율

(각각 35%, 20%, 19%)을 비교해봐도 대체로 비슷하게 관찰되었다.[3]

- 초기에 부정 반응과 긍정 반응을 얻은 포트폴리오는 1년 후에도 대체로 똑같은 경향을 보였다. 따라서 시장 반응은 매우 중요하다는 것을 알 수 있다. 예를 들어 초기에 +7.7% 수익률이라는 긍정 반응을 얻은 포트폴리오는 1년 후에도 +8.4% 수익률을 올리며 강세를 이어갔고, 초기에 −7.8% 수익률을 올린 그룹은 1년 후에도 여전히 −9.1%를 기록하여 부정 반응이 강하다는 것을 알 수 있었다.

- 부정 반응은 긍정 반응보다 지속 시간이 더 길었다. 초기에 부정 반응을 얻은 포트폴리오 중 1년 후에도 여전히 부정 반응을 기록한 비율은 65.2%였지만, 초기에 긍정 반응을 얻은 거래 중 1년 후에도 긍정 반응을 유지한 비율은 57.1%에 그쳤다. 부정 반응을 얻은 주식 거래 중 71.1%는 1년 후에도 똑같은 반응을 얻어 가장 높은 지속성을 기록했다.[4] 전체적인 지속성 확산 폭(긍정 반응 지속 거래와 부정 반응 지속 거래의 1년간 수익률 차이) 수치는 59.4%였고, 현금 거래의 지속성 확산 폭이 65.3%로 가장 높게 기록되었다.

- 긍정 반응이 지속된 거래에서 부정 반응이 지속된 거래로 갈수록 인수에 치른 프리미엄 액수는 점점 커진다는 것을 알 수 있었다. 전체적으로, 부정 지속 거래를 위해 치른 프리미엄은 긍정 지속 거래에 비해 27%가 더 많았다(33.8% 대 26.6%). 이 차이는 현금 거래와 주식 거래에서는 더 크게 벌어져서 각각 부정 지속 거래에 사용된 프리미엄이 긍정 지속 거래보다 33%(36.6% 대 27.65)와 46%(32.8% 대 22.5%)씩 더 컸다.[5]

표 A-2에 총 1,267개 거래를 조사한 종합 결과의 특징을 몇 가지 구체적인 항목을 중심으로 나타내었다.

표 A-2

표본 데이터 개관

표본 항목 총괄 (백만 달러)

	거래 수	거래 비중	거래발표일 수익률	연간 수익률	부정 반응 비율(PNR)	지속성 확산 폭	프리미엄
총거래	1,267	100%	-1.6%	-2.1%	604%	59.4%	30.1%
현금 거래	257	20%	1.8%	3.8%	43%	65.3%	31.1%
주식 거래	451	36%	-2.9%	-5.7%	65%	58.5%	28.2%
혼합 거래	559	44%	-2.1%	-1.9%	64%	56.3%	31.1%

주요 사항

- 매수기업의 평균 규모는 93억 달러, 매도기업은 33억 달러다.

- 현금 매수기업(72억 달러)은 주식 및 혼합 매수기업(각각 108억 달러, 90억 달러)보다 규모가 작다.

- 현금 거래 규모(23억 달러)는 주식 및 혼합 거래 규모(각각 53억 달러, 43억 달러)보다 훨씬 작다(거래 규모는 발표일 5일 전 매도기업 시가총액에 프리미엄을 더한 값).

- 프리미엄의 비율은 30.1%, 총액은 9억 200만 달러다. 주식과 혼합 거래의 프리미엄이 현금 거래보다 훨씬 높은 이유는 거래 규모 자체의 차이 때문이다.

매수기업 시가 총액(거래발표일 5일 전)	매도기업 시가 총액(거래발표일 5일 전)	프리미엄 총액	거래 규모	상대 비중	지속 긍정/초기 긍정(PP/IP)	지속 부정/초기 부정(PN/IN)	주주 부가가치 총액 비율(TSVA%)
$9,289	$3,341	$902	$4,243	46%	57%	65%	1.45%
$7,220	$1,722	$549	$2,272	37%	61%	62%	3.73%
$10,806	$4,218	$1,041	$5,259	49%	58%	71%	0.07%
$9,017	$3,379	$952	$4,331	48%	54%	61%	2.05%

- 상대 비중(거래발표일 5일 전 매수기업 대비 매도기업의 시가총액 비율)은 46%다. 현금 거래의 상대 비중(37%)은 주식 거래나 혼합 거래보다(각각 49%와 48%) 훨씬 더 낮다.

- 주식 거래는 초기 부정 반응이 가장 오래 지속되는 경향을 보였고(지속 부정/초기 부정(PP/IP) 비율 71%), 현금 거래는 초기 긍정 반응이 가장 오래 지속되었다(지속 긍정/초기 긍정(PN/IN) 비율 61%).

- 주주 부가가치 총액 비율(TSVA%)은 플러스 값을 나타냈고, 현금 거래의 TSVA%가 가장 높았다(+3.73%). 전체적으로, 인수합병이 부가가치를 창출한다고 볼 수 있다. 아래 TSVA 항목을 참조하라.

표 A-3

세 기간별 인수기업 주주 수익률

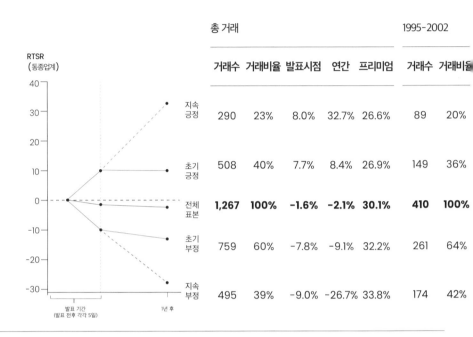

RTSR (동종업계)		총 거래					1995-2002	
		거래수	거래비율	발표시점	연간	프리미엄	거래수	거래비율
지속 긍정		290	23%	8.0%	32.7%	26.6%	89	20%
초기 긍정		508	40%	7.7%	8.4%	26.9%	149	36%
전체 표본		**1,267**	**100%**	**-1.6%**	**-2.1%**	**30.1%**	**410**	**100%**
초기 부정		759	60%	-7.8%	-9.1%	32.2%	261	64%
지속 부정		495	39%	-9.0%	-26.7%	33.8%	174	42%

시간에 따른 인수기업 주주 수익률의 변화

조사 기간은 매우 중요한 요소이므로, 우리는 표본을 1995년부터 2002년, 2003년부터 2010년, 그리고 2011년부터 2018년까지 총 세 개의 구간으로 나누었다. 물론 이 기간은 임의로 나눈 것이나 해당 구간별 M&A 활동에는 일정한 경향이 있었고, 거래수도 비교적 골고루 분포해 있었다(각각 410건, 415건, 445건이었다). **표 A-3**에 각 구간에 걸친 1,267건의 거래 결과를 나타냈다.

			2003-2010					2011-2018				
발표시점	연간	프리미엄	거래수	거래비율	발표시점	연간	프리미엄	거래수	거래비율	발표시점	연간	프리미엄
6.5%	407%	27.7%	101	24%	8.0%	31.5%	24.7%	106	24%	9.1%	27.5%	27.6%
7.2%	9.9%	29.6%	166	40%	7.5%	10.7%	23.5%	193	44%	8.4%	5.2%	27.6%
-3.7%	**-3.3%**	**35.5%**	**415**	**100%**	**-1.3%**	**1.3%**	**26.4%**	**442**	**100%**	**0.1%**	**-4.2%**	**28.4%**
-10.0%	-10.9%	38.9%	249	60%	-7.1%	-5.0%	28.4%	249	56%	-6.4%	-11.5%	29.1%
-11.5%	-28.2%	40.6%	153	37%	-7.8%	-25.4%	30.1%	168	38%	-7.4%	-26.3%	30.0%

주요 사항

- 거래발표 시점의 수익률은 1기의 −3.7%부터 시간이 갈수록 증가해서 3기에는 0%가 되었다(이는 2017년 알렉산드리디스, 안티파스, 트라블로스의 연구 결과와도 일치하는 결과다).[6] 그러나 연간 수익률은 1기의 −3.3%에서 2기에 +1.3%로 대폭 증가한 뒤 3기에는 −4.1%로 크게 후퇴했다.

- PNR은 세 개 구간 전반에 걸쳐 대체로 증가했다(각각 64%, 60%, 56%를 기록했다).

- 초기에 긍정 및 부정 반응을 얻은 포트폴리오는 전 구간에 걸친 연간 수익률 동향에서도 보이듯이(초기 긍정 +9.9%, +10.7%, +5.2%, 초기 부정 −10.9%, −5.0%, −11.5%), 시간이 흘러도 대체로 똑같은 경향을 유지했다. 시장 반응은 중요하다.

- 세 구간에 걸친 초기 긍정 반응의 지속성(각각 56%, 61%, 55%)은 인수기업이 효과적으로 성과를 달성하고 이를 알리는 노력이 중요하다는 점을 보여준다. 반대로 초기 부정 반응은 세 구간 전체에 걸쳐 큰 변동이 없어(각각 67%, 61%, 67%) 이 같은 경향을 역전하기가 어렵다는 사실을 입증한다.

- 지속성 확산 폭 값은 1기에 68.9%, 2기 56.9%, 3기에는 53.8%를 나타냈다. 긍정 반응이 지속되는 거래와 부정 반응이 지속되는 거래 사이에는 여전히 수익성 차이가 엄청나다는 것을 알 수 있다.

- 지속적 긍정 반응에서 지속적 부정 반응으로 갈수록 프리미엄이 커지는 경향도 세 구간 전체에서 일관되게 확인되었다. 그러나 양극단의 차

이는 시간이 지날수록 좁혀져서 1기에 최고 수준이었던 35.5%가 3기에는 28.4%가 된다.

다음 장의 **표 A-4**는 총 1,267개 거래의 구체적인 추가 항목별 특징을 세 시기별로 나타낸 것이다.

표 A-4

세 시기별 표본 데이터 개관

표본 항목 : 1995-2002 (백만 달러)

	거래수	거래 비중	거래발표일 수익률	연간수익률	부정 반응 비율(PNR)	지속성확산 폭	프리미엄
총 거래	410	100%	-3.7%	-3.3%	64%	68.9%	35.5%
현금 거래	39	10%	2.1%	15.6%	38%	81.7%	35.7%
주식 거래	212	52%	-4.9%	-10.2%	68%	64.5%	33.2%
혼합 거래	159	39%	-3.6%	1.2%	64%	68.5%	38.6%

표본 항목 : 2003-2010 (백만 달러)

	거래수	거래 비중	거래발표일 수익률	연간수익률	부정 반응 비율(PNR)	지속성확산 폭	프리미엄
총 거래	415	100%	-1.3%	1.3%	60%	56.9%	26.4%
현금 거래	106	26%	0.8%	2.6%	43%	59.6%	27.2%
주식 거래	109	26%	-1.5%	4.4%	62%	63.4%	24.8%
혼합 거래	200	48%	-2.2%	-1.1%	68%	50.7%	26.9%

표본 항목 : 2011-2018 (백만 달러)

	거래수	거래 비중	거래발표일 수익률	연간 수익률	부정 반응 비율(PNR)	지속성확산 폭	프리미엄
총 거래	442	100%	0.1%	-4.2%	56%	53.8%	28.4%
현금 거래	112	25%	2.7%	0.8%	45%	63.8%	33.3%
주식 거래	130	29%	-0.7%	-7.0%	61%	44.1%	22.9%
혼합 거래	200	45%	-0.9%	-5.1%	60%	54.3%	29.2%

매수기업 시가 총액(거래발표 일 5일 전)	매도기업 시가 총액(거래발표 일 5일 전)	프리미엄 총액	거래 규모	상대 비중	지속 긍정/ 초기 긍정 (PP/IP)	지속 부정/ 초기 부정 (PN/IN)	주주 부가가치 총액 비율(TSVA%)
$12,156	$4,549	$1,327	$5,876	46%	56%	67%	-0.26%
$5,766	$2,366	$634	$3,000	48%	75%	53%	4.94%
$15,253	$5,962	$1,636	$7,598	46%	56%	74%	-1.47%
$9,594	$3,199	$1,086	$4,285	45%	47%	58%	1.59%

매수기업 시가 총액(거래발표 일 5일 전)	매도기업 시가 총액(거래발표 일 5일 전)	프리미엄 총액	거래 규모	상대 비중	지속 긍정/ 초기 긍정 (PP/IP)	지속 부정/ 초기 부정 (PN/IN)	주주 부가가치 총액 비율(TSVA%)
$8,096	$2,687	$646	$3,333	48%	61%	61%	1.41%
$4,129	$1,034	$290	$1,324	36%	58%	65%	3.85%
$9,880	$3,209	$646	$3,855	53%	66%	57%	1.21%
$9,226	$3,279	$835	$4,114	51%	60%	62%	1.00%

매수기업 시가 총액(거래발표 일 5일 전)	매도기업 시가 총액(거래발표 일 5일 전)	프리미엄 총액	거래 규모	상대 비중	지속 긍정/ 초기 긍정 (PP/IP)	지속 부정/ 초기 부정 (PN/IN)	주주 부가가치 총액 비율(TSVA%)
$7,750	$2,836	$748	$3,584	45%	55%	67%	4.00%
$10,651	$2,149	$764	$2,913	34%	58%	62%	3.41%
$4,329	$2,219	$402	$2,621	50%	53%	77%	6.33%
$8,349	$3,621	$963	$4,584	49%	54%	63%	3.53%

주요 사항

- 매수기업의 크기와 거래 규모는 전반적으로 1기에 비해 하락세를 보였다. 특히 주식 거래에서 이러한 경향이 두드러져 1기에 각각 153억 달러와 76억 달러였던 수치가 3기에는 43억 달러와 26억 달러로 크게 떨어졌다. 반대로 현금 매수기업의 크기와 거래 규모는 2기에 각각 41억 달러와 13억 달러에서 3기에는 107억 달러와 29억 달러로 크게 상승한 점이 눈에 띈다.

- 전체 거래에서 현금 거래가 차지하는 비중은 1990년대 인수합병 붐이 일던 시기에는 겨우 10%에 머물렀지만 2기와 3기에 오면서 각각 26%와 25%로 높아졌다.

- 주식과 혼합 거래의 거래발표 당시 수익률은 이후 큰 폭으로 개선되었다. 1기에 각각 −4.9%와 −3.6%였던 수익률은 비록 마이너스이기는 하지만 3기에 들어오면서 −0.7%와 −0.9%로 오른다. 현금 거래 수익률은 세 구간 내내 플러스 값을 기록했다(각각 +2.1%, +0.8%, +2.7%였다).

- 연간 수익률은 거래 유형과 기간에 따라 크게 달라지나, 거래 유형에 상관없이 3기에는 모두 큰 폭으로 떨어진다. 특히 주식과 혼합 거래에서 하락 폭이 두드러진다(각각 −7.0%와 −5.1%). 이것은 1장에서도 설명했듯이, 매수기업의 성과가 아직 위기를 벗어나지 못했다는 것을 보여준다. 아래 연도별 전체 도표를 참조하라.

- 현금 거래의 PNR은 1기의 38%에서 2기에는 43%, 3기에는 45%로 증가하나 주식 및 혼합 거래의 PNR에 비하면 모든 시기에 걸쳐 훨씬 적은 값을 보여준다. 주식 거래의 PNR은 세 시기에 걸쳐 각각 68%, 62%, 61%이며, 혼합 거래의 경우는 64%, 68%, 60%다.

- 프리미엄 규모는 대체로 시간이 지날수록 줄어든다. 1기에는 35.5%(13억 달러)로 최고치를 기록했지만 3기에는 28.4%(7억 4,800만 달러)로 떨어진다. 특히 주식 거래와 혼합 거래는 1기에 각각 33.2%와 38.6%로, 최고치를 기록한 후 3기에는 22.9%와 29.2%가 되었다. 현금 거래의 프리미엄은 1기 35.7%였다가 3기에 들어와 다시 1기에 근접한 33.3%를 기록했다. PNR도 마찬가지로 증가했다.

- 현금 거래에 대한 긍정 반응은 1기에 가장 뚜렷한 지속성을 보였지만(PP/IP 비율 75%), 주식 거래는 같은 기간 부정 반응의 지속성이 가장 커서(PN/IN 비율 74%) 뚜렷한 대조를 보였다. 주식 거래는 2기에 큰 성장세를 보여 연간 수익률도 최고치인 +4.4%를 기록하고 PP/IP와 PN/IN 비율도 크게 개선되었으나, 3기에는 다시 수익률이 −7.0%로 하락했고, 부정 반응 지속성은 강화(PN/IN 비율 77%)되고 긍정 반응 지속성은 약화했다(PP/IP 비율 53%).

- 지속 긍정 거래와 지속 부정 거래의 수익률 지속성 확산 폭은 시간이 지날수록 좁아져 현금, 주식, 혼합 거래 순으로 1기에는 각각 81.7%,

64.5%, 68.5%였으나 3기에는 63.8%, 44.1%, 54.3%로 줄어들었다. 모든 이사회를 통틀어 '유능한 팀'과 '무능한 팀'의 지속성 확산 폭에는 큰 차이가 있었다.

- TSVA%는 세 시기를 거치며 증가해서 3기에는 종합적으로 +4%를 기록했다. 가장 큰 폭으로 증가한 유형은 주식 거래로, 1기에 −1.47%였다가 (AOL과 타임워너의 합병에서 큰 손실이 발생한 것이 가장 크게 작용했다) 3기에는 +6.33%로 올랐다. 인수합병이 창출하는 전체 가치는 시간이 지날수록 증가한다는 사실을 보여준다.

선별된 데이터의 연도별 결과

세 시기에 걸친 전체 결과를 보더라도 충분히 도움이 되지만, 특정 데이터를 연도별로 살펴보면 시간의 흐름에 따른 변화 과정을 더 자세히 파악할 뿐 아니라 새로운 관점도 얻을 수 있다. 앞에서 설명한 여러 결론은 연도별 변화에도 그대로 적용된다.

그림 A-1에서, 인수기업의 거래발표 당시 및 연간 주주 수익률이 한 차례 성장한 다음 연구 대상 기간의 마지막 4년 동안 하락 추세를 보이는 것을 알 수 있다.

그림 A-2는 인수기업의 PNR과 마이너스 연간 수익률 비율이 2014년에 각각 43.3%와 46.3%에서 2018년에는 64.6%와 76.9%를 보이며 큰 폭으로 증가한 것을 보여준다(2008년의 하락세에 이어 다시 반등했다). 부정적이고 실망스러운 추세라고 할 수 있다.

　그림 A-3를 보면 거래발표 당시 초기 긍정 반응과 부정 반응을 받았던 포트폴리오에 대한 인수기업의 수익은 시간이 흘러도 큰 차이가 없었지만, 둘 다 상대적으로 전체 평균과는 가까워지며 안정세를 보이는 것을 알 수 있다(초기 긍정 포트폴리오는 +7.7%, 초기 부정 포트폴리오는 -7.8%다).

그림 A-1

인수기업의 거래발표 당시 수익과 1년간 수익

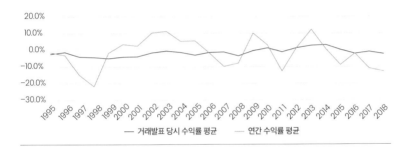

그림 A-2

인수기업의 부정 반응 비율 및 마이너스 연간 수익률 비율

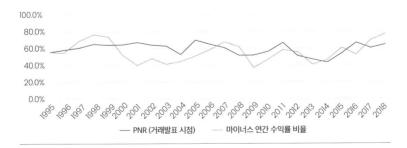

초기 긍정반응 및 초기 부정반응 거래에 대한 인수기업의 거래발표 당시 수익률

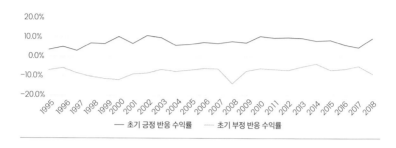

물론 투자자의 긍정적인 반응이 이후의 수익을 보장하지는 않지만, 가까운 미래에 긍정적인 소식과 결과를 예상하기 힘들다면 부정적인 반응을 뒤집기는 매우 어렵다. **그림 A-4**에서 마지막 2년 동안(2017년과 2018년) 부정 반응의 지속성이 증가하고 긍정 반응의 지속성이 감소한 것은 **그림 A-1**에서 보이는 전체적인 연간 수익률 하락 추세의 일부 원인이 된다. PNR 증가 추세(**그림 A-2** 참조)는 PN/IN 비율 증가와 더불어 상황의 심각성을 보여준다. 초기 긍정 반응과 초기 부정 반응 거래의 지속성 수준이 비록 시간이 흐르면서 변하기는 하지만, 앞선 섹션에서 살펴봤듯이 두 거래 유형의 주주 수익률은 각각의 연간 수익률을 알려주는 지표라는 점에 주목할 필요가 있다(그 원인은 주로 해당 포트폴리오의 수익률 규모에 있다).

지속성 확산 폭(긍정 반응 지속 거래와 부정 반응 지속 거래의 연간 동종업계 조정수익률 차이)이 시간이 흐름에 따라 달라지기는 했지만, 긍정 반응이 지속된 거래와 부정 반응이 지속된 거래의 차이가 막대한 이익의 원인이 된 것만은 분명하다. **그림 A-5**는 지속성 확산 폭의 시간별 변화를 보여준다.

그림 A-4

지속 긍정/초기 긍정 및 부정 지속/초기 부정 거래(PP/IP 및 PN/IN)

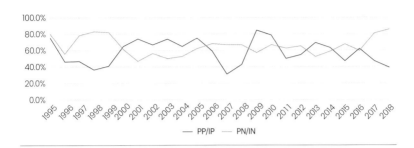

그림 A-5

지속성 확산 폭

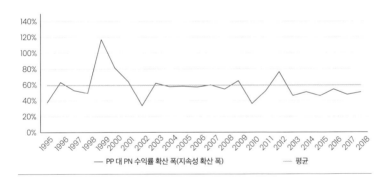

수익률 분포

그림 A-6에는 초기 시장 반응이 미래 동향과 긍정 및 부정 반응의 지속성, 그리고 지속성 확산 폭을 예측하는 지표가 된다는 시각이 나타나 있다. 그림의 두 도표를 보면 거래발표 시점의 수익률이 어떻게 미래를 예측하는 지표가 되는지, 또 1년 동안 추가로 드러나는 정보를 토대로 투자자들이 초기 예측을 어떻게 재평가하는지를 알 수 있다. 연간 수익률이 가장 큰 폭의 마이너스 값을 보인 거래의 71%(연간 수익률 도표에서 수익률이 마이너스 10%에 미치지 못하는 거래가 전체표본의 42%를 차지한다)에 시장이 처음부터 부정적인 반응을 보였다는 사실은 결코 놀라운 일이 아니다.

그림 A-6

인수기업의 거래발표 시점 수익률 및 연간 수익률 분포

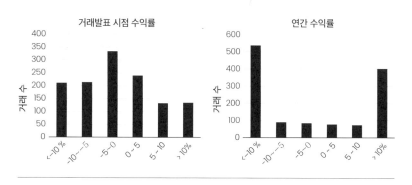

물론 연도별 결과에도 변동이 있었지만, 우리가 내린 주요 결론은 연구 기간 전체에 일관되게 적용되었다. 거래발표 시점의 수익률은 증가했으나 연간 수익률은 전체적으로 고전을 면치 못했고, 초기 시장 반응은 미래를 예측하는 유의미한 지표였으며, 시장의 부정 반응을 뒤집기는 매우 어려웠다. 그리고 지속성 확산 폭은 시간이 지날수록 엄청나게 벌어졌다.

주주 총부가가치

인수합병에 관해 이야기할 때, 논의의 수준을 혼동하는 경우가 있다. M&A가 매수기업이나 매도기업에 얼마나 이익이 되는가와 M&A가 창출하는 전체적인 가치가 얼마나 되느냐는 서로 다른 문제다. 즉, 인수합병은 대체로 매수기업의 이익에 도움이 되지 않는 경우가 많다. 그러나 본질적인 질문은 따로 있다. 매수기업의 이익이나 손실을 매수기업의 이익과 합한 값이 전체적으로 플러스가 되는가 하는 질문이다. 이 질문에는 분명히 긍정적인 대답을 할 수 있다.

우리는 모든 매수기업과 매도기업에 대해 거래발표일 전후 11일간의 동종업계 조정수익률 총합계, 즉 TSVA를 계산했다. TSVA는 사실상 매수기업과 매도기업의 SVA(양측 기업 각각의 거래발표 시점 수익률) 합계다. 우리는 연구 대상인 24년에 걸쳐 지급 방식과 포트폴리오 유형에 따라 표본 전체의 평균 수익률을 합산했고, 그 결과를 **표 A-5**에 나타내었다.

그런 다음, 표본 전체에 TSVA 현금 가치를 사용하여 지급 방법과 포트폴리오 유형에 따라 서로 다른 두 관점의 두 가지 숫자로 나누었다. 1) TSVA를 거래 전 매수기업과 매도기업의 합산 시가총액으로 나누어 총 시가총액 대비 비중 변화를 구했다. 2) TSVA를 거래 전 매도기업 시가총액에 프리미엄을 더한 값으로 나누어 투자 수익률(ROI) 척도를 구했다. 그 결과, 총 시가총액 변화에 따른 'TSVA%'와 목표 기업에 지급한 인수가격 총액을 근거로 ROI 역할을 하는 'TSVA%', 이 두 가지를 산출했다. **표 A-6**에 두 가지 척도를 사용한 결과를 모두 나타내었다.

표 A-5

지급 방식과 포트폴리오 유형에 따른 인수 거래의 TSVA (단위: 백만 달러)

지급 방식	인수기업 SVA	목표 기업 SVA	TSVA
거래 전체	-285.15	468.67	183.52
현금	-55.03	388.14	333.11
주식	-434.51	446.63	11.12
혼합	-270.44	524.28	253.83

포트폴리오 유형	TSVA			
	거래 전체	현금	주식	혼합
지속 긍정	1,005.33	669.88	1,082.10	1,214.44
초기 긍정	995.49	671.06	1,194.78	1,072.14
표본 전체	**183.52**	**333.11**	**11.12**	**253.83**
초기 부정	-359.94	-111.40	-639.69	-209.19
지속 부정	-446.72	-35.60	-650.96	-383.20

또, 동일 가중 변수를 적용한 TSVA%도 산출했다. 즉, 각 거래에 TSVA(매수기업의 SVA와 매도기업의 SVA를 합한 값)를 적용하고, 모든 거래를 각각 두 가지 숫자(두 가지 관점에 따라)로 나눈 다음, 지급 방식과 포트폴리오 유형에 따라 표본 전체의 평균을 구했다. 그 결과, **표 A-7**에 나타난 것처럼 매우 유사한 패턴을 보였다.

TSVA에 관한 논의에서 얻을 수 있는 중요한 교훈은, 거래발표 시점 수익률 결과를 근거로 볼 때 M&A가 전체적으로는 합산 가치를 창출하지만, 초기에 부정 반응을 얻거나 부정 반응이 지속되는 거래는 그렇지 않다는 사실이다.

표 A-6

지급 방식과 포트폴리오 유형에 따라 두 가지 관점으로 본 인수 거래의 TSVA%

포트폴리오 유형	거래 전 시가총액 합산				거래 전 매도기업 시가총액과 프리미엄의 합계			
	거래 전체	현금	주식	혼합	거래 전체	현금	주식	혼합
지속 긍정	9.42%	8.88%	8.79%	10.27%	26.23%	38.53%	20.39%	28.27%
초기 긍정	9.11%	9.40%	8.28%	9.85%	25.10%	39.07%	20.45%	26.11%
표본 전체	**1.45%**	**3.73%**	**0.07%**	**2.05%**	**4.32%**	**14.66%**	**0.21%**	**5.86%**
초기 부정	-2.61%	-0.98%	-4.17%	-1.58%	-8.13%	-3.71%	-12.95%	-4.69%
지속 부정	-3.08%	-0.35%	-4.29%	-2.52%	-9.76%	-1.34%	-13.16%	-7.94%

표 A-7

지급 방식과 포트폴리오 유형에 따라 두 가지 관점으로 본 인수 거래의 동일 가중 방식 TSVA%

포트폴리오 유형	거래 전 시가총액 합산				거래 전 매도기업 시가총액과 프리미엄의 합계			
	거래 전체	현금	주식	혼합	거래 전체	현금	주식	혼합
지속 긍정	11.26%	11.58%	9.97%	12.09%	38.33%	44.34%	32.33%	38.48%
초기 긍정	10.98%	11.30%	10.49%	11.15%	36.90%	41.85%	33.83%	35.76%
표본 전체	**3.63%**	**6.95%**	**1.33%**	**3.96%**	**10.44%**	**23.77%**	**3.28%**	**10.08%**
초기 부정	-1.29%	1.24%	-3.71%	-0.11%	-7.28%	-0.02%	-13.52%	-4.44%
지속 부정	-2.21%	0.87%	-4.41%	-1.10%	-9.53%	-0.47%	-15.68%	-6.56%

부록 B

1961년 M&M 논문과
경제적 부가가치의 기원

이 분야에 종사하는 사람이면 누구나 아는 유명한 공식이 있다. 1961년에 모딜리아니와 밀러가 『저널오브비즈니스』에 게재한 논문 「주식의 배당정책, 성장률 및 가치평가」에서 소개한 현금흐름할인법(DCF)에 관한 11번 공식이 바로 그것이다. 11번 공식은 다음과 같다.

$$MV_0 = \sum_{t=0}^{\infty} \frac{X_t - I_t}{(1+p)^{t+1}}$$

여기에서 MV_0는 현재 시장 가치, X_t는 t연도 말의 세후 순영업이익(NOPAT), I_t는 t연말의 신규 투자액, $X_t - I_t$는 t해의 잉여현금흐름(FCF), 그리고 p는 자본이자를 각각 가리킨다. 그러나 M&M은 이른바 투자 기회 방법(IOA)이라는 12번 공식도 제안했고 이것이 DCF(11번 공식)와 등가라는 사실을 입증했다. 사실 M&M은 인수합병을 고려하는 투자자의 눈에는 이것이 더 자연스러운 방법으로 보인다고 생각했다. 왜냐하면 이 방법은 신규 투자에 따른 수익이 자본 비용보다 더 큰가의 관점으로 가치를 바라보기 때문이다.[1] IOA는 회사의 가치를 기존의 반복적인 경영활동과 미래에 신규 투자를 통해 창출될 추가 기대 가치로 구분할 것을 제안한다. 즉, 기존의 시장 가치를 기존 가치와 추정 가치로 구분하자는 것이다. 이 방법은 1990년대 베넷 스튜어트Bennett Stewart가 처음 소개한 후 스티븐 오번Stephen O'Byrne이 더욱 정교하게 다듬어 확장한, 이른바 경제적 부가가치(EVA)라는 개념의 초석이 된다.[2] 당신이 금융 분야의 전문가라면 아마 IOA 공식, 즉 12번 공식을 알고 있을 것이다.

$$MV_0 = \frac{X_0}{p} + \sum_{t=0}^{\infty} \frac{I_t\left(p^*(t) - p\right)}{p\left(1+p\right)^{t+1}}$$

여기서 X_0는 현재 기초자산을 바탕으로 벌어들이는 균일한 영구적 '수익', I_t는 t연말의 신규 투자, $p^*(t)$는 투자 직후 연도에 I_t에 대한 일정한 수익률, 그리고 ρ는 자본이자를 말한다. 12번 공식은 현재 투자 수익률이 일정하다고 가정한다.

12번 공식은 현재 시장 가치를 두 가지 성분으로 구분한다. 즉, 기존 사업 운영을 유지하는 데서 오는 가치(현재 기초자산에 대한 영속적이고 균일한 '수익' 흐름의 영구적 가치)와 신규 투자로 발생하는 미래 성장 가치가 그것이다. 후자는 투하자본수익률과 신규 투자에 대한 자본이자(투자 다음 해에 발생하는) 사이에 존재하는 일정한 연간 확산 폭을 현재 가치로 환산한 값으로 표현된다. 투자자가 기업에 기꺼이 투자하려는 금액을 이 같은 방식으로 재구성해보면 현재보다 미래에 기업의 추가 가치 창출 성과가 얼마나 증대될지를 좀 더 깊이 생각하는 데 도움이 된다.

기존 성과, 즉 균일하고 영속적인 수익 흐름을 유지함으로써 얻을 수 있는 것은 당해연도 수익 흐름의 영속적 가치에 대한 자본이자 수익일 뿐, 투자자에게 안겨줄 부가가치는 창출할 수 없다. 따라서 기업이 기존 경영활동을 넘어서는 가치를 창출하기 위해서는 신규 투자의 자본 비용을 넘어서는 성과 개선을 이룩하는 것밖에 없다. 이러한 논리가 바로 EVA 방식의 기초가 된 것이다.

전략적 관점에서 보면 이 방식은 경쟁자에 대한 상대적 우위를 창출하거나 점유하는 것을 의미한다. 다음은 바로 1961년에 M&M이 설명한 공격적 사업계획의 경제적 본질에 해당하는 내용이다.

> 12번 공식이 보여주는 몇 가지 특징은 가치평가 분야에서 더욱 폭넓게 사용할 만한 가치가 있다. 우선 이 공식은 흔히 사용되는 '성장'과 '성장주'라는 용어에 의미심장한 시사점을 제공한다. 공식에서 알 수 있듯이, 기업은 시간이 지나면서 자산과 수익이 늘어나는 것만으로는 고수익을 구가하는 '성장주'가 될 수 없다. 그와 같이 특별한 범주에 진입하기 위해서는 $p^*(t) > p$라는 조건을 만족해야 한다. 만약 $p^*(t)$와 p가 같다면 자산이 아무리 크게 성장하더라도 12번 공식의 두 번째 항과 회사의 주가 수익 비율은 평범한 $1/p$ 이상으로 증가할 수 없다. 요컨대 '성장'의 본질은 단순한 양적 확대가 아니라, 상당한 자본을 투자하여 '정상적인' 수익률을 넘어설 수 있는 기회가 존재하는가의 문제다.

12번 공식은 몇 가지 독특하고 유용한 특성을 제공해준다. 첫째, 이 공식을 사용하면 성장 가치에서 반복적인 '수익'의 영속 가치를 쉽게 구분할 수 있다. 둘째, 매년 추가되는 자본에 대한 자본이자를 계산함으로써 성장에 따른 부가가치를 주기적으로 파악할 수 있다. 마지막으로 가장 근본적인 특징은 다음의 두 가지를 분명하게 확인할 수 있다는 것이다. 즉, 1) 현재 성과를 유지해봤자 경영활동의 현재 가치에 상응하는 기업가치를 달성할 수 있을 뿐이다(영속 가치), 2) 미래 투자는 그 투자금에 해당하는 자본이자 이상의 수익을 올려야만 기업의 현재 가치보다 더 큰 시장 가치를 달성할 수 있다.

부록 C

경제적 부가가치 모델 개발

4장에서 우리는 현재 시장 가치를 투자자본에 미래 EVA의 현재 가치를 더한 값이라고 정의했다. 이미 많은 분은 이 정의가 널리 알려진 시장부가가치(MVA) 개념과 같다는 것을 눈치챘을 것이다. MVA는 시장 가치에서 투자자본을 뺀 값이다. 따라서 이를 다음과 같이 표현할 수 있다.

$$\text{MV}_0 = \text{투자자본} + \text{미래 EVA의 현재 가치}$$

미래 EVA를 다시, 현재 EVA를 유지하는 값과 새롭게 달성한 EVA 증가분(ΔEVA)이라는 두 부분으로 나눌 수 있다. 현재 총 시장 가치를 투자자본과 현금화된 현재 EVA, 그리고 EVA 증가 기대치를 현재 가치로 환산한 값으로 표현하면 다음과 같다.

$$MV_0 = Cap_0 + \frac{EVA_0}{c} + \frac{1+c}{c} \times \sum_{t=1}^{\infty} \frac{\Delta EVA_t}{(1+c)^t}$$

앞의 두 항을 '현재 영업 가치'(COV)라고 하고, 세 번째 항을 '미래 성장 가치'(FGV)라고 한다. 투자자는 COV와 FGV 모두에서 자본비용 수익 (c), 즉 가중평균자본비용(WACC)을 기대한다. 현재 EVA(EVA_0)만 유지해서는 COV에 대한 자본비용 수익은 달성할 수 있지만, FGV에 대해서는 아무 수익도 얻을 수 없다. 따라서 FGV를 정당화하려면 EVA가 증가해야 한다.

시장가치에 대한 EVA 공식은 M&M의 12번 공식을 단순히 대입해도 되지만(부록 B에서 살펴본 내용이다), EVA 공식을 직관적으로 살펴보는 것도 도움이 된다.[1] 어느 회사의 현재 EVA를 EVA_0라고 해보자. 그러면 이 값은 1기 회계연도에 ΔEVA만큼 증가할 것이다. 이 말은 무엇을 의미할까? 이는 곧, 기말 EVA(즉, 다음 회계연도의 시작 EVA)를 $EVA_1 = EVA_0 + \Delta EVA$로 표현할 수 있음을 나타낸다.

FGV가 일정하고 ΔEVA의 연간 증가량이 일정하며 그 변화량이 영원히 지속된다고 가정하면, 각 회계연도의 EVA는 해당 기간의 ΔEVA를 더한 값이 된다. 따라서,

$EVA_1 = EVA_0 + \Delta EVA$
$EVA_2 = EVA_1 + \Delta EVA = EVA_0 + 2 \times \Delta EVA,$
$EVA_3 = EVA_2 + \Delta EVA = EVA_0 + 3 \times \Delta EVA,$
$EVA_4 = EVA_3 + \Delta EVA = EVA_0 + 4 \times \Delta EVA,$ 등등

EVA 항에서, 기업의 순현재가치(NPV)는 회계연도별 EVA의 현재 가치 (미래 EVA의 현재 가치)와 같다. 왜냐하면 투자에 대한 자본이자를 고려하

기 때문이다. 이 개념을 사용하면 다음과 같은 공식이 성립한다.

$$NPV = EVA_1/(1+c) + EVA_2/(1+c)^2 + EVA_3/(1+c)^3 + EVA_4/(1+c)^4 + \cdots$$

여기서 EVA_1, EVA_2, EVA_3에 위의 공식을 대입하면 다음과 같다.

$$NPV = (EVA_0 + \Delta EVA)/(1+c) + (EVA_0 + 2 \times \Delta EVA)/(1+c)^2$$
$$+ (EVA_0 + 3 \times \Delta EVA)/(1+c)^3 + (EVA_0 + 4 \times \Delta EVA)/(1+c)^4 + \cdots$$

ΔEVA에서 EVA_0를 모두 분리하여 EVA_0만 따로 묶을 수 있다. 그리고 ΔEVA에 대해서도 그렇게 할 수 있다. 그러면 서로 연결된 두 개의 공식을 만들 수 있다.

(1) $NPV = EVA_0/(1+c) + EVA_0/(1+c)^2 + EVA_0/(1+c)^3 + EVA_0/(1+c)^4 + \cdots$

$+$

(2) $\Delta EVA/(1+c) + 2 \times \Delta EVA/(1+c)^2 + 3 \times \Delta EVA/(1+c)^3 + 4 \times \Delta EVA/(1+c)^4 + \cdots$

위 공식의 첫 번째 연속항은 영속되는 EVA_0의 현재 가치가 1기 회계연도 말부터 나타나기 시작한다는 것을 보여준다(현재 시각은 0이다). 따라서 가치는 영속성 수준의 현재 가치인 EVA_0/c로 수렴하며, 다음과 같은 공식이 도출된다.

$$NPV = EVA_0/c + \Delta EVA/(1+c) + 2 \times \Delta EVA/(1+c)^2 +$$
$$3 \times \Delta EVA/(1+c)^3 + 4 \times \Delta EVA/(1+c)^4 + \cdots$$

ΔEVA에 관한 두 번째 연속항도 단순화하여 구성 성분으로 표현하면 훨씬 더 직관적으로 이해할 수 있다.

$$\Delta \, EVA/(1+c) + \Delta \, EVA/(1+c)^2 + \Delta \, EVA/(1+c)^3 + \Delta \, EVA/(1+c)^4 + \cdots + $$
$$\Delta \, EVA/(1+c)^2 + \Delta \, EVA/(1+c)^3 + \Delta \, EVA/(1+c)^4 + \cdots + $$
$$\Delta \, EVA/(1+c)^3 + \Delta \, EVA/(1+c)^4 + \cdots + $$
$$\Delta \, EVA/(1+c)^4 + \cdots$$

이처럼 다시 표현한 연속항이 앞의 ΔEVA 연속항과 일치한다는 것을 알 수 있다. 사실, 해를 구하기는 훨씬 더 쉽다. 위 연속항의 첫 번째 줄에 주목해보자. 이는 영속되는 EVA_0의 현재 가치가 1기 회계연도 말부터 발현된다는 사실을 나타낸다. 마찬가지로 두 번째 줄 역시 영속되는 EVA_0의 현재 가치가 2기 회계연도 말부터 발현된다는 점을 나타낸다. 다음에 이어지는 것 또한 같다.

우리는 이미 이러한 영속성 패턴이 순환 구조를 보인다는 사실을 알고 있다. 1기 말에 발현되는 1달러의 영속성을 현재 가치로 바꾸면 $1/c$ 달러가 되며, 2기 말에 나타나는 1달러의 영속성을 현재 가치로 환산하면 $(1/c)$달러/$(1+c)$이다. 이는 앞 기간의 영속 가치와 같으나, 발현 시기가 1기 늦은 점을 반영한 뒤 추가 할인 기간을 적용했다는 점에서만 차이가 있을 뿐이다. 마찬가지로 3기 말에 시작되는 1달러의 영속성을 현재 가치로 환산하면 $(1/c)$달러/$(1+c)^2$이며, 그다음도 이와 같은 식으로 계속 이어진다.

이 값을 모두 대입하면 두 번째 연속항을 다음과 같이 간단하게 표현할 수 있다.

$$\Delta\,EVA/c + \frac{\Delta\,EVA/c}{(1+c)} + \frac{\Delta\,EVA/c}{(1+c)^2} + \frac{\Delta\,EVA/c}{(1+c)^3} + \cdots$$

이제 한 단계만 더 나가면 이 연속항을 간단하게 표현할 수 있다. $\Delta\,EVA$는 똑같은 액수의 연간 증가량이라고 정의했으므로, 위 공식에서 첫 항을 제외한 두 번째 이후의 항은 2기 말부터 시작되는 $\Delta\,EVA$의 영속 값이라는 것을 알 수 있다. 따라서 그 현재 가치는 $(\Delta\,EVA/c)/c$가 된다.

따라서 이 연속항의 전체 가치는 다음과 같다.

$$\Delta\,EVA/c + \frac{\Delta\,EVA/c}{c} = \frac{\Delta\,EVA \times (1+c)}{c \times c}$$

두 번째 연속항($\Delta\,EVA$ 연속항)에 관한 이 공식을 첫 번째 연속항(EVA_0 연속항)과 합하면 기업의 NPV를 현재 EVA와 미래 연간 EVA 성장 기대치를 사용하여 간단한 공식으로 표현할 수 있다.

$$NPV = \frac{EVA_0}{c} + \frac{\Delta\,EVA \times (1+c)}{c \times c}$$

즉,

$$NPV = \frac{EVA_0}{c} + \frac{(1+c)}{c} \times \left(\frac{\Delta\,EVA}{c} \right)$$ 가 된다.

FGV가 일정하다는 가정을 무시하고 매 t연도마다 달라지는 EVA를 반영하면 시장 가치에 대한 EVA 공식의 두 번째 및 세 번째 항이 산출된다.

$$NPV = \frac{EVA_0}{c} + \frac{1+c}{c} \times \sum_{t=1}^{\infty} \frac{\Delta EVA_t}{(1+c)^t}$$

그러므로 예를 들어 각 ΔEVA_t가 100달러로 영구히 지속되고 FGV가 일정

하다면 $\sum_{t=1}^{\infty} \frac{\Delta EVA_t}{(1+c)^t}$는 $\left(\frac{\Delta 100}{c} \right)$ 또는 $\left(\frac{\Delta EVA}{c} \right)$로 간단하게 표현된다.

여기에 투자자본(Cap_0)을 더하면 MV_0에 대한 EVA 공식, 즉 투자자본에 미래 EVA의 현재 가치를 합한 값(또는 투자자본의 NPV)이 산출된다.

$$MV_0 = Cap_0 + \frac{EVA_0}{c} + \frac{1+c}{c} \times \sum_{t=1}^{\infty} \frac{\Delta EVA_t}{(1+c)^t}$$

이제 FGV를 정당화하기 위한 ΔEVA, 즉 EVA 필요 증가액을 구해보자. 기업의 현재 시장 가치는 COV와 FGV의 합으로 표현할 수 있다.

$$MV = COV + FGV$$

그런데 위의 MV_0 공식에서 첫 두 항(투자자본(Cap_0)과 현재 EVA를 현금화한 값(EVA_0/c)), 즉 투자자본과 현재 회사가 창출하는 EVA를 현금화한 값이 바로 COV이다. 즉,

$$\text{COV} = \text{Cap}_0 + \frac{\text{EVA}_0}{c}$$

세 번째 항에는 미래에 달성해야 할 ΔEVA과 기업의 FGV가 포함된다 (EVA 증가 기대치의 현재 가치를 현금화한 값). 따라서 EVA 연간 증가액이 동일하고 FGV가 일정하다고 가정하면 다음과 같은 공식이 성립한다.

$$\text{FGV} = \frac{\Delta\,\text{EVA} \times (1+c)}{c \times c} = \frac{(1+c)}{c} \times \left(\frac{\Delta\,\text{EVA}}{c} \right)$$

여기서 ΛEVA를 구하면 다음과 같다.

$$\Delta\,\text{EVA} = \frac{c \times \text{FGV}}{\dfrac{(1+c)}{c}}$$

이상은 4장에서 소개했듯이, FGV가 일정하다고 가정했을 때 달성해야 할 영구적 EVA 증가액(균일한 ΔEVA)을 계산하는 방법이다. ΔEVA가 변화한다고 가정한다면, 예컨대 프리미엄을 고려하여 FGV를 정당화하기 위한 시너지 실현을 앞당겨야 한다면, FGV가 일정하다는 가정이 깨어져서 위에서 살펴본 보편적인 공식이 산출되는 것이다. 어느 쪽이든 이렇게 EVA가 변화한 값(ΔEVA)은 COV에 더해진다. 이렇게 증가한 EVA를 달성하지 못한다면 투자자들은 미래 성장 기대치를 의심하게 되고, 따라서 회사의 가치는 하락한다. 시장 가치는 어느 쪽으로 변하든 투자자의 달라진 기대에 반영된다.

△EVA와 △NOPAT의 관계

ΔEVA는 전년도(혹은 직전 기간) 대비 EVA의 변화액이므로, 기업의 현재 EVA는 EVA_0이고 1년 후의 EVA는 EVA_1이다. 따라서 정의에 따라 다음 공식이 성립한다.

$$\Delta \text{EVA}_1 = \text{EVA}_1 - \text{EVA}_0$$
$$= (\text{NOPAT}_1 - \text{Cap}_0 \times c) - (\text{NOPAT}_0 - \text{Cap}_{-1} \times c)$$

NOPAT_0와 NOPAT_1은 각각 전년도와 첫해의 값이다. Cap_{-1}과 Cap_0는 각각 이 기간의 자본투자액이다. 이제 이 값을 공식에 대입하여 다시 정리하면 ΔEVA_1을 다음과 같이 표현할 수 있다.

$$\Delta \text{EVA}_1 = (\text{NOPAT}_1 - \text{NOPAT}_0) - (\text{Cap}_0 \times c - \text{Cap}_{-1} \times c)$$
$$= \Delta \text{NOPAT}_1 - (\text{Cap}_0 - \text{Cap}_{-1}) \times c$$

$\text{Cap}_0 - \text{Cap}_{-1}$은 기업에 투자된 신규 순자본이다(총 신규 자본에서 감가 상각비를 뺀 값). 이것을 ΔCap_0라고 표현하면 다음 공식이 성립한다.

$$\Delta \text{EVA}_1 = \Delta \text{NOPAT}_1 - \Delta \text{Cap}_0 \times c$$

이 공식 역시 직관적으로 알 수 있는 결과다. 기업에 투자되는 신규 순자본이 없으면($\Delta\text{Cap}=0$), ΔEVA는 ΔNOPAT와 같다. 왜냐하면 이 경우 NOPAT에 변화가 있어야만 EVA도 변하기 때문이다. 우리의 목적은 미래

NOPAT의 중요성을 강조하는 것이다. 이것이 바로 경영의 핵심 결과이기 때문이다.

그러나 순수 신규 투자가 있다면 ΔEVA는 ΔNOPAT에서 전년도 순수 신규 투자액에 대한 자본이자 비용을 뺀 값이 된다. 기업이 신규 투자를 유치하거나, NOPAT 현금 흐름을 재투자하여 순수 신규 투자로 전환할 경우, 그 신규 투자분에 대한 자본이자 수익을 추가로 창출해야 경제적 부가가치를 더할 수 있다.[2]

주석

1장

1. See, for example, Mark L. Sirower, "Bankruptcy as a Strategic Planning Tool," Academy of Management Best Papers Proceedings (1991): 46-50.

2. Philip L. Zweig, "The Case Against Mergers," BusinessWeek, October 29, 1995. The 65% figure comes from Mark L. Sirower, The Synergy Trap: How Companies Lose the Acquisition Game (New York: Free Press, 1997)

3. 이와 같은 문제가 이미 수십 년 전부터 알려져 왔다는 사실은 꽤 흥미로운 일이다. 예컨대 1990년대 초기에 JP모건은 다음과 같은 제목의 광고를 내건 적이 있다. "바람직하지 않은 거래에 적당한 가격을 매기는 것이 무슨 의미가 있는가." 이 광고는 이렇게 끝맺는다. "가격과 가치 사이에 괴리가 존재한다는 이유로 등을 돌린다면 현실에 등을 돌리는 것과 같다." 이것만 보더라도, 옳지 못한 조언을 따르거나 가장 높은 가격을 치르면서도 자신이 무슨 약속을 하는지조차 이해하지 못하는 많은 CEO는 기존의 자산과 인력, 기술에 대해 기꺼이 돈을 지급할 것임을 알 수 있다.

4. This quote comes from Charles Shoemate, former CEO of Bestfoods.

5. David Henry, "Why Most Big Deals Don't Pay Off," BusinessWeek, October 13, 2002.

6. See, for example, Mark L. Sirower and Stephen F. O'Byrne, "The Measurement of Post-Acquisition Performance: Toward a Value-Based Benchmarking Methodology," Journal of Applied Corporate Finance 11, no. 2 (Summer 1998): 107-121; Jim Jeffries, "The Value of Speed in M&A Integration," M&A Blog, November 17, 2013, https://www.macouncil.org/

blog/2013/11/17/value-speed-ma-integration;Decker Walker, Gerry Hansell, Jens Kengelbach, Prerak Bathia,and Niamh Dawson, "The Real Deal on M&A, Synergies, and Value," BCGPerspectives, November 16, 2016, https://www. bcg.com/publications/2016/merger-acquisitions-corporate-finance-re-al-deal-m-a-synergies-value.

7. 수익률은 S&P500 기업 전체와 비슷하며, 모든 통계수치는 p < 0.05 조건에서 유의미하거나 더 높다.

8. 인수발표 시점에 인수기업의 동종업계 조정수익률은 −50%에서 60% 사이에 분포되었고, 1년간 수익률은 −116%에서 281% 범위를 보였다. 스콧 그래핀, 존 해일블리언, 제이슨 킬리, 「준비, 조준, 인수: 이미지 쇄신과 인수합병」, 『미국경영학회지』 59호 1권, 2016년, 232-252p 참조. 이 논문의 저자들은 1995년부터 2009년 사이에 진행된 거래 중 규모가 1억 달러를 초과하는 770건을 대상으로 누적초과수익률 방식을 적용하여 조사한 결과, 발표 시점 수익률은 −1.4%였다고 보고했다. 이것은 우리가 조사한 발표 시점 수익률 −1.6%와 유사한 값이다.

9. 로저 마틴, 「M&A만큼은 제대로 하라」, 『하버드비즈니스리뷰』, 2016년 6월호, 42-48p, https://hbr.org/2016/06/ma-the-one-thing-you-need-to-get-right 참조. 마틴은 이렇게 말한다. "그러나 이들 사례는 거의 모든 M&A 연구가 증명한 법칙의 예외에 해당한다. 다시 말해, 무려 70%에서 90%에 달하는 인수 거래가 최악의 실패로 끝날 정도로, M&A는 헛된 놀음에 불과하다." 이 외에 다음도 참조하라. 그레이엄 케니, 「M&A의 흔한 실수를 피하라」, hbr.org, 2020년 3월 16일자, https://hbr.org/2010/03/dont-make-this-common-ma-mistake. 논문의 서두에 이런 말이 나온다. "거의 모든 연구에 따르면, 인수 거래의 70에서 90%는 실패로 끝난다."

10. For data on the merger wave of the 1980s and 1990s, see Sirower, The Synergy Trap, chapter 7 and appendices.

11. 이 결과는 그렉 자렐의 논문을 뒷받침하는 것이기도 하다. 「기업 M&A와 주주 가치에 관한 로체스터대학교 원탁회의」, 『기업재무학회지』, 17호, 4권(2005년 가을호), 64-84p, 이 논문에서 그는 이렇게 말한다. "우리는 초기 시장 반응이 거래의 결과를 예측하는 훌륭한 지표임을 입증했다." (70페이지).

12. 정확히 말하면, '거래 성사'란 거래가 완료되어 기업의 소유권이 이전된 상황을 말하는 것이다. 이 과정은 하루에 끝날 수도 있고 며칠에 나누어 성대하고 복잡하게 진행될 수도 있다. '통합 출범일'이란 두 기업이 합병된 첫날을 말하는 것으로, 거래가 성사되어 소유권이 이전된 바로 다음 날인 경우가 많다. 공개기업의 1일 차에는 보통 주식시세표에 합병된 기업이 표시되고, 경영 주체에게 직원 급여와 공급업체에 대한 지급 책임이 발생한다. 이 책에서는 '통합 출범일'과 '거래 성사'를 거의 같은 의미로 사용한다.

2장

1. Mark L. Mitchell and Kenneth Lehn, "Do Bad Bidders Become Good Targets?," Journal of Political Economy 98, no. 2 (1990): 372–398. See also Jeffrey W. Allen, Scott L. Lummer, John J. McConnell, and Debra K. Reed, "Can Takeover Losses Explain Spin-Off Gains?," Journal of Financial and Quantitative Analysis 30, no. 4 (1995): 465–485.

2. For the more complete story of Amazon, see Brad Stone, The Everything Store: Jeff Bezos and the Age of Amazon (New York: Little, Brown, 2013). Data source for deals: AlphaSense search engine, as of August 2020. See also Zoe Henry, "Amazon Has Acquired or Invested in More Companies Than You Think," Inc., May 2017, https://www.inc.com/magazine/201705/zoe-henry/will-amazon-buy-you.html;"Infographic: Amazon's Biggest Acquisitions,"CBInsights, June 19, 2019, https://www.cbinsights.com/research/amazon-biggest-acquisitions-infographic/.

3. Laura Stevens and Annie Gasparro, "Amazon to Buy Whole Foods for 13.7 Billion," Wall Street Journal, June 16, 2017, https://www.wsj.com/articles/amazon-to-buy-whole-foods-for-13-7-billion-1497618446;Amzon, "Amazon.comAnnounces Minority Investment in Homegrocer .com," press release, May 18, 1999, https://press.aboutamazon.com/news-releases/news-release-details/amazoncom-announces-minority-investment-homegrocercom. The Piper Jaffray analyst comment appears in Robert D. Hof, "Jeff

Bezos' Risky Bet," Bloomberg Businessweek, November 13, 2006.

4.   On the Kindle figure, see Consumer Intelligence Research Partners, 2013, as cited in "Kindle Device Owners Spend 55% More Every Year with Amazon," https://www.geekwire.com/2013/kindle-owners-spend-55-amazon-study/.

5.   Steven Levy summarized Amazon's acquisition of Evi in "Inside Amazon's Artificial Intelligence Flywheel," Wired, February 1, 2018, https://www.wired.com/story/amazon-artificial-intelligence-flywheel/.

6.   Tara-Nicholle Nelson, "Obsess over Your Customers, Not Your Rivals," hbr.org, May 11, 2017, https://hbr.org/2017/05/obsess-over-your-customers-not-your-rivals.

3장

1.   예를 들어, 매도측은 성과가 신통치 않은 사업부를 겉으로는 비과세인 것처럼 꾸며 분사하는 방식으로 처분했을 수도 있다. 이 경우, 매수기업은 실제로는 납부되지 않은 세금을 떠안게 된다.

2.   후속 조정 대상에는 의심스러운 계좌의 허용 여부, 유효기간이 지난 재고자산충당금, 소송, 구조조정 비용, 퇴직금, 설비 폐쇄 비용, 영업 종료 매장의 임대료 등이 포함된다.

3.   과거에는 목표 기업이 제시하는 내용이나 보증이 거짓으로 드러나면 에스크로 계정을 통한 복구 여부와 상관없이 인수기업이 매도측에 손해배상을 청구하는 것이 보통이었다. 오늘날 인수기업들은 이 문제를 보험으로 해결하는 편이다. 보험계약 과정에서 보험사는 실사 보고서를 모두 읽어보고 실사를 통해 파악된 사실을 미리 배제하게 된다.

4.   이 내용은 베스트푸즈의 전 CEO 찰스 슈메이트의 말에서 인용한 것이다.

5.   순수고객추천지수(Net Promoter Scores, NPS)란 브랜드나 특정 상품에 대한 고객의 정서(고객 밀착도 측면)를 평가하는 데 널리 사용되는 지표다. 주로 온라인 설문조사의 형태로 진행되며, 응답자는 "상품 X를 친구나 지인에게 추천할 의향이 있습니까?"라는 질문에 대해 1에서 10까지의 점수로 응답한다(10점 만점). NPS는 반대 의견의 비율이 아니라 추천 의견의 비율이다.

4장

1. This chapter has been adapted from Mark Sirower and Stephen O'Byrne, "The Measurement of Post-Acquisition Performance: Toward a Value-Based Benchmarking Methodology," Journal of Applied Corporate Finance 11, no. 2 (Summer 1998): 107–121.

2. 일반적으로 기업의 가치는 시가총액＋순부채＋우선주＋소액주주지분으로 정의된다.

3. 스미스 대 반 고컴 사건이란 반 고컴과 트랜스유니언 주식회사 이사진을 피고로 한 유명한 판결이다. 이사회는 단 두 시간 동안 진행된 회의에서 회사 주식 7만 5,000주를 가진 소유주 반 고컴이 설명한 기업 담보 차입 매수 제안을 공정하다고 승인해주었다. 법원은 이사진이 제대로 된 정보도 전혀 없이 결정을 내리는 극도의 무성의함을 보여주었다고 판단했다. 특히 이사회는 반 고컴의 동기를 파악하려는 노력이 전혀 없었고, 해당 기업의 내재 가치를 조사하려는 시도조차 없었으며, 긴급상황도 아닌데 2시간 만에 결정을 내렸다. 카플란과 해리슨의 「이사회 책임 위기를 해결하라: 법적 위협의 전략적 관리」, 『조직학 회지』, 1994년 4권 3호, 412-432p를 참조하라.

4. Warren Buffett in the 1981 Berkshire Hathaway Annual Report.

5. On EVA, see G. Bennett Stewart, The Quest for Value: A Guide for Senior Managers (New York: HarperCollins, 1991); and S. David Young and Stephen F. O'Byrne, EVA and Value-Based Management: A Practical Guide for Implementation (New York: McGraw-Hill, 2000). For extensive discussion of EVA Math, see Stephen O'Byrne, "A Better Way to Measure Operating Performance (or Why EVA Math Really Matters)," Journal of Applied Corporate Finance 28, no. 3 (2016): 68–86.

6. Merton H. Miller and Franco Modigliani, "Dividend Policy, Growth, and the Valuation of Shares," Journal of Business 34, no. 4 (1961): 411–433.

7. See Stephen F. O'Byrne, "EVA and Market Value," Journal of Applied Corporate Finance 9, no. 1 (1996): 116-126.

8. 해당 보기에서 자본은 전년도와 같다. 전년도 대비 자본이 증가한 경우, 기존 EVA를 유지하기 위해서는 NOPAT가 증가하여 추가 자본이자를 상쇄해야 한다. 따라서 기존

EVA를 유지하면(NOPAT이 큰 폭으로 증가한다) COV에 대한 자본 비용 수익은 제공하지만 FGV에 대해서는 그렇지 않다. 우리가 모델에서는 기존 EVA를 유지하는 것만으로 $\Delta EVA = 0$이라는 뜻이 된다.

9. EVA 공식을 사용하면 $c \times FGV = \Delta EVA + \Delta EVA/c + \Delta FGV$이므로, FGV가 일정하다면 다음과 같은 결과가 나온다.

$c \times FGV = ((1+c)/c) \times \Delta EVA$, 즉 $\Delta EVA = c \times FGV/((1+c)/c)$. (더 상세한 내용은 부록 C를 참조하라)

10. 우리는 가중평균 WACC를 근사치로 사용한다. 더 전문적인 방법에서는 합병 기업의 신규 자본 구조를 기반으로 각 기업의 자산 비용에서 부채의 효과를 제거한 다음, 순서를 거꾸로 하여 다시 부채 효과를 계산하기도 한다. 그리고 형식적 합병의 신규 WACC를 산출한다. 버지니아대학교 경영대학원 수전 채플린스키가 2000년에 발표한 『인수합병의 가치평가 방법』을 참조하라.

11. 이것은 단순화된 예로, 두 기업의 WACC는 같고 전년도 초기 자본도 변하지 않았다고 가정한다. 모든 표에 나타난 "EVA 증가 기대치의 자본화된 PV"에서 PV란 현재 가치를 말한다.

12. 이 방법은 서로워와 오번의 『인수합병의 성과 측정Measurement of Post-Acquisition Performance』이라는 책에 자세히 나온다. 합병된 기업의 신규 자본이 마치 전년도 재무상태표에 계상되어 있던 것처럼 인식해서 자본이자를 통해 신규 기존 EVA를 계산하면 (즉, 목표 기업의 시장 가치와 프리미엄을 인수기업의 전년도 초기 자본에 포함) '형식적 기초연도'를 효과적으로 산출할 수 있다. 즉, EVA의 미래 증가분만 다룰 수 있는 공평한 장을 마련하여, 미래 ΔEVA의 자본이자가 인수기업의 전년도 자본 변화와 인수 후의 추가 자본 성장에만 영향을 받도록 하는 것이다. 이렇게 하지 않으면 인수 거래로 인한 막대한 자본 증가 때문에 첫해 ΔEVA에 큰 폭의 부정적 영향을 받게 된다.

13. 신규 COV = 홈랜드 COV + 아푸르 COV = $3,900 + 1,200 = 5,100$, 신규 FGV = 홈랜드 FGV + 아푸르 FGV = $1,100 + 800 = 1,900$.

14. 더 정확히 표기하면 24.545지만, 간단히 $17.27 + 7.27 = 24.54$로 나타내었다.

15. 기존 EVA(NOPAT에서 자본이자를 뺀 값) 계산에는 전년도 초기 자본을 썼다는 점에 유의하라. 따라서 퓨처 인더스트리의 경우, 기존 EVA는 $(1,889.34 - (32,009.84 \times 0.08)) = -671.45$이고 캐비지의 기존 EVA는 $(3,151.33 - (29,888.60 \times 0.076)) = 8$

79.80이다. 계산은 모두 소수점 이하 두 자리까지만 했다.

16.　가중평균 WACC에 대한 시장 가치를 사용했다. 분모에 들어가는 수는 (40,924.41 +45,799.24+10,000)＝96,723.65로, 퓨처 인더스트리의 총 시장 가치에 캐비지의 총 시장 가치, 그리고 프리미엄을 합한 값이다. WACC가 8%일 때 퓨처의 분자는 40,924.41 이고(시장 가치), WACC 7.6%에서 캐비지에 들어가는 분자는 55,799.24다(시장 가치 에 프리미엄을 더한 값).

17.　엑셀에서 이 작업을 해볼 분들을 위해, 우리는 각 단계가 끝날 때마다 소수점 두 자 리까지 반올림했음을 밝혀둔다. 결과는 모두 같았으나, 우리 방법으로 ΔEVA 기대치를 계산할 때만 57.42가 아니라 57.41로 반올림했다.

18.　우리 방법에서 두 기업 각각의 COV 합계가 합병 기업의 COV와 같지 않은 이유는 전자는 목표 기업의 전년도 초기 자본으로 계산한 것인데 비해, 신규 COV는 목표 기업 의 자본(시장 가치와 프리미엄)이 모두 전년도 재무상태표에 계상되었다고 보기 때문이 다. 그리고 이것은 결국 인수기업도 마찬가지다. '형식적 기초연도'가 유용한 이유는 첫해 ΔEVA에 영향을 미치는 요소는 오로지 인수기업의 전년도 자본과 NOPAT의 변화뿐이 라는 점이다. 신규 COV 역시 신규 WACC에 영향을 받는다. 이것 때문에 형식적 COV와 그에 따른 FGV에 약간 차이가 발생할 수 있다.

19.　이것은 NOPAT을 강조하기 위해 요점만 단순화한 것이다. 물론, 계획된 추가 자본 투자가 상당액 존재한다면 그 신규 투자자본에 대한 이자를 상쇄하여 필요한 ΔEVA를 달성할 만큼 NOPAT이 증가해야 한다.

20.　100억 달러＝((1+7.77%)/7.77%)×[194.25달러/(1+7.77%)+293.08달러/ $(1+7.77\%)^2$+360.97달러/$(1+7.77\%)^3$]

21.　또 다른 사례를 들 수 있다. 합병 후 퓨처 인더스트리가 2차 연도에 필요한 시너지의 50%를 달성하고 나머지 50%를 3차 연도에 달성한다면, EVA 증가액은 각각 4억 1,900 만 달러와 4억 5,100만 달러가 되고, 3차 연도 이후로는 세후 증가 추정액이 8억 7,000만 달러로 고정된다. 이렇게 계산해도 역시 발표 시점에 제시한 세전 시너지 5억 달러와는 큰 차이가 있다.

22.　현금과 주식을 섞은 거래의 경우, 매도기업의 거래 전 가치는 매수기업 주가의 변동에 따라 바뀔 수 있다. 매수기업도 합병 기업의 소유자로 참여하기 때문이다(이 점에 관해서

는 9장에서 더 자세히 다룬다). 어떠한 경우든, 매수기업 주가 변동은 대체로 이 기업이 거래가와 프리미엄에 담긴 성과 향상치를 달성할 수 있느냐에 대한 기대에 따라 달라진다.

5장

1.   This chapter is adapted from Mark L. Sirower and Steve Lipin, "Investor Communications: New Rules for M&A Success," Financial Executive 19 (January–February2003). For more on the board's evaluation of the deal, see chapter 9.

2.   인수기업은 M&A에 관한 내용을 투자자에게 설명할 때는 전형적인 정보 비대칭 문제가 발생하므로 반드시 이를 해결해야 한다는 점을 명심해야 한다. 경영진은 항상 투자자보다 인수 거래에 관해 더 많은 내용을 알고 있으므로, 투자자로서는 항상 그들의 말에서 모종의 '신호'를 감지하여 판단할 수밖에 없다. 전 세계 투자자들은 경영진의 말에 귀를 기울인 후 그 회사 주식을 보유할지, 더 살지, 내다 팔지를 결정한다. 목표 기업의 주주들이 인수 거래에 주식이 포함되는지 알고 싶은 이유는, 그 회사 이사회가 주주들의 이익에 부합하는 결정을 내렸다면 사실상 그것은 투자를 권유한 셈이기 때문이다.

3.   출처는 다음과 같다. 「기업 M&A와 주주 가치에 관한 로체스터대학교 원탁회의」, 『기업재무학회지』, 17호, 4권(2005년 가을호), 70p. 이 점을 인식한 일부 CEO들은 전혀 상관없는 호재를 미리 발표하기도 한다. 최근 조사에 따르면 인수 거래의 위험을 크게 보는 CEO일수록 더 큰 옵션을 행사하기 위해 이런 전략을 구사하는 경우가 많다고 한다. 관련 없는 호재를 발표한 CEO들이 그렇지 않은 CEO보다 다음 분기에 행사한 옵션이 6.7% 더 많았다는 연구가 있다. 즉, 그들은 그 거래의 성과에 대한 확신이 상대적으로 약하다는 뜻이다. 다니엘 가마슈, 제리 맥나마라, 스콧 그래핀, 제이슨 킬리, 존 해일블리언, 신시아 데버스, 「CEO들이 비관련 호재를 발표하는 이유」, 『하버드비즈니스리뷰』, 2019년 8월 30일. https://hbr.org/2019/08/why-ceos-surround-ma-announcements-with-unrelated-good-news.

4.   시장의 부정적 반응은 인수합병의 성공을 망칠 뿐 아니라, 관리자와 직원들의 현업에도 지장을 줌으로써 인수기업 주가에 이미 반영된 성장 가치에도 영향을 미친다. 따라서 프리미엄을 훨씬 넘어서는 주가 손실로 이어지기도 한다.

5. On Conseco, see Leslie Eaton, "Conseco and Green Tree, an Improbable Merger," New York Times, April 8, 1998.

6. 출처는 2018년 12월 3일에 넥스타미디어그룹이 개최한 트리뷴미디어 인수에 관한 투자설명회다. 이후 거래 성사가 발표된 후에는 추정 시너지 규모가 1억 8,500만 달러로 올랐다.

7. 주식 거래 시 수익이 저하된다는 것을 입증하는 자료는 부록 A를 참조하라. 아마도 매도기업의 이사회도 투자자에게 정보를 투명하게 공개한 후에 인수기업의 주식을 사도록 권유하는 것이 정상이겠지만, 현실은 꼭 그렇지만은 않다. 더 자세한 내용은 9장을 참조하라.

8. 출처는 2013년 1월 2일에 에비스버짓그룹이 개최한 짚카 인수에 관한 투자설명회다.

9. David Harding and Sam Rovit, "Building Deals on Bedrock," Harvard Business Review, September 2004, https://hbr.org/2004/09/building-deals-on-bedrock.

10. Information from PepsiCo press release at close on August 13, 2001, "PepsiCo Raises Estimate of Quaker Merger Synergies to $400 Million," and cited in Chicago Tribune story, "Quaker Savings, Sales Growth Expectations Double for PepsiCo," August 14, 2001.

6장

1. 반독점 규제법 저촉 여부는 법무부나 연방거래위원회가 심사한다. 모든 인수 거래는 예비 심사 대상이며 규제당국은 이 단계에서 어느 기관이 조사를 담당할지 결정한다. 결과에 따라 심사가 진행되며 30일을 초과하지 않는 범위 내에서 거래가 중지될 수도 있다. 30일의 대기 시간이 끝나면 해당 거래는 '이의 없이 승인'된 것으로 간주된다. 30일 내에 주무관이 다시 찾아와 그들의 주요 관심사를 충족할 회의나 추가 데이터를 요청하기도 한다. 관심사란 반독점 규제법 관련 사항을 말하며 2차 요청을 통해 추가 조사가 진행될 수도 있다. 요청하는 내용이 많으므로 이에 대응하다 보면 작성할 자료가 방대해지고 기간도 몇 달이 소요되기도 한다. 대기 시간이 종료되거나 주무관이 명시적으로 승인할 수도 있지만, 거래에 문제점을 제기하여 일부 투자철회를 요구하거나 지배구조 검토 판정을 내리거나,

모종의 명령을 내리는 경우도 있다. 물론 인수기업은 명령에 이의를 제기할 수 있다.

2. '거래 성사'와 '통합 출범일'의 차이에 관해서는 1장의 주석 12를 참조하라.

3. David Carney and Douglas Tuttle, "Seven Things Your Mother Never Told You about Leading as an Integration Manager," Deloitte M&A Institute white paper from the Deloitte publication, "Making the Deal Work," 2007.

7장

1. This section is drawn from Ami Louise Rich and Stephanie Dolan, "Please Excuse My Dear Aunt Sally: The Order of Operations for Organization Design during an M&A Event," Deloitte M&A Institute working paper, July 2019, and from many helpful discussions.

2. 보고 단계와 상하 관계는 회사의 규모와 부서, 사업부, CEO의 성향에 따라 조금씩 다를 수도 있다.

3. 떠나는 리더도 여전히 긍정적이고 중요한 영향력을 미칠 수 있다. 그들이 한동안 머물러 있으면 직원들이 편안함과 자신감이 생기고 자신이 존중받는다는 것을 느낄 수 있다. 인수기업은 떠나는 리더를 통해 사업 내용을 더 잘 알 수 있고, 그들은 회사의 새로운 앞날을 축복해줄 수 있다. 그러나 오히려 해를 끼치는 사람이라면 내보내야 한다. 아주 큰 조직에는 고용 계약이 있으므로, 인수기업은 적절한 시기도 아닌데 관리 규정을 바꿀 일을 만들지 않도록 주의해야 한다. 직원들 역시 자신에게 직접 영향을 미치는 조직 계층을 숙지하여 상사의 방향과 전체적인 정책, 그들이 취하는 고객 관계 모델 등을 판단해야 한다. 이러한 정보가 없으면 사람들이 어느 쪽에 줄을 서야 할지 몰라 두 조직 모두 권력 갈등에 휘말리게 된다.

4. 첫 번째 선택지에서는 계층별로 정확한 비용이 산출된다. 두 번째 선택지는 각 직무에 해당하는 사람이 정해지지 않았으므로 대략적인 숫자만 계산할 수 있다. 시너지 목표를 달성하지 못할 수 있다는 사실도 빨리 파악할 수 있다.

5. 예를 들어, 기초 비용이 300만 달러라는 것만으로 금세 시너지 목표를 200만 달러로 정하는 행위에는 타당성이 없다. 또한, 법무 분야의 기초 비용이 900만 달러고 시너지 목표가 200만 달러라면 시너지가 실현된 후에 합산 비용 구조는 700만 달러가 되어야

한다. 여기에는 두 가지 방법이 있다. 기초 비용에서 직접 빼는 방법과 법무 비용에서 시너지 목표에 해당하는 금액을 빼는 방법이다.

8장

1. '거래 성사'와 '통합 출범일'의 차이에 관해서는 1장의 주석 12항을 참조하라.

2. See, for example, Val Srinivas and Richa Wadhwani, "Recognizing the Value of Bank Branches in a Digital World," Deloitte Insights, February 13, 2019, https://www2.deloitte.com/us/en/insights/industry/financial-services/bank-branch-transformation-digital-banking.html; Rob Morgan, "The Future of the Branch in a Digital World, ABA Banking Journal, June 15, 2020, https://bankingjournal.aba.com/2020/06/the-future-of-the-branch-in-a-digital-world/; and Kate Rooney, "Despite the Rise of Online Banks, Millennials Are Still Visiting Branches," CNBC, December 5, 2019, https://www.cnbc.com/2019/12/05/despite-the-rise-of-online-banks-millennials-still-go-to-branches.html.

3. Jay W. Lorsch and Emily McTague, "Culture Is Not the Culprit," Harvard Business Review, April 2016, https://hbr.org/2016/04/culture-is-not-the-culprit.

4. Todd D. Jick, "On the Recipients of Change," in Organization Change: A Comprehensive Reader, ed. W. Warner Burke, Dale G. Lake, and Jill Waymire Paine (San Francisco: Jossey-Bass, 2009), 404–417.

5. For additional background, see the M&A classics, David M. Schweiger, John M. Invancevich, and Frank R. Power, "Executive Actions for Managing Human Resources before and after Acquisition," Academy of Management Executive 1, no. 2 (1987): 127–138; and Mitchell L. Marks and Philip H. Mirvis, "The Merger Syndrome," Psychology Today, October 1986, 35–42.

6. Joel Brockner, The Process Matters: Engaging and Equipping People for

Success (Princeton, NJ: Princeton University Press, 2015).

7.　For a review with implications for M&A, see Gary B. Gorton, Jill Grennan, and Alexander K. Zentefis, "Corporate Culture," National Bureau of Economic Research, working paper 29322 (October 2021).

8.　Robert Iger, The Ride of a Lifetime: Lessons Learned from 15 Years as CEO of the Walt Disney Company (New York: Random House, 2019).

9.　John Kotter, "Leading Change: Why Transformation Efforts Fail," Harvard Business Review, May–June 1995, https://hbr.org/1995/05/leading-change-why-transformation-efforts-fail-2.

10.　Lorsch and McTague, "Culture Is Not the Culprit."

9장

1.　경영 판단 원칙은 사법적 심의 수단으로 주로 사용되며, 표준 행동 원칙으로는 간접적인 기능만 발휘한다. 이 원칙이 이사에게 적용되는 경우는 특수한 조건이 성립되는 때에 제한된다.

2.　Adapted from Alfred Rappaport and Mark L. Sirower, "Cash or Stock: The Trade-offs for Buyers and Sellers in Mergers and Acquisitions," Harvard Business Review, November–December 1999, https://hbr.org/1999/11/stock-or-cash-the-trade-offs-for-buyers-and-sellers-in-mergers-and-acquisitions.

3.　현금, 주식, 또는 이 둘의 조합 중 어느 방식이 우세했는가 하는 문제는 지난 수십 년간 진행되어온 인수합병의 동향에 따라 바뀌어왔다. 1980년대에는 내내 전액 현금 방식이 우세해서 80년대 말까지 모든 인수합병의 70%를 이 방식이 차지했다. 그러다가 1990년대에 들어오면서 주식 거래 방식이 대세로 자리 잡았다. 우리는 총 1,267건의 거래를 조사하여 8년 단위로 현금, 주식, 혼합 방식의 비율을 분석한 적이 있다. 결과는 다음과 같다. 1995년부터 2002년까지: 10%, 52%, 38%, 2003년부터 2010년까지: 26%, 26%, 48%, 2011년부터 2019년까지: 25%, 30%, 45% (소수점 이하 생략)

4.　See appendix A and, for example, Tim Loughran and Anand M. Vijh, "Do

Long-Term Shareholders Benefit from Corporate Acquisitions?," Journal of Finance 52, no. 5 (December 1997): 1765-1790. See also Mark L. Sirower, The Synergy Trap: How Companies Lose the Acquisition Game (New York: Free Press, 1997); and Richard Tortoriello, Temi Oyeniyi, David Pope, Paul Fruin, and Ruben Falk, Mergers & Acquisitions: The Good, the Bad, and the Ugly (and How to Tell Them Apart), S&P Global Market Intelligence, August 2016, https://www.spglobal.com/marketintelligence/en/documents/mergers-and-acquisitions-the-good-the-bad-and-the-ugly-august-2016.pdf.

5. 이사회가 주식 공여 방식을 채택했다고 하더라도 그 구성 방식을 결정하는 과제는 여전히 남아있다. 그 결정은 거래발표일부터 통합 출범일 사이의 기간에 인수기업의 주가가 하락할 위험을 어떻게 평가하느냐에 따라 달라진다.

여러 연구에 따르면 인수기업이 통합 기간에 시장 리스크를 기꺼이 감수하는 태도를 통해 자사 주가에 확신을 보여줄수록 시장은 긍정적으로 반응한다는 것을 알 수 있다.

고정된 주식 수를 제공하는 것은 그리 확신에 찬 태도라고 볼 수 없다. 인수기업의 주가가 하락하면 매도기업의 몫도 감소하기 때문이다. 따라서 주식 수 고정 방식은 거래 성사 전의 시장 리스크가 그리 크지 않을 때 적합한 방법이다. 그러나 인수기업이 시장에 자사 주가가 고평가되었다는 인상을 주지 않으면서도 고정 주식 수 방식으로 거래하는 방법은 있다. 예를 들어 매도기업에 제공하는 주가가 일정한 기준 이하로 내려가지 않도록 최저가를 보장해주면 매도기업 측에는 일종의 보호막이 될 수 있다(인수기업으로서는 최저점을 보장해주는 대신 반대로 최대치를 정하겠다고 요구할 수도 있다).

좀 더 자신 있는 태도를 보여주는 방법은 주가를 고정하는 것이다. 거래 성사 전에 주가가 아무리 하락해도 인수기업이 전체를 모두 감수하면서 매도기업 측에 일정한 시장 가치를 보장해주는 것이다. 시장이 이러한 제안을 긍정적으로 받아들이면 인수기업의 주가는 오히려 올라갈 수도 있고, 그러면 매도기업에 제공하는 주식 수가 줄어드는 효과를 누릴 수도 있다. 이때 인수기업의 주주들은 인수 거래로 인한 NPV 지분을 더 많이 차지하는 수혜자가 된다. 주식 수를 고정할 때처럼, 고정 주가 거래에서도 발행 주식 수를 조정하여 최저점과 최고점을 설정할 수 있다.

6. Adapted from Mark L. Sirower and Richard Stark, "The PMI Board Pack:

New Diligence in M&A," Directors & Boards, Summer 2001, 34-39.

7.   On the re-emergence of hostile deals, see Kai Liekefett, "The Comeback of Hostile Takeovers," Harvard Law School Forum on Corporate Governance, November 8, 2020, https://corpgov.law.harvard.edu/2020/11/08/the-comeback-of-hostile-takeovers/.

8.   Adapted from Mark L. Sirower and Sumit Sahni, "Avoiding the Synergy Trap: Practical Guidance on M&A Decisions for CEOs and Boards," Journal of Applied Corporate Finance 18, no. 3 (Summer 2006): 83-95. See also G. Bennett Stewart, The Quest for Value: A Guide for Senior Managers (New York: HarperCollins, 1991), chap. 2; and Eric Lindenberg and Michael P. Ross, "To Purchase or to Pool: oes it Matter," Journal of Applied Corporate Finance 12 (Summer 1999): 2-136.

9.   목표 기업의 가치를 평가하는 방법으로 수익 증대니 배수 기반 기법을 추천하지는 않는다. 우리는 인수기업의 단기 수익이 증가하든 희석되든, 목표 기업의 적절한 성과 목표에 집중하는 관점을 가져야 한다고 생각한다.

10.   P/E값이 일정하다는 것은 양쪽 기업의 기준 기대치가 그대로 보존된다는 것을 의미한다. 거래발표일에 인수기업의 P/E가 조금이라도 하락한다면 목표 기업의 P/E도 감소할 수 있다는 것으로 해석될 수 있다. 시너지는 창출될 수 있겠지만, 양쪽 기업의 기존 미래 계획에 손상이 발생한다는 나쁜 뉴스로 볼 수 있다. 반대로 P/E 감소는 시너지가 지닌 성장 가치가 목표 기업의 P/E에 미치지 못한다는 뜻으로 해석될 수도 있다.

11.   이것은 대담한 가정이지만, 여러 CEO와 증권 분석가들이 많이 하는 가정이기도 하다. 시너지에 일정한 P/E 값을 적용한다는 것은 한번 증가한 시너지와 P/E의 성장 가치 요소는 영원히 지속된다는 것을 의미한다. 모든 시너지에 P/E 값의 최대 배수를 적용하는 관행은 아마도 대부분의 성장 분석이 실제적인 가치를 반영하지 못하는 가장 큰 이유일 수도 있다. 예를 들어 자본 비용(c)이 10%라면 성장하지 않는 기존 수익률의 영속 가치는 1/c, 즉 10배가 된다. P/E가 20이라면 추가 배수 10은 미래 성장 기대치에 근거한 성장 가치가 된다. 시너지에 성장 가치가 없을 때 P/E 값을 최대로 적용하면 목표 기업의 가치는 과대평가가 된다.

12. 단순화된 재무 모형(주식배당금 증가모형이나 DCF를 사용한 종가 계산 등)은 어떤 것이든 극한값에 적용하기에 한계가 있다. %SynC 공식도 이익률이 극한값에 가까워질수록 잘 맞질어가지 않는다. 예를 들어 이익률이 0에 가까워지면 %SynC도 0에 수렴한다. 이렇게 되면 목표 기업의 이익률이 아주 낮은 경우, 프리미엄을 상쇄하는 데 필요한 이익 증가량을 계산할 때 오류가 발생한다. 마찬가지로 이익률이 50%에 근접하면 %SynC는 100%에 가까워진다. 즉, 모든 영업비를 제거해야만 인수 프리미엄을 상쇄할 수 있다는 뜻이 된다.

13. 이론을 실제로 적용할 때, 만약 '순수' 수익 모델을 사용한다면 분모와 분자에 세전 순수익률을 사용해야 할 것이다. 그러나 그렇게 되면 아주 예외적인 항목까지 포함되는 세전 수익이 분모에 들어가므로 P/E 값이 비정상적으로 커지게 된다. 반대로 EBIT에 대한 자산가치 모형은 더 낮은 유효 P/E 배수를 산출하므로 이 모델에 포함된 시너지의 성장 가치가 더 낮아진다. 실제로는 다른 세전 척도에 필요한 MTP 기준을 마련하여 다양한 결과와 가설을 다루게 된다. 계산을 단순화하기 위해 여기서는 분자와 분모에 EBIT를 사용했다. EBIT는 영업 관련 척도기 때문이다.

14. 우리는 오랜 경험을 통해 비용 절감 추정액을 계산할 때 가장 먼저 살펴보는 항목은 전체 비용의 3분의 1에 해당하는 간접비와 판관비라는 것을 알 수 있었다. 간접비 절감의 최대치를 보통 3분의 1로 간주하므로 전체 비용의 3분의 1에 3분의 1을 곱하면 약 10%가 된다(3장에서 마법의 10%라고 말한 근거가 여기에 있다).

15. See Richard P. Rumelt, Strategy, Structure, and Economic Performance (Cambridge, MA: Harvard University Press, 1974); and Robert F. Bruner, Applied Mergers and Acquisitions (New York: Wiley, 2004).

16. Reviewed in Sirower, The Synergy Trap, chapters 5, 7, 8, and appendices A and B; and David J. Flanagan, "Announcements or Purely Related and Purely Unrelated Mergers and Shareholder Returns: Reconciling the Relatedness Paradox," Journal of Management 22, no. 6 (1996): 823-835. See also Yasser Alhenawi and Martha L. Stilwell, "Toward a Complete Definition of Relatedness in Mergers and Acquisitions Transactions," Review of Quantitative Finance and Accounting 53 (2019): 351-396.

17.　See, for instance, Chris Zook and James Allen, Profit from the Core: Growth Strategy in an Era of Turbulence (Boston: Harvard Business School Press, 2001) and their subsequent works.

18.　Joseph L. Bower, "Not All M&A's Are Alike—And That Matters," Harvard Business Review, March 2001, https://hbr.org/2001/03/not-all-mas-are-alike-and-that-matters.

19.　Charles Calomiris and Jason Karceski, "Is the Bank Merger Wave of 1990s Efficient? Lessons from 9 Case Studies," in Mergers and Productivity, ed. Steven N. Kaplan (Chicago: University of Chicago Press, 2000), 93-178. Banking analyst James Hanbury commented, "The reason to do the merger is to try to deal with the problems by developing a new income stream from savings, as you eliminate overlapping costs of two banks operating in the same marketplace." See Paul Deckelman, "Chemical Bank, Manufacturers Hanover Officially Merge," UPI, December 31, 1991, https://www.upi.com/Archives/1991/12/31/Chemical-Bank-Manufacturers-Hanover-officially-merge/3446694155600/.

20.　Adapted from Mark L. Sirower and Steve Lipin, "Investor Communications: New Rules for M&A Success," Financial Executive 19 (January-February 2003): 26-30.

21.　본문에서는 다루지 않았으나(5장에서는 설명했음) 에이비스가 짚카를 인수하면서 무려 49%의 프리미엄을 치렀음에도 시장의 긍정적인 반응을 얻어낸 것 역시 또 다른 사례라고 할 수 있다. 짚카와 에이비스의 합병 회사는 그림 9-3a의 왼쪽 아래에 무게 중심을 둔다. 짚카는 인접 시장진출 계획을 제안했으나, CEO 롭 넬슨은 투자자들에게 이렇게 말했다. "두 회사의 사업은 본질상 똑같습니다. 우리는 사람들에게 자신이 소유하지 않은 자동차를 원하는 시간과 장소에서 원하는 방식으로 이용할 수 있게 해줍니다." 짚카는 에이비스에 더 큰 시장을 제공하고, 에이비스는 짚카에 더 큰 가용 차량 규모와 사업역량(구매, 금융, 유지)을 제공한다. 투자설명회에서 밝힌 총 세 분야의 가치 창출 원천을 통해 비용 절감에서 약 3,000만 달러, 매출 증대에서 3,000만 달러를 달성하면

(%SynR, %SynC) 위치는 대략 (11%, 11%)가 된다. 짚카의 EBIT가 3.4%라는 비교적 낮은 수준을 보이는 이유는 주로 차량 보유 비용이 높은 데 기인한다. 이 회사의 MTP 기준과 %SynC 축이 교차하는 지점은 대략 2%, %SynR 축과는 약 49%에서 교차하는데, 이는 우리가 예로 든 다른 회사보다 훨씬 기울기가 완만하다. 경영진이 투자설명회에서 제시한 지점은 MTP 기준을 넉넉히 상회했고 우리가 제시한 가상의 타당성 영역에서는 경계선에 살짝 걸친다.

22.　계산에 사용한 데이터의 출처는 각 회사가 최근 증권거래소에서 제출한 연차보고서로, 1997년 베츠디어본, 1999년 타임워너, 2000년 퀘이커오츠, 2018년 트리뷴미디어의 데이터다 (마지막 두 건의 인수 거래는 각각 당해연도 12월에 발표되었다). 펩시코와 퀘이커 합병의 매출 시너지 추정치는 퀘이커오츠의 EBIT 마진 16%와 매출 시너지(7,900만 달러)가 영업이익 추정액에 기여된 부분을 합산하여 계산했다. %SynC를 계산할 때는 매출원가, 판관비, 감가상각비 등이 포함된 전체 기초 비용을 가정하며 각각은 EBIT 마진을 계산할 때도 개별 비용으로 사용된다.

23.　베츠디어본은 %SynC 9.2%, 타임워너는 %SynC 4.2%, 퀘이커오츠는 %SynC 3.6%와 %SynR 10.0% 조합, 트리뷴은 %SynC 5.1%와 %SynR 3.7% 조합이다. 그림은 각각의 비용과 매출 기준에 따라 계산된 결과다.

24.　Mark L. Sirower, "When a Merger Becomes a Scandal," Financial Times, August 14, 2003.

부록 A

1.　Scott D. Graffin, Jerayr (John) Haleblian, and Jason T. Kiley, "Ready, AIM, Acquire: Impression Offsetting and Acquisitions," Academy of Management Journal 59, no. 1 (2016): 232-252.

2.　모든 데이터와 계산 결과는 $p < 0.05$ 조건에서 유의미하거나 더 낫다. 다만 합산 거래의 연간 수익률 총계($p < 0.1$), 2003년부터 2010년 사이의 표본 전체의 연간 수익률, 그리고 2011년부터 2018년 사이의 표본 전체의 거래발표 시점 수익률은 귀무가설을 기각하므로 제외한다.

3.　이러한 결과는 주식 거래의 성과가 대체로 다른 유형에 비해 저조하다는 상식을 입증

해준다.

4. 이 두 해 동안 인수기업의 성과에 많은 요소가 영향을 미쳤겠지만, 초기 반응과 상관없이 1년간 수익률이 플러스와 마이너스를 보인 거래는 2년간 수익률도 각각 플러스 72%와 마이너스 82%였다는 사실에 주목할 필요가 있다. 마찬가지로 긍정 반응이 지속된 거래와 부정 반응이 지속된 거래도 2년간 수익률은 각각 73%와 82%였다.

5. 부정 반응 지속 거래와 긍정 반응 지속 거래에 지급된 프리미엄의 절대 비율 차이에 관해 우리가 내린 결론은 사라 멀러, 프레더릭 슐링만, 르네 스툴츠의 연구 결과와 일치한다. 「대규모 자산 붕괴? 최근 인수합병 추세의 인수기업 수익률 연구」, 2005년 4월, 『금융학회지』 제60호, 2권, 757-782. 이 논문에 따르면 대규모 손실이 발생한 인수 거래의 프리미엄은 전체 평균에 비해 8에서 10% 더 높다고 한다.

6. George Alexandridis, Nikolaos Antypas, and Nickolaos Travlos, "Value Creation from M&As: New Evidence," Journal of Corporate Finance 45 (2017): 632-650.

부록 B

1. Merton H. Miller and Franco Modigliani, "Dividend Policy, Growth, and the Valuation of Shares," Journal of Business 34, no. 4 (1961): 411-433.

2. See G. Bennett Stewart, The Quest for Value: A Guide for Senior Managers (New York: HarperCollins, 1991); Stephen F. O'Byrne, "EVA and Market Value," Journal of Applied Corporate Finance 9, no. 1 (Spring 1996): 116-125 (where the author adapts M&M's equation 12 for the mechanics of EVA); Stephen F. O'Byrne, "A Better Way to Measure Operating Performance (or Why the EVA Math Really Matters)," Journal of Applied Corporate Finance 28, no. 3 (2016): 68-86; and S. David Young and Stephen F. O'Byrne, EVA and Value-Based Management: A Practical Guide to Implementation (New York: McGraw-Hill, 2000).

부록 C

1.　M&M은 12번 공식에서 현재 기초자산에 대한 수익 흐름이 일정하게 영구히 지속된다고 가정했다. 이것을 우리는 Cap_0이라고 부른다. 그들은 사실상 전년도 NOPAT이 이른바 '현재 EVA'를 유지할 정도로 충분히 증가한다고 간주했다. 여기서 현재 EVA의 바탕은 전년도 NOPAT과 전년도 자본이자이다. 따라서 EVA 공식에서 현재 EVA를 일정하게 유지하면 COV에 대한 자본 비용 수익이 나오고 이것은 M&M의 12번 공식의 첫 번째 항에 대한 자본 수익과 같아진다. M&M은 전년도 투자자본이 Cap_0와 같아지면 '$NOPAT_1$'은 $NOPAT_0$와 같아진다고 추정했다. 나아가 우리는 투자자본을 수용하므로 첫해에 시작되는 EVA에 영속적인 변화(ΔEVA)를 포함할 수 있는데, 여기서 M&M은 투자 수익률과 자본이자가 투자 직후 연도부터 바로 실현된다고 가정했으므로, 현재 기초자산의 수익이 일정하다는 그들의 가정에 따라 $\Delta EVA_t = 0$이 성립한다. ΔEVA_t 영속성의 현재 가치는 영의 시간(즉, 현재)에서 $\Delta EVA_t/c(1+c)$가 아니라 $\Delta EVA_t/c$이므로, 추가로 도입된 제2항에 $(1+c)$를 곱해야 EVA 공식 제3항이 표현하는 충분한 가능성(예컨대 플러스 값의 ΔEVA_t, 즉 첫해 기대 시너지)을 설명할 수 있다. 좀 더 분명히 설명하면 12번 공식 제2항에서 첫해의 변화는 EVA 공식에서 두 번째 해의 변화고, 이런 관계는 다음으로 계속 이어진다. 그러나 EVA 공식의 제3항인 FGV와 12번 공식의 두 번째 항은 같은 값이다. EVA 공식의 중요한 특징은 12번 공식의 중요한 가정을 무시할 수 있게 해준다는 것이다. 즉 현재 기초자산에 대한 수익이 일정하고, 추가 가치를 위해서는 신규 투자가 필요하며, 그 투자에 대한 수익은 영원히 일정하다는 등의 가정 말이다. ΔEVA의 정의는 $\Delta NOPAT$에서 Δ자본이자를 뺀 값이므로, EVA 공식에 따르면 현재 기초자산에 대한 수익(예컨대 시너지)이나 미래 투자에 대한 수익(예를 들어 기초자산이 증가하지 않아도 비용 혁신을 통해 NOPAT의 증가를 실현할 수 있다)은 달라질 수도 있다.

2.　우리가 제안한 EVA 공식에 유용한 접근방식을 조언해준 마크 서로워의 뉴욕대학교 MBA 프로그램 학생 아누락 스리바스타바에게 특별히 감사드린다.

옮긴이: 김동규

포스텍 신소재공학과를 졸업하고 동 대학원에서 석사 학위를 받았다. 여러 기업체에서 경영기획 업무를 수행했다. 현재 번역 에이전시 엔터스코리아에서 번역가로 활동하고 있다.

옮긴 책으로는 『나는 오늘도 행복한 투자를 한다』, 『비트코인의 미래』, 『21세기 기업가 정신』, 『리더는 멈추지 않는다』, 『턴어라운드』, 『랭킹: 사회적 순위 매기기 게임의 비밀』, 『스토리의 기술』, 『판다의 발톱, 캐나다에 침투한 중국 공산당』, 『더 나은 나를 위한 하루 감각 사용법』, 『그 일이 일어난 방: 존 볼턴의 백악관 회고록(공역)』, 『테크 심리학』, 『과잉연결시대』, 『내 안의 자신감 길들이기』, 『더 툴 북(The Tool Book)』, 『유니콘의 눈물』, 『그림으로 배우는 윈-윈 협상법』 등 다수가 있다.

진성북스
도서목록

사람이 가진 무한한 잠재력을 키워가는 **진성북스**는
지혜로운 삶에 나침반이 되는 양서를 만듭니다.

도서목록

앞서 가는 사람들의 두뇌 습관

스마트 싱킹

아트 마크먼 지음 | 박상진 옮김
352쪽 | 값 17,000원

숨어 있던 창의성의 비밀을 밝힌다!

인간의 마음이 어떻게 작동하는지 설명하고, 스마트해지는데 필요한 완벽한 종류의 연습을 하도록 도와준다. 고품질 지식의 습득과 문제 해결을 위해 생각의 원리를 제시하는 인지 심리학의 결정판이다! 고등학생이든, 과학자든, 미래의 비즈니스 리더든, 또는 회사의 CEO든 스마트 싱킹을 하고자 하는 누구에게나 이 책을 유용하리라 생각한다.

- 조선일보 등 주요 15개 언론사의 추천
- KBS TV, CBS방영 및 추천

나의 잠재력을 찾는 생각의 비밀코트

지혜의 심리학

김경일 지음
352쪽 | 값 16,500원

창의적으로 행복에 이르는 길!

인간의 타고난 심리적 특성을 이해하고, 생각을 현실에서 실□ 하도록 이끌어주는 동기에 대한 통찰을 통해 행복한 삶을 사□ 지혜를 명쾌하게 설명한 책. 지혜의 심리학을 선택한 순간, 미□ 의 밝고 행복한 모습은 이미 우리 안에 다가와 가쁜히 자리잡□ 있을 것이다. 수많은 자기계발서를 읽고도 성장의 목표를 이□ 지 못한 사람들의 필독서!

- OtvN <어쩌다 어른> 특강 출연
- KBS 1TV 아침마당<목요특강> "지혜의 심리학" 특강 출연
- YTN사이언스 <과학, 책을 만나다> "지혜의 심리학" 특강 출연
- 2014년 중국 수출 계약 | 포스코 CEO 추천 도서

세계 초일류 기업이 벤치마킹한
성공전략 5단계

승리의 경영전략

AG 래플리, 로저마틴 지음
김주권, 박광태, 박상진 옮김
352쪽 | 값 18,500원

전략경영의 살아있는 메뉴얼

가장 유명한 경영 사상가 두 사람이 전략이란 무엇을 위한 것이고, 어떻게 생각해야 하며, 왜 필요하고, 어떻게 실천해야 할지 구체적으로 설명한다. 이들은 100년 동안 세계 기업회생역사에서 가장 성공적이라고 평가받고 있을 뿐 아니라, 직접 성취한 P&G의 사례를 들어 전략의 핵심을 강조하고 있다.

- 경영대가 50인(Thinkers 50)이 선정한 2014 최고의 책
- 탁월한 경영자와 최고의 경영 사상가의 역작
- 월스트리스 저널 베스트 셀러

"이 검사를 꼭 받아야 합니까?"

과잉진단

길버트 웰치 지음 | 홍영준 옮김
391쪽 | 값 17,000원

병원에 가기 전 꼭 알아야 할 의학 지식!

과잉진단이라는 말은 아무도 원하지 않는다. 이는 걱정과 과□ 진료의 전조일 뿐 개인에게 아무 혜택도 없다. 하버드대 출신 □ 사인 저자는, 의사들의 진단욕심에 비롯된 과잉진단의 문제점□ 과잉진단의 합리적인 이유를 함께 제시함으로써 질병예방의 □ 바른 패러다임을 전해준다.

- 한국출판문화산업 진흥원 『이달의 책』 선정도서
- 조선일보, 중앙일보, 동아일보 등 주요 언론사 추천

새로운 시대는 逆(역)으로 시작하라!

콘트래리언

이신영 지음
408쪽 | 값 17,000원

위기극복의 핵심은 역발상에서 나온다!

세계적 거장들의 삶과 경영을 구체적이고 내밀하게 들여다본 저자는 그들의 성공핵심은 많은 사람들이 옳다고 추구하는 흐름에 '거꾸로' 갔다는 데 있음을 발견했다. 모두가 실패를 두려워할 때 도전할 줄 알았고, 모두가 아니라고 말하는 아이디어를 성공적인 아이디어로 발전시켰으며 최근 15년간 3대 악재라 불린 위기 속에서 기회를 찾고 성공을 거두었다.

- 한국출판문화산업 진흥원 '이달의 책' 선정도서
- KBS 1 라디오 <오한진 이정민의 황금사과> 방송

백 마디 불통의 말, 한 마디 소통의 말

당신은 어떤 말을 하고 있나요?

김종영 지음
248쪽 | 값 13,500원

리더십의 핵심은 소통능력이다. 소통을 체계적으로 연구하는 □ 문이 바로 수사학이다. 이 책은 우선 사람을 움직이는 힘, 수사□ 을 집중 조명한다. 그리고 소통의 능력을 필요로 하는 우리 사□ 의 리더들에게 꼭 필요한 수사적 리더십의 원리를 제공한다. □ 나아가서 수사학의 원리를 실제 생활에 어떻게 적용할 수 있는□ 지 일러준다. 독자는 행복한 말하기와 아름다운 소통을 체험□ 것이다.

- SK텔레콤 사보 <Inside M> 인터뷰
- MBC 라디오 <라디오 북 클럽> 출연
- 매일 경제, 이코노믹리뷰, 경향신문 소개
- 대통령 취임 2주년 기념식 특별연설

경쟁을 초월하여 영원한 승자로 가는 지름길

탁월한 전략이 미래를 창조한다

리치 호워드 지음 | 박상진 옮김
300쪽 | 값 17,000원

이 책은 혁신과 영감을 통해 자신들의 경험과 지식을 탁월한 전
략으로 바꾸려는 리더들에게 실질적인 프레임워크를 제공해준
다. 저자는 탁월한 전략을 위해서는 새로운 통찰을 결합하고 독
자적인 경쟁 전략을 세우고 헌신을 이끌어내는 것이 중요하다고
강조한다. 나아가 연구 내용과 실제 사례, 사고 모델, 핵심 개념
에 대한 명쾌한 설명을 통해 탁월한 전략가가 되는 데 필요한 핵
심 스킬을 만드는 과정을 제시해준다.

- 조선비즈, 매경이코노미 추천도서
- 저자 전략분야 뉴욕타임즈 베스트 셀러

진정한 부와 성공을 끌어당기는 단 하나의 마법

생각의 시크릿

밥 프로터, 그레그 레이드 지음 | 박상진 옮김
268쪽 | 값 13,800원

성공한 사람들은 그렇지 못한 사람들과 다른 생각을 갖고 있는
것인가? 지난 100년의 역사에서 수많은 사람을 성공으로 이끈
성공 철학의 정수를 밝힌다. <생각의 시크릿>은 지금까지 부자
의 개념을 오늘에 맞게 더 구체화시켰다. 지금도 변하지 않는 법
칙을 따라만하면 누구든지 성공의 비밀에 다가갈 수 있다. 이 책
은 각 분야에서 성공한 기업가들이 지난 100년간의 성공 철학을
어떻게 이해하고 따라했는지 살펴보면서, 그들의 성공 스토리를
생생하게 전달하고 있다.

- 2016년 자기계발분야 화제의 도서
- 매경이코노미, 이코노믹리뷰 소개

새로운 리더십을 위한 지혜의 심리학

이끌지 말고 따르게 하라

김경일 지음
328쪽 | 값 15,000원

이 책은 '훌륭한 리더', '존경받는 리더', '사랑받는 리더'가 되고
싶어하는 모든 사람들을 위한 책이다. 요즘 사회에서는 존경보
다 질책을 더 많이 받는 리더들의 모습을 쉽게 볼 수 있다. 저자
는 리더십의 원형이 되는 인지심리학을 바탕으로 바람직한 리
더의 모습을 하나씩 밝혀준다. 현재 리더의 위치에 있는 사람뿐
만 아니라, 앞으로 리더가 되기 위해 노력하고 있는 사람이라면
인지심리학의 새로운 접근에 공감하게 될 것이다. 존경받는 리
더로서 조직을 성공시키고, 나아가 자신의 삶에서도 승리하기를
원하는 사람들에게 필독을 권한다.

- OtvN <어쩌다 어른> 특강 출연
- 예스24 리더십 분야 베스트 셀러
- 국립중앙도서관 사서 추천 도서

앞서 가는 사람들의 두뇌 습관

스마트 싱킹

아트 마크먼 지음
박상진 옮김
352쪽 | 값 17,000원

보통 사람들은 지능이 높을수록 똑똑한 행동을 할 것이라
생각한다. 하지만 마크먼 교수는 연구를 통해 지능과 스마
트한 행동의 상관관계가 그다지 크지 않음을 증명한다. 한
연구에서는 지능검사 결과, 높은 점수를 받은 아이들을 35
년 동안 추적하여 결국 인생의 성공과 지능지수는 그다지
상관없다는 사실을 밝히기도 했다. 중요한 것은 스마트한
행동으로 이끄는 것은 바로 '생각의 습관'이라는 것이다.
스마트한 습관은 정보와 행동을 연결해 행동을 합리적으
로 수행하도록 하는 일관된 변환(consistent mapping)으
로 형성된다. 곧 스마트 싱킹은 실천을 통해 행동으로 익
혀야 한다는 뜻이다. 스마트한 습관을 창조하여 고품질 지
식을 습득하고, 그 지식을 활용하여 새로운 문제를 창의적
으로 해결해야 스마트 싱킹이 가능한 것이다. 그러려면 끊
임없이 '왜'라고 물어야 한다. '왜'라는 질문에서 우리가 얻
을 수 있는 것은 사물의 원리를 설명하는 인과적 지식이기
때문이다. 스마트 싱킹에 필요한 고품질 지식은 바로 이
인과적 지식을 통해 습득할 수 있다. 이 책은 일반인이 고
품질 지식을 얻어 스마트 싱킹을 할 수 있는 구체적인 방
법을 담고 있다. 예를 들어 문제를 글로 설명하기, 자신에
게 설명해 보기 등 문제해결 방법과 회사와 가정에서 스마
트한 문화를 창조하기 위한 8가지 방법이 기술되어 있다.

- 조선일보 등 주요 15개 언론사의 추천
- KBS TV, CBS방영 및 추천

비즈니스 성공의 불변법칙
경영의 멘탈모델을 배운다!

퍼스널 MBA

조쉬 카우프만 지음 | 이상호, 박상진 옮김
756쪽 | 값 23,500원

"MASTER THE ART OF BUSINESS"

비즈니스 스쿨에 발을 들여놓지 않고도 자신이 원하는 시간과 적은 비용으로 비즈니스 지식을 획기적으로 높이는 방법을 가르쳐 주고 있다. 실제 비즈니스의 운영, 개인의 생산성 극대화, 그리고 성과를 높이는 스킬을 배울 수 있다. 이 책을 통해 경영학을 마스터하고 상위 0.01%에 속하는 부자가 되는 길을 따라가 보자.

● 아마존 경영 & 리더십 트레이닝 분야 1위
● 미국, 일본, 중국 베스트 셀러
● 경영 명저 100권을 녹여 놓은 책

하버드 경영대학원 마이클 포터의 성공전략 지침서

당신의 경쟁전략은 무엇인가?

조안 마그레타 지음 | 김언수, 김주권, 박상진 옮김
368쪽 | 값 22,000원

이 책은 방대하고 주요한 마이클 포터의 이론과 생각을 한 권으로 정리했다. <하버드 비즈니스리뷰> 편집장 출신인 조안 마그레타(Joan Magretta)는 마이클 포터와의 협력으로 포터교수의 아이디어를 업데이트하고, 이론을 증명하기 위해 생생하고 명확한 사례들을 알기 쉽게 설명한다. 전략경영과 경쟁전략의 핵심을 단기간에 마스터하기 위한 사람들의 필독서이다.

● 전략의 대가, 마이클 포터 이론의 결정판
● 아마존 전략분야 베스트 셀러
● 일반인과 대학생을 위한 전략경영 필독서

언제까지 질병으로 고통받을 것인가?

난치병 치유의 길

앤서니 윌리엄 지음 | 박용준 옮김
468쪽 | 값 22,000원

이 책은 현대의학으로는 치료가 불가능한 질병으로 고통 받는 수많은 사람들에게 새로운 치료법을 소개한다. 저자는 사람들이 무엇으로 고통 받고, 어떻게 그들의 건강을 관리할 수 있는지에 대한 영성의 목소리를 들었다. 현대 의학으로는 설명할 수 없는 질병이나 몸의 비정상적인 상태의 근본 원인을 밝혀주고 있다. 당신이 원인불명의 증상으로 고생하고 있다면 이 책은 필요한 해답을 제공해 줄 것이다.

● 아마존 건강분야 베스트 셀러 1위

성과기반의 채용과 구직을 위한 가이드

100% 성공하는 채용과 면접의 기술

루 아들러 지음 | 이병철 옮김
352쪽 | 값 16,000원

기업에서 좋은 인재란 어떤 사람인가? 많은 인사담당자는 스▒만 보고 채용하다가는 낭패하기 쉽다고 말한다. 최근 전문▒들은 성과기반채용 방식에서 그 해답을 찾는다. 이는 개인의 ▒량을 기초로 직무에서 성과를 낼 수 있는 요인을 확인하고 검▒하는 면접이다. 이 책은 세계의 수많은 일류 기업에서 시도하▒있는 성과기반채용에 대한 개념, 프로세스, 그리고 실패방법▒다양한 사례로 설명하고 있다.

● 2016년 경제경영분야 화제의 도서

대담한 혁신상품은 어떻게 만들어지는가?

신제품 개발 바이블

로버트 쿠퍼 지음 | 류강석, 박상진, 신동영 옮김
648쪽 | 값 28,000원

오늘날 비즈니스 환경에서 진정한 혁신과 신제품개발은 중요 도전과제이다. 하지만 대부분의 기업들에게 야심적인 혁신은 ▒이지 않는다. 이 책의 저자는 제품혁신의 핵심성공 요인이자 ▒계최고의 제품개발 프로세스인 스테이지-게이트(Stage-Gate)▒대해 강조한다. 아울러 올바른 프로젝트 선택 방법과 스테이▒게이트 프로세스를 활용한 신제품개발 성공 방법에 대해서도 ▒히고 있다. 신제품은 기업번영의 핵심이다. 이러한 방법을 배▒고 기업의 실적과 시장 점유율을 높이는 대담한 혁신을 성취▒는 것은 담당자, 관리자, 경영자의 마지노선이다.

회사를 살리는 영업 AtoZ

세일즈 마스터

이장석 지음 | 396쪽 | 값 17,500원

영업은 모든 비즈니스의 꽃이다. 오늘날 경영학의 눈부신 발전▒ 성과에도 불구하고, 영업관리는 여전히 비과학적인 분야로 남▒ 있다. 영업이 한 개인의 개인기나 합법과 불법을 넘나드는 묘▒의 수준에 남겨두는 한, 기업의 지속적 발전은 한계에 부딪칠 ▒ 마련이다. 이제 편법이 아닌 정석에 관심을 쏟을 때다. 본질을 ▒각한 채 결과에 올인하는 영업직원과 눈앞의 성과만으로 모든 ▒을 평가하려는 기형적인 조직문화는 사라져야 한다. 이 책은 ▒업의 획기적인 리엔지니어링을 위한 AtoZ를 제시한다. 디지털▒ 인공지능 시대에 더 인정받는 영업직원과 리더를 위한 필살기▒

기초가 탄탄한 글의 힘
실용 글쓰기 정석

황성근 지음 | 252쪽 | 값 13,500원

글쓰기는 인간의 기본 능력이자 자신의 능력을 발휘하는 핵심적인 도구이다. 글은 이론만으로 잘 쓸 수 없다. 좋은 글을 많이 읽고 체계적인 연습이 필요하다. 이 책에서는 기본 원리와 구성, 나아가 활용 수준까지 글쓰기의 모든 것을 다루고 있다. 이 책은 지금까지 자주 언급되고 무조건적으로 수용되던 기존 글쓰기의 이론들을 아예 무시했다. 실제 글쓰기를 할 때 반드시 필요하고 알아두어야 하는 내용들만 담았다. 책의 내용도 외울 필요가 없고 소설 읽듯하면 바로 이해되고 그 과정에서 원리를 터득할 수 있도록 심혈을 기울인 책이다. 글쓰기에 대한 깊은 고민에 빠진 채 그 방법을 찾지 못해 방황하고 있는 사람들에게 필독하길 권한다.

질병의 근본 원인을 밝히고 남다른 예방법을 제시한다
의사들의 120세
건강 비결은 따로 있다

마이클 그레거 지음 | 홍영준, 강태진 옮김
❶ 질병원인 치유편 | 564쪽 | 값 22,000원
❷ 질병예방 음식편 | 340쪽 | 값 15,000원

미국 최고의 영양 관련 웹사이트인 http://NutritionFacts.org를 운영 중인 세계적인 영양전문가이자 내과의사가 과학적인 증거로 치명적인 질병으로 사망하는 원인을 규명하고 병을 예방하고 치유하는 식습관에 대해 집대성한 책이다. 저자는 영양과 생활 양식의 조정이 처방약, 항암제, 수술보다 더 효과적일 수 있다고 강조한다. 우수한 건강서로서 모든 가정의 구성원들이 함께 읽고 실천하면 좋은 '가정건강지킴이'로서 손색이 없다.

● 아마존 식품건강분야 1위　　● 출간 전 8개국 판권계약

유능한 리더는 직원의 회복력부터 관리한다
스트레스 받지 않는
사람은 무엇이 다른가

데릭 로저, 닉 페트리 지음
김주리 옮김 | 308쪽 | 값 15,000원

이 책은 흔한 스트레스 관리에 관한 책이 아니다. 휴식을 취하는 방법에 관한 책도 아니다. 인생의 급류에 휩쓸리지 않고 어려움을 헤쳐 나갈 수 있는 능력인 회복력을 강화하여 삶을 주체적으로 사는 법에 관한 명저다. 엄청난 무게의 힘든 상황에서도 감정적 반응을 재설계하도록 하고, 스트레스 증가 외에는 아무런 도움이 되지 않는 자기 패배적 사고 방식을 깨는 방법을 제시한다. 깨어난 순간부터 자신의 태도를 재조정하는 데 도움이 되는 사례별 연구와 극복 기술을 소개한다.

세계 초일류 기업이 벤치마킹한
성공전략 5단계
승리의 경영전략

AG 래플리, 로저마틴 지음
김주권, 박광태, 박상진 옮김
352쪽 | 값 18,500원

이 책은 전략의 이론만을 장황하게 나열하지 않는다. 매일 치열한 생존경쟁이 벌어지고 있는 경영 현장에서 고객과 경쟁자를 분석하여 전략을 입안하고 실행을 주도하였던 저자들의 실제 경험과 전략 대가들의 이론이 책속에서 생생하게 살아 움직이고 있다. 혁신의 아이콘인 A.G 래플리는 P&G의 최고책임자로 다시 돌아왔다. 그는 이 책에서 P&G가 실행하고 승리했던 시장지배의 전략을 구체적으로 보여줄 것이다. 생활용품 전문기업인 P&G는 지난 176년간 끊임없이 혁신을 해왔다. 보통 혁신이라고 하면 전화기, TV, 컴퓨터 등 우리 생활에 커다란 변화를 가져오는 기술이나 발명품 등을 떠올리곤 하지만, 소소한 일상을 편리하게 만드는 것 역시 중요한 혁신 중에 하나라고 할 수 있다. 그리고 그러한 혁신은 체계적인 전략의 틀 안에서 지속적으로 이루어질 수 있다. 월 스트리트 저널, 워싱턴 포스트의 베스트셀러인 <Plating to Win: 승리의 경영전략>은 전략적 사고와 그 실천의 핵심을 담고 있다. 리플리는 10년간 CEO로서 전략 컨설턴트인 로저마틴과 함께 P&G를 매출 2배, 이익은 4배, 시장가치는 100조 이상으로 성장시켰다. 이 책은 크고 작은 모든 조직의 리더들에게 대담한 전략적 목표를 일상 속에서 실행하는 방법을 보여주고 있다. 그것은 바로 사업의 성공을 좌우하는 명확하고, 핵심적인 질문인 '어디에서 사업을 해야 하고', '어떻게 승리할 것인가'에 대한 해답을 찾는 것이다.

● 경영대가 50인(Thinkers 50)이 선정한 2014 최고의 책
● 탁월한 경영자와 최고의 경영 사상가의 역작
● 월스트리스 저널 베스트 셀러

상위 7% 우등생 부부의 9가지 비결

사랑의 완성
결혼을 다시 생각하다

그레고리 팝캑 지음
민지현 옮김 | 396쪽 | 값 16,500원

결혼 상담 치료사인 저자는 특별한 부부들이 서로를 대하는 방식이 다른 모든 부부관계에도 도움이 된다고 알려준다. 그리고 성공적인 부부들의 삶과 그들의 행복비결을 밝힌다. 저자 자신의 결혼생활 이야기를 비롯해 상담치료 사례와 이에대한 분석, 자가진단용 설문, 훈련 과제 및 지침 등으로 구성되어 있다. 이 내용들은 오랜 결혼 관련 연구논문으로 지속적으로 뒷받침되고 있으며 효과가 입증된 것들이다. 이 책을 통해 독자들은 자신의 어떤 점이 결혼생활에 부정적으로 작용하며, 긍정적인 변화를 위해서는 어떤 노력을 해야 하는지 배울 수 있다.

나와 당신을 되돌아보는, 지혜의 심리학

어쩌면 우리가
거꾸로 해왔던 것들

김경일 지음 | 272쪽 | 값 15,000원

저자는 이 책에서 수십 년 동안 심리학을 공부해오면서 사람으로부터 가장 많은 공감을 받은 필자의 말과 글을 모아 엮었다. 수많은 독자와 청중들이 '아! 맞아. 내가 그랬었지'라며 지지하던 내용이다. 다양한 사람들이 공감한 내용들의 방점은 이렇다. 안타깝게도 세상을 살아가는 우리 대부분은 '거꾸로' 하고 있는지도 모른다. 이 책은 지금까지 일상에서 거꾸로 해 것을 반대로, 즉 우리가 '거꾸로 해왔던 수많은 말과 행동들' 조금이라도 제자리로 되돌아보려는 노력의 산물이다. 이런 혜를 터득하고 심리학을 생활 속에서 실천하길 바란다.

고혈압, 당뇨, 고지혈증, 골관절염...
큰 병을 차단하는 의사의 특별한 건강관리법

몸의 경고

박제선 지음 | 336쪽 | 값 16,000원

현대의학은 이제 수명 연장을 넘어, 삶의 질도 함께 고려하는 상황으로 바뀌고 있다. 삶의 '길이'는 현대의료시스템에서 잘 챙겨주지만, '삶의 질'까지 보장받기에는 아직 갈 길이 멀다. 삶의 질을 높이려면 개인이 스스로 해야 할 일이 있다. 진료현장의 의사가 개인의 세세한 건강을 모두 신경 쓰기에는 역부족이다. 이 책은 아파서 병원을 찾기 전에 스스로 '예방'할 수 있는 영양요법과 식이요법에 초점을 맞추고 있다. 병원에 가기 두려워나 귀찮은 사람, 이미 질환을 앓고 있지만 심각성을 깨닫지 못하는 사람들에게 가정의학과 전문의가 질병 예방 길잡이를 제공하는 좋은 책이다.

기후의 역사와 인류의 생존

시그널

벤저민 리버만, 엘리자베스 고든 지음
은종환 옮김 | 440쪽 | 값 18,500원

이 책은 인류의 역사를 기후변화의 관점에서 풀어내고 있다. 인류의 발전과 기후의 상호작용을 흥미 있게 조명한다. 인문화의 탄생부터 현재에 이르기까지 역사의 중요한 지점을 후의 망원경으로 관찰하고 해석한다. 당시의 기후조건이 필적으로 만들어낸 여러 사회적인 변화를 파악한다. 결코 간단지 않으면서도 흥미진진한, 그리고 현대인들이 심각하게 다야 할 이 주제에 대해 탐구를 시작하고자 하는 독자에게 이 이 좋은 길잡이가 되리라 기대해본다.

감정은 인간을 어떻게 지배하는가

감정의 역사

롭 보디스 지음 | 민지현 옮김 | 356쪽
값 16,500원

이 책은 몸짓이나 손짓과 같은 제스처, 즉 정서적이고 경험에 의해 말하지 않는 것들을 설득력 있게 설명한다. 우리가 느끼는 시간과 공간의 순간에 마음과 몸이 존재하는 역동적인 산물이라고 주장하면서, 생물학적, 인류학적, 사회 문화적 요소를 통합하는 진보적인 접근방식을 사용하여 전 세계의 정서적 만남과 개인 경험의 변화를 설명한다. 감정의 역사를 연구하는 최고 학자 중 한 명으로, 독자들은 정서적 삶에 대한 그의 서사적 탐구에 매혹당하고, 감동받을 것이다.

언어를 넘어 문화와 예술을 관통하는 수사학의 힘

현대 수사학

요아힘 크나페 지음
김종영, 홍설영 옮김 | 480쪽 | 값 25,000원

이 책의 목표는 인문학, 문화, 예술, 미디어 등 여러 분야에 수학을 접목시킬 현대 수사학이론을 개발하는 것이다. 수사학 본래 언어적 형태의 소통을 연구하는 학문이라서 기초이론의 발도 이 점에 주력하였다. 그 결과 언어적 소통의 관점에서 수학의 역사를 개관하고 정치 수사학을 다루는 서적은 꽤 많지수사학 이론을 현대적인 관점에서 새롭고 포괄적으로 다룬 는 눈에 띄지 않는다. 이 책은 수사학이 단순히 언어적 행동에 국한하지 않고, '소통이 있는 모든 곳에 수사학도 있다'는 가정서 출발한다. 이를 토대로 크나페 교수는 현대 수사학 이론을 계적으로 개발하고, 문학, 음악, 이미지, 영화 등 실용적인 영역서 수사학적 분석이 어떻게 가능한지를 총체적으로 보여준다.

UN 선정, 미래 경영의 17가지 과제

지속가능발전목표란 무엇인가?

딜로이트 컨설팅 엮음 | 배정희, 최동건 옮김
360쪽 | 값 17,500원

지속가능발전목표(SDGs)는 세계 193개국으로 구성된 UN에서 2030년까지 달성해야 할 사회과제 해결을 목표로 설정됐으며, 2015년 채택 후 순식간에 전 세계로 퍼졌다. SDGs의 큰 특징 중 하나는 공공, 사회, 개인(기업)의 세 부문에 걸쳐 널리 파급되고 있다는 점이다. 그러나 SDGs가 세계를 향해 던지는 근본적인 질문에 대해서는 사실 충분한 이해와 침투가 이뤄지지 않고 있다. SDGs는 단순한 외부 규범이 아니다. 단순한 자본시장의 요구도 아니다. 단지 신규사업이나 혁신의 한 종류도 아니다. SDGs는 과거 수십 년에 걸쳐 글로벌 자본주의 속에서 면면이 구축되어온 현대 기업경영 모델의 근간을 뒤흔드는 변화(진화)에 대한 요구다. 이러한 경영 모델의 진화가 바로 이 책의 주요 테마다.

노자, 궁극의 리더십을 말하다

2020 대한민국을 통합 시킬 주역은 누구인가?

안성재 지음 | 524쪽 | 값 19,500원

노자는 "나라를 다스리는 것은 간단하고도 온전한 원칙이어야지, 자꾸 복잡하게 그 원칙들을 세분해서 강화하면 안된다!"라고 일갈한다. 법과 제도를 세분해서 강화하지 않고 원칙만으로 다스리는 것이 바로 대동사회다. 원칙을 수많은 항목으로 세분해서 통제한 것은 소강사회의 모태가 되므로 경계하지 않으면 안 된다. 이 책은 [도덕경]의 오해와 진실 그 모든 것을 이야기한다. 동서고금을 아우르는 지혜가 살아넘친다. [도덕경] 한 권이면 국가를 경영하는 정치지도자에서 기업을 경영하는 관리자까지 리더십의 본질을 꿰뚫을 수 있을 것이다.

나의 경력을 빛나게 하는 인지심리학

커리어 하이어

아트 마크먼 지음 | 박상진 옮김 | 340쪽
값 17,000원

이 책은 세계 최초로 인지과학 연구 결과를 곳곳에 배치해 '취업-업무 성과-이직'으로 이어지는 경력 경로 전 과정을 새로운 시각에서 조명했다. 또한, 저자인 아트 마크먼 교수가 미국 텍사스 주립대의 '조직의 인재 육성(HDO)'이라는 석사학위 프로그램을 직접 개설하고 책임자까지 맡으면서 '경력 관리'에 대한 이론과 실무를 직접 익혔다. 따라서 탄탄한 이론과 직장에서 바로 적용할 수 있는 실용성까지 갖추고 있다. 특히 2부에서 소개하는 성공적인 직장생활의 4가지 방법들은 이 책의 백미라고 볼 수 있다.

"비즈니스의 성공을 위해 꼭 알아야하는 경영의 핵심지식"

퍼스널 MBA

조쉬 카우프만 지음
이상호, 박상진 옮김
756쪽 | 값 25,000원

지속가능한 성공적인 사업은 경영의 어느 한 부분의 탁월성만으로는 불충분하다. 이는 가치창조, 마케팅, 영업, 유통, 재무회계, 인간의 이해, 인적자원 관리, 전략을 포함한 경영관리 시스템 등 모든 부분의 지식과 경험 그리고 통찰력이 갖추어 질 때 가능한 일이다. 그렇다고 그 방대한 경영학을 모두 섭렵할 필요는 없다고 이 책의 저자는 강조한다. 단지 각각의 경영원리를 구성하고 있는 멘탈 모델(Mental Model)을 제대로 익힘으로써 가능하다.

세계 최고의 부자인 빌게이츠, 워런버핏과 그의 동업자 찰리 멍거(Charles T. Munger)를 비롯한 많은 기업가들이 이 멘탈모델을 통해서 비즈니스를 시작하고, 또 큰 성공을 거두었다. 이 책에서 제시하는 경영의 핵심개념 248가지를 통해 독자들은 경영의 멘탈모델을 습득하게 된다.

필자는 지난 5년간 수천 권이 넘는 경영 서적을 읽었다. 수백 명의 경영 전문가를 인터뷰하고, 포춘지 선정 세계 500대 기업에서 일을 했으며, 사업도 시작했다. 그 과정에서 배우고 경험한 지식들을 모으고, 정제하고, 잘 다듬어서 몇 가지 개념으로 정리하게 되었다. 이들 경영의 기본 원리를 이해한다면, 현명한 의사결정을 내리는 데 유익하고 신뢰할 수 있는 도구를 얻게 된다. 이러한 개념들의 학습에 시간과 노력을 투자해 마침내 그 지식을 활용할 수 있게 된다면, 독자는 어렵지 않게 전 세계 인구의 상위 1% 안에 드는 탁월한 사람이 된다. 이 책의 주요내용은 다음과 같다.

- 실제로 사업을 운영하는 방법
- 효과적으로 창업하는 방법
- 기존에 하고 있던 사업을 더 잘 되게 하는 방법
- 경영 기술을 활용해 개인적 목표를 달성하는 방법
- 조직을 체계적으로 관리하여 성과를 내는 방법

한국기업, 글로벌 최강 만들기 프로젝트 1

넥스트 이노베이션

김언수, 김봉선, 조준호 지음 | 396쪽
값 18,000원

넥스트 이노베이션은 혁신의 본질, 혁신의 유형, 각종 혁신의 사례들, 다양한 혁신을 일으키기 위한 약간의 방법론들, 혁신을 위한 조직 환경과 디자인, 혁신과 관련해 개인이 할 수 있는 것들, 향후의 혁신 방향 및 그와 관련된 정부의 정책의 역할까지 폭넓게 논의한다. 이 책을 통해 조직 내에서 혁신에 관한 공통의 언어를 생성하고, 새로운 혁신 프로젝트에 맞는 구체적인 도구와 프로세스를 활용하는 방법을 개발하기 바란다. 나아가 여러 혁신 성공 및 실패 사례를 통해 다양하고 창의적인 혁신 아이디어를 얻고 실행에 옮긴다면 분명 좋은 성과를 얻을 수 있으리라 믿는다.

포스트 코로나 시대의 행복

적정한 삶

김경일 지음 | 360쪽 | 값 16,500원

우리의 삶은 앞으로 어떤 방향으로 나아가게 될까? 인지심리학자인 저자는 이번 팬데믹 사태를 접하면서 수없이 받아온 질문에 대한 답을 이번 저서를 통해 말하고 있다. 앞으로 인류는 '극대화된 삶'에서 '적정한 삶'으로 갈 것이라고. 낙관적인 예측이 아닌 엄숙한 선언이다. 행복의 척도가 바뀔 것이며 개인의 개성이 존중되는 시대가 온다. 타인이 이야기하는 'want'가 아니라 내가 진짜 좋아하는 'like'를 발견하며 만족감이 스마트해지는 사회가 다가온다. 인간의 수명은 길어졌고 적정한 만족감을 느끼지 못하는 인간은 결국 길 잃은 삶을 살게 될 것이라고 말이다.

생명과 건강에 대한 특별한 이야기

호흡

에드거 윌리엄스 지음 | 황선영 옮김 | 396쪽
값 22,000원

『호흡』은 영적인 힘을 숭배한 고대 시대부터 미아즈마와 같이 미심 쩍은 이론과 기괴한 장치, 뿌연 매연으로 가득한 중세와 근대를 넘어, 첨단을 달리는 각종 호흡보조장치와 현대사회를 덮친 무시무시한 전염병과 불가분의 관계를 설명한다. 나아가 오늘날 심신의 활력을 불어넣는 독특한 호흡법까지, 인간의 '숨'과 관련된 거의 모든 것을 다루었다.

하버드 경영 대학원 마이클 포터의 성공전략 지침서

당신의 경쟁전략은 무엇인가?

조안 마그레타 지음
김언수, 김주권, 박상진 옮김
368쪽 | 값 22,000원

마이클 포터(Michael E. Porter)는 전략경영 분야의 세계 최고 권위자다. 개별 기업, 산업구조, 국가를 아우르는 연구를 전개해 지금까지 17권의 저서와 125편 이상의 논문을 발표했다. 저서 중 『경쟁전략(Competitive Strategy)』(1980), 『경쟁우위(Competitive Advantage)』(1985), 『국가경쟁우위(The Competitive Advantage of Nations)』(1990) 3부작은 '경영전략의 바이블이자 마스터피스'로 공인받고 있다. 경쟁우위, 산업구조 분석, 5가지 경쟁요인, 본원적 전략, 차별화, 전략적 포지셔닝, 가치사슬, 국가경쟁력 등의 화두는 전략 분야를 넘어 경영학 전반에 새로운 지평을 열었고, 사실상 세계 모든 경영 대학원에서 핵심적인 교과목으로 다루고 있다. 이 책은 방대하고 주요한 마이클 포터의 이론과 생각을 한 권으로 정리했다. <하버드 비즈니스리뷰> 편집장 출신인 저자는 폭넓은 경험을 바탕으로 포터 교수의 강력한 통찰력을 경영일선에 효과적으로 적용할 수 있도록 설명한다. 즉, "경쟁은 최고가 아닌 유일무이한 존재가 되고자 하는 것이고, 경쟁자들 간의 싸움이 아니라, 자사의 장기적 투하자본이익률(ROIC)을 높이는 것이다." 등 일반인들이 잘못 이해하고 있는 포터의 이론들을 명백히 한다. 전략경영과 경쟁전략의 핵심을 단기간에 마스터하여 전략의 전문가로 발돋움 하고자 하는 대학생은 물론 전략에 관심이 있는 MBA과정의 학생들을 위한 필독서이다. 나아가 미래의 사업을 주도하여 지속적 성공을 꿈꾸는 기업의 관리자에게는 승리에 대한 영감을 제공해 줄 것이다.

● 전략의 대가, 마이클 포터 이론의 결정판
● 아마존전략 분야 베스트 셀러
● 일반인과 대학생을 위한 전략경영 필독서

정신과 의사가 알려주는 감정 컨트롤술

마음을 치유하는 7가지 비결

가바사와 시온 지음 | 송소정 옮김 | 268쪽
값 15,000원

일본의 저명한 정신과 의사이자 베스트셀러 작가, 유튜브 채널 구독자 35만 명을 거느린 유명 유튜버이기도 한 가바사와 시온이 소개하는, 환자와 가족, 간병인을 위한 '병을 낫게 하는 감정 처방전'이다. 이 책에서 저자는 정신의학, 심리학, 뇌과학 등 여러 의학 분야를 망라하여 긍정적인 감정에는 치유의 힘이 있음을 설득력 있게 제시한다.

젊음을 오래 유지하는 자율신경건강법

안티에이징 시크릿

정이안 지음 | 264쪽 | 15,800원

젊음을 오래 유지하기 위한 최고의 비결은 무엇일까? 25년이 넘는 기간 동안 한의원에서 5만 명이 넘는 환자를 진료해온 정이안 원장은 남녀불문, 노화를 늦추고 건강하게 살기 위한 자율신경건강법을 이 책에 담았다. 저자는 다양한 한의학적 지식과 경험을 토대로 누구나 쉽게 자율신경건강을 관리하기 위한 식습관과 생활습관, 치료법을 제공함으로써, 자기관리와 치유를 통해 언제까지나 '몸과 마음의 건강'을 누릴 수 있다고 말한다.

성공적인 인수합병의 가이드라인

시너지 솔루션

마크 서로워, 제프리 웨이런스 지음
김동규 옮김 | 456쪽 | 25,000원

오늘날 M&A가 글로벌 사업전략의 중심으로 자리 잡았음에도 불구하고, 많은 기업에서 기대한 만큼의 성과를 얻지 못하는 이유는 무엇일까? 세계적인 기업인 딜로이트에서 M&A 전 분야를 25년 넘게 컨설팅한 두 저자는 이 책에서 기업이 현실적인 전략을 갖춤으로써 M&A 성공률을 높일 수 있도록, 경제학의 기초적인 상식에 기반한 '엔드 투 엔드 솔루션(E2ES)'을 제공한다. 잠재력이 큰 거래 후보를 확보하는 일부터 인수합병의 전 과정을 이해하는 법, 나아가 주주와 직원, 고객에게 약속한 성과를 달성하는 법까지, 책에서 제시하는 통합적인 관점을 따라간다면 머지않아 최적의 시기에 샴페인을 터뜨리며 축배를 드는 자신을 보게 될 것이다.

"질병의 근본 원인을 밝히고
남다른 예방법을 제시한다"

의사들의 120세 건강비결은 따로 있다

마이클 그레거 지음
홍영준, 강태진 옮김
❶ 질병원인 치유편 값 22,000원 | 564쪽
❷ 질병예방 음식편 값 15,000원 | 340쪽

우리가 미처 몰랐던 질병의 원인과 해법
질병의 근본 원인을 밝히고 남다른 예방법을 제시한다

건강을 잃으면 모든 것을 잃는다. 의료 과학의 발달로 조만간 120세 시대도 멀지 않았다. 하지만 우리의 미래는 '얼마나 오래 살 것인가?'보다는 '얼마나 건강하게 오래 살 것인가?'를 고민해야하는 시점이다. 이 책은 질병과 관련된 주요 사망 원인에 대한 과학적 인과관계를 밝히고, 생명에 치명적인 병을 예방하고 건강을 회복시킬 수 있는 방법을 명쾌하게 제시한다. 수천 편의 연구결과에서 얻은 적절한 영양학적 식이요법을 통하여 건강을 획기적으로 증진시킬 수 있는 과학적 증거를 밝히고 있다. 15가지 주요 조기 사망 원인들(심장병, 암, 당뇨병, 고혈압, 뇌질환 등)은 매년 미국에서만 1백 6십만 명의 생명을 앗아간다. 이는 우리나라에서도 주요 사망원인이다. 이러한 비극의 상황에 동참할 필요는 없다. 강력한 과학적 증거가 뒷받침된 그레거 박사의 조언으로 치명적 질병의 원인을 정확히 파악하라. 그리고 장기간 효과적인 음식으로 위험인자를 적절히 예방하라. 그러면 비록 유전적인 단명요인이 있다 해도 이를 극복하고 장기간 건강한 삶을 영위할 수 있다. 이제 인간의 생명은 운명이 아니라, 우리의 선택에 달려있다. 기존의 건강서와는 차원이 다른 이 책을 통해서 '더 건강하게, 더 오래 사는' 무병장수의 시대를 활짝 열고, 행복한 미래의 길로 나아갈 수 있을 것이다.

● 아마존 의료건강분야 1위
● 출간 전 8개국 판권계약

사단법인 건강인문학포럼

1. 취지

세상이 빠르게 변화하고 있습니다. 눈부신 기술의 진보 특히, 인공지능, 빅데이터, 메타버스 그리고 유전의학과 정밀의료의 발전은 인류를 지금까지 없었던 새로운 세상으로 안내하고 있습니다. 앞으로 산업과 직업, 하는 일과 건강관리의 변혁은 피할 수 없는 상황으로 다가오고 있습니다.

이러한 변화에 따라 〈사단법인〉 건강인문학포럼은 '건강은 건강할 때 지키자'라는 취지에서 신체적 건강, 정신적 건강, 사회적 건강이 조화를 이루는 "건강한 삶"을 찾는데 의의를 두고 있습니다. 100세 시대를 넘어서서 인간의 한계수명이 120세로 늘어난 지금, 급격한 고령인구의 증가는 저출산과 연관되어 국가 의료재정에 큰 부담이 되리라 예측됩니다. 따라서 개인 각자가 자신의 건강을 지키는 것 자체가 사회와 국가에 커다란 기여를 하는 시대가 다가오고 있습니다.

누구나 겪게 마련인 '제 2의 삶'을 주체적으로 살며, 건강한 삶의 지혜를 함께 모색하기 위해 사단법인 건강인문학포럼은 2018년 1월 정식으로 출범했습니다. 우리의 목표는 분명합니다. 스스로 자신의 건강을 지키면서 능동적인 사회활동의 기간을 충분히 연장하여 행복한 삶을 실현하는 것입니다. 전문가로부터 최신의학의 과학적 내용을 배우고, 5년 동안 불멸의 동서양 고전 100권을 함께 읽으며 '건강한 마음'을 위한 인문학적 소양을 넓혀 삶의 의미를 찾아볼 것입니다. 의학과 인문학 그리고 경영학의 조화를 통해 건강한 인간으로 사회에 선한 영향력을 발휘하고, 각자가 주체적인 삶을 살기 위한 지혜를 모색해 가고자 합니다.

건강과 인문학을 위한 실천의 장에 여러분을 초대합니다.

2. 비전, 목적, 방법

| 비 전

장수시대에 "건강한 삶"을 위해 신체적, 정신적, 사회적 건강을 돌보고, 함께 잘 사는 행복한 사회를 만드는 데 필요한 덕목을 솔선수범하면서 존재의 의미를 찾는다.

| 목 적

우리는 5년간 100권의 불멸의 고전을 읽고 자신의 삶을 반추하며, 중년 이후의 미래를 새롭게 설계해 보는 "자기인생론"을 각자 책으로 발간하여 유산으로 남긴다.

| 방 법

매월 2회 모임에서 인문학 책 읽기와 토론 그리고 특강에 참여한다. 아울러서 의학 전문가의 강의를 통해서 질병예방과 과학적인 건강 관리 지식을 얻고 실천해 간다.